ספר תהלים

אהל יוסף יצחק

.

כולל התהלים ונחלק לחמשה ספרים, ולשבעת
ימי השבוע, ולשלשים חלקים לימי החדש

ונלוה לו

קובץ מכתבים

ממכתבי כ"ק אדמו"ר מרנא ורבנא

הרב יוסף יצחק

זצוקללה"ה נבג"מ זי"ע

שניאורסאהן

מליובאוויטש

עם תרגום אנגלי
הוצאה שני'

יוצא לאור על ידי

הוצאת ספרים "קה"ת"

770 איסטערן פארקוויי   ברוקלין נ.י.

שנת חמשת אלפים שבע מאות שבעים ושלש לבריאה

SEFER TEHILIM
OHEL YOSEF YITZCHAK
with English Translation
Revised Edition © 2011
First Pocket Printing—December 2012
by
KEHOT PUBLICATION SOCIETY
770 Eastern Parkway, Brooklyn, New York 11213
Tel. 718-774-4000 / Fax 718-774-2718
editor@kehot.com

Orders Department:
291 Kingston Avenue / Brooklyn, New York 11213
Tel. 718-778-0226 / Fax 718-774-4148
www.kehot.com

•

LIBRARY OF CONGRESS CATALOGING-IN-PUBLICATION DATA
Bible. O.T. Psalms. Hebrew. 2001.
Sefer Tehilim : Ohel Yosef Yitshak : Kolel ha-tehilim ve-nehelak la-hamishah
sefarim ule-shiv'at yeme ha-shavu'a veli-sheloshim halakim li-yeme ha-hodesh.
Ve-nilvah lo mi-mikhteve ... Yosef Yitshak ... Shene'ursohn.
p. cm.
Added t.p. title: Psalms.
Psalms in Hebrew with a new English translation; letters in Hebrew.
Includes bibliographical references.
I. Title: Psalms. II. Schneersohn, Joseph Isaac, 1880-1950.
Correspondence. Selections. III. Bible. O.T. Psalms.
English. "Kehot" Publication Society. 2001 IV. Title.
BS1420.S37 2001   223'.2044--dc21   2001029155

ISBN 978-0-8266-0245-9

Printed in the United States of America

נסדר בדפוס „עזרא"
ע"י ירמי' הכהן בן לאה מיטא שי'
עזר בהגהה: יהודה אריה בן אסתר רבקה שי'

PSALMS

OHEL YOSEF YITZCHAK

•

Includes the Book of Psalms as divided into
five books, arranged both according to the
seven days of the week and
the thirty days of the month

Also included is a
SELECTION OF LETTERS
by
RABBI YOSEF YITZCHAK SCHNEERSOHN

זצוקללה״ה נבג״מ זי״ע

OF LUBAVITCH
regarding the recital of Tehillim

Published and Copyrighted by
KEHOT PUBLICATION SOCIETY
770 Eastern Parkway / Brooklyn, New York 11213
5773 • 2012

TABLE OF CONTENTS

PREFACE TO ENGLISH EDITION

Said Rabbi Yudan in the name of Rabbi Yehudah: "Whatever David says in his book pertains to himself, to all Israel, and to all times."[1]

Said the Tzemach Tzedek, the third Lubavitcher Rebbe:

"If one would only know the power of verses in Tehillim, and their effect on high, one would recite them continuously. The verses of Tehillim transcend all barriers and ascend higher and higher, imploring the Master of the Universe until they achieve results of kindness and mercy."[2]

The Book of Psalms, or *Sefer Tehillim* as it is known in Hebrew, was composed by King David[3] and is divided into five books. "Moses gave Israel the Five Books of Torah, and David gave Israel the five books of the Tehillim," says the Talmud.[4]

In Temple times the Psalms had a formal, designated purpose, as they were sung by the Levites to the music of the lyre while the *kohanim* offered up sacrifices. After the destruction of the Second Temple, many of the Psalms were incorporated into standardized liturgies to be recited as part of formal prayers. Apart from this, Tehillim, which derives from the Hebrew root *hallel*, to praise, is recited by Jewish people collectively and individually, as the desire occurs to offer praise and thanksgiving to God; or alternatively, in times of crisis and need, as a form of supplication, and even as a venue to express regret for sin.

This new edition was prompted by requests for an English

---

1. *Midrash Tehillim* 18:1.

2. *Hayom Yom*, p. 22.

3. Although a number of the psalms were first recited by others, such as Moses and Adam, nevertheless King David is universally credited as the author of the book as a whole. Various solutions are given, but they are beyond the scope of this preface.

4. *Midrash Tehillim* 1:1.

version of the Tehillim that, while remaining faithful to the original Hebrew, would facilitate its recitation. The editor of this edition, Rabbi Yosef B. Marcus, incorporated existing translations of parts of the Tehillim by Rabbis Nissen Mangel (*Siddur Tehillat Hashem*, Kehot) and Eliyahu Touger (*Maaneh Lashon*, Kehot).

For the sake of offering a book of supplication—rather than a book for study—we have chosen not to include a running commentary on the psalms, save for several annotations scattered throughout the text.

The various supplications recited after saying Tehillim for the sick were translated by Rabbi Y. Eliezer Danzinger. Special thanks to Rabbi Yosef B. Friedman for supervising this project.

This new edition will, hopefully, encourage an ever-increasing number of readers to turn to the Book of Tehillim, and engender blessings and forgiveness from Above through the songs of King David.

Kehot Publication Society

Brooklyn, New York
11 Nissan 5761

ספר תהלים
אהל יוסף יצחק

PSALMS
OHEL YOSEF YITZCHAK

ב"ה

הקדמה

עפ"י בקשת רבים הננו מוציאים בזה לאור את ספר התהלים יחד עם תקנת אמירת תהלים בציבור וקובץ מכתבים (אודות גודל ערך אמירת תהלים) מכ"ק אדמו"ר זצוקללה"ה נבג"מ זי"ע, אשר לקול קריאתו נתפשטה ונתרחבה מאד אמירת תהלים בצבור.

וכדי לעורר ולהמשיך זכותו עלינו שנתעורר באמירת התהלים בתשובה אמיתית ושתתקבלנה תפלותינו לרצון, קראנו להוצאת תהלים זה על שמו בשם „אהל יוסף יצחק".

הוצאת „קה"ת"

התעוררות על אמירת תהלים

כתב הרב הגדול רבי ישעיה הורוויץ בספרו שני לוחות הברית דף רנ"ז:

מי שחשקה נפשו לדבק בו יתברך ובשבחיו אז ידבק עצמו בספר תהלים וכבר אמרו רבותינו ז"ל שהתפלל דוד המלך ע"ה שיאמרו זמירותיו בבתי כנסיות ובתי מדרשות כי אין לנו דבר גדול יותר מספר תהלים שכלול מן הכל רבים מזמורים שבחים להשם יתברך ורבים מזמורים הם של בקשות מחילה וסליחה והכל מיד ה' השכיל דוד המלך ע"ה ברוח הקדש: **אשרי** האיש אשר אומר תהלים בשירה ובזמרה ובכוונת הלב ולא כמו בדור הזה שאומרים במרוצה ובלתי כוונה: **אלא** אם ירצו לקבל שכר עליהם ויהיה אמירתן נחת רוח לפני השם יתברך צריכין לומר בנחת: **בתהלים** בכל פעם שנזכר בו עדותיך צריך להיות נקרא בנקודות אלו **עדותיך** ר"ל העי"ן בציר"י והדל"ת בחול"ם והתי"ו בסגו"ל והכ"ף בקמ"ץ חוץ מן אלו אותיות בתמניא אפי שסימנם דמ"ה ב"ן פר"ץ אם נזכר בהם עדותיך צריך לקרות בנקודות אלו **עדותיך** ר"ל העי"ן בציר"י ודל"ת בשו"א והוא"ו בחולם והתי"ו בסגול והכ"ף בקמ"ץ וצריך להניע הוא"ו בחולם והדל"ת צריך לחבר עם העי"ן ככל שו"א נח באמצע התיבה חוץ מן א' והוא צוית עדותיך וכן הוא מקובל מאבותינו שצריך לקרות באלו אותיות בנקוד הזה:

וכתב הלבוש בסימן א' כיון שעיקר הטעם של אמירת תהלים הוא כדי להכרית המקטרגים כדי שתעלה התפלה בשלום על כן אם אפשר שיאמר תהלים קודם התפלה מה טוב ומה נעים כדי שיזמר עריצים ולהכרית כל החוחים והקוצים הסובבים את השושנה העליונה קודם התפלה ותעלה התפלה אחר זה לרצון יתברך ויזהר עד מאוד אם בא לבית הכנסת כשהצבור מתפללין שלא יעשה העיקר טפל והטפל עיקר אלא לעולם יתפלל עם הצבור תפלתו בכוונה ולא במרוצה ולא במהירות כי כבר סדרו לנו חכמינו אותן פסוקי דזמרה מן ברוך שאמר עד ישתבח כדי להכרית הקליפות והמקטרגים כדי שתעלה התפלה בשלום למעלה:

PREFACE

In response to public demand, we present this edition of Tehillim, which includes a record of Rabbi Yosef Yitzchak Schneersohn's establishment of the recitation of Tehillim by the congregation. Also included is a selection of letters by Rabbi Yosef Yitzchak (on the great significance of saying Tehillim), upon whose call the custom of reciting Tehillim by the congregation has become widespread.

Accordingly, in order to arouse and draw down his merit upon us, so that we be inspired through the recitation of Tehillim to true *teshuvah*, and that our prayers be welcomed and accepted, we have named this edition of the Tehillim after him—Ohel Yosef Yitzchak.

KEHOT PUBLICATION SOCIETY

INSPIRATION FOR SAYING TEHILLIM

The illustrious rabbi, Rabbi Isaiah Horowitz, writes in his *Shnei Luchot Habrit* (p. 257):

One who longs to cleave to God and His praises should cleave to the Book of Tehillim. Indeed, our Sages say that King David prayed that his psalms be recited in synagogues and study-halls. For we have nothing greater than the Book of Tehillim, which consists of every [type of prayer]: some psalms are hymns to God, while others are prayers for forgiveness. Furthermore, King David composed all of the psalms with divine inspiration. • Fortunate is the man who recites Tehillim with song, melody, and concentration—unlike the rushed and inattentive way it is recited in our generation. Rather, if one wishes to receive reward for reciting psalms, and to please God by their recitation, he must recite them attentively. • Usually, when the word "עדותיך" appears, it is pronounced "*eidotecha*." When it appears in psalm 119, however (in the verses beginning with the letters of the mnemonic *DaMaH BeN PeReTZ*), it is pronounced "*eidvotecha,*" except in verse 138, where it remains "*eidotecha*." Thus have we received from our forefathers.

The author of the *Levush* writes in chapter 1: Since the primary reason for saying Tehillim is in order to eliminate the prosecuting angels and enable our prayers to ascend in peace, it is praiseworthy to say Tehillim *before* praying, in order to "cut down tyrants and cut off all the thorns and briars that surround the Supernal Rose" before praying, enabling the subsequent prayer to be pleasing to God. However, one who arrives at the synagogue after the congregation has already begun praying should by no means give precedence to the less essential, ignoring the principal. Rather, he should pray attentively and slowly with the congregation; for our Sages have instituted the saying of the "Verses of Praise" (from *Boruch She'amar* through *Yishtabach*) in order to eliminate the *kelipot* (negative powers) and prosecuting angels, so that our prayers ascend heavenward in peace.

תקנת אמירת תהלים בציבור

זה כמה שנים אשר בהרבה קהילות ישראל, הן בבתי כנסיות מתפללי נוסח אר"י והן בשאר בתי כנסיות, יסדו לומר בכל יום אחר תפלת שחרית שיעור תהלים כפי שמתחלק לימי החדש, ואומרים ק"י אחריו.

ובכל שבת קודש שמברכים בו החדש אומרים בהשכמה, קודם התפלה, כל התהלים וקדיש יתום אחר זה, ואם יש חיוב – יא"צ או אבל – אומרים קדיש יתום אחר כל ספר.

וגם בש"ק שלפני ר"ה נוהגין כן.

* * *

החל מיום שני דר"ח אלול עד יוה"כ אומרים נוסף על הנ"ל שלשה קאפ' תהלים (ב' דר"ח אלול קאפ' א־ג, ב' אלול קאפ' ד־ו וכו') וביום הכפורים שלשים וששה קאפ': ט' קודם כל נדרי (קטו־קכג), ט' קודם השינה (קכד־קלב), ט' אחר מוסף (קלג־קמא), ט' אחר נעילה (קמב־קנ).

* * *

תקנה נוספת התחל מיום א' ב' ניסן, תשי"ד: בימים שאין אומרים בהם תחנון ובמילא א"א למנצח גו' יענך, אומרים אחר התפלה לפני אמירת תהלים את המזמור למנצח יענך, אבל לא בתור סדר התפלה כי אם בסדר תחנונים.

* * *

מנהג לאמר את הקאפיטל תהלים המתאים למספר שנותיו, (היינו ביום שנמלאו לו יג' שנה ואילך – קאפ' יד, כשנמלאו לו יד' שנה ואילך – קאפ' טו וכו'), קודם אמירת השיעור תהלים דכל יום כנהוג.

* * *

לויט די אויבנדערמאָנטע תקנה – ווערט אין די שוהלן יעדן טאָג נאָך שחרית געזאָגט תהלים לויט דער פאַרטיילונג אויף די טעג פון חודש, און נאָכדעם קדיש יתום. אויסער דעם זאָגט מען יעדן שבת מברכים פאַר שחרית דעם גאַנצן תהלים, און נאָכדעם קדיש יתום, אויב ס'איז דאָ אַ חיוב – אַ יאָרצייט אָדער אבל – זאָגט מען קדיש יתום נאָך יעדן ספר.

אויך דעם שבת וואָס פאַר ראש השנה איז מען זיך נוהג ווי שבת מברכים.

* * *

אָנהייבענדיק פון דעם צווייטן טאָג ראש חודש אלול ביז יום כפור זאָגט מען אויסער דער שטענדיקער פאַרטיילונג פון תהלים אויך די פאָלגנדע דריי קאַפּיטליך (דעם צווייטן טאָג ראש חודש קאַפּ' א־ג, ב' אלול קאַפּ' ד־ו א.א.וו.) און יום כפור זאָגט מען זעקס און דרייסיק קאַפּיטליך. 9 פאַר כל נדרי (קטו־קכג), 9 פאַרן שלאָפן (קכד־קלב), 9 נאָך מוסף (קלג־קמא), 9 נאָך נעילה (קמב־קנ).

* * *

אין די טעג וואָס מען זאָגט ניט קיין תחנון, זאָגט מען נאָך דעם דאַווענען, בעפאַר דעם זאָגן פון דעם טעגליכן יום תהלים, אויך דעם קאַפּיטל למנצח יענך (קאַפּ' כ"ף).

* * *

עס איז אויך אַ מנהג אַז יעדן טאָג, זאָגט מען נאָך דעם דאַווענען, בעפאַר מען זאָגט דעם טעגליכן יום תהלים, אויך דעם קאַפּיטל וועלכער ענטשפּרעכט דער צאָל יאָרן ווי אַלט מען איז.

THE CUSTOM TO
RECITE TEHILLIM PUBLICLY

For a number of years now, many Jewish communities—both Nusach Ari congregations, and others—have instituted the daily recitation of the portion of Tehillim, as it is arranged according to the days of the month. This is recited after the Morning Prayer, followed by the Mourner's Kaddish.

Furthermore, on every *Shabbat Mevarchim* [the last Shabbat of the month], early in the morning before prayer, the entire Tehillim is recited, followed by the Mourner's Kaddish. If one who is obligated to say Kaddish is present—either one who has Yahrtzeit, or a mourner—the Mourner's Kaddish is recited at the conclusion of each book [of the five books of Tehillim].

This is also done on the Shabbat preceding Rosh Hashanah [even though we do not bless the New Month of Tishrei].

* * *

From the second day of Rosh Chodesh Elul until Yom Kippur, three psalms are recited in addition to those mentioned above. (On the second day of Rosh Chodesh Elul, psalms 1-3 are recited; on the second day of Elul, psalms 4-6 are recited, and so on.) On Yom Kippur, 36 psalms are recited: 9 before the *Kol Nidrei* prayer (115-123); 9 before retiring (124-132); 9 after the *Mussaf* prayer (133-141); and 9 after the *Neilah* prayer (142-150).

* * *

An additional practice was instituted on Sunday, the second of Nissan, 5704 (1944): On days when *Tachanun* [penitential prayer] is not said, and consequently *Lamnatze'ach Ya'ancha* [Psalm 20] is omitted from the prayers, this psalm is recited following the prayers before the saying of Tehillim. It is not said as part of the order of prayer, rather as part of the order of additional supplications.

* * *

It is customary to recite the chapter of Tehillim that corresponds to one's age (i.e., from one's thirteenth birthday and on, one should recite chapter 14, and from one's fourteenth birthday and on, chapter 15, etc.). This is recited before the recitation of the customary daily portion.

יהי רצון קודם תהלים בחול

יְהִי רָצוֹן מִלְּפָנֶיךָ יְיָ אֱלֹהֵינוּ וֵאלֹהֵי אֲבוֹתֵינוּ הַבּוֹחֵר בְּדָוִד עַבְדּוֹ וּבְזַרְעוֹ אַחֲרָיו וְהַבּוֹחֵר בְּשִׁירוֹת וְתִשְׁבָּחוֹת שֶׁתֵּפֶן בְּרַחֲמִים אֶל קְרִיאַת מִזְמוֹרֵי תְהִלִּים שֶׁאֶקְרָא כְּאִלּוּ אֲמָרָם דָּוִד הַמֶּלֶךְ עָלָיו הַשָּׁלוֹם בְּעַצְמוֹ זְכוּתוֹ יָגֵן עָלֵינוּ וְיַעֲמֹד לָנוּ זְכוּת פְּסוּקֵי תְהִלִּים וּזְכוּת תֵּבוֹתֵיהֶם וְאוֹתִיּוֹתֵיהֶם וּנְקֻדּוֹתֵיהֶם וְטַעֲמֵיהֶם וְהַשֵּׁמוֹת הַיּוֹצְאִים מֵהֶם מֵרָאשֵׁי תֵבוֹת וּמִסּוֹפֵי תֵבוֹת לְכַפֵּר פְּשָׁעֵינוּ וַעֲוֹנוֹתֵינוּ וְחַטֹּאתֵינוּ. וּלְזַמֵּר עָרִיצִים וּלְהַכְרִית כָּל הַחוֹחִים וְהַקּוֹצִים הַסּוֹבְבִים אֶת הַשּׁוֹשַׁנָּה הָעֶלְיוֹנָה וּלְחַבֵּר אֵשֶׁת נְעוּרִים עִם דּוֹדָהּ בְּאַהֲבָה וְאַחֲוָה וְרֵעוּת וּמִשָּׁם יִמָּשֵׁךְ לָנוּ שֶׁפַע לְנֶפֶשׁ רוּחַ וּנְשָׁמָה לְטַהֲרֵנוּ מֵעֲוֹנוֹתֵינוּ וְלִסְלוֹחַ חַטֹּאתֵינוּ וּלְכַפֵּר פְּשָׁעֵינוּ כְּמוֹ שֶׁסָּלַחְתָּ לְדָוִד שֶׁאָמַר מִזְמוֹרִים אֵלּוּ לְפָנֶיךָ כְּמוֹ שֶׁנֶּאֱמַר גַּם יְיָ הֶעֱבִיר חַטָּאתְךָ לֹא תָמוּת. וְאַל תִּקָּחֵנוּ מֵהָעוֹלָם הַזֶּה קוֹדֶם זְמַנֵּנוּ עַד מְלֹאת שְׁנוֹתֵינוּ בָּהֶם שִׁבְעִים שָׁנָה בְּאֹפֶן שֶׁנּוּכַל לְתַקֵּן אֵת אֲשֶׁר שִׁחַתְנוּ. וּזְכוּת דָּוִד הַמֶּלֶךְ עָלָיו הַשָּׁלוֹם יָגֵן עָלֵינוּ וּבַעֲדֵנוּ שֶׁתַּאֲרִיךְ אַפְּךָ עַד שׁוּבֵנוּ אֵלֶיךָ בִּתְשׁוּבָה שְׁלֵמָה לְפָנֶיךָ וּמֵאוֹצַר מַתְּנַת חִנָּם חָנֵּנוּ כְּדִכְתִיב וְחַנֹּתִי אֶת אֲשֶׁר אָחֹן וְרִחַמְתִּי אֶת אֲשֶׁר אֲרַחֵם. וּכְשֵׁם שֶׁאָנוּ אוֹמְרִים לְפָנֶיךָ שִׁירָה בָּעוֹלָם הַזֶּה כַּךְ נִזְכֶּה לוֹמַר לְפָנֶיךָ יְיָ אֱלֹהֵינוּ שִׁיר וּשְׁבָחָה לָעוֹלָם הַבָּא. וְעַל יְדֵי אֲמִירַת תְּהִלִּים תִּתְעוֹרֵר חֲבַצֶּלֶת הַשָּׁרוֹן וְלָשִׁיר בְּקוֹל נָעִים בְּגִילַת וְרַנֵּן כְּבוֹד הַלְּבָנוֹן נִתַּן לָהּ הוֹד וְהָדָר בְּבֵית אֱלֹהֵינוּ בִּמְהֵרָה בְיָמֵינוּ אָמֵן סֶלָה:

קודם שיתחיל תהלים יאמר ג' פסוקים אלו:

לְכוּ נְרַנְּנָה לַייָ נָרִיעָה לְצוּר יִשְׁעֵנוּ: נְקַדְּמָה פָנָיו בְּתוֹדָה בִּזְמִרוֹת נָרִיעַ לוֹ: כִּי אֵל גָּדוֹל יְיָ וּמֶלֶךְ גָּדוֹל עַל כָּל אֱלֹהִים:

PRAYER BEFORE RECITING TEHILLIM

DURING THE WEEK

May it be Your Will, O Lord, our God and the God of our fathers—Who chooses His servant David and his offspring after him, and Who chooses songs and praises—that You turn with mercy to the reading of the psalms of Tehillim that I shall read, as if King David of blessed memory himself had said them—may his merit protect us.

May the merit of the verses of Tehillim and the merit of their words, letters, vowels, and cantillations, as well as the Divine Names formed by (acronyms of) the initial and final letters—stand us in good stead to atone for our transgressions, iniquities, and sins; to cut down tyrants and cut off all the thorns and briars that surround the Supernal Rose; to unite the Bride of Youth with her Beloved, with love, brotherhood, and fellowship. And from that unification may abundant sustenance be drawn to our spirit, breath, and soul, to purify us of our iniquities, forgive our sins, and atone for our transgressions, just as You forgave David who said these psalms before You—as it says, "The Lord has also removed your sin; you will not die."

May You not take us from this world before our time—before the completion of our years "which number seventy"—so that we may repair that which we have ruined.

May the merit of King David, of blessed memory, shield over us and around us, that You may be patient with us until we return to You in complete repentance.

May You favor us from Your treasury of gratuitous gifts, as it is written, "I favor those whom I favor, and I am merciful with those upon whom I take mercy." And just as we sing praise before You in this world, so may we merit, O Lord our God, to sing songs and praises before You in the World to Come.

And through the saying of Tehillim, may the Tulip of Sharon[1] be inspired to sing with a sweet voice, with happiness and with joy. May the glory of the Lebanon be given to her, majesty and splendor in the House of our God, speedily in our days. *Amen, Selah.*

---◇◇◇※◇◇◇---

Before reciting Tehilim say the following three verses:

Come, let us sing to the Lord; let us raise our voices in jubilation to the Rock of our deliverance. Let us approach Him with thanksgiving; let us raise our voices to Him in song. For the Lord is a great God, and a great King over all supernal beings.

---

1. See *Song of Songs* 2:1; *Shulchan Aruch, Orach Chaim* 216:9; *Zohar, Vayechi* 221a.

תְּהִלִּים

ליום ראשון

א.

התעוררות לעסוק בתורה בלא חטא ואז יהא בטוח שכל מעשה ידיו מצליחים ובהיפך הרשעים:

יום א

א אַשְׁרֵי הָאִישׁ אֲשֶׁר לֹא הָלַךְ בַּעֲצַת רְשָׁעִים
וּבְדֶרֶךְ חַטָּאִים לֹא עָמָד וּבְמוֹשַׁב לֵצִים לֹא יָשָׁב:
ב כִּי אִם־בְּתוֹרַת יְהֹוָה חֶפְצוֹ וּבְתוֹרָתוֹ יֶהְגֶּה יוֹמָם וָלָיְלָה:
ג וְהָיָה כְּעֵץ שָׁתוּל עַל־פַּלְגֵי מָיִם אֲשֶׁר פִּרְיוֹ | יִתֵּן
בְּעִתּוֹ וְעָלֵהוּ לֹא יִבּוֹל וְכֹל אֲשֶׁר־יַעֲשֶׂה יַצְלִיחַ:
ד לֹא כֵן הָרְשָׁעִים כִּי אִם־כַּמֹּץ אֲשֶׁר־תִּדְּפֶנּוּ רוּחַ:
ה עַל־כֵּן | לֹא־יָקֻמוּ רְשָׁעִים בַּמִּשְׁפָּט וְחַטָּאִים בַּעֲדַת
צַדִּיקִים: ו כִּי־יוֹדֵעַ יְהֹוָה דֶּרֶךְ צַדִּיקִים וְדֶרֶךְ רְשָׁעִים
תֹּאבֵד:

ב.

ידבר לכל אדם שלא יתחכם על מדותיו של הקב"ה ואם יש לאדם איזה שמחה שיהיה ברעדה שלא יגרמו חטאיו שיהפך השמחה:

א לָמָּה רָגְשׁוּ גוֹיִם וּלְאֻמִּים יֶהְגּוּ־רִיק: ב יִתְיַצְּבוּ |

PSALMS

SUNDAY

1

This psalm inspires man to study Torah and avoid sin. One who follows this path is assured of success in all his deeds, whereas the plight of the wicked is the reverse.

DAY **1**

אשרי 1 Fortunate is the man that has not walked in
the counsel of the wicked, nor stood in the path of
sinners, nor sat in the company of scoffers. 2 Rather, his
desire is in the Torah of the Lord, and in His Torah he
meditates day and night. 3 He shall be like a tree planted
by streams of water, that yields its fruit in its season, and
whose leaf does not wither; and all that he does shall
prosper. 4 Not so the wicked; rather, they are like the
chaff that the wind drives away. 5 Therefore the wicked
will not endure in judgement, nor sinners in the assem-
bly of the righteous. 6 For the Lord minds the way of
the righteous, but the way of the wicked will perish.

2

This psalm warns against trying to outwit the ways of God. It also instructs one who has reason to rejoice, to tremble—lest his sins cause his joy to be overturned.

למה 1 Why do nations gather, and peoples speak
futility? 2 The kings of the earth rise up, and rulers

מַלְכֵי־אֶרֶץ וְרוֹזְנִים נוֹסְדוּ־יָחַד עַל־יְהֹוָה וְעַל־מְשִׁיחוֹ:

ג נְנַתְּקָה אֶת־מוֹסְרוֹתֵימוֹ וְנַשְׁלִיכָה מִמֶּנּוּ עֲבֹתֵימוֹ:

ד יוֹשֵׁב בַּשָּׁמַיִם יִשְׂחָק אֲדֹנָי יִלְעַג־לָמוֹ: ה אָז יְדַבֵּר

אֵלֵימוֹ בְאַפּוֹ וּבַחֲרוֹנוֹ יְבַהֲלֵמוֹ: ו וַאֲנִי נָסַכְתִּי מַלְכִּי

עַל־צִיּוֹן הַר־קָדְשִׁי: ז אֲסַפְּרָה אֶל חֹק יְהֹוָה אָמַר אֵלַי

בְּנִי אַתָּה אֲנִי הַיּוֹם יְלִדְתִּיךָ: ח שְׁאַל מִמֶּנִּי וְאֶתְּנָה

גוֹיִם נַחֲלָתֶךָ וַאֲחֻזָּתְךָ אַפְסֵי־אָרֶץ: ט תְּרֹעֵם בְּשֵׁבֶט

בַּרְזֶל כִּכְלִי יוֹצֵר תְּנַפְּצֵם: י וְעַתָּה מְלָכִים הַשְׂכִּילוּ

הִוָּסְרוּ שֹׁפְטֵי אָרֶץ: יא עִבְדוּ אֶת־יְהֹוָה בְּיִרְאָה וְגִילוּ

בִּרְעָדָה: יב נַשְּׁקוּ־בַר פֶּן־יֶאֱנַף | וְתֹאבְדוּ דֶרֶךְ כִּי־

יִבְעַר כִּמְעַט אַפּוֹ אַשְׁרֵי כָּל־חוֹסֵי בוֹ:

ג.

כשבא עונש על אדם אל יקוץ בתוכחתו שמא לפי חטאו היה חייב עוד יותר והש״י
מתחסד עמו:

א מִזְמוֹר לְדָוִד בְּבָרְחוֹ מִפְּנֵי | אַבְשָׁלוֹם בְּנוֹ:

ב יְהֹוָה מָה־רַבּוּ צָרָי רַבִּים קָמִים עָלָי: ג רַבִּים אֹמְרִים

לְנַפְשִׁי אֵין יְשׁוּעָתָה לּוֹ בֵאלֹהִים סֶלָה: ד וְאַתָּה יְהֹוָה

מָגֵן בַּעֲדִי כְּבוֹדִי וּמֵרִים רֹאשִׁי: ה קוֹלִי אֶל־יְהֹוָה אֶקְרָא

conspire together, against the Lord and against His anointed: 3 "Let us sever their cords, and cast their ropes from upon us!" 4 He Who sits in heaven laughs, my Master mocks them. 5 Then He speaks to them in His anger, and terrifies them in His wrath: 6 "It is I Who have anointed My king, upon Zion, My holy mountain." 7 I am obliged to declare: The Lord said to me, "You are my son, I have this day begotten you.[1] 8 Ask of Me, and I will make the nations your inheritance, and the ends of the earth your possession. 9 Smash them with a rod of iron, shatter them like a potter's vessel." 10 Now be wise, you kings; be disciplined, you rulers of the earth. 11 Serve the Lord with awe, and rejoice with trembling. 12 Yearn for purity—lest He become angry and your path be doomed, if his anger flares for even a moment. Fortunate are all who put their trust in Him.

3

When punishment befalls man, let him not be upset by his chastisement, for perhaps—considering his sins—he is deserving of worse, and God is in fact dealing kindly with him.

מזמור 1 A psalm by David, when he fled from Absalom his son. 2 Lord, how numerous are my oppressors; many rise up against me! 3 Many say of my soul, "There is no salvation for him from God—ever!" 4 But You, Lord, are a shield for me, my glory, the One Who raises my head. 5 With my voice I call to the Lord, and He

---

1. The day David was crowned (*Rashi*).

וַיַּעֲנֵנִי מֵהַר קָדְשׁוֹ סֶלָה: ו אֲנִי שָׁכַבְתִּי וָאִישָׁנָה
הֱקִיצׂוֹתִי כִּי יְהוָה יִסְמְכֵנִי: ז לֹא־אִירָא מֵרִבְבוֹת עָם
אֲשֶׁר סָבִיב שָׁתוּ עָלָי: ח קוּמָה יְהוָה ׀ הוֹשִׁיעֵנִי אֱלֹהַי כִּי־
הִכִּיתָ אֶת־כָּל־אֹיְבַי לֶחִי שִׁנֵּי רְשָׁעִים שִׁבַּרְתָּ:
ט לַיהוָה הַיְשׁוּעָה עַל־עַמְּךָ בִרְכָתֶךָ סֶּלָה:

ד.

מוסר לאדם שלא ילבין פני חבירו ושלא יאמר רכילות ולשון הרע ושלא יקבלנו. ולא
יקנא אם רואה שהרשעים מצליחים בעולם הזה רק ישמח ויאמר אם למכעיסיו כך וכו':

א לַמְנַצֵּחַ בִּנְגִינוֹת מִזְמוֹר לְדָוִד: ב בְּקָרְאִי עֲנֵנִי ׀
אֱלֹהֵי צִדְקִי בַּצָּר הִרְחַבְתָּ לִּי חָנֵּנִי וּשְׁמַע תְּפִלָּתִי:
ג בְּנֵי־אִישׁ עַד־מֶה כְבוֹדִי לִכְלִמָּה תֶּאֱהָבוּן רִיק
תְּבַקְשׁוּ כָזָב סֶלָה: ד וּדְעוּ כִּי־הִפְלָה יְהוָה חָסִיד לוֹ
יְהוָה יִשְׁמַע בְּקָרְאִי אֵלָיו: ה רִגְזוּ וְאַל־תֶּחֱטָאוּ אִמְרוּ
בִלְבַבְכֶם עַל־מִשְׁכַּבְכֶם וְדֹמּוּ סֶלָה: ו זִבְחוּ זִבְחֵי־
צֶדֶק וּבִטְחוּ אֶל־יְהוָה: ז רַבִּים אֹמְרִים מִי־יַרְאֵנוּ טוֹב
נְסָה־עָלֵינוּ אוֹר פָּנֶיךָ יְהוָה: ח נָתַתָּה שִׂמְחָה בְלִבִּי
מֵעֵת דְּגָנָם וְתִירוֹשָׁם רָבּוּ: ט בְּשָׁלוֹם יַחְדָּו אֶשְׁכְּבָה
וְאִישָׁן כִּי־אַתָּה יְהוָה לְבָדָד לָבֶטַח תּוֹשִׁיבֵנִי:

answers me from His holy mountain, *Selah.* 6 I lie down and sleep; I awake, for the Lord sustains me. 7 I do not fear the myriads of people that have aligned themselves all around me. 8 Arise, O Lord, deliver me, my God. For You struck all my enemies on the cheek, You smashed the teeth of the wicked. 9 Deliverance is the Lord's; may Your blessing be upon Your people forever.

4

This psalm exhorts man not to shame his fellow, and to neither speak nor listen to gossip and slander. Envy not the prosperity of the wicked in this world, rather rejoice and say: "If it is so for those who anger Him . . . [how much better it will be for those who serve Him!"]

למנצח 1 For the Conductor, with instrumental music, a psalm by David. 2 Answer me when I call, O God [Who knows] my righteousness. You have relieved me in my distress; be gracious to me and hear my prayer. 3 Sons of men, how long will you turn my honor to shame, will you love vanity, and endlessly seek falsehood? 4 Know that the Lord has set apart His devout one; the Lord will hear when I call to Him. 5 Tremble and do not sin; reflect in your hearts upon your beds, and be silent forever. 6 Offer sacrifices in righteousness, and trust in the Lord. 7 Many say: "Who will show us good?" Raise the light of Your countenance upon us, O Lord. 8 You put joy in my heart, greater than [their joy] when their grain and wine abound. 9 In peace and harmony I will lie down and sleep, for You, Lord, will make me dwell alone, in security.

ה.

תפלה לכל יחיד שהרשעים בשביל מעשיהם יאבדו וצדיקים ישמחו בשביל מעשיהם
הטובים:

א לַמְנַצֵּחַ אֶל־הַנְּחִילוֹת מִזְמוֹר לְדָוִד: ב אֲמָרַי
הַאֲזִינָה ׀ יְהֹוָה בִּינָה הֲגִיגִי: ג הַקְשִׁיבָה ׀ לְקוֹל שַׁוְעִי
מַלְכִּי וֵאלֹהָי כִּי־אֵלֶיךָ אֶתְפַּלָּל: ד יְהֹוָה בֹּקֶר תִּשְׁמַע
קוֹלִי בֹּקֶר אֶעֱרָךְ־לְךָ וַאֲצַפֶּה: ה כִּי ׀ לֹא אֵל חָפֵץ
רֶשַׁע ׀ אָתָּה לֹא יְגֻרְךָ רָע: ו לֹא־יִתְיַצְּבוּ הוֹלְלִים
לְנֶגֶד עֵינֶיךָ שָׂנֵאתָ כָּל־פֹּעֲלֵי אָוֶן: ז תְּאַבֵּד דֹּבְרֵי כָזָב
אִישׁ־דָּמִים וּמִרְמָה יְתָעֵב ׀ יְהֹוָה: ח וַאֲנִי בְּרֹב חַסְדְּךָ
אָבוֹא בֵיתֶךָ אֶשְׁתַּחֲוֶה אֶל־הֵיכַל־קָדְשְׁךָ בְּיִרְאָתֶךָ:
ט יְהֹוָה ׀ נְחֵנִי בְצִדְקָתֶךָ לְמַעַן שׁוֹרְרָי הַיְשַׁר לְפָנַי דַּרְכֶּךָ:
י כִּי אֵין בְּפִיהוּ נְכוֹנָה קִרְבָּם הַוּוֹת קֶבֶר־פָּתוּחַ
גְּרֹנָם לְשׁוֹנָם יַחֲלִיקוּן: יא הַאֲשִׁימֵם ׀ אֱלֹהִים יִפְּלוּ
מִמֹּעֲצוֹתֵיהֶם בְּרֹב פִּשְׁעֵיהֶם הַדִּיחֵמוֹ כִּי מָרוּ בָךְ:
יב וְיִשְׂמְחוּ כָל־חוֹסֵי בָךְ לְעוֹלָם יְרַנֵּנוּ וְתָסֵךְ עָלֵימוֹ
וְיַעְלְצוּ בְךָ אֹהֲבֵי שְׁמֶךָ: יג כִּי־אַתָּה תְּבָרֵךְ צַדִּיק יְהֹוָה
כַּצִּנָּה רָצוֹן תַּעְטְרֶנּוּ:

5

A prayer for every individual, requesting that the wicked perish for their deeds, and the righteous rejoice for their good deeds.

למנצח 1 For the Conductor, on the *nechilot,*[1] a psalm
by David. 2 Give ear to my words, O Lord, consider my
thoughts. 3 Listen to the voice of my cry, my King and
my God, for to You I pray. 4 Lord, hear my voice in the
morning; in the morning I set [my prayers] before you
and hope. 5 For You are not a God Who desires
wickedness; evil does not abide with You. 6 The boastful
cannot stand before Your eyes; You hate all evildoers.
7 You destroy the speakers of falsehood; the Lord de-
spises the man of blood and deceit. 8 And I, through
Your abundant kindness, come into Your house; I bow
toward Your holy Sanctuary, in awe of You. 9 Lead me,
O Lord, in Your righteousness, because of my watchful
enemies; straighten Your path before me. 10 For there is
no sincerity in their mouths, their heart is treacherous;
their throat is an open grave, [though] their tongue
flatters. 11 Find them guilty, O God, let them fall by their
schemes; banish them for their many sins, for they have
rebelled against You. 12 But all who trust in You will
rejoice, they will sing joyously forever; You will shelter
them, and those who love Your Name will exult in You.
13 For You, Lord, will bless the righteous one; You will
envelop him with favor as with a shield.

1. A musical instrument that sounded like the buzzing of bees *(Metzudot).*

ו.

תפלה נוראה לכל אדם להתפלל בחליו שהשי"ת ירפא אותו רפואת הנפש ורפואת
הגוף וכל חולה המתפלל תפלה זו בכוונה ובלב נשבר ונדכה בטוח הוא שהקב"ה
יקבל תפלתו:

א לַמְנַצֵּחַ בִּנְגִינוֹת עַל־הַשְּׁמִינִית מִזְמוֹר לְדָוִד:

ב יְהֹוָה אַל־בְּאַפְּךָ תוֹכִיחֵנִי וְאַל־בַּחֲמָתְךָ תְיַסְּרֵנִי:

ג חָנֵּנִי יְהֹוָה כִּי אֻמְלַל אָנִי רְפָאֵנִי יְהֹוָה כִּי נִבְהֲלוּ עֲצָמָי:

ד וְנַפְשִׁי נִבְהֲלָה מְאֹד וְאַתָּה יְהֹוָה עַד־מָתָי: ה שׁוּבָה

יְהֹוָה חַלְּצָה נַפְשִׁי הוֹשִׁיעֵנִי לְמַעַן חַסְדֶּךָ: ו כִּי אֵין

בַּמָּוֶת זִכְרֶךָ בִּשְׁאוֹל מִי יוֹדֶה־לָּךְ: ז יָגַעְתִּי בְּאַנְחָתִי

אַשְׂחֶה בְכָל־לַיְלָה מִטָּתִי בְּדִמְעָתִי עַרְשִׂי אַמְסֶה:

ח עָשְׁשָׁה מִכַּעַס עֵינִי עָתְקָה בְּכָל־צוֹרְרָי: ט סוּרוּ

מִמֶּנִּי כָּל־פֹּעֲלֵי אָוֶן כִּי־שָׁמַע יְהֹוָה קוֹל בִּכְיִי: י שָׁמַע

יְהֹוָה תְּחִנָּתִי יְהֹוָה תְּפִלָּתִי יִקָּח: יא יֵבֹשׁוּ וְיִבָּהֲלוּ מְאֹד

כָּל־אֹיְבָי יָשֻׁבוּ יֵבֹשׁוּ רָגַע:

ז.

אם הקב"ה מיסר שונאך אל תשמח כאשר ענוש לצדיקים לא טוב ובשביל זה התנצל
עצמו בכל כחו לפני הקב"ה שלא עשה לו רעה בידים אבל הוא בעצמו גרם הרעה
שמחשבתו לא היה רק טוב:

א שִׁגָּיוֹן לְדָוִד אֲשֶׁר־שָׁר לַיהֹוָה עַל־דִּבְרֵי־כוּשׁ בֶּן

6

This is an awe-inspiring prayer for one who is ill, to pray that God heal him, body and soul. An ailing person who offers this prayer devoutly and with a broken heart is assured that God will accept his prayer.

למנצח 1 For the Conductor, with instrumental music for the eight-stringed harp, a psalm by David. 2 Lord, do not punish me in Your anger, nor chastise me in Your wrath. 3 Be gracious to me, O Lord, for I languish away; heal me, O Lord, for my bones tremble in fear. 4 My soul is panic-stricken; and You, O Lord, how long [before You help]? 5 Relent, O Lord, deliver my soul; save me for the sake of Your kindness. 6 For there is no remembrance of You in death; who will praise You in the grave? 7 I am weary from sighing; each night I drench my bed, I melt my couch with my tears. 8 My eye has grown dim from vexation, worn out by all my oppressors. 9 Depart from me, all you evildoers, for the Lord has heard the sound of my weeping. 10 The Lord has heard my supplication; the Lord accepts my prayer. 11 All my enemies will be shamed and utterly terrified; they will then repent and be shamed for a moment.[1]

7

Do not rejoice if God causes your enemy to suffer—just as the suffering of the righteous is not pleasant. David, therefore, defends himself intensely before God, maintaining that he did not actively harm Saul. In fact, Saul precipitated his own harm, while David's intentions were only for the good.

שגיון 1 A *shigayon*[2] by David, which he sang to the Lord concerning Kush the Benjaminite. 2 I put my trust

---

1. Only for a moment will they be shamed, because I will forgive them and never again mention their deeds (*Metzudot*). **2.** This refers either to a musical instrument, or to a mistake committed by David, in recognition of which this psalm was written (*Rashi*).

יְמִינִי: ב יְהֹוָה אֱלֹהַי בְּךָ חָסִיתִי הוֹשִׁיעֵנִי מִכָּל־רֹדְפַי

וְהַצִּילֵנִי: ג פֶּן־יִטְרֹף כְּאַרְיֵה נַפְשִׁי פֹּרֵק וְאֵין מַצִּיל:

ד יְהֹוָה אֱלֹהַי אִם־עָשִׂיתִי זֹאת אִם־יֶשׁ־עָוֶל בְּכַפָּי: ה אִם־

גָּמַלְתִּי שׁוֹלְמִי רָע וָאֲחַלְּצָה צוֹרְרִי רֵיקָם: ו יִרַדֹּף

אוֹיֵב ׀ נַפְשִׁי וְיַשֵּׂג וְיִרְמֹס לָאָרֶץ חַיָּי וּכְבוֹדִי ׀ לֶעָפָר

יַשְׁכֵּן סֶלָה: ז קוּמָה יְהֹוָה ׀ בְּאַפֶּךָ הִנָּשֵׂא בְּעַבְרוֹת

צוֹרְרָי וְעוּרָה אֵלַי מִשְׁפָּט צִוִּיתָ: ח וַעֲדַת לְאֻמִּים

תְּסוֹבְבֶךָּ וְעָלֶיהָ לַמָּרוֹם שׁוּבָה: ט יְהֹוָה יָדִין עַמִּים

שָׁפְטֵנִי יְהֹוָה כְּצִדְקִי וּכְתֻמִּי עָלָי: י יִגְמָר־נָא רַע ׀ רְשָׁעִים

וּתְכוֹנֵן צַדִּיק וּבֹחֵן לִבּוֹת וּכְלָיוֹת אֱלֹהִים צַדִּיק:

יא מָגִנִּי עַל־אֱלֹהִים מוֹשִׁיעַ יִשְׁרֵי־לֵב: יב אֱלֹהִים שׁוֹפֵט

צַדִּיק וְאֵל זֹעֵם בְּכָל־יוֹם: יג אִם־לֹא יָשׁוּב חַרְבּוֹ

יִלְטוֹשׁ קַשְׁתּוֹ דָרַךְ וַיְכוֹנְנֶהָ: יד וְלוֹ הֵכִין כְּלֵי־מָוֶת

חִצָּיו לְדֹלְקִים יִפְעָל: טו הִנֵּה יְחַבֶּל־אָוֶן וְהָרָה עָמָל

וְיָלַד שָׁקֶר: טז בּוֹר כָּרָה וַיַּחְפְּרֵהוּ וַיִּפֹּל בְּשַׁחַת

יִפְעָל: יז יָשׁוּב עֲמָלוֹ בְרֹאשׁוֹ וְעַל־קָדְקֳדוֹ חֲמָסוֹ יֵרֵד:

יח אוֹדֶה יְהֹוָה כְּצִדְקוֹ וַאֲזַמְּרָה שֵׁם־יְהֹוָה עֶלְיוֹן:

in You, Lord, my God; deliver me from all my pursuers and save me. 3 Lest he tear my soul like a lion, crushing me with none to rescue. 4 Lord, my God, if I have done this, if there is wrongdoing in my hands; 5 if I have rewarded my friends with evil or oppressed those who hate me without reason— 6 then let the enemy pursue and overtake my soul, let him trample my life to the ground, and lay my glory in the dust forever. 7 Arise, O Lord, in Your anger, lift Yourself up in fury against my foes. Stir me [to mete out] the retribution which You commanded. 8 When the assembly of nations surrounds You, remove Yourself from it and return to the heavens. 9 The Lord will mete out retribution upon the nations; judge me, O Lord, according to my righteousness and my integrity. 10 Let the evil of the wicked come to an end, but establish the righteous—O righteous God, Searcher of hearts and minds. 11 [I rely] on God to be my shield, He Who saves the upright of heart. 12 God is the righteous judge, and the Almighty is angered every day. 13 Because he does not repent, He sharpens His sword, bends His bow and makes it ready. 14 He has prepared instruments of death for him; His arrows will be used on the pursuers. 15 Indeed, he conceives iniquity, is pregnant with evil schemes, and gives birth to falsehood. 16 He digs a pit, digs it deep, only to fall into the trap he laid. 17 His mischief will return upon his own head, his violence will come down upon his own skull. 18 I will praise the Lord according to His righteousness, and sing to the Name of the Lord Most High.

ח.

שבח גדול להקב"ה על החסד שעשה עם אדם שפל אנושי ונתן להתחתונים התורה מה שנתקנאו בה מלאכי מעלה, על דרך אשר אומץ גבורתך במלאכי מעלה ואביתה תהלה מקרוצי חומר מטה:

א לַמְנַצֵּחַ עַל־הַגִּתִּית מִזְמוֹר לְדָוִד׃ ב יְהֹוָה אֲדֹנֵינוּ
מָה־אַדִּיר שִׁמְךָ בְּכָל־הָאָרֶץ אֲשֶׁר־תְּנָה הוֹדְךָ עַל־
הַשָּׁמָיִם׃ ג מִפִּי עוֹלְלִים ׀ וְיוֹנְקִים יִסַּדְתָּ עֹז לְמַעַן
צוֹרְרֶיךָ לְהַשְׁבִּית אוֹיֵב וּמִתְנַקֵּם׃ ד כִּי־אֶרְאֶה שָׁמֶיךָ
מַעֲשֵׂה אֶצְבְּעֹתֶיךָ יָרֵחַ וְכוֹכָבִים אֲשֶׁר כּוֹנָנְתָּה׃
ה מָה־אֱנוֹשׁ כִּי־תִזְכְּרֶנּוּ וּבֶן־אָדָם כִּי תִפְקְדֶנּוּ׃
ו וַתְּחַסְּרֵהוּ מְּעַט מֵאֱלֹהִים וְכָבוֹד וְהָדָר תְּעַטְּרֵהוּ׃
ז תַּמְשִׁילֵהוּ בְּמַעֲשֵׂי יָדֶיךָ כֹּל שַׁתָּה תַחַת־רַגְלָיו׃
ח צֹנֶה וַאֲלָפִים כֻּלָּם וְגַם בַּהֲמוֹת שָׂדָי׃ ט צִפּוֹר
שָׁמַיִם וּדְגֵי הַיָּם עֹבֵר אָרְחוֹת יַמִּים׃ י יְהֹוָה אֲדֹנֵינוּ
מָה־אַדִּיר שִׁמְךָ בְּכָל־הָאָרֶץ׃

ט.

יש לאדם ליתן שבח להקב"ה על שהצילו מיד שונאו העומד עליו לצערו ושהקב"ה שופט בצדק כל אחד לפי מעשיו לצדיק כצדקתו ולרשע כרשעתו:

א לַמְנַצֵּחַ עַל־מוּת לַבֵּן מִזְמוֹר לְדָוִד׃ ב אוֹדֶה יְהֹוָה

8

This psalm is a glorious praise to God for His kindness to the lowly and mortal
human in giving the Torah to the inhabitants of the lower worlds, arousing the
envy of the celestial angels. This idea is expressed in the Yom Kippur prayer,
"Though Your mighty strength is in the angels above, You desire praise from those
formed of lowly matter."

לַמְנַצֵּחַ 1 For the Conductor, on the *gittit*,[1] a psalm by
David. 2 Lord, our Master, how mighty is Your Name
throughout the earth, You Who has set Your majesty
upon the heavens! 3 Out of the mouths of babes and
sucklings You have established might, to counter Your
enemies, to silence foe and avenger.[2] 4 When I behold
Your heavens, the work of Your fingers, the moon and
the stars which You have set in place— 5 what is man
that You should remember him, son of man that You
should be mindful of him? 6 Yet, You have made him
but a little less than the angels, and crowned him with
honor and glory. 7 You made him ruler over Your
handiwork, You placed everything under his feet.
8 Sheep and cattle—all of them, also the beasts of the
field; 9 the birds of the sky and the fish of the sea; all
that traverses the paths of the seas. 10 Lord, our Master,
how mighty is Your Name throughout the earth.

9

One should praise God for saving him from the hand of the enemy who stands
over and agonizes him, and for His judging each person according to his deeds:
the righteous according to their righteousness, and the wicked according to their
wickedness.

לַמְנַצֵּחַ 1 For the Conductor, upon the death of

---

1. A musical instrument crafted in Gath (*Metzudot*).   2. The wonders of childbirth and
nursing demonstrate God's existence to non-believers (*Metzudot*).

בְּכָל־לִבִּי אֲסַפְּרָה כָּל־נִפְלְאוֹתֶיךָ: ג אֶשְׂמְחָה
וְאֶעֶלְצָה בָךְ אֲזַמְּרָה שִׁמְךָ עֶלְיוֹן: ד בְּשׁוּב אוֹיְבַי
אָחוֹר יִכָּשְׁלוּ וְיֹאבְדוּ מִפָּנֶיךָ: ה כִּי־עָשִׂיתָ מִשְׁפָּטִי
וְדִינִי יָשַׁבְתָּ לְכִסֵּא שׁוֹפֵט צֶדֶק: ו גָּעַרְתָּ גוֹיִם
אִבַּדְתָּ רָשָׁע שְׁמָם מָחִיתָ לְעוֹלָם וָעֶד: ז הָאוֹיֵב | תַּמּוּ
חֳרָבוֹת לָנֶצַח וְעָרִים נָתַשְׁתָּ אָבַד זִכְרָם הֵמָּה: ח וַיהֹוָה
לְעוֹלָם יֵשֵׁב כּוֹנֵן לַמִּשְׁפָּט כִּסְאוֹ: ט וְהוּא יִשְׁפֹּט־
תֵּבֵל בְּצֶדֶק יָדִין לְאֻמִּים בְּמֵישָׁרִים: י וִיהִי יְהֹוָה מִשְׂגָּב
לַדָּךְ מִשְׂגָּב לְעִתּוֹת בַּצָּרָה: יא וְיִבְטְחוּ בְךָ יוֹדְעֵי
שְׁמֶךָ כִּי לֹא־עָזַבְתָּ דֹרְשֶׁיךָ יְהֹוָה: יב זַמְּרוּ לַיהֹוָה יֹשֵׁב
צִיּוֹן הַגִּידוּ בָעַמִּים עֲלִילוֹתָיו: יג כִּי־דֹרֵשׁ דָּמִים
אוֹתָם זָכָר לֹא־שָׁכַח צַעֲקַת עֲנָוִים: יד חָנְנֵנִי יְהֹוָה |
רְאֵה עָנְיִי מִשֹּׂנְאָי מְרוֹמְמִי מִשַּׁעֲרֵי־מָוֶת: טו לְמַעַן
אֲסַפְּרָה כָּל־תְּהִלָּתֶיךָ בְּשַׁעֲרֵי בַת־צִיּוֹן אָגִילָה
בִּישׁוּעָתֶךָ: טז טָבְעוּ גוֹיִם בְּשַׁחַת עָשׂוּ בְּרֶשֶׁת־זוּ
טָמָנוּ נִלְכְּדָה רַגְלָם: יז נוֹדַע | יְהֹוָה מִשְׁפָּט עָשָׂה בְּפֹעַל
כַּפָּיו נוֹקֵשׁ רָשָׁע הִגָּיוֹן סֶלָה: יח יָשׁוּבוּ רְשָׁעִים

Labben, a psalm by David. 2 I will thank the Lord with all my heart; I will recount all Your wonders. 3 I will rejoice and exult in You; I will sing to Your Name, O Most High. 4 When my enemies retreat, they will stumble and perish from before You. 5 You have rendered my judgement and [defended] my cause; You sat on the throne, O righteous Judge. 6 You destroyed nations, doomed the wicked, erased their name for all eternity. 7 O enemy, your ruins are gone forever, and the cities you have uprooted—their very remembrance is lost. 8 But the Lord is enthroned forever, He established His throne for judgement. 9 And He will judge the world with justice, He will render judgement to the nations with righteousness. 10 The Lord will be a stronghold for the oppressed, a stronghold in times of trouble. 11 Those who know Your Name put their trust in You, for You, Lord, have not abandoned those who seek You. 12 Sing to the Lord Who dwells in Zion, recount His deeds among the nations. 13 For the Avenger of bloodshed is mindful of them; He does not forget the cry of the downtrodden. 14 Be gracious to me, O Lord; behold my affliction at the hands of my enemies, You Who raises me from the gates of death, 15 so that I may relate all Your praises in the gates of the daughter of Zion, that I may exult in Your deliverance. 16 The nations sank into the pit that they made; in the net they concealed their foot was caught. 17 The Lord became known through the judgement He executed; the wicked one is snared in the work of his own hands; reflect on this always. 18 The

לִשְׁאוֹלָה כָּל־גּוֹיִם שְׁכֵחֵי אֱלֹהִים: יט כִּי לֹא לָנֶצַח
יִשָּׁכַח אֶבְיוֹן תִּקְוַת עֲנִיִּים תֹּאבַד לָעַד: כ קוּמָה יְהוָה
אַל־יָעֹז אֱנוֹשׁ יִשָּׁפְטוּ גוֹיִם עַל־פָּנֶיךָ: כא שִׁיתָה
יְהוָה | מוֹרָה לָהֶם יֵדְעוּ גוֹיִם אֱנוֹשׁ הֵמָּה סֶּלָה:

י

בו יסופר הצלחת הרשע ואיך מתגאה בהצלחתו עד שאומר לית דין ולית דיין ושאין הקב"ה משגיח במעשה התחתונים:

יום ב

א לָמָה יְהוָה תַּעֲמֹד בְּרָחוֹק תַּעְלִים לְעִתּוֹת בַּצָּרָה:
ב בְּגַאֲוַת־רָשָׁע יִדְלַק עָנִי יִתָּפְשׂוּ | בִּמְזִמּוֹת זוּ חָשָׁבוּ:
ג כִּי־הִלֵּל רָשָׁע עַל־תַּאֲוַת נַפְשׁוֹ וּבֹצֵעַ בֵּרֵךְ נִאֵץ | יְהוָה:
ד רָשָׁע כְּגֹבַהּ אַפּוֹ בַּל־יִדְרֹשׁ אֵין אֱלֹהִים כָּל־מְזִמּוֹתָיו:
ה יָחִילוּ דְרָכָיו | בְּכָל־עֵת מָרוֹם מִשְׁפָּטֶיךָ מִנֶּגְדּוֹ כָּל־
צוֹרְרָיו יָפִיחַ בָּהֶם: ו אָמַר בְּלִבּוֹ בַּל־אֶמּוֹט לְדֹר וָדֹר
אֲשֶׁר לֹא־בְרָע: ז אָלָה | פִּיהוּ מָלֵא וּמִרְמוֹת וָתֹךְ
תַּחַת לְשׁוֹנוֹ עָמָל וָאָוֶן: ח יֵשֵׁב | בְּמַאְרַב חֲצֵרִים
בַּמִּסְתָּרִים יַהֲרֹג נָקִי עֵינָיו לְחֵלְכָה יִצְפֹּנוּ: ט יֶאֱרֹב
בַּמִּסְתָּר | כְּאַרְיֵה בְסֻכֹּה יֶאֱרֹב לַחֲטוֹף עָנִי יַחְטֹף עָנִי
בְּמָשְׁכוֹ בְרִשְׁתּוֹ: י יִדְכֶּה יָשֹׁחַ וְנָפַל בַּעֲצוּמָיו

wicked will return to the grave, all the nations that forget God. 19 For not for eternity will the needy be forgotten, nor will the hope of the poor perish forever. 20 Arise, O Lord, let not man prevail; let the nations be judged in Your presence. 21 Set Your mastery over them, O Lord; let the nations know that they are but frail men, *Selah*.

10

This psalm tells of the wicked one's prosperity and his boasting of it, until he says: "There is neither law nor judge. God pays no attention to the actions of mere mortals."

DAY **2**

למה 1 Why, O Lord, do You stand afar, do You hide Yourself in times of distress? 2 The wicked man in his arrogance pursues the poor; they are caught by the schemes they have contrived. 3 For the wicked man glories in the desire of his heart, and the robber boasts that he has scorned the Lord. 4 The wicked one in his insolence [thinks], "He does not avenge"; all his thoughts are, "There is no God." 5 His ways always succeed; Your retribution is far removed from before him; he puffs at all his foes. 6 He says in his heart, "I shall not falter; for all generations no evil will befall me." 7 His mouth is full of oaths, deceit and malice; mischief and iniquity are under his tongue. 8 He sits in ambush near open cities; in hidden places he murders the innocent; his eyes stealthily watch for the helpless. 9 He lurks in hiding like a lion in his lair; he lurks to seize the poor, then seizes the poor when he draws his net. 10 He crouches and stoops, then the helpless fall prey to his

חֵל כָּאִים: יא אָמַר בְּלִבּוֹ שָׁכַח אֵל הִסְתִּיר פָּנָיו בַּל־
רָאָה לָנֶצַח: יב קוּמָה יְהֹוָה אֵל נְשָׂא יָדֶךָ אַל־תִּשְׁכַּח
עֲנָיִים: יג עַל־מֶה ׀ נִאֵץ רָשָׁע ׀ אֱלֹהִים אָמַר בְּלִבּוֹ לֹא
תִּדְרֹשׁ: יד רָאִתָה כִּי־אַתָּה ׀ עָמָל וָכַעַס ׀ תַּבִּיט לָתֵת
בְּיָדֶךָ עָלֶיךָ יַעֲזֹב חֵלְכָה יָתוֹם אַתָּה ׀ הָיִיתָ עוֹזֵר:
טו שְׁבֹר זְרוֹעַ רָשָׁע וָרָע תִּדְרוֹשׁ־רִשְׁעוֹ בַל־תִּמְצָא:
טז יְהֹוָה מֶלֶךְ עוֹלָם וָעֶד אָבְדוּ גוֹיִם מֵאַרְצוֹ: יז תַּאֲוַת
עֲנָוִים שָׁמַעְתָּ יְהֹוָה תָּכִין לִבָּם תַּקְשִׁיב אָזְנֶךָ: יח לִשְׁפֹּט
יָתוֹם וָדָךְ בַּל־יוֹסִיף עוֹד לַעֲרֹץ אֱנוֹשׁ מִן־הָאָרֶץ:

יא.

ידבר שכל צרות הצדיק הוא לטובתו לרחוץ צואת עונותיו ולרשע נותן הצלחה בעולם הזה על דרך עושר שמור לבעליו לרעתו:

א לַמְנַצֵּחַ לְדָוִד בַּיהֹוָה ׀ חָסִיתִי אֵיךְ תֹּאמְרוּ לְנַפְשִׁי
נוּדִי הַרְכֶם צִפּוֹר: ב כִּי הִנֵּה הָרְשָׁעִים יִדְרְכוּן קֶשֶׁת
כּוֹנְנוּ חִצָּם עַל־יֶתֶר לִירוֹת בְּמוֹ־אֹפֶל לְיִשְׁרֵי־לֵב:
ג כִּי הַשָּׁתוֹת יֵהָרֵסוּן צַדִּיק מַה־פָּעָל: ד יְהֹוָה ׀ בְּהֵיכַל
קָדְשׁוֹ יְהֹוָה בַּשָּׁמַיִם כִּסְאוֹ עֵינָיו יֶחֱזוּ עַפְעַפָּיו יִבְחֲנוּ
בְּנֵי אָדָם: ה יְהֹוָה צַדִּיק יִבְחָן וְרָשָׁע וְאֹהֵב חָמָס שָׂנְאָה

might. 11 He says in his heart, "God has forgotten, He conceals His countenance, He will never see." 12 Arise, O Lord! O God, lift Your hand! Do not forget the lowly. 13 Why does the wicked man scorn God? Because he says in his heart, "You do not avenge." 14 Indeed, You do see! For You behold the mischief and vexation. To recompense is in Your power; the helpless place their trust in You; You have [always] helped the orphan. 15 Break the strength of the wicked; then search for the wickedness of the evil one and You will not find it. 16 The Lord reigns for all eternity; the nations have vanished from His land. 17 Lord, You have heard the desire of the humble; direct their hearts, let Your ear listen, 18 to bring justice to the orphan and the downtrodden, so that [the wicked] shall no longer crush the frail of the earth.

11

This psalm declares that the suffering of the righteous one is for his own benefit, to cleanse him of his sins; whereas the wicked one is granted prosperity in this world—similar to the verse, "Wealth remains with its owner, to his detriment."

לַמְנַצֵּחַ 1 For the Conductor, by David. I have placed my trust in the Lord; [thus] how can you say of my soul, your mountain,[1] that it flees like a bird?[2] 2 For behold, the wicked bend the bow, they have readied their arrow upon the bowstring, to shoot in darkness at the upright of heart. 3 They destroyed the foundations;[3] what [wrong] has the righteous man done? 4 The Lord is in His holy Sanctuary, the Lord's throne is in heaven, [yet] His eyes behold, His pupils probe [the deeds of] man—

---

1. Your king (*Metzudot*).   2. And will eventually be captured by Saul (*Metzudot*).
3. Referring to the murder of the priests in the city of Nob (*Rashi*).

נַפְשׁוֹ: ו יַמְטֵר עַל־רְשָׁעִים פַּחִים אֵשׁ וְגָפְרִית וְרוּחַ

זִלְעָפוֹת מְנָת כּוֹסָם: ז כִּי־צַדִּיק יְהֹוָה צְדָקוֹת אָהֵב יָשָׁר

יֶחֱזוּ פָנֵימוֹ:

יב.

מגנה אותם אנשים המלשינים והמספרים דלטורים ושפתי חלקות:

א לַמְנַצֵּחַ עַל־הַשְּׁמִינִית מִזְמוֹר לְדָוִד: ב הוֹשִׁיעָה

יְהֹוָה כִּי־גָמַר חָסִיד כִּי־פַסּוּ אֱמוּנִים מִבְּנֵי אָדָם: ג שָׁוְא |

יְדַבְּרוּ אִישׁ אֶת־רֵעֵהוּ שְׂפַת חֲלָקוֹת בְּלֵב וָלֵב

יְדַבֵּרוּ: ד יַכְרֵת יְהֹוָה כָּל־שִׂפְתֵי חֲלָקוֹת לָשׁוֹן מְדַבֶּרֶת

גְּדֹלוֹת: ה אֲשֶׁר אָמְרוּ | לִלְשֹׁנֵנוּ נַגְבִּיר שְׂפָתֵינוּ אִתָּנוּ

מִי אָדוֹן לָנוּ: ו מִשֹּׁד עֲנִיִּים מֵאַנְקַת אֶבְיוֹנִים עַתָּה

אָקוּם יֹאמַר יְהֹוָה אָשִׁית בְּיֵשַׁע יָפִיחַ לוֹ: ז אִמְרוֹת יְהֹוָה

אֲמָרוֹת טְהֹרוֹת כֶּסֶף צָרוּף בַּעֲלִיל לָאָרֶץ מְזֻקָּק

שִׁבְעָתָיִם: ח אַתָּה יְהֹוָה תִּשְׁמְרֵם תִּצְּרֶנּוּ | מִן־הַדּוֹר זוּ

לְעוֹלָם: ט סָבִיב רְשָׁעִים יִתְהַלָּכוּן כְּרֻם זֻלּוּת לִבְנֵי

אָדָם:

יג.

תפלה על אריכות הגלות וכל אדם כשהוא בצרה יתפלל תפלה זו על צרותיו ועל
אריכות הגלות:

א לַמְנַצֵּחַ מִזְמוֹר לְדָוִד: ב עַד־אָנָה יְהֹוָה תִּשְׁכָּחֵנִי

kind. 5 The Lord tests the righteous, but He hates the wicked and the lover of violence. 6 He will rain down upon the wicked fiery coals and brimstone; a scorching wind will be their allotted portion. 7 For the Lord is righteous, He loves [the man of] righteous deeds; the upright will behold His countenance.

12

This psalm admonishes informers, slanderers, and flatterers.

למנצח 1 For the Conductor, upon the eight-stringed instrument, a psalm by David. 2 Help us, Lord, for the pious are no more; for the faithful have vanished from among men. 3 Men speak falsehood to one another; with flattering lips, with a duplicitous heart do they speak. 4 May the Lord cut off all flattering lips, the tongue that speaks boastfully— 5 those who have said, "With our tongues we shall prevail, our lips are with us, who is master over us!" 6 Because of the plundering of the poor, because of the moaning of the needy, the Lord says, "Now I will arise!" "I will grant deliverance," He says to him. 7 The words of the Lord are pure words, like silver refined in the finest earthen crucible, purified seven times. 8 May You, O Lord, watch over them; may You forever guard them from this generation, 9 [in which] the wicked walk on every side; when they are exalted it is a disgrace to mankind.

13

A prayer for an end to the long exile. One in distress should offer this prayer for his troubles and for the length of the exile.

למנצח 1 For the Conductor, a psalm by David. 2 How

נֶצַח עַד־אָנָה ׀ תַּסְתִּיר אֶת־פָּנֶיךָ מִמֶּנִּי׃ ג עַד־אָנָה
אָשִׁית עֵצוֹת בְּנַפְשִׁי יָגוֹן בִּלְבָבִי יוֹמָם עַד־אָנָה ׀
יָרוּם אֹיְבִי עָלָי׃ ד הַבִּיטָה עֲנֵנִי יְהוָה אֱלֹהָי הָאִירָה עֵינַי
פֶּן־אִישַׁן הַמָּוֶת׃ ה פֶּן־יֹאמַר אֹיְבִי יְכָלְתִּיו צָרַי יָגִילוּ
כִּי אֶמּוֹט׃ ו וַאֲנִי ׀ בְּחַסְדְּךָ בָטַחְתִּי יָגֵל לִבִּי
בִּישׁוּעָתֶךָ אָשִׁירָה לַיהוָה כִּי גָמַל עָלָי׃

יד.

תפלה על שני מקדשות שחרבו והיאך נבוכדנצר החריב בית ראשון וטיטוס החריב בית שני:

א לַמְנַצֵּחַ לְדָוִד אָמַר נָבָל בְּלִבּוֹ אֵין אֱלֹהִים
הִשְׁחִיתוּ הִתְעִיבוּ עֲלִילָה אֵין עֹשֵׂה־טוֹב׃ ב יְהוָה
מִשָּׁמַיִם הִשְׁקִיף עַל־בְּנֵי־אָדָם לִרְאוֹת הֲיֵשׁ מַשְׂכִּיל
דֹּרֵשׁ אֶת־אֱלֹהִים׃ ג הַכֹּל סָר יַחְדָּו נֶאֱלָחוּ אֵין עֹשֵׂה־
טוֹב אֵין גַּם אֶחָד׃ ד הֲלֹא יָדְעוּ כָּל־פֹּעֲלֵי אָוֶן אֹכְלֵי
עַמִּי אָכְלוּ לֶחֶם יְהוָה לֹא קָרָאוּ׃ ה שָׁם ׀ פָּחֲדוּ פָחַד כִּי־
אֱלֹהִים בְּדוֹר צַדִּיק׃ ו עֲצַת־עָנִי תָבִישׁוּ כִּי יְהוָה מַחְסֵהוּ׃
ז מִי־יִתֵּן מִצִּיּוֹן יְשׁוּעַת יִשְׂרָאֵל בְּשׁוּב יְהוָה שְׁבוּת עַמּוֹ
יָגֵל יַעֲקֹב יִשְׂמַח יִשְׂרָאֵל׃

long, O Lord, will You forget me, forever? How long will
You hide Your countenance from me? 3 How long must
I seek counsel within my soul, [to escape] the grief in
my heart all day? How long will my enemy be exalted
over me? 4 Look! Answer me, O Lord, my God; give
light to my eyes, lest I sleep the sleep of death. 5 Lest my
enemy say, "I have overcome him," [and] my oppres-
sors rejoice when I falter. 6 I have placed my trust in
Your kindness, my heart will rejoice in Your deliverance.
I will sing to the Lord, for He has dealt kindly with me.

14

This psalm speaks of the destruction of the two Holy Temples—the first by Nebuchadnezzar, and the second by Titus.

למנצח 1 For the Conductor, by David. The fool says
in his heart, "There is no God!" [Man's] deeds have
become corrupt and abominable, no one does good.
2 The Lord looked down from heaven upon mankind,
to see if there was any wise man who searches for God.
3 They have all gone astray together, they have become
corrupt; there is none who does good, not even one.
4 Indeed, all the evildoers, who devour My people as
they devour bread, who do not call upon the Lord, will
[ultimately] come to know [the consequences of their
actions]. 5 There they will be seized with fright, for God
is with the righteous generation. 6 You scorn the counsel
of the lowly, that he puts his trust in the Lord. 7 O that
out of Zion would come Israel's deliverance! When the
Lord returns the captivity of His people, Jacob will
exult, Israel will rejoice.

טו.

כמה מעלות ומדות טובות שראוי לאדם להתנהג בהם ואז יהיה בטוח שתשכון נשמתו
בגן עדן:

א מִזְמוֹר לְדָוִד יְהֹוָה מִי־יָגוּר בְּאָהֳלֶךָ מִי־יִשְׁכֹּן
בְּהַר קָדְשֶׁךָ: ב הוֹלֵךְ תָּמִים וּפֹעֵל צֶדֶק וְדֹבֵר אֱמֶת
בִּלְבָבוֹ: ג לֹא־רָגַל עַל־לְשֹׁנוֹ לֹא־עָשָׂה לְרֵעֵהוּ רָעָה
וְחֶרְפָּה לֹא־נָשָׂא עַל־קְרֹבוֹ: ד נִבְזֶה בְּעֵינָיו נִמְאָס
וְאֶת־יִרְאֵי יְהֹוָה יְכַבֵּד נִשְׁבַּע לְהָרַע וְלֹא יָמִר: ה כַּסְפּוֹ
לֹא־נָתַן בְּנֶשֶׁךְ וְשֹׁחַד עַל־נָקִי לֹא־לָקָח עֹשֵׂה
אֵלֶּה לֹא יִמּוֹט לְעוֹלָם:

טז.

אם אדם צריך לאיזה בקשה לא יבקש בזכות עצמו באשר שזכותו צריך להניח לבניו
אחריו:

א מִכְתָּם לְדָוִד שָׁמְרֵנִי אֵל כִּי־חָסִיתִי בָךְ: ב אָמַרְתְּ
לַיהֹוָה אֲדֹנָי אָתָּה טוֹבָתִי בַּל־עָלֶיךָ: ג לִקְדוֹשִׁים אֲשֶׁר־
בָּאָרֶץ הֵמָּה וְאַדִּירֵי כָּל־חֶפְצִי־בָם: ד יִרְבּוּ עַצְּבוֹתָם
אַחֵר מָהָרוּ בַּל־אַסִּיךְ נִסְכֵּיהֶם מִדָּם וּבַל־אֶשָּׂא אֶת־
שְׁמוֹתָם עַל־שְׂפָתָי: ה יְהֹוָה מְנָת־חֶלְקִי וְכוֹסִי אַתָּה
תּוֹמִיךְ גּוֹרָלִי: ו חֲבָלִים נָפְלוּ־לִי בַּנְּעִמִים אַף־נַחֲלָת

15

This psalm speaks of several virtues and attributes with which one should conduct oneself. He is then assured that his soul will rest in Gan Eden.

מזמור 1 A psalm by David. Who may abide in Your tent, O Lord? Who may dwell on Your holy Mountain? 2 He who walks blamelessly, acts justly, and speaks truth in his heart; 3 who has no slander on his tongue, who has done his fellowman no evil, and who has brought no disgrace upon his relative; 4 in whose eyes a despicable person is abhorrent, but who honors those who are God-fearing; who does not change his oath even if it is to his own detriment; 5 who does not lend his money at interest, nor accept a bribe against the innocent. He who does these things shall never falter.

16

When one is in need, he should not implore God in his own merit, for he must leave his merits for his children.

מכתם 1 A *michtam*,[1] by David. Watch over me, O God, for I have put my trust in You. 2 You, [my soul,] have said to God, "You are my Master; You are not obligated to benefit me." 3 For the sake of the holy ones who lie in the earth, and for the mighty—all my desires are fulfilled in their merit. 4 Those who hasten after other [gods], their sorrows shall increase; I will not offer their libations of blood, nor take their names upon my lips. 5 The Lord is my allotted portion and my share; You guide my destiny. 6 Portions have fallen to me in

---

1. A psalm that was especially precious to David (*Metzudot*).

שִׁפְרָה עָלָי׃ ז אֲבָרֵךְ אֶת־יְהֹוָה אֲשֶׁר יְעָצָנִי אַף־לֵילוֹת
יִסְּרוּנִי כִלְיוֹתָי׃ ח שִׁוִּיתִי יְהֹוָה לְנֶגְדִּי תָמִיד כִּי מִימִינִי
בַּל־אֶמּוֹט׃ ט לָכֵן ׀ שָׂמַח לִבִּי וַיָּגֶל כְּבוֹדִי אַף־בְּשָׂרִי
יִשְׁכֹּן לָבֶטַח׃ י כִּי ׀ לֹא־תַעֲזֹב נַפְשִׁי לִשְׁאוֹל לֹא־
תִתֵּן חֲסִידְךָ לִרְאוֹת שָׁחַת׃ יא תּוֹדִיעֵנִי אֹרַח חַיִּים
שֹׂבַע שְׂמָחוֹת אֶת־פָּנֶיךָ נְעִמוֹת בִּימִינְךָ נֶצַח׃

יז.

אל ידבר אדם גבוה לפני הקב"ה שינסנו באיזה דבר עבירה או על שאר דברים ואם אדם חטא יראה לתקן עצמו וישיב רבים מעון:

א תְּפִלָּה לְדָוִד שִׁמְעָה יְהֹוָה ׀ צֶדֶק הַקְשִׁיבָה רִנָּתִי
הַאֲזִינָה תְפִלָּתִי בְּלֹא שִׂפְתֵי מִרְמָה׃ ב מִלְּפָנֶיךָ
מִשְׁפָּטִי יֵצֵא עֵינֶיךָ תֶּחֱזֶינָה מֵישָׁרִים׃ ג בָּחַנְתָּ לִבִּי ׀
פָּקַדְתָּ לַּיְלָה צְרַפְתַּנִי בַל־תִּמְצָא זַמֹּתִי בַּל־יַעֲבָר־פִּי׃
ד לִפְעֻלּוֹת אָדָם בִּדְבַר שְׂפָתֶיךָ אֲנִי שָׁמַרְתִּי אָרְחוֹת
פָּרִיץ׃ ה תָּמֹךְ אֲשֻׁרַי בְּמַעְגְּלוֹתֶיךָ בַּל־נָמוֹטּוּ פְעָמָי׃
ו אֲנִי־קְרָאתִיךָ כִי־תַעֲנֵנִי אֵל הַט־אָזְנְךָ לִי שְׁמַע אִמְרָתִי׃
ז הַפְלֵה חֲסָדֶיךָ מוֹשִׁיעַ חוֹסִים מִמִּתְקוֹמְמִים בִּימִינֶךָ׃
ח שָׁמְרֵנִי כְּאִישׁוֹן בַּת־עָיִן בְּצֵל כְּנָפֶיךָ תַּסְתִּירֵנִי׃

pleasant places; indeed, a beautiful inheritance is mine. 7 I bless the Lord Who has advised me; even in the nights my intellect admonishes me.[1] 8 I have set the Lord before me at all times; because He is at my right hand, I shall not falter. 9 Therefore my heart rejoices and my soul exults; my flesh, too, rests secure. 10 For You will not abandon my soul to the grave, You will not allow Your pious one to see purgatory. 11 Make known to me the path of life, that I may be satiated with the joy of Your presence, with the bliss of Your right hand forever.

17

A lofty person should not ask God to test him with some sinful matter, or other things. If one has sinned, he should see to reform himself, and to save many others from sin.

תפלה 1 A prayer by David. Hear my sincere [plea], O Lord; listen to my cry; give ear to my prayer, expressed by guileless lips. 2 Let my verdict come forth from before You; let Your eyes behold uprightness. 3 You have probed my heart, examined it in the night, tested me and found nothing; as are my words so are my thoughts. 4 So that [my] human deeds conform with the words of Your lips, I guard myself from the paths of the lawbreakers. 5 Support my steps in Your paths, so that my feet shall not falter. 6 I have called upon You, for You, O Lord, will answer me; incline Your ear to me, hear what I say. 7 Withhold Your kindness—O You who delivers with Your right hand those who put their trust in You—from those who rise up against [You]. 8 Guard

---

1. To fear and love God (*Rashi*).

ט מִפְּנֵי רְשָׁעִים זוּ שַׁדּוּנִי אֹיְבַי בְּנֶפֶשׁ יַקִּיפוּ עָלָי׃
י חֶלְבָּמוֹ סָּגְרוּ פִּימוֹ דִּבְּרוּ בְגֵאוּת׃ יא אַשֻּׁרֵנוּ עַתָּה
סְבָבוּנוּ עֵינֵיהֶם יָשִׁיתוּ לִנְטוֹת בָּאָרֶץ׃ יב דִּמְיֹנוֹ
כְּאַרְיֵה יִכְסוֹף לִטְרֹף וְכִכְפִיר יֹשֵׁב בְּמִסְתָּרִים׃ יג קוּמָה
יְהוָה קַדְּמָה פָנָיו הַכְרִיעֵהוּ פַּלְּטָה נַפְשִׁי מֵרָשָׁע חַרְבֶּךָ׃
יד מִמְתִים יָדְךָ ׀ יְהוָה מִמְתִים מֵחֶלֶד חֶלְקָם בַּחַיִּים
וּצְפוּנְךָ תְּמַלֵּא בִטְנָם יִשְׂבְּעוּ בָנִים וְהִנִּיחוּ יִתְרָם
לְעוֹלְלֵיהֶם׃ טו אֲנִי בְּצֶדֶק אֶחֱזֶה פָנֶיךָ אֶשְׂבְּעָה בְהָקִיץ
תְּמוּנָתֶךָ׃

יח.

אם נעשה לו נס מפורסם יש לו לומר שירה ויכלול כל הנסים מיום בריאת עולם וכן טובות שעשה לישראל במתן תורה ויאמר מי שעשה נסים הללו יעשה עמי ג"כ:

יום ג

א לַמְנַצֵּחַ ׀ לְעֶבֶד יְהוָה לְדָוִד אֲשֶׁר דִּבֶּר ׀ לַיהוָה אֶת־
דִּבְרֵי הַשִּׁירָה הַזֹּאת בְּיוֹם ׀ הִצִּיל־יְהוָה אוֹתוֹ מִכַּף־
כָּל־אֹיְבָיו וּמִיַּד שָׁאוּל׃ ב וַיֹּאמַר אֶרְחָמְךָ יְהוָה חִזְקִי׃
ג יְהוָה ׀ סַלְעִי וּמְצוּדָתִי וּמְפַלְטִי אֵלִי צוּרִי אֶחֱסֶה־בּוֹ
מָגִנִּי וְקֶרֶן יִשְׁעִי מִשְׂגַּבִּי׃ ד מְהֻלָּל אֶקְרָא יְהוָה וּמִן־אֹיְבַי

me like the apple of the eye; hide me in the shadow of Your wings 9 from the wicked who despoil me, [from] my mortal enemies who surround me. 10 Their fat has closed [their hearts]; their mouths speak arrogantly. 11 They encircle our footsteps; they set their eyes to make us stray from the earth. 12 His appearance is like a lion longing to devour, like a young lion lurking in hiding. 13 Arise, O Lord! Confront him, bring him to his knees; rescue my soul from the wicked [who serves as] Your sword. 14 Let me be among those whose death is by Your hand, O Lord, among those who die of old age, whose portion is eternal life and whose innards are filled with Your concealed goodness; who are sated with sons and leave their abundance to their offspring. 15 Because of my righteousness, I shall behold Your countenance; in the time of resurrection, I will be sated by Your image.

18

If one merits a public miracle, he should offer a song to God, including in his song all the miracles that have occurred since the day the world was created, as well as the good that God wrought for Israel at the giving of the Torah. And he should say: Who has performed these miracles, may He do with me likewise."

DAY **3**

למנצח 1 For the Conductor. By the servant of the Lord, by David, who chanted the words of this song to the Lord on the day the Lord delivered him from the hand of all his enemies, and from the hand of Saul. 2 He said, "I love You, Lord, my strength. 3 The Lord is my rock, my fortress, and my rescuer. My God is my strength in Whom I take shelter, my shield, the horn of my salvation, my stronghold. 4 With praises I call upon

אִוָּשֵׁעַ: ה אֲפָפוּנִי חֶבְלֵי־מָוֶת וְנַחֲלֵי בְלִיַּעַל
יְבַעֲתוּנִי: ו חֶבְלֵי שְׁאוֹל סְבָבוּנִי קִדְּמוּנִי מוֹקְשֵׁי מָוֶת:
ז בַּצַּר־לִי | אֶקְרָא יְהוָה וְאֶל־אֱלֹהַי אֲשַׁוֵּעַ יִשְׁמַע מֵהֵיכָלוֹ
קוֹלִי וְשַׁוְעָתִי לְפָנָיו | תָּבוֹא בְאָזְנָיו: ח וַתִּגְעַשׁ
וַתִּרְעַשׁ | הָאָרֶץ וּמוֹסְדֵי הָרִים יִרְגָּזוּ וַיִּתְגָּעֲשׁוּ כִּי חָרָה
לוֹ: ט עָלָה עָשָׁן | בְּאַפּוֹ וְאֵשׁ מִפִּיו תֹּאכֵל גֶּחָלִים בָּעֲרוּ
מִמֶּנּוּ: י וַיֵּט שָׁמַיִם וַיֵּרַד וַעֲרָפֶל תַּחַת רַגְלָיו: יא וַיִּרְכַּב
עַל־כְּרוּב וַיָּעֹף וַיֵּדֶא עַל־כַּנְפֵי־רוּחַ: יב יָשֶׁת חֹשֶׁךְ |
סִתְרוֹ סְבִיבוֹתָיו סֻכָּתוֹ חֶשְׁכַת־מַיִם עָבֵי שְׁחָקִים:
יג מִנֹּגַהּ נֶגְדּוֹ עָבָיו עָבְרוּ בָּרָד וְגַחֲלֵי־אֵשׁ: יד וַיַּרְעֵם
בַּשָּׁמַיִם | יְהוָה וְעֶלְיוֹן יִתֵּן קֹלוֹ בָּרָד וְגַחֲלֵי־אֵשׁ: טו וַיִּשְׁלַח
חִצָּיו וַיְפִיצֵם וּבְרָקִים רָב וַיְהֻמֵּם: טז וַיֵּרָאוּ | אֲפִיקֵי
מַיִם וַיִּגָּלוּ מוֹסְדוֹת תֵּבֵל מִגַּעֲרָתְךָ יְהוָה מִנִּשְׁמַת רוּחַ
אַפֶּךָ: יז יִשְׁלַח מִמָּרוֹם יִקָּחֵנִי יַמְשֵׁנִי מִמַּיִם רַבִּים:
יח יַצִּילֵנִי מֵאֹיְבִי עָז וּמִשֹּׂנְאַי כִּי־אָמְצוּ מִמֶּנִּי:
יט יְקַדְּמוּנִי בְיוֹם אֵידִי וַיְהִי יְהוָה לְמִשְׁעָן לִי: כ וַיּוֹצִיאֵנִי
לַמֶּרְחָב יְחַלְּצֵנִי כִּי חָפֵץ בִּי: כא יִגְמְלֵנִי יְהוָה כְּצִדְקִי

the Lord, and I am saved from my enemies. 5 For the pangs of death surrounded me, and torrents of evil people terrified me. 6 Pangs of the grave encompassed me; snares of death confronted me. 7 In my distress I called upon the Lord, I cried out to my God; and from His Sanctuary He heard my voice, and my supplication before Him reached His ears. 8 The earth trembled and quaked; the foundations of the mountains shook—they trembled when His wrath flared. 9 Smoke rose in His nostrils, devouring fire blazed from His mouth, and burning coals flamed forth from Him. 10 He inclined the heavens and descended, a thick cloud was beneath His feet. 11 He rode on a cherub and flew; He soared on the wings of the wind. 12 He made darkness His conceal-ment, His surroundings His shelter—of the dense clouds with their dark waters. 13 Out of the brightness before Him, His clouds passed over, with hailstones and fiery coals. 14 The Lord thundered in heaven, the Most High gave forth His voice—hailstones and fiery coals. 15 He sent forth His arrows and scattered them; many lightnings, and confounded them. 16 The channels of water became visible, the foundations of the world were exposed—at Your rebuke, O Lord, at the blast of the breath of Your nostrils. 17 He sent from heaven and took me; He brought me out of surging waters. 18 He rescued me from my fierce enemy, and from my foes when they had become too strong for me. 19 They confronted me on the day of my misfortune, but the Lord was my support. 20 He brought me into spaciousness; He deliv-ered me because He desires me. 21 The Lord rewarded me in accordance with my righteousness; He repaid me

כִּבְרֹ֣ יָדַ֖י יָשִׁ֣יב לִֽי‎ : כב כִּֽי־שָׁמַ֥רְתִּי דַּרְכֵ֥י יְהֹוָ֑ה וְלֹֽא־‎
רָ֝שַׁ֗עְתִּי מֵֽאֱלֹהָֽי‎ : כג כִּ֣י כָל־מִשְׁפָּטָ֣יו לְנֶגְדִּ֑י וְ֝חֻקֹּתָ֗יו לֹֽא־‎
אָסִ֥יר מֶֽנִּי‎ : כד וָֽאֱהִ֣י תָמִ֣ים עִמּ֑וֹ וָ֝אֶשְׁתַּמֵּ֗ר מֵֽעֲוֺנִֽי‎ :
כה וַיָּֽשֶׁב־יְהֹוָ֣ה לִ֣י כְצִדְקִ֑י כְּבֹ֥ר יָ֝דַ֗י לְנֶ֣גֶד עֵינָֽיו‎ : כו עִם־‎
חָ֭סִיד תִּתְחַסָּ֑ד עִם־גְּבַ֖ר תָּמִ֣ים תִּתַּמָּֽם‎ : כז עִם־נָבָ֥ר‎
תִּתְבָּרָ֑ר וְעִם־עִ֝קֵּ֗שׁ תִּתְפַּתָּֽל‎ : כח כִּֽי־אַ֭תָּה עַם־עָנִ֣י‎
תוֹשִׁ֑יעַ וְעֵינַ֖יִם רָמ֣וֹת תַּשְׁפִּֽיל‎ : כט כִּֽי־אַ֭תָּה תָּאִ֣יר נֵרִ֑י‎
יְהֹוָ֥ה אֱ֝לֹהַ֗י יַגִּ֥יהַּ חָשְׁכִּֽי‎ : ל כִּֽי־בְ֭ךָ אָרֻ֣ץ גְּד֑וּד וּ֝בֵֽאלֹהַ֗י‎
אֲדַלֶּג־שֽׁוּר‎ : לא הָאֵל֮ תָּמִ֢ים דַּ֫רְכּ֥וֹ אִמְרַֽת־יְהֹוָ֥ה צְרוּפָ֑ה מָגֵ֥ן‎
ה֝֗וּא לְכֹ֤ל ׀ הַחֹסִ֬ים בּֽוֹ‎ : לב כִּ֤י מִ֣י אֱ֭לוֹהַּ מִבַּלְעֲדֵ֣י יְהֹוָ֑ה וּמִ֥י‎
צ֝֗וּר זֽוּלָתִ֥י אֱלֹהֵֽינוּ‎ : לג הָ֭אֵל הַמְאַזְּרֵ֣נִי חָ֑יִל וַיִּתֵּ֖ן תָּמִ֣ים‎
דַּרְכִּֽי‎ : לד מְשַׁוֶּ֣ה רַ֭גְלַי כָּאַיָּל֑וֹת וְעַ֥ל בָּ֝מֹתַ֗י יַֽעֲמִידֵֽנִי‎ :
לה מְלַמֵּ֣ד יָ֭דַי לַמִּלְחָמָ֑ה וְֽנִחֲתָ֥ה קֶֽשֶׁת־נְ֝חוּשָׁ֗ה זְרֽוֹעֹתָֽי‎ :
לו וַתִּתֶּן־לִי֮ מָגֵ֢ן יִ֫שְׁעֶ֥ךָ וִֽימִֽינְךָ֥ תִסְעָדֵ֑נִי וְֽעַנְוַתְךָ֥‎
תַרְבֵּֽנִי‎ : לז תַּרְחִ֣יב צַֽעֲדִ֣י תַחְתָּ֑י וְלֹ֥א מָ֝עֲד֗וּ קַרְסֻלָּֽי‎ :
לח אֶרְדּ֣וֹף אֽ֭וֹיְבַי וְאַשִּׂיגֵ֑ם וְלֹֽא־אָ֝שׁוּב עַד־כַּלּוֹתָֽם‎ :
לט אֶ֭מְחָצֵם וְלֹא־יֻ֣כְלוּ ק֑וּם יִ֝פְּל֗וּ תַּ֣חַת רַגְלָֽי‎ : מ וַתְּאַזְּרֵ֣נִי‎

according to the cleanliness of my hands. 22 For I have kept the ways of the Lord, and have not transgressed against my God; 23 for all His laws are before me, I have not removed His statutes from me. 24 I was perfect with Him, and have guarded myself from sin. 25 The Lord repaid me in accordance with my righteousness, according to the cleanliness of my hands before His eyes. 26 With the kindhearted You act kindly, with the upright man You act uprightly. 27 With the pure You act purely, but with the crooked You act cunningly. 28 For the destitute nation You save, but haughty eyes You humble. 29 Indeed, You light my lamp; the Lord, my God, illuminates my darkness. 30 For with You I run against a troop; with my God I scale a wall. 31 The way of God is perfect; the word of the Lord is pure; He is a shield to all who take refuge in Him. 32 For who is God except the Lord, and who is a rock except our God! 33 The God Who girds me with strength, and makes my path perfect. 34 He makes my feet like deers', and stands me firmly on my high places. 35 He trains my hands for battle, my arms to bend a bow of bronze. 36 You have given me the shield of Your deliverance, Your right hand upheld me; Your humility made me great. 37 You have widened my steps beneath me, and my knees have not faltered. 38 I pursued my enemies and overtook them; I did not turn back until I destroyed them. 39 I crushed them so that they were unable to rise; they are fallen beneath my feet. 40 You have girded me with strength

חַיִל לַמִּלְחָמָה תַּכְרִיעַ קָמַי תַּחְתָּי׃ מא וְאֹיְבַי נָתַתָּה
לִּי עֹרֶף וּמְשַׂנְאַי אַצְמִיתֵם׃ מב יְשַׁוְּעוּ וְאֵין מוֹשִׁיעַ
עַל־יְהוָה וְלֹא עָנָם׃ מג וְאֶשְׁחָקֵם כְּעָפָר עַל־פְּנֵי־רוּחַ כְּטִיט
חוּצוֹת אֲרִיקֵם׃ מד תְּפַלְּטֵנִי מֵרִיבֵי עָם תְּשִׂימֵנִי לְרֹאשׁ
גּוֹיִם עַם לֹא־יָדַעְתִּי יַעַבְדוּנִי׃ מה לְשֵׁמַע אֹזֶן יִשָּׁמְעוּ
לִי בְּנֵי־נֵכָר יְכַחֲשׁוּ־לִי׃ מו בְּנֵי־נֵכָר יִבֹּלוּ וְיַחְרְגוּ
מִמִּסְגְּרוֹתֵיהֶם׃ מז חַי־יְהוָה וּבָרוּךְ צוּרִי וְיָרוּם אֱלוֹהֵי
יִשְׁעִי׃ מח הָאֵל הַנּוֹתֵן נְקָמוֹת לִי וַיַּדְבֵּר עַמִּים תַּחְתָּי׃
מט מְפַלְּטִי מֵאֹיְבָי אַף מִן־קָמַי תְּרוֹמְמֵנִי מֵאִישׁ חָמָס
תַּצִּילֵנִי׃ נ עַל־כֵּן | אוֹדְךָ בַגּוֹיִם | יְהוָה וּלְשִׁמְךָ אֲזַמֵּרָה׃
נא מַגְדִּל יְשׁוּעוֹת מַלְכּוֹ וְעֹשֶׂה חֶסֶד | לִמְשִׁיחוֹ לְדָוִד
וּלְזַרְעוֹ עַד־עוֹלָם׃

יט.

לראות גבורתו של הקב"ה יראה אל השמים והשמש והתורה מתוכם נראה נוראות ונפלאות עד שהבריות מספרים בשביל זה כבוד הקב"ה:

א לַמְנַצֵּחַ מִזְמוֹר לְדָוִד׃ ב הַשָּׁמַיִם מְסַפְּרִים כְּבוֹד־
אֵל וּמַעֲשֵׂה יָדָיו מַגִּיד הָרָקִיעַ׃ ג יוֹם לְיוֹם יַבִּיעַ אֹמֶר
וְלַיְלָה לְּלַיְלָה יְחַוֶּה־דָּעַת׃ ד אֵין אֹמֶר וְאֵין דְּבָרִים
בְּלִי נִשְׁמָע קוֹלָם׃ ה בְּכָל־הָאָרֶץ | יָצָא קַוָּם וּבִקְצֵה

for battle; You have subdued my adversaries beneath me.
41 You have made my enemies turn their backs to me,
and my foes I cut down. 42 They cried out, but there was
none to deliver them; to the Lord, but He did not answer
them. 43 I ground them as the dust before the wind, I
poured them out like the mud in the streets. 44 You have
rescued me from the quarrelsome ones of the people,
You have made me the head of nations; a nation I did
not know became subservient to me. 45 As soon as they
hear of me they obey me; strangers deny to me [their
disloyalty]. 46 Strangers wither away, they are terrified in
their strongholds. 47 The Lord lives; blessed is my Rock;
exalted is the God of my deliverance. 48 You are the God
Who executes retribution for me, and subjugates nations
under me. 49 Who rescues me from my enemies, Who
exalts me above my adversaries, Who delivers me from
the man of violence. 50 Therefore I will laud You, Lord,
among the nations, and sing to Your Name. 51 He grants
His king great salvations, and bestows kindness upon
His anointed, to David and his descendants forever."

19

To behold God's might one should look to the heavens, to the sun, and to the
Torah, from which awesome miracles and wonders can be perceived—wonders
that lead the creations to tell of God's glory.

למנצח 1 For the Conductor, a psalm by David. 2 The
heavens recount the glory of the Almighty; the sky
proclaims His handiwork. 3 Day to day speech streams
forth; night to night expresses knowledge. 4 There is no
utterance, there are no words; their voice is inaudible.
5 Their arc extends throughout the world; their message
to the end of the earth. He set in them [the heavens] a

תֵּבֵל מִלֵּיהֶם לַשֶּׁמֶשׁ שָׂם־אֹהֶל בָּהֶם: ו וְהוּא כְּחָתָן
יֹצֵא מֵחֻפָּתוֹ יָשִׂישׂ כְּגִבּוֹר לָרוּץ אֹרַח: ז מִקְצֵה הַשָּׁמַיִם ׀
מוֹצָאוֹ וּתְקוּפָתוֹ עַל־קְצוֹתָם וְאֵין נִסְתָּר מֵחַמָּתוֹ:
ח תּוֹרַת יְהוָה תְּמִימָה מְשִׁיבַת נָפֶשׁ עֵדוּת יְהוָה נֶאֱמָנָה
מַחְכִּימַת פֶּתִי: ט פִּקּוּדֵי יְהוָה יְשָׁרִים מְשַׂמְּחֵי־לֵב
מִצְוַת יְהוָה בָּרָה מְאִירַת עֵינָיִם: י יִרְאַת יְהוָה ׀ טְהוֹרָה
עוֹמֶדֶת לָעַד מִשְׁפְּטֵי־יְהוָה אֱמֶת צָדְקוּ יַחְדָּו: יא הַנֶּחֱמָדִים
מִזָּהָב וּמִפַּז רָב וּמְתוּקִים מִדְּבַשׁ וְנֹפֶת צוּפִים: יב גַּם־
עַבְדְּךָ נִזְהָר בָּהֶם בְּשָׁמְרָם עֵקֶב רָב: יג שְׁגִיאוֹת מִי־
יָבִין מִנִּסְתָּרוֹת נַקֵּנִי: יד גַּם מִזֵּדִים ׀ חֲשֹׂךְ עַבְדֶּךָ
אַל־יִמְשְׁלוּ־בִי אָז אֵיתָם וְנִקֵּיתִי מִפֶּשַׁע רָב: טו יִהְיוּ
לְרָצוֹן ׀ אִמְרֵי־פִי וְהֶגְיוֹן לִבִּי לְפָנֶיךָ יְהוָה צוּרִי וְגֹאֲלִי:

כ.

מי שיש לו אוהב או קרוב באיזה צרה אף שהוא רחוק ממנו ולא יכול לעזור לו יעשה זו התפלה בכוונה עליו:

א לַמְנַצֵּחַ מִזְמוֹר לְדָוִד: ב יַעַנְךָ יְהוָה בְּיוֹם צָרָה
יְשַׂגֶּבְךָ שֵׁם ׀ אֱלֹהֵי יַעֲקֹב: ג יִשְׁלַח עֶזְרְךָ מִקֹּדֶשׁ

tent for the sun, 6 which is like a groom coming forth
from his bridal canopy, like a strong man rejoicing to
run the course. 7 Its rising is at one end of the heavens,
and its orbit encompasses the other ends; nothing is
hidden from its heat. 8 The Torah of the Lord is perfect,
restoring the soul; the testimony of the Lord is trustwor-
thy, making wise the simpleton. 9 The precepts of the
Lord are just, rejoicing the heart; the command of the
Lord is clear, enlightening the eyes. 10 The fear of the
Lord is pure, abiding forever; the judgments of the Lord
are true, they are all righteous together. 11 They are more
desirable than gold, than much fine gold; sweeter than
honey or the drippings of honeycomb. 12 Indeed, Your
servant is scrupulous with them; in observing them there
is abundant reward. 13 Yet who can discern inadvertent
wrongs? Purge me of hidden sins. 14 Also hold back Your
servant from willful sins; let them not prevail over me;
then I will be unblemished and keep myself clean of
gross transgression. 15 May the words of my mouth and
the meditation of my heart be acceptable before You,
Lord, my Strength and my Redeemer.

20

If a loved one or relative is suffering—even in a distant place, where one is unable
to help—offer this prayer on their behalf.

למנצח 1 For the Conductor, a psalm by David. 2 May
the Lord answer you on the day of distress; may the
Name of the God of Jacob fortify you. 3 May He send
your help from the Sanctuary, and support you from

וּמִצִּיּוֹן יִסְעָדֶךָּ: ד יִזְכֹּר כָּל־מִנְחֹתֶךָ וְעוֹלָתְךָ יְדַשְּׁנֶה
סֶלָה: ה יִתֶּן־לְךָ כִלְבָבֶךָ וְכָל־עֲצָתְךָ יְמַלֵּא:
ו נְרַנְּנָה | בִּישׁוּעָתֶךָ וּבְשֵׁם־אֱלֹהֵינוּ נִדְגֹּל יְמַלֵּא יְהוָה כָּל־
מִשְׁאֲלוֹתֶיךָ: ז עַתָּה יָדַעְתִּי כִּי הוֹשִׁיעַ | יְהוָה מְשִׁיחוֹ
יַעֲנֵהוּ מִשְּׁמֵי קָדְשׁוֹ בִּגְבוּרוֹת יֵשַׁע יְמִינוֹ: ח אֵלֶּה
בָרֶכֶב וְאֵלֶּה בַסּוּסִים וַאֲנַחְנוּ | בְּשֵׁם־יְהוָה אֱלֹהֵינוּ נַזְכִּיר:
ט הֵמָּה כָּרְעוּ וְנָפָלוּ וַאֲנַחְנוּ קַמְנוּ וַנִּתְעוֹדָד: י יְהוָה
הוֹשִׁיעָה הַמֶּלֶךְ יַעֲנֵנוּ בְיוֹם־קָרְאֵנוּ:

כא.

אם אדם היה בשפע רב וכל מה שלבו חפץ לא נמנע ממנו מן הראוי שלא יהא כפוי טובה ויתן שבח והודיה ויתלה הסיבה בשביל הקב"ה שיהיה בטחונו בו והכל מחסד עליון:

א לַמְנַצֵּחַ מִזְמוֹר לְדָוִד: ב יְהוָה בְּעָזְּךָ יִשְׂמַח־מֶלֶךְ
וּבִישׁוּעָתְךָ מַה יָּגֶל מְאֹד: ג תַּאֲוַת לִבּוֹ נָתַתָּה לּוֹ
וַאֲרֶשֶׁת שְׂפָתָיו בַּל־מָנַעְתָּ סֶּלָה: ד כִּי־תְקַדְּמֶנּוּ
בִּרְכוֹת טוֹב תָּשִׁית לְרֹאשׁוֹ עֲטֶרֶת פָּז: ה חַיִּים |
שָׁאַל מִמְּךָ נָתַתָּה לּוֹ אֹרֶךְ יָמִים עוֹלָם וָעֶד: ו גָּדוֹל
כְּבוֹדוֹ בִּישׁוּעָתֶךָ הוֹד וְהָדָר תְּשַׁוֶּה עָלָיו: ז כִּי־

Zion. 4 May He remember all your offerings, and always accept favorably your sacrifices. 5 May He grant you your heart's desire, and fulfill your every counsel. 6 We will rejoice in your deliverance, and raise our banners in the name of our God; may the Lord fulfill all your wishes. 7 Now I know that the Lord has delivered His anointed one, answering him from His holy heavens with the mighty saving power of His right hand. 8 Some [rely] upon chariots and some upon horses, but we [rely upon and] invoke the Name of the Lord our God. 9 They bend and fall, but we rise and stand firm. 10 Lord, deliver us; may the King answer us on the day we call.

21

One who is endowed with prosperity, and whose every desire is granted, ought not be ungrateful. He should praise and thank God, recognize Him as the cause of his prosperity, and trust in Him. For everything comes from the kindness of the One Above.

למנצח 1 For the Conductor, a psalm by David. 2 The king rejoices in Your strength, Lord; how greatly he exults in Your deliverance! 3 You have given him his heart's desire, and You have never withheld the utterance of his lips. 4 You preceded him with blessings of good; You placed a crown of pure gold on his head. 5 He asked of You life, You gave it to him—long life, forever and ever. 6 His glory is great in Your deliverance; You have placed majesty and splendor upon him. 7 For You

תְּשִׁיתֵהוּ בְרָכוֹת לָעַד תְּחַדֵּהוּ בְשִׂמְחָה אֶת־פָּנֶיךָ׃
ח כִּי־הַמֶּלֶךְ בֹּטֵחַ בַּיהוָה וּבְחֶסֶד עֶלְיוֹן בַּל־יִמּוֹט׃
ט תִּמְצָא יָדְךָ לְכָל־אֹיְבֶיךָ יְמִינְךָ תִּמְצָא שֹׂנְאֶיךָ׃
י תְּשִׁיתֵמוֹ ׀ כְּתַנּוּר אֵשׁ לְעֵת פָּנֶיךָ יְהוָה בְּאַפּוֹ יְבַלְּעֵם
וְתֹאכְלֵם אֵשׁ׃ יא פִּרְיָמוֹ מֵאֶרֶץ תְּאַבֵּד וְזַרְעָם מִבְּנֵי
אָדָם׃ יב כִּי־נָטוּ עָלֶיךָ רָעָה חָשְׁבוּ מְזִמָּה בַּל־יוּכָלוּ׃
יג כִּי תְּשִׁיתֵמוֹ שֶׁכֶם בְּמֵיתָרֶיךָ תְּכוֹנֵן עַל־פְּנֵיהֶם׃
יד רוּמָה יְהוָה בְעֻזֶּךָ נָשִׁירָה וּנְזַמְּרָה גְּבוּרָתֶךָ׃

כב.

יתפלל כל יחיד על אריכת הגלות מעגמת הלב מה שהיינו מקדם במעלה עליונה
ועכשיו בשפלות, ולנדור נדרים בצרותיו:

א לַמְנַצֵּחַ עַל־אַיֶּלֶת הַשַּׁחַר מִזְמוֹר לְדָוִד׃ ב אֵלִי
אֵלִי לָמָה עֲזַבְתָּנִי רָחוֹק מִישׁוּעָתִי דִּבְרֵי שַׁאֲגָתִי׃
ג אֱלֹהַי אֶקְרָא יוֹמָם וְלֹא תַעֲנֶה וְלַיְלָה וְלֹא־דֻמִיָּה
לִי׃ ד וְאַתָּה קָדוֹשׁ יוֹשֵׁב תְּהִלּוֹת יִשְׂרָאֵל׃ ה בְּךָ
בָּטְחוּ אֲבֹתֵינוּ בָּטְחוּ וַתְּפַלְּטֵמוֹ׃ ו אֵלֶיךָ זָעֲקוּ וְנִמְלָטוּ
בְּךָ בָטְחוּ וְלֹא־בוֹשׁוּ׃ ז וְאָנֹכִי תוֹלַעַת וְלֹא־אִישׁ

make him a blessing forever; You gladden him with the
joy of Your countenance. 8 For the king trusts in the
Lord, and in the kindness of the Most High—that he
will not falter. 9 Your hand will sufficc for all Your
enemies; Your right hand will find those who hate You.
10 You will make them as a fiery furnace at the time of
Your anger. May the Lord consume them in His wrath;
let a fire devour them. 11 Destroy their offspring from
the earth, their descendants from mankind. 12 For they
intended evil against You, they devised evil plans which
they cannot execute. 13 For You will set them as a
portion apart; with Your bowstring You will aim at their
faces. 14 Be exalted, O Lord, in Your strength; we will
sing and chant the praise of Your might.

22

Every person should pray in agony over the length of the exile, and our fall from prestige to lowliness. One should also take vows (for self-improvement) in his distress.

למנצח 1 For the Conductor, on the *ayelet hashachar*,
a psalm by David. 2 My God, my God, why have You
forsaken me! So far from saving me, from the words of
my outcry? 3 My God, I call out by day, and You do not
answer; at night—but there is no respite for me. 4 Yet
You, Holy One, are enthroned upon the praises of
Israel. 5 In You our fathers trusted; they trusted and You
saved them. 6 They cried to You and were rescued; they
trusted in You and were not shamed. 7 And I am a worm

חֶרְפַּת אָדָם וּבְזוּי עָם: ח כָּל־רֹאַי יַלְעִגוּ לִי יַפְטִירוּ
בְשָׂפָה יָנִיעוּ רֹאשׁ: ט גֹּל אֶל־יְהֹוָה יְפַלְטֵהוּ יַצִּילֵהוּ כִּי
חָפֵץ בּוֹ: י כִּי־אַתָּה גֹחִי מִבָּטֶן מַבְטִיחִי עַל־שְׁדֵי
אִמִּי: יא עָלֶיךָ הָשְׁלַכְתִּי מֵרָחֶם מִבֶּטֶן אִמִּי אֵלִי אָתָּה:
יב אַל־תִּרְחַק מִמֶּנִּי כִּי־צָרָה קְרוֹבָה כִּי אֵין עוֹזֵר:
יג סְבָבוּנִי פָּרִים רַבִּים אַבִּירֵי בָשָׁן כִּתְּרוּנִי: יד פָּצוּ
עָלַי פִּיהֶם אַרְיֵה טֹרֵף וְשֹׁאֵג: טו כַּמַּיִם נִשְׁפַּכְתִּי
וְהִתְפָּרְדוּ כָּל־עַצְמוֹתָי הָיָה לִבִּי כַּדּוֹנָג נָמֵס בְּתוֹךְ
מֵעָי: טז יָבֵשׁ כַּחֶרֶשׂ | כֹּחִי וּלְשׁוֹנִי מֻדְבָּק מַלְקוֹחָי
וְלַעֲפַר־מָוֶת תִּשְׁפְּתֵנִי: יז כִּי־סְבָבוּנִי כְּלָבִים עֲדַת
מְרֵעִים הִקִּיפוּנִי כָּאֲרִי יָדַי וְרַגְלָי: יח אֲסַפֵּר כָּל־עַצְמוֹתָי
הֵמָּה יַבִּיטוּ יִרְאוּ־בִי: יט יְחַלְּקוּ בְגָדַי לָהֶם וְעַל־לְבוּשִׁי
יַפִּילוּ גוֹרָל: כ וְאַתָּה יְהֹוָה אַל־תִּרְחָק אֱיָלוּתִי לְעֶזְרָתִי
חוּשָׁה: כא הַצִּילָה מֵחֶרֶב נַפְשִׁי מִיַּד־כֶּלֶב יְחִידָתִי:
כב הוֹשִׁיעֵנִי מִפִּי אַרְיֵה וּמִקַּרְנֵי רֵמִים עֲנִיתָנִי: כג אֲסַפְּרָה
שִׁמְךָ לְאֶחָי בְּתוֹךְ קָהָל אֲהַלְלֶךָּ: כד יִרְאֵי יְהֹוָה | הַלְלוּהוּ
כָּל־זֶרַע יַעֲקֹב כַּבְּדוּהוּ וְגוּרוּ מִמֶּנּוּ כָּל־זֶרַע יִשְׂרָאֵל:

and not a man; scorn of men, contempt of nations. 8 All who see me mock me; they open their lips, they shake their heads. 9 But one that casts [his burden] upon the Lord—He will save him; He will rescue him, for He desires him. 10 For You took me out of the womb, and made me secure on my mother's breasts. 11 I have been thrown upon You from birth; from my mother's womb You have been my God. 12 Be not distant from me, for trouble is near, for there is none to help. 13 Many bulls surround me, the mighty bulls of Bashan encircle me. 14 They open their mouths against me, like a lion that ravages and roars. 15 I am poured out like water, all my bones are disjointed; my heart has become like wax, melted within my innards. 16 My strength is dried up like a potsherd, and my tongue cleaves to my palate; You set me in the dust of death. 17 For dogs surround me, a pack of evildoers enclose me; my hands and feet are like a lion's prey. 18 I count all my limbs, while they watch and gloat over me. 19 They divide my garments amongst them; they cast lots upon my clothing. 20 But You, Lord, do not be distant; my Strength, hurry to my aid! 21 Save my life from the sword, my soul from the grip of dogs. 22 Save me from the lion's mouth, as You have answered me from the horns of wild beasts. 23 I will recount [the praises of] Your Name to my brothers; I will extol You amidst the congregation. 24 You that fear the Lord, praise Him! Glorify Him, all you progeny of Jacob! Stand in awe of Him, all you progeny of Israel!

כה כִּי לֹא־בָזָה וְלֹא שִׁקַּץ עֱנוּת עָנִי וְלֹא־הִסְתִּיר
פָּנָיו מִמֶּנּוּ וּבְשַׁוְּעוֹ אֵלָיו שָׁמֵעַ׃ כו מֵאִתְּךָ תְּהִלָּתִי
בְּקָהָל רָב נְדָרַי אֲשַׁלֵּם נֶגֶד יְרֵאָיו׃ כז יֹאכְלוּ עֲנָוִים |
וְיִשְׂבָּעוּ יְהַלְלוּ יְהֹוָה דֹּרְשָׁיו יְחִי לְבַבְכֶם לָעַד׃ כח יִזְכְּרוּ |
וְיָשֻׁבוּ אֶל־יְהֹוָה כָּל־אַפְסֵי־אָרֶץ וְיִשְׁתַּחֲווּ לְפָנֶיךָ כָּל־
מִשְׁפְּחוֹת גּוֹיִם׃ כט כִּי לַיהֹוָה הַמְּלוּכָה וּמֹשֵׁל בַּגּוֹיִם׃
ל אָכְלוּ וַיִּשְׁתַּחֲווּ | כָּל־דִּשְׁנֵי־אֶרֶץ לְפָנָיו יִכְרְעוּ כָּל־
יוֹרְדֵי עָפָר וְנַפְשׁוֹ לֹא חִיָּה׃ לא זֶרַע יַעַבְדֶנּוּ יְסֻפַּר
לַאדֹנָי לַדּוֹר׃ לב יָבֹאוּ וְיַגִּידוּ צִדְקָתוֹ לְעַם נוֹלָד כִּי עָשָׂה׃

כג.

כשהיה דוד המלך ביער חרת ולא היה לו לאכול ולשתות וכמעט יצאה נשמתו והזדמן לו הקב"ה שטעם מעין עולם הבא חיבר מזמור זה על גודל הבטחון שהיה לו:

יום ד

א מִזְמוֹר לְדָוִד יְהֹוָה רֹעִי לֹא אֶחְסָר׃ ב בִּנְאוֹת דֶּשֶׁא
יַרְבִּיצֵנִי עַל־מֵי מְנֻחוֹת יְנַהֲלֵנִי׃ ג נַפְשִׁי יְשׁוֹבֵב יַנְחֵנִי
בְמַעְגְּלֵי־צֶדֶק לְמַעַן שְׁמוֹ׃ ד גַּם כִּי־אֵלֵךְ | בְּגֵיא צַלְמָוֶת
לֹא־אִירָא רָע כִּי־אַתָּה עִמָּדִי שִׁבְטְךָ וּמִשְׁעַנְתֶּךָ הֵמָּה
יְנַחֲמֻנִי׃ ה תַּעֲרֹךְ לְפָנַי | שֻׁלְחָן נֶגֶד צֹרְרָי דִּשַּׁנְתָּ

25 For He has not despised nor abhorred the entreaty of the poor, nor has He concealed His face from him; rather He heard when he cried to Him. 26 My praise comes from You, in the great congregation; I will pay my vows before those that fear Him. 27 Let the humble eat and be satisfied; let those who seek the Lord praise Him—may your hearts live forever! 28 All the ends of the earth will remember and return to the Lord; all families of nations will bow down before You. 29 For sovereignty is the Lord's, and He rules over the nations. 30 All the fat ones of the earth will eat and bow down, all who descend to the dust shall kneel before Him, but He will not revive their soul. 31 The progeny of those who serve Him will tell of the Lord to the latter generations. 32 They will come and relate His righteousness—all that He has done—to a newborn nation.

23

When King David was in the forest of Cheret and nearly died of starvation, God provided nourishment for him with a taste of the World to Come. David then composed this psalm, describing the magnitude of his trust in God.

DAY **4**

מִזְמוֹר 1 A psalm by David. The Lord is my shepherd, I shall lack nothing. 2 He lays me down in green pastures; He leads me beside still waters. 3 He revives my soul; He directs me in paths of righteousness for the sake of His Name. 4 Though I walk in the valley of the shadow of death, I will fear no evil, for You are with me; Your rod and Your staff—they will comfort me. 5 You will prepare a table for me before my enemies; You have

בַּשֶּׁמֶן רֹאשִׁי כּוֹסִי רְוָיָה׃ ו אַךְ טוֹב וָחֶסֶד יִרְדְּפוּנִי
כָּל־יְמֵי חַיָּי וְשַׁבְתִּי בְּבֵית יְהוָה לְאֹרֶךְ יָמִים׃

כד.

אם יש בתפלה איזה דבר שהוא קידוש השם יתפלל שיעשה בשביל קדושת שמו יתברך לא בשבילו ויזכור זכות אבותיו שמצינו גדולים צדיקים במיתתם מבחייהם:

א לְדָוִד מִזְמוֹר לַיהוָה הָאָרֶץ וּמְלוֹאָהּ תֵּבֵל וְיֹשְׁבֵי
בָהּ׃ ב כִּי הוּא עַל־יַמִּים יְסָדָהּ וְעַל־נְהָרוֹת יְכוֹנְנֶהָ׃
ג מִי־יַעֲלֶה בְהַר יְהוָה וּמִי־יָקוּם בִּמְקוֹם קָדְשׁוֹ׃ ד נְקִי
כַפַּיִם וּבַר לֵבָב אֲשֶׁר לֹא־נָשָׂא לַשָּׁוְא נַפְשִׁי וְלֹא
נִשְׁבַּע לְמִרְמָה׃ ה יִשָּׂא בְרָכָה מֵאֵת יְהוָה וּצְדָקָה מֵאֱלֹהֵי
יִשְׁעוֹ׃ ו זֶה דּוֹר דֹּרְשָׁיו מְבַקְשֵׁי פָנֶיךָ יַעֲקֹב סֶלָה׃
ז שְׂאוּ שְׁעָרִים רָאשֵׁיכֶם וְהִנָּשְׂאוּ פִּתְחֵי עוֹלָם וְיָבוֹא
מֶלֶךְ הַכָּבוֹד׃ ח מִי זֶה מֶלֶךְ הַכָּבוֹד יְהוָה עִזּוּז וְגִבּוֹר יְהוָה
גִּבּוֹר מִלְחָמָה׃ ט שְׂאוּ שְׁעָרִים רָאשֵׁיכֶם וּשְׂאוּ פִּתְחֵי
עוֹלָם וְיָבֹא מֶלֶךְ הַכָּבוֹד׃ י מִי הוּא זֶה מֶלֶךְ הַכָּבוֹד
יְהוָה צְבָאוֹת הוּא מֶלֶךְ הַכָּבוֹד סֶלָה׃

anointed my head with oil; my cup is full. 6 Only goodness and kindness shall follow me all the days of my life, and I shall dwell in the House of the Lord for many long years.

24

If the fulfillment of one's prayer would result in the sanctification of God's Name, he should pray that God act for the sake of the holiness of His Name. One should also invoke the merit of his ancestors, for we know that "the righteous are greater in death than in life."

לְדָוִד 1 By David, a psalm. The earth and all therein is the Lord's; the world and its inhabitants. 2 For He has founded it upon the seas, and established it upon the rivers. 3 Who may ascend the mountain of the Lord, and who may stand in His holy place? 4 He who has clean hands and a pure heart, who has not used My Name in vain or sworn falsely. 5 He shall receive a blessing from the Lord, and kindness from God, his deliverer. 6 Such is the generation of those who search for Him, [the children of] Jacob who seek Your countenance forever. 7 Lift up your heads, O gates, and be lifted up, eternal doors, so the glorious King may enter. 8 Who is the glorious King? The Lord, strong and mighty; the Lord, mighty in battle. 9 Lift up your heads, O gates; lift them up, eternal doors, so the glorious King may enter. 10 Who is the glorious King? The Lord of Hosts, He is the glorious King for all eternity.

כה.

בו חסר (בו"ק) בגי' עם הכולל גיהנם והאומרו בכל יום אינו רואה פני גיהנם:

א לְדָוִד אֵלֶיךָ יְהֹוָה נַפְשִׁי אֶשָּׂא: ב אֱלֹהַי בְּךָ בָטַחְתִּי
אַל־אֵבוֹשָׁה אַל־יַעַלְצוּ אֹיְבַי לִי: ג גַּם כָּל־קֹוֶיךָ לֹא
יֵבֹשׁוּ יֵבֹשׁוּ הַבּוֹגְדִים רֵיקָם: ד דְּרָכֶיךָ יְהֹוָה הוֹדִיעֵנִי
אֹרְחוֹתֶיךָ לַמְּדֵנִי: ה הַדְרִיכֵנִי בַאֲמִתֶּךָ | וְלַמְּדֵנִי כִּי־
אַתָּה אֱלֹהֵי יִשְׁעִי אוֹתְךָ קִוִּיתִי כָּל־הַיּוֹם: ו זְכֹר רַחֲמֶיךָ
יְהֹוָה וַחֲסָדֶיךָ כִּי מֵעוֹלָם הֵמָּה: ז חַטֹּאות נְעוּרַי | וּפְשָׁעַי
אַל־תִּזְכֹּר כְּחַסְדְּךָ זְכָר־לִי־אַתָּה לְמַעַן טוּבְךָ יְהֹוָה: ח טוֹב
וְיָשָׁר יְהֹוָה עַל־כֵּן יוֹרֶה חַטָּאִים בַּדָּרֶךְ: ט יַדְרֵךְ עֲנָוִים
בַּמִּשְׁפָּט וִילַמֵּד עֲנָוִים דַּרְכּוֹ: י כָּל־אָרְחוֹת יְהֹוָה חֶסֶד
וֶאֱמֶת לְנֹצְרֵי בְרִיתוֹ וְעֵדֹתָיו: יא לְמַעַן־שִׁמְךָ יְהֹוָה וְסָלַחְתָּ
לַעֲוֹנִי כִּי רַב־הוּא: יב מִי זֶה הָאִישׁ יְרֵא יְהֹוָה יוֹרֶנּוּ
בְּדֶרֶךְ יִבְחָר: יג נַפְשׁוֹ בְּטוֹב תָּלִין וְזַרְעוֹ יִירַשׁ אָרֶץ:
יד סוֹד יְהֹוָה לִירֵאָיו וּבְרִיתוֹ לְהוֹדִיעָם: טו עֵינַי תָּמִיד
אֶל־יְהֹוָה כִּי הוּא יוֹצִיא מֵרֶשֶׁת רַגְלָי: טז פְּנֵה־אֵלַי וְחָנֵּנִי
כִּי־יָחִיד וְעָנִי אָנִי: יז צָרוֹת לְבָבִי הִרְחִיבוּ מִמְּצוּקוֹתַי

25

The verses in this psalm are arranged according to the alphabet, excluding the letters Bet, Vav, and Kuf, which together equal the numerical value of Gehenom (purgatory). One who recites this psalm daily will not see the face of purgatory.

לדוד 1 By David. To You, Lord, I lift my soul. 2 My God, I have put my trust in You. May I not be put to shame; may my enemies not gloat over me. 3 Indeed, may all who hope in You not be put to shame; let those who act treacherously without reason be shamed. 4 O Lord, make Your ways known to me; teach me Your paths. 5 Train me in Your truth and teach me, for You are the God of my salvation; I yearn for You all day. 6 O Lord, remember Your mercies and Your kindnesses, for they have existed for all time. 7 Do not recall the sins of my youth, nor my transgressions; remember me in accordance with Your kindness, because of Your goodness, O Lord. 8 Good and upright is the Lord, therefore He directs sinners along the way. 9 He guides the humble with justice, and teaches the humble His way. 10 All the paths of the Lord are kindness and truth for those who observe His covenant and testimonies. 11 For the sake of Your Name, O Lord, pardon my iniquity, for it is great. 12 Whoever is a God-fearing man, him will He teach the path that he should choose. 13 His soul will abide in well-being, and his descendants will inherit the earth. 14 The secret of the Lord is to those who fear Him; He makes His covenant known to them. 15 My eyes are always turned to the Lord, for He releases my feet from the snare. 16 Turn to me and be compassionate to me, for I am alone and afflicted. 17 The sufferings of my

הוֹצִיאֵנִי׃ יח רְאֵה־עָנְיִי וַעֲמָלִי וְשָׂא לְכָל־חַטֹּאותָי׃
יט רְאֵה אוֹיְבַי כִּי־רָבּוּ וְשִׂנְאַת חָמָס שְׂנֵאוּנִי׃ כ שָׁמְרָה
נַפְשִׁי וְהַצִּילֵנִי אַל־אֵבוֹשׁ כִּי־חָסִיתִי בָךְ׃ כא תֹּם־וָיֹשֶׁר
יִצְּרוּנִי כִּי קִוִּיתִיךָ׃ כב פְּדֵה־אֱלֹהִים אֶת־יִשְׂרָאֵל מִכֹּל
צָרוֹתָיו׃

כו.

היאך דוד המלך מתחזק בתפלות ובחסידות נגד הקדוש ברוך הוא שהיה מקנא למי שהיה במעלה וביראה יותר ממנו ואמר מי יתן והייתי כמוהו בחסידות ובמעלות:

א לְדָוִד ׀ שָׁפְטֵנִי יְהוָה כִּי־אֲנִי בְּתֻמִּי הָלַכְתִּי וּבַיהוָה
בָּטַחְתִּי לֹא אֶמְעָד׃ ב בְּחָנֵנִי יְהוָה וְנַסֵּנִי צָרְפָה כִלְיוֹתַי
וְלִבִּי׃ ג כִּי־חַסְדְּךָ לְנֶגֶד עֵינָי וְהִתְהַלַּכְתִּי בַּאֲמִתֶּךָ׃
ד לֹא־יָשַׁבְתִּי עִם־מְתֵי־שָׁוְא וְעִם נַעֲלָמִים לֹא אָבוֹא׃
ה שָׂנֵאתִי קְהַל מְרֵעִים וְעִם־רְשָׁעִים לֹא אֵשֵׁב׃ ו אֶרְחַץ
בְּנִקָּיוֹן כַּפָּי וַאֲסֹבְבָה אֶת־מִזְבַּחֲךָ יְהוָה׃ ז לַשְׁמִעַ בְּקוֹל
תּוֹדָה וּלְסַפֵּר כָּל־נִפְלְאוֹתֶיךָ׃ ח יְהוָה אָהַבְתִּי מְעוֹן
בֵּיתֶךָ וּמְקוֹם מִשְׁכַּן כְּבוֹדֶךָ׃ ט אַל־תֶּאֱסֹף עִם־חַטָּאִים
נַפְשִׁי וְעִם־אַנְשֵׁי דָמִים חַיָּי׃ י אֲשֶׁר־בִּידֵיהֶם זִמָּה
וִימִינָם מָלְאָה שֹּׁחַד׃ יא וַאֲנִי בְּתֻמִּי אֵלֵךְ פְּדֵנִי וְחָנֵּנִי׃
יב רַגְלִי עָמְדָה בְמִישׁוֹר בְּמַקְהֵלִים אֲבָרֵךְ יְהוָה׃

heart have increased; deliver me from my hardships.
18 Behold my affliction and suffering, and forgive all my
sins. 19 See how numerous my enemies have become;
they hate me with a violent hatred. 20 Guard my soul
and deliver me; may I not be put to shame, for I place
my trust in You. 21 Let integrity and uprightness guard
me, for my hope is in You. 22 Redeem Israel, O God,
from all its afflictions.

26

In this psalm King David inundates God with prayers and acts of piety, because
he envies those who are his spiritual superiors, saying, "If only I were on their level
of piety and virtue!"

לדוד 1 By David. Judge me, O Lord, for in my
innocence I have walked, and in the Lord I have
trusted—I shall not falter. 2 Try me, O Lord, and test
me; refine my mind and heart. 3 For Your kindness is
before my eyes, and I have walked constantly in Your
truth. 4 I did not sit with men of falsehood, and with
hypocrites I will not mingle. 5 I detested the company
of evildoers, and with the wicked I will not sit. 6 I wash
my hands in purity, and circle Your altar, O Lord, 7 to
give voice to thanks, and to recount all Your wonders.
8 I love the shelter of Your House, O Lord, and the place
where Your glory resides. 9 Gather not in my soul with
sinners, nor my life with men of bloodshed, 10 In whose
hands are schemes, and whose right hand is filled with
bribes. 11 But I walk in my innocence; redeem me and
show me favor. 12 My foot stands on level ground; in
assemblies I will bless the Lord.

כז.

הודאה ושבח ובטחונו שמנצח מלחמותיו ומ״מ אינני חפץ במלחמות באשר שאינני
יכול לקנות שלימות רק אחת שאלתי לשבת יומם ולילה בבהמ״ד ללמוד תורה לקנות
שלימות לזכות נשמתי לחיי העולם הבא:

א לְדָוִד ׀ יְהֹוָה ׀ אוֹרִי וְיִשְׁעִי מִמִּי אִירָא יְהֹוָה מָעֽוֹז־חַיַּי
מִמִּי אֶפְחָֽד: ב בִּקְרֹב עָלַי ׀ מְרֵעִים֮ לֶאֱכֹל אֶת־בְּשָׂרִי֒ צָרַי
וְאֹיְבַי לִי הֵמָּה כָשְׁלוּ וְנָפָֽלוּ: ג אִם־תַּחֲנֶה עָלַי ׀ מַחֲנֶה֮
לֹא־יִירָא לִבִּי אִם־תָּקוּם עָלַי מִלְחָמָה בְּזֹאת אֲנִי
בוֹטֵֽחַ: ד אַחַת ׀ שָׁאַלְתִּי מֵאֵת־יְהֹוָה אוֹתָהּ אֲבַקֵּשׁ שִׁבְתִּי
בְּבֵית־יְהֹוָה כָּל־יְמֵי חַיַּי לַחֲזוֹת בְּנֹעַם־יְהֹוָה וּלְבַקֵּר
בְּהֵיכָלֽוֹ: ה כִּי יִצְפְּנֵנִי ׀ בְּסֻכֹּה בְּיוֹם רָעָה יַסְתִּרֵנִי בְּסֵתֶר
אָהֳלוֹ בְּצוּר יְרוֹמְמֵֽנִי: ו וְעַתָּה יָרוּם רֹאשִׁי עַל־אֹיְבַי
סְבִיבוֹתַי וְאֶזְבְּחָה בְאָהֳלוֹ זִבְחֵי תְרוּעָה אָשִׁירָה וַאֲזַמְּרָה
לַיהֹוָֽה: ז שְׁמַע־יְהֹוָה קוֹלִי אֶקְרָא וְחָנֵּנִי וַעֲנֵֽנִי: ח לְךָ ׀ אָמַר
לִבִּי בַּקְּשׁוּ פָנָי אֶת־פָּנֶיךָ יְהֹוָה אֲבַקֵּֽשׁ: ט אַל־תַּסְתֵּר פָּנֶיךָ ׀
מִמֶּנִּי אַל־תַּט בְּאַף עַבְדֶּךָ עֶזְרָתִי הָיִיתָ אַל־תִּטְּשֵׁנִי
וְאַל־תַּֽעַזְבֵנִי אֱלֹהֵי יִשְׁעִֽי: י כִּי־אָבִי וְאִמִּי עֲזָבוּנִי וַיהֹוָה
יַֽאַסְפֵֽנִי: יא הוֹרֵנִי יְהֹוָה דַּרְכֶּךָ וּנְחֵנִי בְּאֹרַח מִישׁוֹר לְמַעַן

27

King David acknowledges and praises God, placing his trust in Him because of his victories in war. "Nevertheless, it is not wars that I desire, for I cannot gain perfection with them. Only one thing do I ask: to abide day and night in the study hall studying Torah, to gain perfection so that my soul may merit the life of the World to Come."

לְדָוִד 1 By David. The Lord is my light and my salvation—whom shall I fear? The Lord is the strength of my life—whom shall I dread? 2 When evildoers approached me to devour my flesh, my oppressors and my foes, they stumbled and fell. 3 If an army were to beleaguer me, my heart would not fear; if war were to arise against me, in this I trust.[1] 4 One thing I have asked of the Lord, this I seek: that I may dwell in the House of the Lord all the days of my life, to behold the pleasantness of the Lord, and to visit His Sanctuary. 5 For He will hide me in His tabernacle on a day of adversity; He will conceal me in the hidden places of His tent; He will lift me upon a rock. 6 And then my head will be raised above my enemies around me, and I will offer in His tabernacle sacrifices of jubilation; I will sing and chant to the Lord. 7 Lord, hear my voice as I call; be gracious to me and answer me. 8 In Your behalf my heart says, "Seek My countenance"; Your countenance, Lord, I seek. 9 Do not conceal Your countenance from me; do not cast aside Your servant in wrath. You have been my help; do not abandon me nor forsake me, God of my deliverance. 10 Though my father and mother have forsaken me, the Lord has taken me in. 11 Lord,

---

1. I trust that "the Lord is my light and my salvation," etc. (*Rashi*).

שֹׁרְרָי: יב אַל־תִּתְּנֵנִי בְּנֶפֶשׁ צָרָי כִּי קָמוּ־בִי עֵדֵי־
שֶׁקֶר וִיפֵחַ חָמָס: יג לוּלֵא הֶאֱמַנְתִּי לִרְאוֹת בְּטוּב־יְהֹוָה
בְּאֶרֶץ חַיִּים: יד קַוֵּה אֶל־יְהֹוָה חֲזַק וְיַאֲמֵץ לִבֶּךָ וְקַוֵּה
אֶל־יְהֹוָה:

כח.

תפלה לכל יחיד ויחיד שהקדוש ברוך הוא יעזרו ללכת בדרך הטוב וימניעו מלכת עם הרשעים פועלי און וישלם לרשעים כרשעתם ולצדיקים כצדקתם:

א לְדָוִד אֵלֶיךָ יְהֹוָה | אֶקְרָא צוּרִי אַל־תֶּחֱרַשׁ מִמֶּנִּי פֶּן־
תֶּחֱשֶׁה מִמֶּנִּי וְנִמְשַׁלְתִּי עִם־יוֹרְדֵי בוֹר: ב שְׁמַע קוֹל
תַּחֲנוּנַי בְּשַׁוְּעִי אֵלֶיךָ בְּנָשְׂאִי יָדַי אֶל־דְּבִיר קָדְשֶׁךָ:
ג אַל־תִּמְשְׁכֵנִי עִם־רְשָׁעִים וְעִם־פֹּעֲלֵי אָוֶן דֹּבְרֵי שָׁלוֹם
עִם־רֵעֵיהֶם וְרָעָה בִּלְבָבָם: ד תֶּן־לָהֶם כְּפָעֳלָם וּכְרֹעַ
מַעַלְלֵיהֶם כְּמַעֲשֵׂה יְדֵיהֶם תֵּן לָהֶם הָשֵׁב גְּמוּלָם לָהֶם:
ה כִּי לֹא יָבִינוּ אֶל־פְּעֻלֹּת יְהֹוָה וְאֶל־מַעֲשֵׂה יָדָיו יֶהֶרְסֵם
וְלֹא יִבְנֵם: ו בָּרוּךְ יְהֹוָה כִּי־שָׁמַע קוֹל תַּחֲנוּנָי: ז יְהֹוָה |
עֻזִּי וּמָגִנִּי בּוֹ בָטַח לִבִּי וְנֶעֱזָרְתִּי וַיַּעֲלֹז לִבִּי וּמִשִּׁירִי
אֲהוֹדֶנּוּ: ח יְהֹוָה עֹז־לָמוֹ וּמָעוֹז יְשׁוּעוֹת מְשִׁיחוֹ הוּא:

teach me Your way and lead me in the path of right-
eousness, because of my watchful enemies. 12 Do not
give me over to the will of my oppressors, for there have
risen against me false witnesses, and they speak evil.
13 [They would have crushed me] had I not believed that
I would see the goodness of the Lord in the land of the
living. 14 Hope in the Lord, be strong and let your heart
be valiant, and hope in the Lord.

28

A prayer for every individual, entreating God to assist him in walking the good
path, to prevent him from walking with the wicked doers of evil, and that He repay
the wicked for their wickedness and the righteous for their righteousness.

לדוד 1 By David. I call to You, O Lord; my Strength,
do not be deaf to me; for should You be silent to me, I
will be like those who descend to the pit. 2 Hear the
sound of my pleas when I cry out to You, when I raise
my hands toward Your holy Sanctuary. 3 Do not draw
me along with the wicked, with evildoers who speak of
peace with their companions, though evil is in their
heart. 4 Give them according to their deeds, and the evil
of their endeavors; give them according to their handi-
work, render to them their just deserts. 5 For they pay
no heed to the acts of the Lord, nor to the work of His
hands; may He destroy them and not rebuild them.
6 Blessed is the Lord, for He has heard the voice of my
pleas. 7 The Lord is my strength and my shield; in Him
my heart trusted and I was helped; my heart exulted,
and with my song I praised Him. 8 The Lord is a
strength to them; He is a stronghold of deliverance to

טּ הוֹשִׁ֤יעָה ׀ אֶת־עַמֶּ֗ךָ וּבָרֵ֥ךְ אֶת־נַחֲלָתֶ֑ךָ וּרְעֵ֥ם וְנַשְּׂאֵ֗ם

עַד־הָעוֹלָֽם:

כט.

במזמור זה הם ח"י אזכרות נגדם תקנו חכמינו ז"ל ח"י ברכות. ויש לפרש כל המזמור
על מתן תורה ועל קבוץ גליות:

א מִזְמ֗וֹר לְדָ֫וִ֥ד הָב֣וּ לַ֖יהוָה בְּנֵ֣י אֵלִ֑ים הָב֥וּ לַ֝יהוָ֗ה כָּב֥וֹד

וָעֹֽז: ב הָב֣וּ לַ֭יהוָה כְּב֣וֹד שְׁמ֑וֹ הִשְׁתַּחֲו֥וּ לַ֝יהוָ֗ה בְּהַדְרַת־

קֹֽדֶשׁ: ג ק֥וֹל יְהוָ֗ה עַל־הַ֫מָּ֥יִם אֵֽל־הַכָּב֥וֹד הִרְעִ֑ים יְ֝הוָ֗ה עַל־

מַ֥יִם רַבִּֽים: ד קוֹל־יְהוָ֥ה בַּכֹּ֑חַ ק֖וֹל יְהוָ֣ה בֶּהָדָֽר: ה ק֣וֹל יְ֭הוָה

שֹׁבֵ֣ר אֲרָזִ֑ים וַיְשַׁבֵּ֥ר יְ֝הוָ֗ה אֶת־אַרְזֵ֥י הַלְּבָנֽוֹן: ו וַיַּרְקִידֵ֥ם

כְּמוֹ־עֵ֑גֶל לְבָנ֥וֹן וְ֝שִׂרְיֹ֗ן כְּמ֣וֹ בֶן־רְאֵמִֽים: ז קוֹל־יְהוָ֥ה חֹצֵ֗ב

לַהֲב֥וֹת אֵֽשׁ: ח ק֣וֹל יְ֭הוָה יָחִ֣יל מִדְבָּ֑ר יָחִ֥יל יְ֝הוָ֗ה מִדְבַּ֥ר

קָדֵֽשׁ: ט ק֤וֹל יְהוָ֨ה ׀ יְחוֹלֵ֣ל אַיָּלוֹת֮ וַֽיֶּחֱשֹׂ֪ף יְעָ֫ר֥וֹת וּבְהֵיכָל֑וֹ

כֻּ֝לּ֗וֹ אֹמֵ֥ר כָּבֽוֹד: י יְ֭הוָה לַמַּבּ֣וּל יָשָׁ֑ב וַיֵּ֥שֶׁב יְ֝הוָ֗ה מֶ֣לֶךְ

לְעוֹלָֽם: יא יְֽהוָ֗ה עֹ֭ז לְעַמּ֣וֹ יִתֵּ֑ן יְהוָ֓ה ׀ יְבָרֵ֖ךְ אֶת־עַמּ֣וֹ בַשָּׁלֽוֹם:

ליום שני

ל.

מוסר שאל יצטער אדם אם הקב"ה שולח עליו יסורים בעה"ז שא"א לבא לידי עוה"ב
אלא ע"י יסורים גם אם הוא במעלה עליונה אל יחשוב שלא ימוט לעולם רק שהכל
ברשות הקב"ה:

א מִזְמ֡וֹר שִׁיר־חֲנֻכַּ֖ת הַבַּ֣יִת לְדָוִֽד: ב אֲרוֹמִמְךָ֣ יְ֭הוָה

His anointed. 9 Grant salvation to Your people and bless Your heritage; tend them and exalt them forever.

29

The Name of God appears eighteen times in this psalm. Correspondingly, our Sages established "the eighteen blessings" (the Amidah). The entire psalm can be interpreted as referring to the giving of the Torah and the ingathering of the exiles.

DAY **5**

מזמור 1 A psalm by David. Render to the Lord, children of the mighty, render to the Lord honor and strength. 2 Render to the Lord the honor due to His Name; bow down to the Lord in resplendent holiness. 3 The voice of the Lord is over the waters, the God of glory thunders; the Lord is over mighty waters. 4 The voice of the Lord resounds with might; the voice of the Lord resounds with majesty. 5 The voice of the Lord breaks cedars; the Lord shatters the cedars of Lebanon. 6 He makes them leap like a calf, Lebanon and Sirion like a young wild ox. 7 The voice of the Lord strikes flames of fire. 8 The voice of the Lord makes the desert tremble; the Lord causes the desert of Kadesh to tremble. 9 The voice of the Lord causes the does to calve, and strips the forests bare; and in His Sanctuary all proclaim His glory. 10 The Lord sat [as King] at the Flood; the Lord will sit as King forever. 11 The Lord will give strength to His people; the Lord will bless His people with peace.

MONDAY

30

This psalm teaches one not to be distressed if God visits suffering upon him in this world, for only through suffering can one enter the World to Come. Even one of great spiritual stature should realize that his stability is not guaranteed, but that all is in the hands of God.

מזמור 1 A psalm, a song of dedication of the House,

כִּי דִלִּיתָנִי וְלֹא־שִׂמַּחְתָּ אֹיְבַי לִי׃ ג יְהֹוָה אֱלֹהָי שִׁוַּעְתִּי
אֵלֶיךָ וַתִּרְפָּאֵנִי׃ ד יְהֹוָה הֶעֱלִיתָ מִן־שְׁאוֹל נַפְשִׁי חִיִּיתַנִי
מִיָּרְדִי בוֹר׃ ה זַמְּרוּ לַיהֹוָה חֲסִידָיו וְהוֹדוּ לְזֵכֶר קָדְשׁוֹ׃
ו כִּי רֶגַע בְּאַפּוֹ חַיִּים בִּרְצוֹנוֹ בָּעֶרֶב יָלִין בֶּכִי וְלַבֹּקֶר רִנָּה׃
ז וַאֲנִי אָמַרְתִּי בְשַׁלְוִי בַּל־אֶמּוֹט לְעוֹלָם׃ ח יְהֹוָה בִּרְצוֹנְךָ
הֶעֱמַדְתָּה לְהַרְרִי עֹז הִסְתַּרְתָּ פָנֶיךָ הָיִיתִי נִבְהָל׃
ט אֵלֶיךָ יְהֹוָה אֶקְרָא וְאֶל־אֲדֹנָי אֶתְחַנָּן׃ י מַה־בֶּצַע בְּדָמִי
בְּרִדְתִּי אֶל־שָׁחַת הֲיוֹדְךָ עָפָר הֲיַגִּיד אֲמִתֶּךָ׃ יא שְׁמַע־
יְהֹוָה וְחָנֵּנִי יְהֹוָה הֱיֵה ׀ עֹזֵר לִי׃ יב הָפַכְתָּ מִסְפְּדִי לְמָחוֹל
לִי פִּתַּחְתָּ שַׂקִּי וַתְּאַזְּרֵנִי שִׂמְחָה׃ יג לְמַעַן ׀ יְזַמֶּרְךָ כָבוֹד
וְלֹא יִדֹּם יְהֹוָה אֱלֹהַי לְעוֹלָם אוֹדֶךָּ׃

לא.

תפלה לדוד בברחו מפני שאול בהיותו בעניו ומרודו ושם מבטחו בה' ומוסר הוא לאדם שישים בטחונו רק בה':

א לַמְנַצֵּחַ מִזְמוֹר לְדָוִד׃ ב בְּךָ־יְהֹוָה חָסִיתִי אַל־
אֵבוֹשָׁה לְעוֹלָם בְּצִדְקָתְךָ פַלְּטֵנִי׃ ג הַטֵּה אֵלַי ׀ אָזְנְךָ
מְהֵרָה הַצִּילֵנִי הֱיֵה לִי ׀ לְצוּר־מָעוֹז לְבֵית מְצוּדוֹת
לְהוֹשִׁיעֵנִי׃ ד כִּי־סַלְעִי וּמְצוּדָתִי אָתָּה וּלְמַעַן שִׁמְךָ

by David. 2 I exalt You, Lord, for You have uplifted me, and did not allow my enemies to rejoice over me. 3 Lord, my God, I cried out to You, and You healed me. 4 Lord, You have brought up my soul from the grave; You have kept me alive, that I should not descend to the pit. 5 Sing to the Lord, you His pious ones, and praise His holy Name. 6 For His wrath endures but for a moment, when He is conciliated there is [long] life; when one retires at night weeping, joy will come in the morning. 7 In my security I thought, "I shall never falter." 8 Lord, by Your favor You have made my mountain stand strong; when You concealed Your countenance I was alarmed. 9 I called to You, O Lord, and I made supplication to my Lord: 10 What profit is there in my death, in my going down to the grave? Can dust praise You? Can it proclaim Your truth? 11 Lord, hear and be gracious to me; Lord, be a help to me. 12 You have turned my mourning into dancing; You have undone my sackcloth and girded me with joy. 13 Therefore my soul shall sing to You, and not be silent; Lord my God, I will praise You forever.

31

Composed by a destitute and oppressed David, running from Saul while placing his trust in God, this psalm instructs man to put his trust in God alone.

למנצח 1 For the Conductor, a psalm by David. 2 In You I have taken shelter, O Lord, I shall never be shamed; rescue me in Your righteousness. 3 Turn Your ear to me, save me quickly; be to me a rock of refuge, a fortress to deliver me. 4 For You are my rock and my

תַּנְחֵנִי וּתְנַהֲלֵנִי: ה תּוֹצִיאֵנִי מֵרֶשֶׁת זוּ טָמְנוּ לִי כִּי
אַתָּה מָעוּזִּי: ו בְּיָדְךָ אַפְקִיד רוּחִי פָּדִיתָה אוֹתִי יְהֹוָה אֵל
אֱמֶת: ז שָׂנֵאתִי הַשֹּׁמְרִים הַבְלֵי־שָׁוְא וַאֲנִי אֶל־יְהֹוָה
בָּטָחְתִּי: ח אָגִילָה וְאֶשְׂמְחָה בְּחַסְדֶּךָ אֲשֶׁר רָאִיתָ אֶת־
עָנְיִי יָדַעְתָּ בְּצָרוֹת נַפְשִׁי: ט וְלֹא הִסְגַּרְתַּנִי בְּיַד־אוֹיֵב
הֶעֱמַדְתָּ בַמֶּרְחָב רַגְלָי: י חָנֵּנִי יְהֹוָה כִּי צַר לִי עָשְׁשָׁה
בְכַעַס עֵינִי נַפְשִׁי וּבִטְנִי: יא כִּי כָלוּ בְיָגוֹן חַיַּי וּשְׁנוֹתַי
בַּאֲנָחָה כָּשַׁל בַּעֲוֹנִי כֹחִי וַעֲצָמַי עָשֵׁשׁוּ: יב מִכָּל־
צֹרְרַי הָיִיתִי חֶרְפָּה וְלִשְׁכֵנַי | מְאֹד וּפַחַד לִמְיֻדָּעָי רֹאַי
בַּחוּץ נָדְדוּ מִמֶּנִּי: יג נִשְׁכַּחְתִּי כְּמֵת מִלֵּב הָיִיתִי כִּכְלִי
אֹבֵד: יד כִּי שָׁמַעְתִּי | דִּבַּת רַבִּים מָגוֹר מִסָּבִיב
בְּהִוָּסְדָם יַחַד עָלַי לָקַחַת נַפְשִׁי זָמָמוּ: טו וַאֲנִי | עָלֶיךָ
בָטַחְתִּי יְהֹוָה אָמַרְתִּי אֱלֹהַי אָתָּה: טז בְּיָדְךָ עִתֹּתָי הַצִּילֵנִי
מִיַּד־אוֹיְבַי וּמֵרֹדְפָי: יז הָאִירָה פָנֶיךָ עַל־עַבְדֶּךָ
הוֹשִׁיעֵנִי בְחַסְדֶּךָ: יח יְהֹוָה אַל־אֵבוֹשָׁה כִּי קְרָאתִיךָ יֵבֹשׁוּ
רְשָׁעִים יִדְּמוּ לִשְׁאוֹל: יט תֵּאָלַמְנָה שִׂפְתֵי שָׁקֶר
הַדֹּבְרוֹת עַל־צַדִּיק עָתָק בְּגַאֲוָה וָבוּז: כ מָה רַב טוּבְךָ

fortress; for the sake of Your Name, direct me and lead me. 5 Remove me from the net they planted for me, for You are my stronghold. 6 I entrust my spirit into Your hand; You will redeem me, Lord, God of truth. 7 I despise those who anticipate worthless vanities; but I trust in the Lord. 8 I will rejoice and delight in Your kindness, for You have seen my affliction; You know the troubles of my soul. 9 You have not delivered me into the hand of the enemy; You have set my feet on spacious ground. 10 Be gracious to me, O Lord, for I am in distress; my eye wastes away from vexation—my soul and my stomach. 11 For my life is spent in sorrow, my years in sighing; my strength fails because of my iniquity, and my bones are wasted away. 12 Because of my adversaries I have become a disgrace—exceedingly to my neighbors, and a dread to my friends; those who see me outside flee from me. 13 Like a dead man, I was forgotten from the heart; I became like a lost vessel. 14 For I have heard the slander of many, terror on every side, when they assembled together against me and plotted to take my life. 15 But I trusted in You, O Lord; I said, "You are my God." 16 My times are in Your hand; save me from the hands of my enemies and pursuers. 17 Shine Your countenance upon Your servant; deliver me in Your kindness. 18 O Lord, let me not be ashamed, for I have called You; let the wicked be shamed, let them be silent to the grave. 19 Let the lips of falsehood—which speak insolently against the righteous, with arrogance and contempt—be struck dumb. 20 How abundant is

אֲשֶׁר־צָפַנְתָּ לִּירֵאֶיךָ פָּעַלְתָּ לַחֹסִים בָּךְ נֶגֶד בְּנֵי
אָדָם׃ כא תַּסְתִּירֵם ׀ בְּסֵתֶר פָּנֶיךָ מֵרֻכְסֵי אִישׁ תִּצְפְּנֵם
בְּסֻכָּה מֵרִיב לְשֹׁנוֹת׃ כב בָּרוּךְ יְהֹוָה כִּי־הִפְלִיא חַסְדּוֹ לִי
בְּעִיר מָצוֹר׃ כג וַאֲנִי ׀ אָמַרְתִּי בְחָפְזִי נִגְרַזְתִּי מִנֶּגֶד
עֵינֶיךָ אָכֵן שָׁמַעְתָּ קוֹל תַּחֲנוּנַי בְּשַׁוְּעִי אֵלֶיךָ׃ כד אֶהֱבוּ
אֶת־יְהֹוָה כָּל־חֲסִידָיו אֱמוּנִים נֹצֵר יְהֹוָה וּמְשַׁלֵּם עַל־
יֶתֶר עֹשֵׂה גַאֲוָה׃ כה חִזְקוּ וְיַאֲמֵץ לְבַבְכֶם כָּל־
הַמְיַחֲלִים לַיהֹוָה׃

לב.

בו ידובר מסליחת העון ואשרי לאדם שיעשה תשובה ויתודה לאל בכל לבו:

א לְדָוִד מַשְׂכִּיל אַשְׁרֵי נְשׂוּי־פֶּשַׁע כְּסוּי חֲטָאָה׃
ב אַשְׁרֵי אָדָם לֹא־יַחְשֹׁב יְהֹוָה לוֹ עָוֺן וְאֵין בְּרוּחוֹ רְמִיָּה׃
ג כִּי הֶחֱרַשְׁתִּי בָּלוּ עֲצָמָי בְּשַׁאֲגָתִי כָּל־הַיּוֹם׃ ד כִּי ׀
יוֹמָם וָלַיְלָה ׀ תִּכְבַּד עָלַי יָדֶךָ נֶהְפַּךְ לְשַׁדִּי בְּחַרְבֹנֵי
קַיִץ סֶלָה׃ ה חַטָּאתִי אוֹדִיעֲךָ וַעֲוֺנִי לֹא־כִסִּיתִי אָמַרְתִּי
אוֹדֶה עֲלֵי פְשָׁעַי לַיהֹוָה וְאַתָּה נָשָׂאתָ עֲוֺן חַטָּאתִי סֶלָה׃
ו עַל־זֹאת יִתְפַּלֵּל כָּל־חָסִיד ׀ אֵלֶיךָ לְעֵת מְצֹא רַק

Your good that You have hidden for those who fear You; in the presence of man, You have acted for those who take refuge in You. 21 Conceal them from the haughtiness of man, in the shelter of Your countenance; hide them in a shelter from the strife of tongues. 22 Blessed is the Lord, for He has been wondrous in His kindness to me in a besieged city. 23 I said in my panic, "I am cut off from before Your eyes!" But in truth, You heard the voice of my pleas when I cried to You. 24 Love the Lord, all His pious ones! The Lord preserves the faithful, and repays with exactness those who act haughtily. 25 Be strong and fortify your hearts, all who put their hope in the Lord!

32

This psalm speaks of forgiveness of sin, and of the good fortune of one who repents and confesses to God wholeheartedly.

לדוד 1 By David, a *maskil.*[1] Fortunate is he whose transgression is forgiven, whose sin is covered. 2 Fortunate is the man to whom the Lord does not reckon his sin, and in whose spirit there is no deceit. 3 When I was silent, my limbs wore away through my wailing all day long. 4 For day and night Your hand was heavy upon me; my marrow became [dry] as the droughts of summer, *Selah.* 5 My sin I made known to You, my iniquity I did not cover. I said, "I will confess my transgressions to the Lord," and You have forgiven the iniquity of my transgression forever. 6 For this let every pious man pray to You, at a time when You may

---
1. A psalm intended to enlighten and impart knowledge *(Metzudot).*

לְשֵׁטֶף מַיִם רַבִּים אֵלָיו לֹא יַגִּיעוּ: ז אַתָּה ׀ סֵתֶר לִי
מִצַּר תִּצְּרֵנִי רָנֵּי פַלֵּט תְּסוֹבְבֵנִי סֶלָה: ח אַשְׂכִּילְךָ ׀
וְאוֹרְךָ בְּדֶרֶךְ־זוּ תֵלֵךְ אִיעֲצָה עָלֶיךָ עֵינִי: ט אַל־תִּהְיוּ ׀
כְּסוּס כְּפֶרֶד אֵין הָבִין בְּמֶתֶג וָרֶסֶן עֶדְיוֹ לִבְלוֹם בַּל
קְרֹב אֵלֶיךָ: י רַבִּים מַכְאוֹבִים לָרָשָׁע וְהַבּוֹטֵחַ בַּיהוָה
חֶסֶד יְסוֹבְבֶנּוּ: יא שִׂמְחוּ בַיהוָה וְגִילוּ צַדִּיקִים וְהַרְנִינוּ
כָּל־יִשְׁרֵי־לֵב:

לג.

מוסר גדול לצדיקים ולישרים שיהללו את הקדוש ברוך הוא באשר שכל מי שיודע יותר בחכמת התורה יותר ראוי להודות לה' שיודעים ומבינים בגבורות הקדוש ברוך הוא:

א רַנְּנוּ צַדִּיקִים בַּיהוָה לַיְשָׁרִים נָאוָה תְהִלָּה: ב הוֹדוּ
לַיהוָה בְּכִנּוֹר בְּנֵבֶל עָשׂוֹר זַמְּרוּ־לוֹ: ג שִׁירוּ לוֹ שִׁיר
חָדָשׁ הֵיטִיבוּ נַגֵּן בִּתְרוּעָה: ד כִּי־יָשָׁר דְּבַר־יְהוָה וְכָל־
מַעֲשֵׂהוּ בֶּאֱמוּנָה: ה אֹהֵב צְדָקָה וּמִשְׁפָּט חֶסֶד יְהוָה
מָלְאָה הָאָרֶץ: ו בִּדְבַר יְהוָה שָׁמַיִם נַעֲשׂוּ וּבְרוּחַ פִּיו
כָּל־צְבָאָם: ז כֹּנֵס כַּנֵּד מֵי הַיָּם נֹתֵן בְּאֹצָרוֹת תְּהוֹמוֹת:
ח יִירְאוּ מֵיְהוָה כָּל־הָאָרֶץ מִמֶּנּוּ יָגוּרוּ כָּל־יֹשְׁבֵי תֵבֵל:
ט כִּי הוּא אָמַר וַיֶּהִי הוּא־צִוָּה וַיַּעֲמֹד: י יְהוָה הֵפִיר עֲצַת

be found; indeed, the flood of many waters will not reach him. 7 You are a refuge to me; protect me from distress; surround me with songs of deliverance forever. 8 I will enlighten you and educate you in the path you should go; I will advise you with what I have seen. 9 Be not like a horse, like a mule, senseless, that must be muzzled with bit and bridle when being adorned, so that it not come near you. 10 Many are the agonies of the wicked, but he who trusts in the Lord is surrounded by kindness. 11 Rejoice in the Lord and exult, you righteous ones! Sing joyously, all you upright of heart!

33

This psalm teaches the righteous and upright to praise God. For the more one knows of the Torah's wisdom, the more should he praise God, for he knows and understands His greatness.

רננו 1 Sing joyously to the Lord, you righteous ones; it is fitting for the upright to offer praise. 2 Extol the Lord with a harp; sing to Him with a ten-stringed lyre. 3 Sing to Him a new song; play well with sounds of jubilation. 4 For the word of the Lord is just; all His deeds are done in faithfulness. 5 He loves righteousness and justice; the kindness of the Lord fills the earth. 6 By the word of the Lord the heavens were made, and by the breath of His mouth all their hosts. 7 He gathers the waters of the sea like a mound; He places the deep waters in vaults. 8 Let all the earth fear the Lord; let all the inhabitants of the world tremble before Him. 9 For He spoke, and it came to be; He commanded, and it endured. 10 The Lord has annulled the counsel of

גּוֹיִם הֵנִיא מַחְשְׁבוֹת עַמִּים: יא עֲצַת יְהוָה לְעוֹלָם תַּעֲמֹד
מַחְשְׁבוֹת לִבּוֹ לְדֹר וָדֹר: יב אַשְׁרֵי הַגּוֹי אֲשֶׁר־יְהוָה אֱלֹהָיו
הָעָם | בָּחַר לְנַחֲלָה לוֹ: יג מִשָּׁמַיִם הִבִּיט יְהוָה רָאָה אֶת־
כָּל־בְּנֵי הָאָדָם: יד מִמְּכוֹן־שִׁבְתּוֹ הִשְׁגִּיחַ אֶל כָּל־יֹשְׁבֵי
הָאָרֶץ: טו הַיֹּצֵר יַחַד לִבָּם הַמֵּבִין אֶל־כָּל־מַעֲשֵׂיהֶם:
טז אֵין הַמֶּלֶךְ נוֹשָׁע בְּרָב־חָיִל גִּבּוֹר לֹא־יִנָּצֵל בְּרָב־
כֹּחַ: יז שֶׁקֶר הַסּוּס לִתְשׁוּעָה וּבְרֹב חֵילוֹ לֹא יְמַלֵּט:
יח הִנֵּה עֵין יְהוָה אֶל־יְרֵאָיו לַמְיַחֲלִים לְחַסְדּוֹ: יט לְהַצִּיל
מִמָּוֶת נַפְשָׁם וּלְחַיּוֹתָם בָּרָעָב: כ נַפְשֵׁנוּ חִכְּתָה לַיהוָה
עֶזְרֵנוּ וּמָגִנֵּנוּ הוּא: כא כִּי־בוֹ יִשְׂמַח לִבֵּנוּ כִּי בְשֵׁם
קָדְשׁוֹ בָטָחְנוּ: כב יְהִי־חַסְדְּךָ יְהוָה עָלֵינוּ כַּאֲשֶׁר יִחַלְנוּ לָךְ:

לד.

בו נתבאר כשהיה דוד אצל אכיש אחיו של גלית, והיה בסכנה גדולה, היה עושה עצמו כשוטה והוריד רירו על זקנו והיה כותב על דלתות אכיש מלך גת חייב לו מאה רבוא זהובים וגרשו מביתו ומרוב שמחה עשה זה המזמור בא"ב:

א לְדָוִד בְּשַׁנּוֹתוֹ אֶת־טַעְמוֹ לִפְנֵי אֲבִימֶלֶךְ וַיְגָרְשֵׁהוּ
וַיֵּלַךְ: ב אֲבָרְכָה אֶת־יְהוָה בְּכָל־עֵת תָּמִיד תְּהִלָּתוֹ בְּפִי:
ג בַּיהוָה תִּתְהַלֵּל נַפְשִׁי יִשְׁמְעוּ עֲנָוִים וְיִשְׂמָחוּ: ד גַּדְּלוּ
לַיהוָה אִתִּי וּנְרוֹמְמָה שְׁמוֹ יַחְדָּו: ה דָּרַשְׁתִּי אֶת־יְהוָה וְעָנָנִי

nations; He has foiled the schemes of peoples. 11 The counsel of the Lord stands forever, the thoughts of His heart throughout all generations. 12 Fortunate is the nation whose God is the Lord, the people He chose as a heritage for Himself. 13 The Lord looks down from heaven; He beholds all mankind. 14 From His dwelling-place He looks intently upon all the inhabitants of the earth. 15 It is He Who fashions the hearts of them all, Who perceives all their actions. 16 The king is not saved by a great army, nor a warrior rescued by great might. 17 The horse is a false guarantee for victory; with all its great strength it offers no escape. 18 But the eye of the Lord is directed toward those who fear Him, toward those who hope for His kindness, 19 to save their soul from death and to sustain them during famine. 20 Our soul yearns for the Lord; He is our help and our shield. 21 For our heart shall rejoice in Him, for we have put our trust in His Holy Name. 22 May Your kindness, Lord, be upon us, as we have placed our hope in You.

34

This psalm tells of when David was in grave danger while at the palace of Achish, brother of Goliath. David acted like a madman, letting spittle run down his beard, and writing on the doors: "Achish, king of Gath, owes me one hundred thousand gold coins," leading Achish to eject him from the palace. In his joy, David composed this psalm in alphabetical sequence.

לדוד 1 By David, when he feigned insanity before Avimelech,[1] who then drove him away, and he left. 2 I bless the Lord at all times; His praise is always in my mouth. 3 My soul glories in the Lord; let the humble hear it and rejoice. 4 Exalt the Lord with me, and let us extol His Name together. 5 I sought the Lord and He

---

1. All Philistine kings are referred to by the name Avimelech (*Rashi*).

וּמִכׇּל מְגוּרוֹתַי הִצִּילָנִי: ו הִבִּיטוּ אֵלָיו וְנָהָרוּ וּפְנֵיהֶם
אַל־יֶחְפָּרוּ: ז זֶה עָנִי קָרָא וַיהֹוָה שָׁמֵעַ וּמִכׇּל־צָרוֹתָיו
הוֹשִׁיעוֹ: ח חֹנֶה מַלְאַךְ־יְהֹוָה סָבִיב לִירֵאָיו וַיְחַלְּצֵם:
ט טַעֲמוּ וּרְאוּ כִּי־טוֹב יְהֹוָה אַשְׁרֵי הַגֶּבֶר יֶחֱסֶה־בּוֹ:
יְראוּ אֶת־יְהֹוָה קְדֹשָׁיו כִּי אֵין מַחְסוֹר לִירֵאָיו: יא כְּפִירִים
רָשׁוּ וְרָעֵבוּ וְדֹרְשֵׁי יְהֹוָה לֹא־יַחְסְרוּ כׇל־טוֹב: יב לְכוּ־
בָנִים שִׁמְעוּ־לִי יִרְאַת יְהֹוָה אֲלַמֶּדְכֶם: יג מִי־הָאִישׁ
הֶחָפֵץ חַיִּים אֹהֵב יָמִים לִרְאוֹת טוֹב: יד נְצֹר לְשׁוֹנְךָ
מֵרָע וּשְׂפָתֶיךָ מִדַּבֵּר מִרְמָה: טו סוּר מֵרָע וַעֲשֵׂה־
טוֹב בַּקֵּשׁ שָׁלוֹם וְרׇדְפֵהוּ: טז עֵינֵי יְהֹוָה אֶל־צַדִּיקִים
וְאׇזְנָיו אֶל־שַׁוְעָתָם: יז פְּנֵי יְהֹוָה בְּעֹשֵׂי רָע לְהַכְרִית מֵאֶרֶץ
זִכְרָם: יח צָעֲקוּ וַיהֹוָה שָׁמֵעַ וּמִכׇּל־צָרוֹתָם הִצִּילָם:
יט קָרוֹב יְהֹוָה לְנִשְׁבְּרֵי־לֵב וְאֶת־דַּכְּאֵי־רוּחַ יוֹשִׁיעַ:
כ רַבּוֹת רָעוֹת צַדִּיק וּמִכֻּלָּם יַצִּילֶנּוּ יְהֹוָה: כא שֹׁמֵר כׇּל־
עַצְמוֹתָיו אַחַת מֵהֵנָּה לֹא נִשְׁבָּרָה: כב תְּמוֹתֵת רָשָׁע
רָעָה וְשֹׂנְאֵי צַדִּיק יֶאְשָׁמוּ: כג פּוֹדֶה יְהֹוָה נֶפֶשׁ עֲבָדָיו
וְלֹא יֶאְשְׁמוּ כׇּל־הַחֹסִים בּוֹ:

answered me; He delivered me from all my fears. 6 Those who look to Him are radiant; their faces are never humiliated. 7 This poor man called, and the Lord heard; He delivered him from all his tribulations. 8 The angel of the Lord camps around those who fear Him, and rescues them. 9 Taste and see that the Lord is good; fortunate is the man who trusts in Him. 10 Fear the Lord, you His holy ones, for those who fear Him suffer no want. 11 Young lions may want and hunger, but those who seek the Lord shall not lack any good thing. 12 Come, children, listen to me; I will teach you the fear of the Lord. 13 Who is the man who desires life, who loves long life wherein to see goodness? 14 Guard your tongue from evil, and your lips from speaking deceit. 15 Turn away from evil and do good, seek peace and pursue it. 16 The eyes of the Lord are directed toward the righteous, and His ears toward their cry. 17 The wrath of the Lord is upon the evildoers, to excise their memory from the earth. 18 But when they [repent and] cry out, the Lord hears, and saves them from all their troubles. 19 The Lord is close to the broken-hearted, and saves those with a crushed spirit. 20 Many are the afflictions of a righteous person, but the Lord rescues him from them all. 21 He protects all his bones; not one of them is broken. 22 Evil brings death upon the wicked, and the enemies of the righteous are condemned. 23 The Lord redeems the soul of His servants; all who take shelter in Him are not condemned.

לה.

תפלה נוראה ונפלאה על שונאיו שיהיו כמוץ ומלאך ה׳ יהוה רודפם והכל בא מעזרת ה׳ ית׳:

יום ו

א לְדָוִד ׀ רִיבָה יְהֹוָה אֶת־יְרִיבַי לְחַם אֶת־לֹחֲמָי׃
ב הַחֲזֵק מָגֵן וְצִנָּה וְקוּמָה בְּעֶזְרָתִי׃ ג וְהָרֵק חֲנִית
וּסְגֹר לִקְרַאת רֹדְפָי אֱמֹר לְנַפְשִׁי יְשֻׁעָתֵךְ אָנִי׃ ד יֵבֹשׁוּ
וְיִכָּלְמוּ מְבַקְשֵׁי נַפְשִׁי יִסֹּגוּ אָחוֹר וְיַחְפְּרוּ חֹשְׁבֵי רָעָתִי׃
ה יִהְיוּ כְּמֹץ לִפְנֵי־רוּחַ וּמַלְאַךְ יְהֹוָה דּוֹחֶה׃ ו יְהִי־דַרְכָּם
חֹשֶׁךְ וַחֲלַקְלַקּוֹת וּמַלְאַךְ יְהֹוָה רֹדְפָם׃ ז כִּי־חִנָּם טָמְנוּ־
לִי שַׁחַת רִשְׁתָּם חִנָּם חָפְרוּ לְנַפְשִׁי׃ ח תְּבוֹאֵהוּ שׁוֹאָה
לֹא יֵדָע וְרִשְׁתּוֹ אֲשֶׁר־טָמַן תִּלְכְּדוֹ בְּשׁוֹאָה יִפָּל־בָּהּ׃
ט וְנַפְשִׁי תָּגִיל בַּיהֹוָה תָּשִׂישׂ בִּישׁוּעָתוֹ׃ י כָּל עַצְמוֹתַי ׀
תֹּאמַרְנָה יְהֹוָה מִי כָמוֹךָ מַצִּיל עָנִי מֵחָזָק מִמֶּנּוּ וְעָנִי
וְאֶבְיוֹן מִגֹּזְלוֹ׃ יא יְקוּמוּן עֵדֵי חָמָס אֲשֶׁר לֹא־יָדַעְתִּי
יִשְׁאָלוּנִי׃ יב יְשַׁלְּמוּנִי רָעָה תַּחַת טוֹבָה שְׁכוֹל לְנַפְשִׁי׃
יג וַאֲנִי ׀ בַּחֲלוֹתָם לְבוּשִׁי שָׂק עִנֵּיתִי בַצּוֹם נַפְשִׁי
וּתְפִלָּתִי עַל־חֵיקִי תָשׁוּב׃ יד כְּרֵעַ כְּאָח־לִי הִתְהַלָּכְתִּי
כַּאֲבֶל־אֵם קֹדֵר שַׁחוֹתִי׃ טו וּבְצַלְעִי שָׂמְחוּ וְנֶאֱסָפוּ

35

This psalm is an awe-inspiring and wondrous prayer about David's enemies—that they be as chaff before the wind, chased by the angel of God. It also declares that everything comes about through God's help.

לְדָוִד 1 By David. Fight my antagonists, O Lord, battle those who battle against me. 2 Take hold of shield and armor and arise to help me. 3 Draw a spear, and bar the way before my pursuers; say to my soul, "I am your deliverance." 4 Let those who seek my life be shamed and disgraced; let those who devise my harm retreat and be humiliated. 5 Let them be as chaff before the wind; let the angel of the Lord thrust them away. 6 Let their path be dark and slippery; let them be chased by the angel of the Lord. 7 For without cause have they laid their nets in the pit for me; without cause have they dug [pits] for my soul. 8 Let darkness come upon him unawares; let the very snare that he hid trap him, in darkness he will fall in it. 9 And my soul shall exult in the Lord, rejoice in His deliverance. 10 My entire being shall declare: Lord, who is like You? Who saves the poor from one stronger than he, the poor and the destitute from one who would rob him. 11 Corrupt witnesses rise up [against me], they demand of me things of which I do not know. 12 They repay me evil for good, death for my soul. 13 But I wore sackcloth when they were ill; I afflicted my soul with fasting. Let my prayer return upon my own bosom. 14 As if it were my friend, my brother, I went about; like a mother in mourning, I was bent over in gloom. 15 But when I limped, they rejoiced and gathered; the lowly

נֶאֶסְפוּ עָלַי נֵכִים וְלֹא יָדַעְתִּי קָרְעוּ וְלֹא־דָמּוּ׃ טז בְּחַנְפֵי
לַעֲגֵי מָעוֹג חָרֹק עָלַי שִׁנֵּימוֹ׃ יז אֲדֹנָי כַּמָּה תִּרְאֶה
הָשִׁיבָה נַפְשִׁי מִשֹּׁאֵיהֶם מִכְּפִירִים יְחִידָתִי׃ יח אוֹדְךָ
בְּקָהָל רָב בְּעַם עָצוּם אֲהַלְלֶךָּ׃ יט אַל־יִשְׂמְחוּ־לִי אֹיְבַי
שֶׁקֶר שֹׂנְאַי חִנָּם יִקְרְצוּ־עָיִן׃ כ כִּי לֹא שָׁלוֹם יְדַבֵּרוּ
וְעַל רִגְעֵי־אֶרֶץ דִּבְרֵי מִרְמוֹת יַחֲשֹׁבוּן׃ כא וַיַּרְחִיבוּ עָלַי
פִּיהֶם אָמְרוּ הֶאָח ׀ הֶאָח רָאֲתָה עֵינֵנוּ׃ כב רָאִיתָה יְהֹוָה
אַל־תֶּחֱרַשׁ אֲדֹנָי אַל־תִּרְחַק מִמֶּנִּי׃ כג הָעִירָה וְהָקִיצָה
לְמִשְׁפָּטִי אֱלֹהַי וַאדֹנָי לְרִיבִי׃ כד שָׁפְטֵנִי כְצִדְקְךָ יְהֹוָה
אֱלֹהָי וְאַל־יִשְׂמְחוּ־לִי׃ כה אַל־יֹאמְרוּ בְלִבָּם הֶאָח נַפְשֵׁנוּ
אַל־יֹאמְרוּ בִּלַּעֲנוּהוּ׃ כו יֵבֹשׁוּ וְיַחְפְּרוּ ׀ יַחְדָּו שְׂמֵחֵי
רָעָתִי יִלְבְּשׁוּ־בֹשֶׁת וּכְלִמָּה הַמַּגְדִּילִים עָלָי׃ כז יָרֹנּוּ
וְיִשְׂמְחוּ חֲפֵצֵי צִדְקִי וְיֹאמְרוּ תָמִיד יִגְדַּל יְהֹוָה הֶחָפֵץ
שְׁלוֹם עַבְדּוֹ׃ כח וּלְשׁוֹנִי תֶּהְגֶּה צִדְקֶךָ כָּל־הַיּוֹם תְּהִלָּתֶךָ׃

לו.

מוסר על אותם אנשים אשר הלכו אחר יצרם והיצר הרע אומר להם שאל ישימו מוראו של הקב"ה נגד פניהם ומיפה להם המעשים הרעים כדי למצוא עונם שכך הוא דרך של יצר הרע יורד ומשטין ועולה ומקטרג:

א לַמְנַצֵּחַ לְעֶבֶד־יְהֹוָה לְדָוִד׃ ב נְאֻם־פֶּשַׁע לָרָשָׁע

gathered against me—even those whom I do not know; they laugh and cannot be quiet. 16 With flattery and scorn, for the sake of a meal,[1] they gnash their teeth at me. 17 My Lord, how long will You look on? Restore my life from their darkness; from young lions, my soul. 18 I will thank You in a great congregation, amidst a mighty nation I will praise You. 19 Let not those who hate me without cause rejoice over me; [let not] those who despise me without reason wink their eye. 20 For they speak not of peace, rather they scheme deceitful matters against the broken of the land. 21 They opened their mouths wide against me, they said, "Aha! Aha! Our eyes have seen [his misfortune]." 22 You saw, Lord, be not silent; my Lord, be not distant from me. 23 Rouse and awaken Yourself to my judgement, to my cause, my God and my Lord. 24 Judge me according to your righteousness, Lord my God; let them not rejoice over me. 25 Let them not say in their hearts, "Aha! We have our desire!" Let them not say, "We have swallowed him!" 26 Let them be shamed and disgraced together, those who rejoice at my trouble; let them be clothed in shame and humiliation, those who raise themselves arrogantly over me. 27 Let those who desire my vindication sing joyously and be glad; let them say always, "Let the Lord be exalted, Who desires the peace of His servant." 28 My tongue will speak of Your righteousness, Your praise, all day long.

36

This psalm is a message to those who follow their evil inclination, that tells them, "Do not place the fear of God before you," and brings them to sin by beautifying evil deeds in their eyes. For so is his way: "He descends (to earth) and corrupts, then goes up (to the Heavenly Court) and prosecutes."

למנצח 1 For the Conductor, by the servant of the Lord, by David. 2 [I think] in my heart: Sin says to the wicked,

---

1. These men flatter Saul in order to obtain free meals (*Rashi*).

בְּקֶרֶב לִבִּי אֵין־פַּחַד אֱלֹהִים לְנֶגֶד עֵינָיו׃ ג כִּי־הֶחֱלִיק
אֵלָיו בְּעֵינָיו לִמְצֹא עֲוֺנוֹ לִשְׂנֹא׃ ד דִּבְרֵי־פִיו אָוֶן
וּמִרְמָה חָדַל לְהַשְׂכִּיל לְהֵיטִיב׃ ה אָוֶן ׀ יַחְשֹׁב עַל־
מִשְׁכָּבוֹ יִתְיַצֵּב עַל־דֶּרֶךְ לֹא־טוֹב רָע לֹא יִמְאָס׃ ו יְהֹוָה
בְּהַשָּׁמַיִם חַסְדֶּךָ אֱמוּנָתְךָ עַד־שְׁחָקִים׃ ז צִדְקָתְךָ ׀
כְּהַרְרֵי־אֵל מִשְׁפָּטֶךָ תְּהוֹם רַבָּה אָדָם וּבְהֵמָה תוֹשִׁיעַ
יְהֹוָה׃ ח מַה־יָּקָר חַסְדְּךָ אֱלֹהִים וּבְנֵי אָדָם בְּצֵל כְּנָפֶיךָ
יֶחֱסָיוּן׃ ט יִרְוְיֻן מִדֶּשֶׁן בֵּיתֶךָ וְנַחַל עֲדָנֶיךָ תַשְׁקֵם׃
י כִּי־עִמְּךָ מְקוֹר חַיִּים בְּאוֹרְךָ נִרְאֶה־אוֹר׃ יא מְשֹׁךְ
חַסְדְּךָ לְיֹדְעֶיךָ וְצִדְקָתְךָ לְיִשְׁרֵי־לֵב׃ יב אַל־תְּבוֹאֵנִי
רֶגֶל גַּאֲוָה וְיַד־רְשָׁעִים אַל־תְּנִדֵנִי׃ יג שָׁם נָפְלוּ פֹּעֲלֵי
אָוֶן דֹּחוּ וְלֹא־יָכְלוּ קוּם׃

לז.

דוד המלך מוכיח דורו שאל יקנאו ברשעים בהצלחתם ויש לחוש שיתפתו להם אלא יבטחו בה' וישאו ויתנו באמונה והקדוש ברוך הוא יעשה להם הכל:

א לְדָוִד ׀ אַל־תִּתְחַר בַּמְּרֵעִים אַל־תְּקַנֵּא בְּעֹשֵׂי עַוְלָה׃
ב כִּי כֶחָצִיר מְהֵרָה יִמָּלוּ וּכְיֶרֶק דֶּשֶׁא יִבּוֹלוּן׃ ג בְּטַח
בַּיהֹוָה וַעֲשֵׂה־טוֹב שְׁכָן־אֶרֶץ וּרְעֵה אֱמוּנָה׃ ד וְהִתְעַנַּג

"There is none [who need place] the fear of God before
his eyes." 3 For Sin makes itself appealing to him, until
his iniquity be found and he is hated. 4 The speech of his
mouth is evil and deceit; he fails to reason, to improve.
5 On his bed he contemplates evil, he stands in a path that
is not good; he does not despise evil. 6 O Lord, Your
kindness is in the heavens; Your faithfulness is till the
skies. 7 Your righteousness is like the mighty mountains,
Your judgements extend to the great deep; man and beast
You deliver, O Lord. 8 How precious is Your kindness, O
God; man takes shelter in the shadow of Your wings.
9 They will be filled by the abundance of Your house;
from the stream of Your Eden, You will give them to
drink. 10 For the source of life is with You; in Your Light
do we see light. 11 Extend Your kindness to those who
know You, and Your righteousness to the upright of
heart. 12 Let not the foot of the arrogant overtake me; let
not the hand of the wicked drive me away. 13 There[1] the
doers of evil fell, thrust down, unable to rise.

37

King David exhorts his generation not to be jealous of the prosperity of the wicked, for it may lead to falling into their ways. Rather, put your trust in God, conduct yourselves with integrity, and God will take care of everything.

לדוד 1 By David. Do not compete with the wicked;
do not envy doers of injustice. 2 For like grass they will
be swiftly cut down; like green vegetation they will
wither. 3 Trust in the Lord and do good; then will you
abide in the land and be nourished by faith. 4 Delight in

---

1. In the very place they intended to persecute me (*Metzudot*).

עַל־יְהוָה וְיִתֶּן־לְךָ מִשְׁאֲלֹת לִבֶּךָ: ה גּוֹל עַל־יְהוָה דַּרְכֶּךָ
וּבְטַח עָלָיו וְהוּא יַעֲשֶׂה: ו וְהוֹצִיא כָאוֹר צִדְקֶךָ
וּמִשְׁפָּטֶךָ כַּצָּהֳרָיִם: ז דּוֹם | לַיהוָה וְהִתְחוֹלֵל לוֹ אַל־
תִּתְחַר בְּמַצְלִיחַ דַּרְכּוֹ בְּאִישׁ עֹשֶׂה מְזִמּוֹת: ח הֶרֶף
מֵאַף וַעֲזֹב חֵמָה אַל־תִּתְחַר אַךְ לְהָרֵעַ: ט כִּי־מְרֵעִים
יִכָּרֵתוּן וְקֹוֵי יְהוָה הֵמָּה יִירְשׁוּ־אָרֶץ: י וְעוֹד מְעַט וְאֵין
רָשָׁע וְהִתְבּוֹנַנְתָּ עַל־מְקוֹמוֹ וְאֵינֶנּוּ: יא וַעֲנָוִים יִירְשׁוּ־
אָרֶץ וְהִתְעַנְּגוּ עַל־רֹב שָׁלוֹם: יב זֹמֵם רָשָׁע לַצַּדִּיק
וְחֹרֵק עָלָיו שִׁנָּיו: יג אֲדֹנָי יִשְׂחַק־לוֹ כִּי־רָאָה כִּי־יָבֹא
יוֹמוֹ: יד חֶרֶב | פָּתְחוּ רְשָׁעִים וְדָרְכוּ קַשְׁתָּם לְהַפִּיל
עָנִי וְאֶבְיוֹן לִטְבוֹחַ יִשְׁרֵי־דָרֶךְ: טו חַרְבָּם תָּבוֹא בְלִבָּם
וְקַשְּׁתוֹתָם תִּשָּׁבַרְנָה: טז טוֹב מְעַט לַצַּדִּיק מֵהֲמוֹן
רְשָׁעִים רַבִּים: יז כִּי זְרוֹעוֹת רְשָׁעִים תִּשָּׁבַרְנָה וְסוֹמֵךְ
צַדִּיקִים יְהוָה: יח יוֹדֵעַ יְהוָה יְמֵי תְמִימִם וְנַחֲלָתָם לְעוֹלָם
תִּהְיֶה: יט לֹא־יֵבֹשׁוּ בְּעֵת רָעָה וּבִימֵי רְעָבוֹן יִשְׂבָּעוּ:
כ כִּי רְשָׁעִים | יֹאבֵדוּ וְאֹיְבֵי יְהוָה כִּיקַר כָּרִים כָּלוּ בֶעָשָׁן
כָּלוּ: כא לֹוֶה רָשָׁע וְלֹא יְשַׁלֵּם וְצַדִּיק חוֹנֵן וְנוֹתֵן:

the Lord, and He will grant you the desires of your heart. 5 Cast your needs upon the Lord; rely on Him, and He will take care. 6 He will reveal your righteousness like the light, your justness like the high noon. 7 Depend on the Lord and hope in Him. Compete not with the prosperous, with the man who invents evil schemes. 8 Let go of anger, abandon rage; do not compete with [one who intends] only to harm. 9 For the evildoers will be cut down; but those who hope in the Lord, they will inherit the earth. 10 For soon the wicked one will not be; you will gaze at his place and he will be gone. 11 But the humble shall inherit the earth, and delight in abundant peace. 12 The wicked one plots against the righteous, and gnashes his teeth at him. 13 My Lord laughs at him, for He sees that his day will come. 14 The wicked have drawn a sword and bent their bow to fell the poor and destitute, to slaughter those of upright ways. 15 But their sword shall enter their own hearts, and their bows shall break. 16 Better the little of the righteous, than the abundant wealth of the wicked. 17 For the strength of the wicked will be broken, but the Lord supports the righteous. 18 The Lord appreciates the days of the innocent; their inheritance will last forever. 19 They will not be shamed in times of calamity, and in days of famine they will be satisfied. 20 For the wicked shall perish, and the enemies of the Lord are as fattened sheep: consumed, consumed in smoke. 21 The wicked man borrows and does not repay; but the righteous man

כב כִּי מְבֹרָכָיו יִירְשׁוּ אָרֶץ וּמְקֻלָּלָיו יִכָּרֵתוּ: כג מֵיְהוָה‎
מִצְעֲדֵי־גֶבֶר כּוֹנָנוּ וְדַרְכּוֹ יֶחְפָּץ: כד כִּי־יִפֹּל לֹא־יוּטָל‎
כִּי־יְהוָה סוֹמֵךְ יָדוֹ: כה נַעַר הָיִיתִי גַּם־זָקַנְתִּי וְלֹא־רָאִיתִי‎
צַדִּיק נֶעֱזָב וְזַרְעוֹ מְבַקֶּשׁ־לָחֶם: כו כָּל־הַיּוֹם חוֹנֵן‎
וּמַלְוֶה וְזַרְעוֹ לִבְרָכָה: כז סוּר מֵרָע וַעֲשֵׂה־טוֹב וּשְׁכֹן‎
לְעוֹלָם: כח כִּי יְהוָה | אֹהֵב מִשְׁפָּט וְלֹא־יַעֲזֹב אֶת־חֲסִידָיו‎
לְעוֹלָם נִשְׁמָרוּ וְזֶרַע רְשָׁעִים נִכְרָת: כט צַדִּיקִים יִירְשׁוּ־‎
אָרֶץ וְיִשְׁכְּנוּ לָעַד עָלֶיהָ: ל פִּי־צַדִּיק יֶהְגֶּה חָכְמָה‎
וּלְשׁוֹנוֹ תְּדַבֵּר מִשְׁפָּט: לא תּוֹרַת אֱלֹהָיו בְּלִבּוֹ לֹא‎
תִמְעַד אֲשֻׁרָיו: לב צוֹפֶה רָשָׁע לַצַּדִּיק וּמְבַקֵּשׁ לַהֲמִיתוֹ:‎
לג יְהוָה לֹא־יַעַזְבֶנּוּ בְיָדוֹ וְלֹא יַרְשִׁיעֶנּוּ בְּהִשָּׁפְטוֹ: לד קַוֵּה‎
אֶל־יְהוָה | וּשְׁמֹר דַּרְכּוֹ וִירוֹמִמְךָ לָרֶשֶׁת אָרֶץ בְּהִכָּרֵת‎
רְשָׁעִים תִּרְאֶה: לה רָאִיתִי רָשָׁע עָרִיץ וּמִתְעָרֶה כְּאֶזְרָח‎
רַעֲנָן: לו וַיַּעֲבֹר וְהִנֵּה אֵינֶנּוּ וָאֲבַקְשֵׁהוּ וְלֹא נִמְצָא:‎
לז שְׁמָר־תָּם וּרְאֵה יָשָׁר כִּי־אַחֲרִית לְאִישׁ שָׁלוֹם:‎
לח וּפֹשְׁעִים נִשְׁמְדוּ יַחְדָּו אַחֲרִית רְשָׁעִים נִכְרָתָה:‎
לט וּתְשׁוּעַת צַדִּיקִים מֵיְהוָה מָעוּזָּם בְּעֵת צָרָה: מ וַיַּעְזְרֵם‎

is gracious and gives. 22 For those blessed by Him will inherit the earth, and those cursed by Him will be cut off. 23 The steps of man are directed by God; He desires his way. 24 When he totters he shall not be thrown down, for the Lord supports his hand. 25 I have been a youth, I have also aged; yet I have not seen the righteous forsaken, nor his offspring begging bread. 26 All day he is kind and lends; his offspring are a blessing. 27 Turn away from evil and do good, and you will dwell [in peace] forever. 28 For the Lord loves justice, he will not abandon his pious ones—they are protected forever; but the offspring of the wicked are cut off. 29 The righteous shall inherit the earth and dwell upon it forever. 30 The mouth of the righteous one utters wisdom, and his tongue speaks justice. 31 The Torah of his God is in his heart; his steps shall not falter. 32 The wicked one watches for the righteous man, and seeks to kill him. 33 But the Lord will not abandon him in his hand, nor condemn him when he is judged. 34 Hope in the Lord and keep His way; then He will raise you high to inherit the earth. When the wicked are cut off, you shall see it. 35 I saw a powerful wicked man, well-rooted like a vibrant, native tree. 36 Yet he vanished, behold he was gone; I searched for him, but he could not be found. 37 Watch the innocent, and observe the upright, for the future of such a man is peace. 38 But sinners shall be destroyed together; the future of the wicked is cut off. 39 The deliverance of the righteous is from the Lord; He is their strength in time of distress. 40 The Lord helps

יְהֹוָה וַֽיְפַלְּטֵם יְפַלְּטֵם מֵרְשָׁעִים וְיוֹשִׁיעֵם כִּי חָסוּ בוֹ׃

לח.

תפלה לכל יחיד להתפלל על אריכות הגלות וכל יחיד שהוא בצרה יש לו להתפלל זה המזמור לכך אמר להזכיר וממוצא המזמור נשמע מוסרים רבים:

א מִזְמוֹר לְדָוִד לְהַזְכִּיר׃ ב יְהֹוָה אַל־בְּקֶצְפְּךָ תוֹכִיחֵנִי
וּבַחֲמָתְךָ תְיַסְּרֵנִי׃ ג כִּי־חִצֶּיךָ נִחֲתוּ־בִי וַתִּנְחַת עָלַי
יָדֶךָ׃ ד אֵין־מְתֹם בִּבְשָׂרִי מִפְּנֵי זַעְמֶךָ אֵין־שָׁלוֹם
בַּעֲצָמַי מִפְּנֵי חַטָּאתִי׃ ה כִּי־עֲוֺנֹתַי עָבְרוּ רֹאשִׁי כְּמַשָּׂא
כָבֵד יִכְבְּדוּ מִמֶּנִּי׃ ו הִבְאִישׁוּ נָמַקּוּ חַבּוּרֹתָי מִפְּנֵי
אִוַּלְתִּי׃ ז נַעֲוֵיתִי שַׁחֹתִי עַד־מְאֹד כָּל־הַיּוֹם קֹדֵר
הִלָּכְתִּי׃ ח כִּי־כְסָלַי מָלְאוּ נִקְלֶה וְאֵין מְתֹם בִּבְשָׂרִי׃
ט נְפוּגוֹתִי וְנִדְכֵּיתִי עַד־מְאֹד שָׁאַגְתִּי מִנַּהֲמַת לִבִּי׃
י אֲדֹנָי נֶגְדְּךָ כָל־תַּאֲוָתִי וְאַנְחָתִי מִמְּךָ לֹא־נִסְתָּרָה׃
יא לִבִּי סְחַרְחַר עֲזָבַנִי כֹחִי וְאוֹר עֵינַי גַּם־הֵם אֵין אִתִּי׃
יב אֹהֲבַי ׀ וְרֵעַי מִנֶּגֶד נִגְעִי יַעֲמֹדוּ וּקְרוֹבַי מֵרָחֹק
עָמָדוּ׃ יג וַיְנַקְשׁוּ ׀ מְבַקְשֵׁי נַפְשִׁי וְדֹרְשֵׁי רָעָתִי דִּבְּרוּ
הַוּוֹת וּמִרְמוֹת כָּל־הַיּוֹם יֶהְגּוּ׃ יד וַאֲנִי כְחֵרֵשׁ לֹא
אֶשְׁמָע וּכְאִלֵּם לֹא יִפְתַּח־פִּיו׃ טו וָאֱהִי כְּאִישׁ אֲשֶׁר

them and delivers them; He delivers them from the
wicked and saves them, because they have put their trust
in Him.

38

A prayer for every individual, bewailing the length of the exile. One who is in
distress should recite this psalm, hence its introduction, "A psalm to remind" (to
remind us to recite it in times of distress). One can also derive many lessons from it.

מִזְמוֹר 1 A psalm by David, to remind. 2 O Lord, do
not rebuke me in Your anger, nor chastise me in Your
wrath. 3 For Your arrows have landed in me, Your hand
descended upon me. 4 There is no soundness in my flesh
because of Your rage, no peace in my bones because of
my sin. 5 For my iniquities have flooded over my head;
like a heavy load, they are too heavy for me. 6 My
wounds are rotted; they reek because of my foolishness.
7 I am bent and extremely bowed; all day I go about in
gloom. 8 My sides are inflamed; there is no soundness
in my flesh. 9 I am weakened and extremely depressed;
I howl from the moaning of my heart. 10 My Lord, all
that I desire is before You; my sighing is not hidden
from You. 11 My heart is engulfed, my strength has left
me; the light of my eyes—they, too, are not with me.
12 My friends and companions stand aloof from my
affliction; my intimates stand afar. 13 The seekers of my
life have laid traps; those who seek my harm speak
destructiveness; they utter deceits all day long. 14 But I
am like a deaf man, I do not hear; like a mute that does
not open his mouth. 15 I was like a man that does not
perceive, and in whose mouth there are no rebuttals.

לֹא־שֹׁמֵעַ וְאֵין בְּפִיו תּוֹכָחוֹת: טז כִּי־לְךָ יְהוָה הוֹחָלְתִּי
אַתָּה תַעֲנֶה אֲדֹנָי אֱלֹהָי: יז כִּי־אָמַרְתִּי פֶּן־יִשְׂמְחוּ־לִי
בְּמוֹט רַגְלִי עָלַי הִגְדִּילוּ: יח כִּי־אֲנִי לְצֶלַע נָכוֹן וּמַכְאוֹבִי
נֶגְדִּי תָמִיד: יט כִּי־עֲוֺנִי אַגִּיד אֶדְאַג מֵחַטָּאתִי: כ וְאֹיְבַי
חַיִּים עָצֵמוּ וְרַבּוּ שֹׂנְאַי שָׁקֶר: כא וּמְשַׁלְּמֵי רָעָה תַּחַת
טוֹבָה יִשְׂטְנוּנִי תַּחַת רָדְפִי־טוֹב: כב אַל־תַּעַזְבֵנִי יְהוָה
אֱלֹהַי אַל־תִּרְחַק מִמֶּנִּי: כג חוּשָׁה לְעֶזְרָתִי אֲדֹנָי
תְּשׁוּעָתִי:

לט.

תפלת דוד על יסוריו לא שהיה מבעט ביסורים רק היה מצטער באשר שהיסורים מבטלין אותו מתורה וימי אדם המה מועטים ואם לא עכשיו אימתי שהוא ימות היום או מחר לכך הוא מבקש להסיר ממנו היסורים כדי שיוכל ללמוד ולקנות עולם הבא:

יום ז

א לַמְנַצֵּחַ לִידוּתוּן מִזְמוֹר לְדָוִד: ב אָמַרְתִּי אֶשְׁמְרָה
דְרָכַי מֵחֲטוֹא בִלְשׁוֹנִי אֶשְׁמְרָה לְפִי מַחְסוֹם בְּעֹד
רָשָׁע לְנֶגְדִּי: ג נֶאֱלַמְתִּי דוּמִיָּה הֶחֱשֵׁיתִי מִטּוֹב וּכְאֵבִי
נֶעְכָּר: ד חַם־לִבִּי ׀ בְּקִרְבִּי בַּהֲגִיגִי תִבְעַר־אֵשׁ דִּבַּרְתִּי
בִּלְשׁוֹנִי: ה הוֹדִיעֵנִי יְהוָה ׀ קִצִּי וּמִדַּת יָמַי מַה־הִיא
אֵדְעָה מֶה־חָדֵל אָנִי: ו הִנֵּה טְפָחוֹת ׀ נָתַתָּה יָמַי

16 Because for You, O Lord, I wait; You will answer, my Lord, my God. 17 For I said, "Lest they rejoice over me; when my foot falters they will gloat over me." 18 For I am accustomed to limping, and my pain is constantly before me. 19 For I admit my iniquity; I worry because of my sin. 20 But my enemies abound with life; those who hate me without cause flourish. 21 Those who repay evil for good resent me for my pursuit of good. 22 Do not forsake me, O Lord; do not be distant from me, my God. 23 Hurry to my aid, O my Lord, my Salvation.

<h1 style="text-align:center">39</h1>

David's prayer bewailing his suffering. But it is not suffering itself that pains him, rather he is saddened by its disturbing his Torah study. For man's days are few, "and if not now, when (will he study)?" for he may die, today or tomorrow. He therefore requests that his suffering be removed, to enable him to study Torah and acquire a place in the World to Come.

DAY 7

למנצח 1 For the Conductor, for *yedutun*,[1] a psalm by David. 2 I said that I would guard my ways from sinning with my tongue; I would guard my mouth with a muzzle, [even] while the wicked one is before me. 3 I became mute with stillness, I was silent [even] from the good, though my pain was crippling. 4 My heart grew hot within me, a fire blazed in my utterance, as I spoke with my tongue. 5 OLord, let me know my end and what is the measure of my days, that I may know when I will cease. 6 Behold, like handbreadths You set my days; my lifetime is as naught before You. But all is futility, all

---

1. A musical instrument *(Metzudot).*

וְחֶלְדִּי כְאַיִן נֶגְדֶּךָ אַךְ־כָּל־הֶבֶל כָּל־אָדָם נִצָּב סֶלָה:

ז אַךְ־בְּצֶלֶם ׀ יִתְהַלֶּךְ־אִישׁ אַךְ־הֶבֶל יֶהֱמָיוּן יִצְבֹּר וְלֹא־

יֵדַע מִי־אֹסְפָם: ח וְעַתָּה מַה־קִּוִּיתִי אֲדֹנָי תּוֹחַלְתִּי לְךָ

הִיא: ט מִכָּל־פְּשָׁעַי הַצִּילֵנִי חֶרְפַּת נָבָל אַל־תְּשִׂימֵנִי:

י נֶאֱלַמְתִּי לֹא אֶפְתַּח־פִּי כִּי אַתָּה עָשִׂיתָ: יא הָסֵר

מֵעָלַי נִגְעֶךָ מִתִּגְרַת יָדְךָ אֲנִי כָלִיתִי: יב בְּתוֹכָחוֹת

עַל־עָוֹן ׀ יִסַּרְתָּ אִישׁ וַתֶּמֶס כָּעָשׁ חֲמוּדוֹ אַךְ הֶבֶל כָּל־

אָדָם סֶלָה: יג שִׁמְעָה תְפִלָּתִי ׀ יְהֹוָה וְשַׁוְעָתִי ׀ הַאֲזִינָה

אֶל־דִּמְעָתִי אַל־תֶּחֱרַשׁ כִּי גֵר אָנֹכִי עִמָּךְ תּוֹשָׁב כְּכָל־

אֲבוֹתָי: יד הָשַׁע מִמֶּנִּי וְאַבְלִיגָה בְּטֶרֶם אֵלֵךְ וְאֵינֶנִּי:

מ.

כמה מעלות טובות שעשה הקדוש ברוך הוא עם ישראל ומי יכול למלל גבורתו אגידה
ואדברה עצמו מספר. ברא העולם בשביל ישראל קרע הים בשביל ישראל ואיננו חפץ
בזבחים רק לשמוע בקולו:

א לַמְנַצֵּחַ לְדָוִד מִזְמוֹר: ב קַוֹּה קִוִּיתִי יְהֹוָה וַיֵּט אֵלַי

וַיִּשְׁמַע שַׁוְעָתִי: ג וַיַּעֲלֵנִי ׀ מִבּוֹר שָׁאוֹן מִטִּיט הַיָּוֵן

וַיָּקֶם עַל־סֶלַע רַגְלַי כּוֹנֵן אֲשֻׁרָי: ד וַיִּתֵּן בְּפִי ׀ שִׁיר

חָדָשׁ תְּהִלָּה לֵאלֹהֵינוּ יִרְאוּ רַבִּים וְיִירָאוּ וְיִבְטְחוּ בַּיהֹוָה:

mankind's existence, *Selah.* 7 Only in darkness does man walk, seeking only futility; he amasses riches and knows not who will reap them. 8 And now, what is my hope, my Lord? My longing is to You. 9 Rescue me from all my transgressions; do not make me the scorn of the degenerate. 10 I am mute, I do not open my mouth, for You have caused [my suffering]. 11 Remove Your affliction from me; I am devastated by the attack of Your hand. 12 In reproach for sin You chastened man; like a moth, You wore away that which is precious to him. All mankind is nothing but futility, forever. 13 Hear my prayer, O Lord, listen to my cry; do not be silent to my tears, for I am a stranger with You, a sojourner like all my forefathers. 14 Turn from me, that I may recover my strength, before I depart and I am no more.

40

The psalmist speaks of the numerous wonders that God wrought for the Jewish people, asking: "Who can articulate His might? I would relate and speak of them, but they are too numerous to recount!" He created the world and split the sea for the sake of Israel, [yet] He desires no sacrifices, only that we listen to His voice.

למנצח 1 For the Conductor, a psalm by David. 2 I put my hope in the Lord; He turned to me and heard my cry. 3 He raised me from the turbulent pit, from the slimy mud, and set my feet upon a rock, steadying my steps. 4 He put a new song in my mouth, a hymn to our God; multitudes will see and fear, and will trust in the

ה אַשְׁרֵי הַגֶּבֶר אֲשֶׁר־שָׂם יְהֹוָה מִבְטַחֲוֹ וְלֹא־פָנָה אֶל־
רְהָבִים וְשָׂטֵי כָזָב: ו רַבּוֹת עָשִׂיתָ ׀ אַתָּה יְהֹוָה אֱלֹהַי
נִפְלְאֹתֶיךָ וּמַחְשְׁבֹתֶיךָ אֵלֵינוּ אֵין ׀ עֲרֹךְ אֵלֶיךָ אַגִּידָה
וַאֲדַבֵּרָה עָצְמוּ מִסַּפֵּר: ז זֶבַח וּמִנְחָה ׀ לֹא־חָפַצְתָּ
אָזְנַיִם כָּרִיתָ לִּי עוֹלָה וַחֲטָאָה לֹא שָׁאָלְתָּ: ח אָז
אָמַרְתִּי הִנֵּה־בָאתִי בִּמְגִלַּת־סֵפֶר כָּתוּב עָלָי: ט לַעֲשׂוֹת
רְצוֹנְךָ אֱלֹהַי חָפָצְתִּי וְתוֹרָתְךָ בְּתוֹךְ מֵעָי: י בִּשַּׂרְתִּי
צֶדֶק ׀ בְּקָהָל רָב הִנֵּה שְׂפָתַי לֹא אֶכְלָא יְהֹוָה אַתָּה
יָדָעְתָּ: יא צִדְקָתְךָ לֹא־כִסִּיתִי ׀ בְּתוֹךְ לִבִּי אֱמוּנָתְךָ
וּתְשׁוּעָתְךָ אָמָרְתִּי לֹא־כִחַדְתִּי חַסְדְּךָ וַאֲמִתְּךָ לְקָהָל
רָב: יב אַתָּה יְהֹוָה לֹא־תִכְלָא רַחֲמֶיךָ מִמֶּנִּי חַסְדְּךָ
וַאֲמִתְּךָ תָּמִיד יִצְּרוּנִי: יג כִּי אָפְפוּ עָלַי רָעוֹת עַד־אֵין
מִסְפָּר הִשִּׂיגוּנִי עֲוֹנֹתַי וְלֹא־יָכֹלְתִּי לִרְאוֹת עָצְמוּ
מִשַּׂעֲרוֹת רֹאשִׁי וְלִבִּי עֲזָבָנִי: יד רְצֵה־יְהֹוָה לְהַצִּילֵנִי
יְהֹוָה לְעֶזְרָתִי חוּשָׁה: טו יֵבֹשׁוּ וְיַחְפְּרוּ ׀ יַחַד מְבַקְשֵׁי
נַפְשִׁי לִסְפּוֹתָהּ יִסֹּגוּ אָחוֹר וְיִכָּלְמוּ חֲפֵצֵי רָעָתִי:
טז יָשֹׁמּוּ עַל־עֵקֶב בָּשְׁתָּם הָאֹמְרִים לִי הֶאָח ׀ הֶאָח:

Lord. 5 Fortunate is the man who has made the Lord his trust, and did not turn to the haughty, nor to those who stray after falsehood. 6 You have done much, O You, Lord my God—Your wonders and thoughts are for us; none can compare to You; should I relate or speak of them, they are too numerous to recount! 7 You desired neither sacrifice nor meal-offering, but [obedient] ears You opened for me; You requested neither burnt-offering nor sin-offering. 8 Then I said, "Behold, I come with a Scroll of the Book written for me."[1] 9 I desire to fulfill Your will, my God; and Your Torah is in my innards. 10 I proclaimed [Your] righteousness in a vast congregation; behold I will not restrain my lips—O Lord, You know! 11 I did not conceal Your righteousness within my heart; I declared Your faithfulness and deliverance; I did not hide Your kindness and truth from the vast congregation. 12 May You, Lord, not withhold Your mercies from me; may Your kindness and truth constantly guard me. 13 For countless evils surround me; my sins have overtaken me and I cannot see; they outnumber the hairs of my head, and my heart has abandoned me. 14 May it please You, Lord, to save me; O Lord, hurry to my aid. 15 Let those who seek my life, to end it, be shamed and humiliated together; let those who desire my harm retreat and be disgraced. 16 Let those who say about me, "Aha! Aha!" be desolate, in return

---

1. Upon recovery, David expresses thanks, not through sacrifices, but by dedicating himself to Torah (*Radak*).

יז יָשִׂישׂוּ וְיִשְׂמְחוּ ׀ בְּךָ כָּל־מְבַקְשֶׁיךָ יֹאמְרוּ תָמִיד
יִגְדַּל יְהוָה אֹהֲבֵי תְּשׁוּעָתֶךָ׃ יח וַאֲנִי ׀ עָנִי וְאֶבְיוֹן
אֲדֹנָי יַחֲשָׁב לִי עֶזְרָתִי וּמְפַלְטִי אַתָּה אֱלֹהַי אַל־תְּאַחַר׃

מא.

כמה מדות טובות והתעוררות רב להשכיל ולהשגיח היאך יתן צדקה מי ומי קודם ואשרי מי שמשכיל על החולה ונותן לו מה שצריך לחליו:

א לַמְנַצֵּחַ מִזְמוֹר לְדָוִד׃ ב אַשְׁרֵי מַשְׂכִּיל אֶל־דָּל
בְּיוֹם רָעָה יְמַלְּטֵהוּ יְהוָה׃ ג יְהוָה ׀ יִשְׁמְרֵהוּ וִיחַיֵּהוּ
וְאֻשַּׁר בָּאָרֶץ וְאַל־תִּתְּנֵהוּ בְּנֶפֶשׁ אֹיְבָיו׃ ד יְהוָה
יִסְעָדֶנּוּ עַל־עֶרֶשׂ דְּוָי כָּל־מִשְׁכָּבוֹ הָפַכְתָּ בְחָלְיוֹ׃ ה אֲנִי
אָמַרְתִּי יְהוָה חָנֵּנִי רְפָאָה נַפְשִׁי כִּי־חָטָאתִי לָךְ׃
ו אוֹיְבַי יֹאמְרוּ רַע לִי מָתַי יָמוּת וְאָבַד שְׁמוֹ׃ ז וְאִם־
בָּא לִרְאוֹת ׀ שָׁוְא יְדַבֵּר לִבּוֹ יִקְבָּץ־אָוֶן לוֹ יֵצֵא לַחוּץ
יְדַבֵּר׃ ח יַחַד עָלַי יִתְלַחֲשׁוּ כָּל־שֹׂנְאָי עָלַי ׀ יַחְשְׁבוּ
רָעָה לִי׃ ט דְּבַר־בְּלִיַּעַל יָצוּק בּוֹ וַאֲשֶׁר שָׁכַב לֹא־
יוֹסִיף לָקוּם׃ י גַּם אִישׁ־שְׁלוֹמִי ׀ אֲשֶׁר־בָּטַחְתִּי בוֹ
אוֹכֵל לַחְמִי הִגְדִּיל עָלַי עָקֵב׃ יא וְאַתָּה יְהוָה חָנֵּנִי
וַהֲקִימֵנִי וַאֲשַׁלְּמָה לָהֶם׃ יב בְּזֹאת יָדַעְתִּי כִּי־חָפַצְתָּ

for their shaming [me]. 17 Let all those who seek You exult and rejoice in You; let those who love Your deliverance always say, "Be exalted, O Lord!" 18 As for me, I am poor and needy; my Lord will think of me. You are my help and my rescuer; my God, do not delay!

41

This psalm teaches many good character traits, and inspires one to be thoughtful and conscientious in giving charity—knowing to whom to give first. Fortunate is he who is thoughtful of the sick one, providing him with his needs.

למנצח 1 For the Conductor, a psalm by David. 2 Fortunate is he who is thoughtful of the poor, [for] the Lord will save him on the day of evil. 3 The Lord will guard him and keep him alive; he will be praised throughout the land; You will not deliver him to the desires of his enemies. 4 The Lord will support him on the bed of illness; You will turn him over in his bed all throughout his sickness. 5 I said, "Lord, be gracious to me! Heal my soul, for I have sinned against You!" 6 My foes say that evil [awaits] me: "When will he die, and his name perish?" 7 And if one comes to see [me], he speaks insincerely, for his heart gathers iniquity for himself, and when he goes out he speaks of it. 8 Together they whisper against me—all my enemies; against me they devise my harm, [saying]: 9 "Let his wickedness pour into him; now that he lies down, he shall rise no more." 10 Even my ally in whom I trusted, who ate of my bread, has raised his heel over me. 11 But you, Lord, be gracious to me and raise me up, and I will repay them. 12 With this I shall know that You desire me,

בִּי כִּי לֹא־יָרִיעַ אֹיְבִי עָלָי׃ יג וַאֲנִי בְּתֻמִּי תָּמַכְתָּ בִּי
וַתַּצִּיבֵנִי לְפָנֶיךָ לְעוֹלָם׃ יד בָּרוּךְ יְהֹוָה ׀ אֱלֹהֵי יִשְׂרָאֵל
מֵהָעוֹלָם וְעַד־הָעוֹלָם אָמֵן ׀ וְאָמֵן׃

ספר שני

מב.

זה המזמור מעורר לבבות בני ישראל הבלתי מרגישים חורבן הגדול ואבדה ורעה שגלו מעל שלחן אביהם. ולו חכמו ישכילו אשר היו להם טובה גדולה בבואם ליראות שלש פעמים בשנה לרגל בשמחה בחיל גדול ולא היה להם שטן ופגע רע. וה' יתן רחמים לפנינו מעתה ועד עולם אמן סלה:

א לַמְנַצֵּחַ מַשְׂכִּיל לִבְנֵי־קֹרַח׃ ב כְּאַיָּל תַּעֲרֹג עַל־
אֲפִיקֵי־מָיִם כֵּן נַפְשִׁי תַעֲרֹג אֵלֶיךָ אֱלֹהִים׃ ג צָמְאָה
נַפְשִׁי ׀ לֵאלֹהִים לְאֵל חָי מָתַי אָבוֹא וְאֵרָאֶה פְּנֵי
אֱלֹהִים׃ ד הָיְתָה־לִּי דִמְעָתִי לֶחֶם יוֹמָם וָלָיְלָה בֶּאֱמֹר
אֵלַי כָּל־הַיּוֹם אַיֵּה אֱלֹהֶיךָ׃ ה אֵלֶּה אֶזְכְּרָה ׀ וְאֶשְׁפְּכָה
עָלַי ׀ נַפְשִׁי כִּי אֶעֱבֹר ׀ בַּסָּךְ אֶדַּדֵּם עַד־בֵּית אֱלֹהִים
בְּקוֹל־רִנָּה וְתוֹדָה הָמוֹן חוֹגֵג׃ ו מַה־תִּשְׁתּוֹחֲחִי ׀ נַפְשִׁי
וַתֶּהֱמִי עָלָי הוֹחִילִי לֵאלֹהִים כִּי עוֹד אוֹדֶנּוּ יְשׁוּעוֹת
פָּנָיו׃ ז אֱלֹהַי עָלַי נַפְשִׁי תִשְׁתּוֹחָח עַל־כֵּן אֶזְכָּרְךָ
מֵאֶרֶץ יַרְדֵּן וְחֶרְמוֹנִים מֵהַר מִצְעָר׃ ח תְּהוֹם אֶל־

when my enemies will not shout gleefully over me. 13 And
I, because of my integrity, You upheld me; You set me before
You forever. 14 Blessed is the Lord, the God of Israel, to all
eternity, *Amen* and *Amen*.

BOOK TWO

42

This psalm awakens the hearts of the Children of Israel who do not feel the
immense ruin, loss, and bad fortune in their being exiled from their Father's table.
Were they wise, they would appreciate their past good fortune in coming thrice
yearly, with joy and great awe, to behold God during the festivals, free of adversary
and harm. May God place mercy before us from now to eternity, Amen Selah.

למנצח 1 For the Conductor, a *maskil*[1] by the sons of
Korach. 2 As the deer cries longingly for brooks of water, so
my soul cries longingly for You, O God! 3 My soul thirsts for
God, for the living God. When will I come and behold the
countenance of God? 4 My tears have been my bread day and
night, when they say to me all day, "Where is your God?"
5 These do I recall, and pour out my soul from within me:
how I traveled [to Jerusalem] in covered wagons; I would
walk leisurely with them up to the House of God, amid the
sound of rejoicing and thanksgiving, the celebrating multi-
tude. 6 Why are you downcast, my soul, and why do you
wail within me? Hope to God, for I will yet thank Him for
the deliverances of His countenance. 7 My God! My soul is
downcast upon me, because I remember You from the land
of Jordan and Hermon's peaks, from Mount Mitzar.[2] 8 Deep
calls to deep[3] at the roar of Your channels; all Your breakers

---

1. A psalm intended to enlighten and impart knowledge (*Metzudot*). **2.** My heart aches
when I remember the pilgrims from lands east of the Jordan, and those from distant Hermon
and Mitzar, who would travel to Jerusalem for the festivals (*Radak*). **3.** Before one
misfortune has ended, another is already upon us, as if one calls the other to come
(*Metzudot*).

תְּהוֹם קוֹרֵא לְקוֹל צִנּוֹרֶיךָ כָּל־מִשְׁבָּרֶיךָ וְגַלֶּיךָ עָלַי
עָבָרוּ׃ ט יוֹמָם ׀ יְצַוֶּה יְהֹוָה ׀ חַסְדּוֹ וּבַלַּיְלָה שִׁירֹה עִמִּי
תְּפִלָּה לְאֵל חַיָּי׃ י אוֹמְרָה ׀ לְאֵל סַלְעִי לָמָה שְׁכַחְתָּנִי
לָמָּה־קֹדֵר אֵלֵךְ בְּלַחַץ אוֹיֵב׃ יא בְּרֶצַח ׀ בְּעַצְמוֹתַי
חֵרְפוּנִי צוֹרְרָי בְּאָמְרָם אֵלַי כָּל־הַיּוֹם אַיֵּה אֱלֹהֶיךָ׃
יב מַה־תִּשְׁתּוֹחֲחִי ׀ נַפְשִׁי וּמַה־תֶּהֱמִי עָלָי הוֹחִילִי
לֵאלֹהִים כִּי־עוֹד אוֹדֶנּוּ יְשׁוּעֹת פָּנַי וֵאלֹהָי׃

מג.

תפלה גדולה על גודל הצרות מגוי לא חסיד. ויהי רצון שישלח מלך המשיח ואליהו הנביא. והמה ינחונו לבהמ"ק להקריב קרבנות כבתחלה:

א שָׁפְטֵנִי אֱלֹהִים ׀ וְרִיבָה רִיבִי מִגּוֹי לֹא־חָסִיד מֵאִישׁ
מִרְמָה וְעַוְלָה תְפַלְּטֵנִי׃ ב כִּי־אַתָּה ׀ אֱלֹהֵי מָעוּזִּי לָמָה
זְנַחְתָּנִי לָמָּה־קֹדֵר אֶתְהַלֵּךְ בְּלַחַץ אוֹיֵב׃ ג שְׁלַח־אוֹרְךָ
וַאֲמִתְּךָ הֵמָּה יַנְחוּנִי יְבִיאוּנִי אֶל־הַר־קָדְשְׁךָ וְאֶל־
מִשְׁכְּנוֹתֶיךָ׃ ד וְאָבוֹאָה ׀ אֶל־מִזְבַּח אֱלֹהִים אֶל־אֵל
שִׂמְחַת גִּילִי וְאוֹדְךָ בְכִנּוֹר אֱלֹהִים אֱלֹהָי׃ ה מַה־
תִּשְׁתּוֹחֲחִי ׀ נַפְשִׁי וּמַה־תֶּהֱמִי עָלָי הוֹחִילִי לֵאלֹהִים
כִּי־עוֹד אוֹדֶנּוּ יְשׁוּעֹת פָּנַי וֵאלֹהָי׃

and waves have swept over me. 9 By day the Lord ordains His kindness, and at night His song is with me, a prayer to the God of my life. 10 I say to God, my rock, "Why have You forgotten me? Why must I walk in gloom under the oppression of the enemy?" 11 Like a sword in my bones, my adversaries disgrace me, when they say to me all day, "Where is your God?" 12 Why are you downcast, my soul, and why do you wail within me? Hope to God, for I will yet thank Him; He is my deliverance, [the light of] my countenance, and my God.

43

A significant prayer concerning the magnitude of the troubles we have suffered at the hands of the impious nations. May it be God's will to send Moshiach and Elijah the Prophet, who will lead us to the Holy Temple to offer sacrifices as in days of old.

שפטני 1 Avenge me, O God, and champion my cause against an impious nation; rescue me from the man of deceit and iniquity. 2 For You are the God of my strength; why have You abandoned me? Why must I walk in gloom under the oppression of the enemy? 3 Send Your light and Your truth, they will guide me; they will bring me to Your holy mountain and to your sanctuaries. 4 Then I will come to the altar of God—to God, the joy of my delight—and praise You on the lyre, O God, my God. 5 Why are you downcast, my soul, and why do you wail within me? Hope to God, for I will yet thank Him; He is my deliverance, [the light of] my countenance, and my God.

מד.

המשורר מאונן ומקונן במר נפש על גלות המר הזה, וכל יום אנו ותורתנו מוכלמים
באמרם החלּיף ה' אותנו באומה אחרת, ונחשבנו כצאן לטבח למשל ולשנינה, לכך
ראוי לפדות אותנו למען שמו הגדול אשר עמנו בגלות:

יום ח

א לַמְנַצֵּחַ לִבְנֵי־קֹרַח מַשְׂכִּיל: ב אֱלֹהִים ׀ בְּאָזְנֵינוּ
שָׁמַעְנוּ אֲבוֹתֵינוּ סִפְּרוּ־לָנוּ פֹּעַל־פָּעַלְתָּ בִימֵיהֶם בִּימֵי
קֶדֶם: ג אַתָּה ׀ יָדְךָ גּוֹיִם הוֹרַשְׁתָּ וַתִּטָּעֵם תָּרַע לְאֻמִּים
וַתְּשַׁלְּחֵם: ד כִּי לֹא בְחַרְבָּם יָרְשׁוּ־אָרֶץ וּזְרוֹעָם לֹא־
הוֹשִׁיעָה לָּמוֹ כִּי־יְמִינְךָ וּזְרוֹעֲךָ וְאוֹר פָּנֶיךָ כִּי רְצִיתָם:
ה אַתָּה־הוּא מַלְכִּי אֱלֹהִים צַוֵּה יְשׁוּעוֹת יַעֲקֹב: ו בְּךָ
צָרֵינוּ נְנַגֵּחַ בְּשִׁמְךָ נָבוּס קָמֵינוּ: ז כִּי לֹא בְקַשְׁתִּי
אֶבְטָח וְחַרְבִּי לֹא תוֹשִׁיעֵנִי: ח כִּי הוֹשַׁעְתָּנוּ מִצָּרֵינוּ
וּמְשַׂנְאֵינוּ הֱבִישׁוֹתָ: ט בֵּאלֹהִים הִלַּלְנוּ כָל־הַיּוֹם
וְשִׁמְךָ ׀ לְעוֹלָם נוֹדֶה סֶלָה: י אַף־זָנַחְתָּ וַתַּכְלִימֵנוּ וְלֹא־
תֵצֵא בְּצִבְאוֹתֵינוּ: יא תְּשִׁיבֵנוּ אָחוֹר מִנִּי־צָר וּמְשַׂנְאֵינוּ
שָׁסוּ לָמוֹ: יב תִּתְּנֵנוּ כְּצֹאן מַאֲכָל וּבַגּוֹיִם זֵרִיתָנוּ:
יג תִּמְכֹּר עַמְּךָ בְלֹא־הוֹן וְלֹא־רִבִּיתָ בִּמְחִירֵיהֶם:
יד תְּשִׂימֵנוּ חֶרְפָּה לִשְׁכֵנֵינוּ לַעַג וָקֶלֶס לִסְבִיבוֹתֵינוּ:

44

The psalmist cries and laments painfully over this bitter exile, where we and our Torah are shamed daily, when the nations say that God has exchanged us for another nation, and where we are considered as sheep for the slaughter, as a byword and taunt. It is therefore fitting that God redeem us, for the sake of His great Name that abides with us in exile.

DAY **8**

למנצח 1 For the Conductor, by the sons of Korach, a *maskil*.[1] 2 God, with our ears we have heard, our fathers have told us, of the deeds You wrought in their days, in the days of old. 3 You drove out nations with Your hand, and planted [Israel in their place]; You afflicted peoples and banished them. 4 For not by their sword did they inherit the land, and their own arm did not save them, but by Your right hand, Your arm and the light of Your countenance—for You favored them. 5 You are my king, O God; decree the salvation of Jacob. 6 Through You will we gore our adversaries; with Your Name we will trample our opponents. 7 For I do not trust in my bow, and my sword cannot save me. 8 For You have delivered us from our foes, and You shamed those who hate us. 9 In God we glory all day, and forever thank Your Name, *Selah*. 10 Though You abandon and disgrace us, and do not go forth with our armies; 11 You cause us to retreat from the oppressor, and those who hate us plunder for themselves; 12 You deliver us like sheep to be devoured, and scatter us among the nations; 13 You sell Your nation without gain, and do not set a high price upon them; 14 You make us a disgrace to our

---

1. A psalm intended to enlighten and impart knowledge (*Metzudot*).

טו תְּשִׂימֵנוּ מָשָׁל בַּגּוֹיִם מְנוֹד רֹאשׁ בַּלְאֻמִּים: טז כָּל־
הַיּוֹם כְּלִמָּתִי נֶגְדִּי וּבֹשֶׁת פָּנַי כִּסָּתְנִי: יז מִקּוֹל מְחָרֵף
וּמְגַדֵּף מִפְּנֵי אוֹיֵב וּמִתְנַקֵּם: יח כָּל־זֹאת בָּאַתְנוּ וְלֹא
שְׁכַחֲנוּךָ וְלֹא־שִׁקַּרְנוּ בִּבְרִיתֶךָ: יט לֹא־נָסוֹג אָחוֹר
לִבֵּנוּ וַתֵּט אֲשֻׁרֵינוּ מִנִּי אָרְחֶךָ: כ כִּי דִכִּיתָנוּ בִּמְקוֹם
תַּנִּים וַתְּכַס עָלֵינוּ בְצַלְמָוֶת: כא אִם־שָׁכַחְנוּ שֵׁם
אֱלֹהֵינוּ וַנִּפְרֹשׂ כַּפֵּינוּ לְאֵל זָר: כב הֲלֹא אֱלֹהִים יַחֲקָר־
זֹאת כִּי הוּא יֹדֵעַ תַּעֲלֻמוֹת לֵב: כג כִּי־עָלֶיךָ הֹרַגְנוּ
כָל־הַיּוֹם נֶחְשַׁבְנוּ כְּצֹאן טִבְחָה: כד עוּרָה | לָמָּה תִישַׁן |
אֲדֹנָי הָקִיצָה אַל־תִּזְנַח לָנֶצַח: כה לָמָּה פָנֶיךָ תַסְתִּיר
תִּשְׁכַּח עָנְיֵנוּ וְלַחֲצֵנוּ: כו כִּי שָׁחָה לֶעָפָר נַפְשֵׁנוּ דָּבְקָה
לָאָרֶץ בִּטְנֵנוּ: כז קוּמָה עֶזְרָתָה לָּנוּ וּפְדֵנוּ לְמַעַן חַסְדֶּךָ:

מה.

המשורר אמר שיר זה על מלך המשיח, ומספר מעלתו ומדותיו וכבודו ועשרו וממשלתו, וישראל מצפים ווזכרים ואומרים בכל דור ודור מתי יבא מלך המשיח:

א לַמְנַצֵּחַ עַל־שֹׁשַׁנִּים לִבְנֵי־קֹרַח מַשְׂכִּיל שִׁיר
יְדִידֹת: ב רָחַשׁ לִבִּי | דָּבָר טוֹב אֹמֵר אָנִי מַעֲשַׂי לְמֶלֶךְ

neighbors, the scorn and derision of those around us; 15 You make us a byword among the nations, [a cause for] nodding the head among the peoples; 16 all day long my humiliation is before me, and the shame of my face covers me 17 at the voice of the reviler and blasphemer, because of the foe and avenger— 18 all this has come upon us, yet we have not forgotten You, nor have we been false to Your covenant. 19 Our hearts have not retracted, nor have our steps strayed from Your path. 20 Even when You crushed us in the place of serpents, and shrouded us in the shadow of death— 21 did we forget the Name of our God, and extend our hands to a foreign god? 22 Is it not so that God can examine this, for He knows the secrets of the heart. 23 For it is for Your sake that we are killed all the time; we are regarded as sheep for the slaughter. 24 Arise! Why do You sleep, my Lord? Wake up! Do not abandon [us] forever! 25 Why do You conceal Your countenance and forget our affliction and distress? 26 For our souls are bowed to the dust, our bellies cleave to the earth. 27 Arise! Be our help, and redeem us for the sake of Your kindness.

45

The psalmist composed this psalm referring to Moshiach. He describes his greatness, his attributes, his glory, his wealth, and his reign; and states that Israel anticipates him, remembering and saying in every generation, "When will King Moshiach come?"

למנצח 1 For the Conductor, upon the *shoshanim*,[1] By the sons of Korach; a *maskil*,[2] a song of love. 2 My

---

1. A musical instrument shaped like a *shoshanah*, a rose *(Metzudot)*. **2.** A psalm intended to enlighten and impart knowledge *(Metzudot)*.

לְשׁוֹנִי עֵט ׀ סוֹפֵר מָהִיר׃ ג יָפְיָפִיתָ מִבְּנֵי אָדָם הוּצַק
חֵן בְּשְׂפְתוֹתֶיךָ עַל־כֵּן בֵּרַכְךָ אֱלֹהִים לְעוֹלָם׃ ד חֲגוֹר
חַרְבְּךָ עַל־יָרֵךְ גִּבּוֹר הוֹדְךָ וַהֲדָרֶךָ׃ ה וַהֲדָרְךָ ׀ צְלַח
רְכַב עַל־דְּבַר־אֱמֶת וְעַנְוָה־צֶדֶק וְתוֹרְךָ נוֹרָאוֹת יְמִינֶךָ׃
ו חִצֶּיךָ שְׁנוּנִים עַמִּים תַּחְתֶּיךָ יִפְּלוּ בְּלֵב אוֹיְבֵי הַמֶּלֶךְ׃
ז כִּסְאֲךָ אֱלֹהִים עוֹלָם וָעֶד שֵׁבֶט מִישֹׁר שֵׁבֶט מַלְכוּתֶךָ׃
ח אָהַבְתָּ צֶּדֶק וַתִּשְׂנָא רֶשַׁע עַל־כֵּן ׀ מְשָׁחֲךָ אֱלֹהִים
אֱלֹהֶיךָ שֶׁמֶן שָׂשׂוֹן מֵחֲבֵרֶךָ׃ ט מֹר־וַאֲהָלוֹת קְצִיעוֹת
כָּל־בִּגְדֹתֶיךָ מִן־הֵיכְלֵי שֵׁן מִנִּי שִׂמְּחוּךָ׃ י בְּנוֹת מְלָכִים
בְּיִקְּרוֹתֶיךָ נִצְּבָה שֵׁגַל לִימִינְךָ בְּכֶתֶם אוֹפִיר׃ יא שִׁמְעִי־
בַת וּרְאִי וְהַטִּי אָזְנֵךְ וְשִׁכְחִי עַמֵּךְ וּבֵית אָבִיךְ׃
יב וְיִתְאָו הַמֶּלֶךְ יָפְיֵךְ כִּי הוּא אֲדֹנַיִךְ וְהִשְׁתַּחֲוִי־לוֹ׃
יג וּבַת־צֹר ׀ בְּמִנְחָה פָּנַיִךְ יְחַלּוּ עֲשִׁירֵי עָם׃ יד כָּל־
כְּבוּדָּה בַת־מֶלֶךְ פְּנִימָה מִמִּשְׁבְּצוֹת זָהָב לְבוּשָׁהּ׃
טו לִרְקָמוֹת תּוּבַל לַמֶּלֶךְ בְּתוּלוֹת אַחֲרֶיהָ רֵעוֹתֶיהָ
מוּבָאוֹת לָךְ׃ טז תּוּבַלְנָה בִּשְׂמָחֹת וָגִיל תְּבֹאֶינָה
בְּהֵיכַל מֶלֶךְ׃ יז תַּחַת אֲבֹתֶיךָ יִהְיוּ בָנֶיךָ תְּשִׁיתֵמוֹ

heart is astir with a noble theme; I say, "My composition is for the king;[1] my tongue is the pen of a skillful scribe." 3 You are the most handsome of men, charm is poured upon your lips; therefore has God blessed you forever. 4 Gird your sword upon your thigh, O mighty one—it is your majesty and splendor. 5 And with your splendor, succeed and ride on for the sake of truth and righteous humility; and your right hand will guide you to awesome deeds. 6 Your arrows are sharpened—nations fall beneath you—[the arrows fall] into the hearts of the king's enemies. 7 Your throne, O ruler, is forever and ever, [for] the scepter of justice is the scepter of your kingdom. 8 You love righteousness and hate wickedness; therefore has God, your God, anointed you with oil of joy above your peers. 9 Myrrh, aloes and cassia are [the fragrance] of all your garments, which are from ivory palaces that bring you joy. 10 Daughters of kings visit you, and the queen stands erect at your right hand, adorned in the fine gold of Ophir. 11 Hear, O daughter, and observe, incline your ear; forget your people and your father's house. 12 Then the king will desire your beauty. He is your master—bow to him. 13 The daughter of Tyre, the wealthiest of nations, will seek your favor with a gift. 14 All the glory of the princess is within; her clothing surpasses settings of gold. 15 In embroidered garments she will be brought to the king; the maidens in her train, her companions, will be led to you. 16 They will be brought with gladness and joy, they will enter the palace of the king. 17 Your sons

---

1. Referring to the Messiah (*Metzudot*).

לְשָׂרִים בְּכָל־הָאָרֶץ׃ יח אַזְכִּירָה שִׁמְךָ בְּכָל־דֹּר וָדֹר
עַל־כֵּן עַמִּים יְהוֹדוּךָ לְעֹלָם וָעֶד׃

מו.

בו יסופר בעת שיבוא גוג ומגוג, ישליכו איש כלי מלחמתו, ולא יהיה עוד מלחמה בעולם:

א לַמְנַצֵּחַ לִבְנֵי־קֹרַח עַל־עֲלָמוֹת שִׁיר׃ ב אֱלֹהִים
לָנוּ מַחֲסֶה וָעֹז עֶזְרָה בְצָרוֹת נִמְצָא מְאֹד׃ ג עַל־כֵּן
לֹא־נִירָא בְּהָמִיר אָרֶץ וּבְמוֹט הָרִים בְּלֵב יַמִּים׃
ד יֶהֱמוּ יֶחְמְרוּ מֵימָיו יִרְעֲשׁוּ הָרִים בְּגַאֲוָתוֹ סֶלָה׃
ה נָהָר פְּלָגָיו יְשַׂמְּחוּ עִיר־אֱלֹהִים קְדֹשׁ מִשְׁכְּנֵי עֶלְיוֹן׃
ו אֱלֹהִים בְּקִרְבָּהּ בַּל־תִּמּוֹט יַעְזְרֶהָ אֱלֹהִים לִפְנוֹת
בֹּקֶר׃ ז הָמוּ גוֹיִם מָטוּ מַמְלָכוֹת נָתַן בְּקוֹלוֹ תָּמוּג
אָרֶץ׃ ח יְהוָה צְבָאוֹת עִמָּנוּ מִשְׂגָּב־לָנוּ אֱלֹהֵי יַעֲקֹב
סֶלָה׃ ט לְכוּ־חֲזוּ מִפְעֲלוֹת יְהוָה אֲשֶׁר־שָׂם שַׁמּוֹת
בָּאָרֶץ׃ י מַשְׁבִּית מִלְחָמוֹת עַד־קְצֵה הָאָרֶץ קֶשֶׁת
יְשַׁבֵּר וְקִצֵּץ חֲנִית עֲגָלוֹת יִשְׂרֹף בָּאֵשׁ׃ יא הַרְפּוּ וּדְעוּ
כִּי־אָנֹכִי אֱלֹהִים אָרוּם בַּגּוֹיִם אָרוּם בָּאָרֶץ׃ יב יְהוָה
צְבָאוֹת עִמָּנוּ מִשְׂגָּב־לָנוּ אֱלֹהֵי יַעֲקֹב סֶלָה׃

will succeed your fathers; you will appoint them ministers throughout the land. 18 I will cause Your Name to be remembered throughout the generations; therefore will the nations praise You forever and ever.

46

This psalm tells of the Gog and Magog era (the Messianic age), when man will cast aside his weapons, and warfare will be no more.

למנצח 1 For the Conductor, by the sons of Korach, on the *alamot*,[1] a song. 2 God is our refuge and strength, a help in distress, He is most accessible. 3 Therefore, we will not be afraid when the earth is transformed, when mountains collapse in the heart of the seas; 4 when its waters roar and are muddied, and mountains quake before His grandeur, *Selah.* 5 The river[2]—its streams will bring joy to the city of God, the sacred dwelling of the Most High. 6 God is in her midst, she will not falter; God will help her at the approach of morning. 7 Nations clamor, kingdoms stumble; He raises His voice and the earth dissolves. 8 The Lord of Hosts is with us; the God of Jacob is our stronghold forever. 9 Go and see the works of the Lord, Who has wrought devastation in the land. 10 To the end of the earth He causes wars to cease; He breaks the bow, snaps the spear, and burns the wagons in fire. 11 Stop [waging war]! And know that I am God; I will be exalted among the nations, exalted upon the earth. 12 The Lord of Hosts is with us; the God of Jacob is our stronghold forever.

---

1. A musical instrument *(Rashi).* **2.** Flowing from Eden *(Rashi).*

מז.

בו מבואר שלא יהיה עוד מלחמה אחר מלחמת גוג ומגוג, והקדוש ברוך הוא יתן
לנו התשועה ונזכה לעלות לרגל אמן:

א לַמְנַצֵּחַ לִבְנֵי־קֹרַח מִזְמוֹר: ב כָּל־הָעַמִּים תִּקְעוּ־
כָף הָרִיעוּ לֵאלֹהִים בְּקוֹל רִנָּה: ג כִּי־יְהוָֹה עֶלְיוֹן נוֹרָא
מֶלֶךְ גָּדוֹל עַל־כָּל־הָאָרֶץ: ד יַדְבֵּר עַמִּים תַּחְתֵּינוּ
וּלְאֻמִּים תַּחַת רַגְלֵינוּ: ה יִבְחַר־לָנוּ אֶת־נַחֲלָתֵנוּ אֶת
גְּאוֹן יַעֲקֹב אֲשֶׁר־אָהֵב סֶלָה: ו עָלָה אֱלֹהִים בִּתְרוּעָה
יְהוָֹה בְּקוֹל שׁוֹפָר: ז זַמְּרוּ אֱלֹהִים זַמֵּרוּ זַמְּרוּ לְמַלְכֵּנוּ
זַמֵּרוּ: ח כִּי מֶלֶךְ כָּל־הָאָרֶץ אֱלֹהִים זַמְּרוּ מַשְׂכִּיל:
ט מָלַךְ אֱלֹהִים עַל־גּוֹיִם אֱלֹהִים יָשַׁב | עַל־כִּסֵּא קָדְשׁוֹ:
י נְדִיבֵי עַמִּים | נֶאֱסָפוּ עַם אֱלֹהֵי אַבְרָהָם כִּי לֵאלֹהִים
מָגִנֵּי־אֶרֶץ מְאֹד נַעֲלָה:

מח.

המשורר מתנבא על ימות המשיח ושבח ירושלים בבנינה ובקרבנות ובאותו פעם יאמרו
ישראל כאשר שמענו מפי הנביאים כן זכינו לראות:

א שִׁיר מִזְמוֹר לִבְנֵי־קֹרַח: ב גָּדוֹל יְהוָֹה וּמְהֻלָּל
מְאֹד בְּעִיר אֱלֹהֵינוּ הַר־קָדְשׁוֹ: ג יְפֵה נוֹף מְשׂוֹשׂ כָּל־
הָאָרֶץ הַר־צִיּוֹן יַרְכְּתֵי צָפוֹן קִרְיַת מֶלֶךְ רָב: ד אֱלֹהִים

47

Following the battle of Gog and Magog (in the Messianic era), war will be no more. God will grant us salvation, and we will merit to go up to the Holy Temple for the festivals, Amen.

למנצח 1 For the Conductor, a psalm by the sons of Korach. 2 All you nations, clap hands; sound [the *shofar*] to God with a sound of jubilation. 3 For the Lord is most high, awesome; a great King over all the earth. 4 He subdues peoples under us, nations beneath our feet. 5 He chooses our heritage for us, the glory of Jacob whom He loves eternally. 6 God ascends through *teruah*, the Lord—through the sound of the *shofar*. 7 Sing, O sing to God; sing, O sing to our King. 8 For God is King over all the earth; sing, O man of understanding. 9 God reigns over the nations; God is seated on His holy throne. 10 The most noble of the nations are gathered, the nation of the God of Abraham; for the protectors of the earth belong to God; He is greatly exalted.

48

The psalmist prophesies about the Messianic era, singing the praises of a rebuilt Jerusalem and the sacrifices brought there. At that time Israel will say, "As we heard from the mouths of the prophets, so have we merited to see!"

שיר 1 A song, a psalm by the sons of Korach. 2 The Lord is great and exceedingly acclaimed in the city of God, His holy mountain. 3 Beautiful in landscape, the joy of the whole earth is Mount Zion, on the northern slopes, the city of the great King. 4 In her citadels, God

בְּאַרְמְנוֹתֶיהָ נוֹדַע לְמִשְׂגָּב: ה כִּי־הִנֵּה הַמְּלָכִים נוֹעֲדוּ
עָבְרוּ יַחְדָּו: ו הֵמָּה רָאוּ כֵּן תָּמָהוּ נִבְהֲלוּ נֶחְפָּזוּ:
ז רְעָדָה אֲחָזָתַם שָׁם חִיל כַּיּוֹלֵדָה: ח בְּרוּחַ קָדִים
תְּשַׁבֵּר אֳנִיּוֹת תַּרְשִׁישׁ: ט כַּאֲשֶׁר שָׁמַעְנוּ | כֵּן רָאִינוּ
בְּעִיר־יְהוָה צְבָאוֹת בְּעִיר אֱלֹהֵינוּ אֱלֹהִים יְכוֹנְנֶהָ עַד־
עוֹלָם סֶלָה: י דִּמִּינוּ אֱלֹהִים חַסְדֶּךָ בְּקֶרֶב הֵיכָלֶךָ:
יא כְּשִׁמְךָ | אֱלֹהִים כֵּן תְּהִלָּתְךָ עַל־קַצְוֵי־אֶרֶץ צֶדֶק
מָלְאָה יְמִינֶךָ: יב יִשְׂמַח | הַר־צִיּוֹן תָּגֵלְנָה בְּנוֹת יְהוּדָה
לְמַעַן מִשְׁפָּטֶיךָ: יג סֹבּוּ צִיּוֹן וְהַקִּיפוּהָ סִפְרוּ מִגְדָּלֶיהָ:
יד שִׁיתוּ לִבְּכֶם | לְחֵילָה פַּסְּגוּ אַרְמְנוֹתֶיהָ לְמַעַן תְּסַפְּרוּ
לְדוֹר אַחֲרוֹן: טו כִּי זֶה | אֱלֹהִים אֱלֹהֵינוּ עוֹלָם וָעֶד הוּא
יְנַהֲגֵנוּ עַל־מוּת:

מט.

מוסר רב והתעוררות על כל העולם על עשיר עני ואביון, ומוכיח על עבירות שאין אדם סובר שהם עבירות לרוב רגילות ומרשיעים את האדם ליום הדין, בפרטות העשירים שאין להם בטחון בהקב"ה רק על ממונם:

יום ט

א לַמְנַצֵּחַ לִבְנֵי־קֹרַח מִזְמוֹר: ב שִׁמְעוּ־זֹאת כָּל־
הָעַמִּים הַאֲזִינוּ כָּל־יֹשְׁבֵי חָלֶד: ג גַּם־בְּנֵי אָדָם גַּם־

became known as a tower of strength. 5 For behold, the kings assembled, they advanced in concert [to invade her]. 6 They saw [the wonders of the Almighty] and were astounded; they were terror-stricken, they hastened to flee. 7 Trembling seized them there, pangs as of a woman in the throes of labor; 8 [they were crushed as] by an east wind that shatters the ships of Tarshish. 9 As we have heard, so have we seen, in the city of the Lord of Hosts, in the city of our God; may God establish it for all eternity. 10 God, we have been hoping for Your kindness [to be revealed] within Your Sanctuary. 11 As Your Name, O God, [is great,] so is Your praise to the ends of the earth; Your right hand is filled with righteousness. 12 Let Mount Zion rejoice, let the towns of Judah exult, because of Your judgments. 13 Walk around Zion, encircle her, count her towers. 14 Consider well her ramparts, behold her lofty citadels, that you may recount it to a later generation. 15 For this God is our God forever and ever; He will lead us eternally.

49

This psalm is a strong message and inspiration for all, rich and poor alike, rebuking man for transgressions which, owing to habit, he no longer considers sinful; yet, these sins incriminate man on the Day of Judgement. The psalm speaks specifically to the wealthy, who rely not on God but on their wealth.

DAY **9**

לַמְנַצֵּחַ 1 For the Conductor, by the sons of Korach, a psalm. 2 Hear this, all you peoples; listen, all you inhabitants of the world; 3 sons of common folk and

בְּנֵי־אִישׁ יַחַד עָשִׁיר וְאֶבְיוֹן: ד פִּי יְדַבֵּר חָכְמוֹת
וְהָגוּת לִבִּי תְבוּנוֹת: ה אַטֶּה לְמָשָׁל אָזְנִי אֶפְתַּח בְּכִנּוֹר
חִידָתִי: ו לָמָּה אִירָא בִּימֵי רָע עֲוֹן עֲקֵבַי יְסוּבֵּנִי:
ז הַבֹּטְחִים עַל־חֵילָם וּבְרֹב עָשְׁרָם יִתְהַלָּלוּ: ח אָח
לֹא־פָדֹה יִפְדֶּה אִישׁ לֹא־יִתֵּן לֵאלֹהִים כָּפְרוֹ: ט וְיֵקַר
פִּדְיוֹן נַפְשָׁם וְחָדַל לְעוֹלָם: י וִיחִי־עוֹד לָנֶצַח לֹא
יִרְאֶה הַשָּׁחַת: יא כִּי יִרְאֶה | חֲכָמִים יָמוּתוּ יַחַד כְּסִיל
וָבַעַר יֹאבֵדוּ וְעָזְבוּ לַאֲחֵרִים חֵילָם: יב קִרְבָּם בָּתֵּימוֹ |
לְעוֹלָם מִשְׁכְּנֹתָם לְדֹר וָדֹר קָרְאוּ בִשְׁמוֹתָם עֲלֵי אֲדָמוֹת:
יג וְאָדָם בִּיקָר בַּל־יָלִין נִמְשַׁל כַּבְּהֵמוֹת נִדְמוּ: יד זֶה
דַרְכָּם כֶּסֶל לָמוֹ וְאַחֲרֵיהֶם | בְּפִיהֶם יִרְצוּ סֶלָה: טו כַּצֹּאן
לִשְׁאוֹל שַׁתּוּ מָוֶת יִרְעֵם וַיִּרְדּוּ בָם יְשָׁרִים | לַבֹּקֶר
וְצוּרָם לְבַלּוֹת שְׁאוֹל מִזְּבֻל לוֹ: טז אַךְ־אֱלֹהִים יִפְדֶּה־
נַפְשִׁי מִיַּד שְׁאוֹל כִּי יִקָּחֵנִי סֶלָה: יז אַל־תִּירָא כִּי־
יַעֲשִׁר אִישׁ כִּי־יִרְבֶּה כְּבוֹד בֵּיתוֹ: יח כִּי לֹא בְמוֹתוֹ
יִקַּח הַכֹּל לֹא־יֵרֵד אַחֲרָיו כְּבוֹדוֹ: יט כִּי־נַפְשׁוֹ בְּחַיָּיו
יְבָרֵךְ וְיוֹדֻךָ כִּי־תֵיטִיב לָךְ: כ תָּבוֹא עַד־דּוֹר אֲבוֹתָיו

sons of nobility, rich and poor alike. 4 My mouth speaks wisdom, and the thoughts of my heart are understanding. 5 I incline my ear to the parable; I will unravel my riddle upon the harp. 6 Why am I afraid in times of trouble? [Because] the sins I trod upon surround me. 7 There are those who rely on their wealth, who boast of their great riches. 8 Yet a man cannot redeem his brother, nor pay his ransom to God. 9 The redemption of their soul is too costly, and forever unattainable. 10 Can one live forever, never to see the grave? 11 Though he sees that wise men die, that the fool and the senseless both perish, leaving their wealth to others— 12 [nevertheless,] in their inner thoughts their houses will last forever, their dwellings for generation after generation; they have proclaimed their names throughout the lands. 13 But man will not repose in glory; he is likened to the silenced animals. 14 This is their way—their folly remains with them, and their descendants approve of their talk, *Selah*. 15 Like sheep, they are destined for the grave; death shall be their shepherd, and the upright will dominate them at morning; their form will rot in the grave, away from its abode. 16 But God will redeem my soul from the hands of the grave, for He will take me, *Selah*. 17 Do not fear when a man grows rich, when the glory of his house is increased; 18 for when he dies he will take nothing, his glory will not descend after him. 19 For he [alone] praises himself in his lifetime; but [all] will praise you if you better yourself. 20 He will come to the generation

עַד־נֵ֝צַח לֹ֣א יִרְאוּ־אֽוֹר׃ כא אָדָ֣ם בִּ֭יקָר וְלֹ֣א יָבִ֑ין
נִמְשַׁ֖ל כַּבְּהֵמ֣וֹת נִדְמֽוּ׃

נ.

בזה המזמור מדובר כמה תוכחות ומוסרים גדולים, אשר המשורר מוכיח לאותם שאינם עושים תשובה בהכנעה ובנמיכות רוח, וגם הלומדים שאינם מקיימים מה שלומדים, רק מן השפה ולחוץ, הם חוטאים ומחטיאים הרבה כהנה וכהנה:

א מִזְמ֗וֹר לְאָ֫סָ֥ף אֵ֤ל ׀ אֱֽלֹהִ֡ים יְֽהֹוָ֗ה דִּבֶּ֥ר וַיִּקְרָא־אָ֑רֶץ
מִמִּזְרַח־שֶׁ֝֗מֶשׁ עַד־מְבֹאֽוֹ׃ ב מִצִּיּ֥וֹן מִכְלַל־יֹ֑פִי אֱלֹהִ֥ים
הוֹפִֽיעַ׃ ג יָ֤בֹא אֱלֹהֵ֗ינוּ וְֽאַל־יֶ֫חֱרַ֥שׁ אֵשׁ־לְפָנָ֥יו תֹּאכֵ֑ל
וּ֝סְבִיבָ֗יו נִשְׂעֲרָ֥ה מְאֹֽד׃ ד יִקְרָ֣א אֶל־הַשָּׁמַ֣יִם מֵעָ֑ל
וְאֶל־הָ֝אָ֗רֶץ לָדִ֥ין עַמּֽוֹ׃ ה אִסְפוּ־לִ֥י חֲסִידָ֑י כֹּרְתֵ֖י בְרִיתִ֣י
עֲלֵי־זָֽבַח׃ ו וַיַּגִּ֣ידוּ שָׁמַ֣יִם צִדְק֑וֹ כִּֽי־אֱלֹהִ֓ים ׀ שֹׁפֵ֖ט
ה֣וּא סֶֽלָה׃ ז שִׁמְעָ֤ה עַמִּ֨י ׀ וַאֲדַבֵּ֗רָה יִ֭שְׂרָאֵל וְאָעִ֣ידָה
בָּ֑ךְ אֱלֹהִ֖ים אֱלֹהֶ֣יךָ אָנֹֽכִי׃ ח לֹ֣א עַל־זְ֭בָחֶיךָ אוֹכִיחֶ֑ךָ
וְ֝עוֹלֹתֶ֗יךָ לְנֶגְדִּ֥י תָמִֽיד׃ ט לֹא־אֶקַּ֣ח מִבֵּיתְךָ֣ פָ֑ר
מִ֝מִּכְלְאֹתֶ֗יךָ עַתּוּדִֽים׃ י כִּֽי־לִ֥י כָל־חַיְתוֹ־יָ֑עַר בְּ֝הֵמ֗וֹת
בְּהַרְרֵי־אָֽלֶף׃ יא יָ֭דַעְתִּי כָּל־ע֣וֹף הָרִ֑ים וְזִ֥יז שָׂ֝דַ֗י עִמָּדִֽי׃
יב אִם־אֶ֭רְעַב לֹא־אֹ֣מַר לָ֑ךְ כִּי־לִ֥י תֵ֝בֵ֗ל וּמְלֹאָֽהּ׃

of his forefathers; they shall not see light for all eternity.
21 Man [can live] in glory but does not understand; he
is likened to the silenced animals.

50

*This psalm speaks of many ethics and morals. The psalmist rebukes those who fail
to repent humbly and modestly. He also admonishes those who do not practice
that which they study, and merely appear to be righteous; they sin and cause
others to sin.*

מזמור 1 A psalm by Asaph. Almighty God, the Lord,
spoke and called to the earth, from the rising of the sun
to its setting. 2 Out of Zion, the place of perfect beauty,
God appeared. 3 Our God will come and not be silent;
a fire will consume before Him, His surroundings are
furiously turbulent. 4 He will call to the heavens above,
and to the earth, to avenge His people: 5 "Gather to Me
My pious ones, those who made a covenant with me
over a sacrifice." 6 Then the heavens declared His
righteousness, for God is Judge forever. 7 Listen, my
people, and I will speak; O Israel, and I will testify
against you—I am God your God. 8 Not for [the lack
of] your sacrifices will I rebuke you, nor for [the lack
of] your burnt offerings which ought to be continually
before Me. 9 I do not take oxen from your house, nor
goats from your pens; 10 for every beast of the forest is
Mine, the cattle of a thousand mountains. 11 I know
every bird of the mountains, and the crawling creatures
of the field are in My possession. 12 Were I hungry, I
would not tell you, for the world and everything in it is

יג הַאוֹכַל בְּשַׂר אַבִּירִים וְדַם עַתּוּדִים אֶשְׁתֶּה: יד זְבַח

לֵאלֹהִים תּוֹדָה וְשַׁלֵּם לְעֶלְיוֹן נְדָרֶיךָ: טו וּקְרָאֵנִי בְּיוֹם

צָרָה אֲחַלֶּצְךָ וּתְכַבְּדֵנִי: טז וְלָרָשָׁע אָמַר אֱלֹהִים מַה־

לְּךָ לְסַפֵּר חֻקָּי וַתִּשָּׂא בְרִיתִי עֲלֵי־פִיךָ: יז וְאַתָּה

שָׂנֵאתָ מוּסָר וַתַּשְׁלֵךְ דְּבָרַי אַחֲרֶיךָ: יח אִם־רָאִיתָ גַנָּב

וַתִּרֶץ עִמּוֹ וְעִם מְנָאֲפִים חֶלְקֶךָ: יט פִּיךָ שָׁלַחְתָּ בְרָעָה

וּלְשׁוֹנְךָ תַּצְמִיד מִרְמָה: כ תֵּשֵׁב בְּאָחִיךָ תְדַבֵּר בְּבֶן־

אִמְּךָ תִּתֶּן־דֹּפִי: כא אֵלֶּה עָשִׂיתָ וְהֶחֱרַשְׁתִּי דִּמִּיתָ

הֱיוֹת אֶהְיֶה כָמוֹךָ אוֹכִיחֲךָ וְאֶעֶרְכָה לְעֵינֶיךָ: כב בִּינוּ־

נָא זֹאת שֹׁכְחֵי אֱלוֹהַּ פֶּן־אֶטְרֹף וְאֵין מַצִּיל: כג זֹבֵחַ

תּוֹדָה יְכַבְּדָנְנִי וְשָׂם דֶּרֶךְ אַרְאֶנּוּ בְּיֵשַׁע אֱלֹהִים:

ליום שלישי

נא.

בו מבואר מה שנאמר לדוד על ידי נתן הנביא שחטא בבת שבע ונתן הנביא הלך
לביתו ואז היה דוד המלך מתבודד בינו לבין הקדוש ברוך הוא ואמר תפלות גדולות
ונוראות ואיך התנצל דוד בחטאו. וכל אדם יאמר מזמור זה על חטאיו ופשעיו:

א לַמְנַצֵּחַ מִזְמוֹר לְדָוִד: ב בְּבוֹא־אֵלָיו נָתָן הַנָּבִיא

כַּאֲשֶׁר־בָּא אֶל־בַּת־שָׁבַע: ג חָנֵּנִי אֱלֹהִים כְּחַסְדֶּךָ

mine. 13 Do I eat the flesh of bulls, or drink the blood of goats? 14 Offer confession as a sacrifice to God, and fulfill your vows to the Most High, 15 and call to Me on the day of distress; I will free you, and you will honor Me. 16 But to the wicked, God said, "What does it help you to discuss My laws, and bear My covenant upon your lips? 17 For you hate discipline, and throw My words behind you. 18 When you see a thief you run with him, and your lot is with adulterers. 19 You sent forth your mouth for evil, and attach your tongue to deceit. 20 You sit down to talk against your brother; your mother's son you defame. 21 You have done these things and I kept silent, so you imagine that I am like you—[but] I will rebuke you and lay it clearly before your eyes. 22 Understand this now, you who forget God, lest I tear you apart and there be none to save you. 23 He who offers a sacrifice of confession honors Me; and to him who sets right his way, I will show the deliverance of God."

TUESDAY

51

This psalm speaks of when Nathan the prophet went to David's palace, and rebuked him for his sin with Bathsheba. David then secluded himself with God, offering awe-inspiring prayers and begging forgiveness. Every person should recite this psalm for his sins and transgressions.

לַמְנַצֵּחַ 1 For the Conductor, a psalm by David, 2 when Nathan the prophet came to him after he had gone to Bathsheba. 3 Be gracious to me, O God, in keeping with Your kindness; in accordance with Your

כְּרֹב רַחֲמֶיךָ מְחֵה פְשָׁעָי׃ ד הֶרֶב כַּבְּסֵנִי מֵעֲוֺנִי
וּמֵחַטָּאתִי טַהֲרֵנִי׃ ה כִּי־פְשָׁעַי אֲנִי אֵדָע וְחַטָּאתִי
נֶגְדִּי תָמִיד׃ ו לְךָ לְבַדְּךָ ׀ חָטָאתִי וְהָרַע בְּעֵינֶיךָ
עָשִׂיתִי לְמַעַן־תִּצְדַּק בְּדָבְרֶךָ תִּזְכֶּה בְשָׁפְטֶךָ׃ ז הֵן
בְּעָווֹן חוֹלָלְתִּי וּבְחֵטְא יֶחֱמַתְנִי אִמִּי׃ ח הֵן אֱמֶת
חָפַצְתָּ בַטֻּחוֹת וּבְסָתֻם חָכְמָה תוֹדִיעֵנִי׃ ט תְּחַטְּאֵנִי
בְאֵזוֹב וְאֶטְהָר תְּכַבְּסֵנִי וּמִשֶּׁלֶג אַלְבִּין׃ י תַּשְׁמִיעֵנִי
שָׂשׂוֹן וְשִׂמְחָה תָּגֵלְנָה עֲצָמוֹת דִּכִּיתָ׃ יא הַסְתֵּר פָּנֶיךָ
מֵחֲטָאָי וְכָל־עֲוֺנֹתַי מְחֵה׃ יב לֵב טָהוֹר בְּרָא־לִי אֱלֹהִים
וְרוּחַ נָכוֹן חַדֵּשׁ בְּקִרְבִּי׃ יג אַל־תַּשְׁלִיכֵנִי מִלְּפָנֶיךָ
וְרוּחַ קָדְשְׁךָ אַל־תִּקַּח מִמֶּנִּי׃ יד הָשִׁיבָה לִּי שְׂשׂוֹן
יִשְׁעֶךָ וְרוּחַ נְדִיבָה תִסְמְכֵנִי׃ טו אֲלַמְּדָה פֹשְׁעִים
דְּרָכֶיךָ וְחַטָּאִים אֵלֶיךָ יָשׁוּבוּ׃ טז הַצִּילֵנִי מִדָּמִים ׀
אֱלֹהִים אֱלֹהֵי תְּשׁוּעָתִי תְּרַנֵּן לְשׁוֹנִי צִדְקָתֶךָ׃ יז אֲדֹנָי
שְׂפָתַי תִּפְתָּח וּפִי יַגִּיד תְּהִלָּתֶךָ׃ יח כִּי ׀ לֹא־תַחְפֹּץ
זֶבַח וְאֶתֵּנָה עוֹלָה לֹא תִרְצֶה׃ יט זִבְחֵי אֱלֹהִים רוּחַ
נִשְׁבָּרָה לֵב־נִשְׁבָּר וְנִדְכֶּה אֱלֹהִים לֹא תִבְזֶה׃ כ הֵיטִיבָה

abounding compassion, erase my transgressions.
4 Cleanse me thoroughly of my wrongdoing, and purify
me of my sin. 5 For I acknowledge my transgressions,
and my sin is always before me. 6 Against You alone
have I sinned, and done that which is evil in Your eyes;
[forgive me] so that You will be justified in Your verdict,
vindicated in Your judgment. 7 Indeed, I was begotten
in iniquity, and in sin did my mother conceive me.
8 Indeed, You desire truth in the innermost parts; teach
me the wisdom of concealed things. 9 Purge me with
hyssop and I shall be pure; cleanse me and I shall be
whiter than snow. 10 Let me hear [tidings of] joy and
gladness; then the bones which You have shattered will
rejoice. 11 Hide Your face from my sins, and erase all my
trespasses. 12 Create in me a pure heart, O God, and
renew within me an upright spirit. 13 Do not cast me
out of Your presence, and do not take Your Spirit of
Holiness away from me. 14 Restore to me the joy of Your
deliverance, and uphold me with a spirit of magnanim-
ity. 15 I will teach transgressors Your ways, and sinners
will return to You. 16 Save me from bloodguilt, O God,
God of my deliverance; my tongue will sing Your
righteousness. 17 My Lord, open my lips, and my mouth
shall declare Your praise. 18 For You do not desire that
I bring sacrifices, nor do You wish burnt offerings.
19 The offering [desirable] to God is a contrite spirit; a
contrite and broken heart, God, You do not disdain.
20 In Your goodwill, bestow goodness upon Zion; re-

בִרְצוֹנְךָ אֶת־צִיּוֹן תִּבְנֶה חוֹמוֹת יְרוּשָׁלָֽם: כא אָז תַּחְפֹּץ
זִבְחֵי־צֶדֶק עוֹלָה וְכָלִיל אָז יַעֲלוּ עַל־מִזְבַּחֲךָ פָרִים:

נב.

בו מבואר היאך המשורר מקונן על דואג מה שמתהלל ומתפאר על הרעה שעושה מה עלה בדעתו אם גבורה תחשב לו עשות רעה, והקללה שקילל אותו ולכל העושים בו:

א לַמְנַצֵּחַ מַשְׂכִּיל לְדָוִד: ב בְּבוֹא | דּוֹאֵג הָאֲדֹמִי
וַיַּגֵּד לְשָׁאוּל וַיֹּאמֶר לוֹ בָּא־דָוִד אֶל־בֵּית אֲחִימֶלֶךְ:
ג מַה־תִּתְהַלֵּל בְּרָעָה הַגִּבּוֹר חֶסֶד אֵל כָּל־הַיּוֹם:
ד הַוּוֹת תַּחְשֹׁב לְשׁוֹנֶךָ כְּתַעַר מְלֻטָּשׁ עֹשֵׂה רְמִיָּה:
ה אָהַבְתָּ רָּע מִטּוֹב שֶׁקֶר | מִדַּבֵּר צֶדֶק סֶלָה: ו אָהַבְתָּ
כָל־דִּבְרֵי־בָלַע לְשׁוֹן מִרְמָה: ז גַּם־אֵל יִתָּצְךָ לָנֶצַח
יַחְתְּךָ וְיִסָּחֲךָ מֵאֹהֶל וְשֵׁרֶשְׁךָ מֵאֶרֶץ חַיִּים סֶלָה: ח וְיִרְאוּ
צַדִּיקִים וְיִירָאוּ וְעָלָיו יִשְׂחָקוּ: ט הִנֵּה הַגֶּבֶר לֹא־יָשִׂים
אֱלֹהִים מָעוּזּוֹ וַיִּבְטַח בְּרֹב עָשְׁרוֹ יָעֹז בְּהַוָּתוֹ: י וַאֲנִי
כְּזַיִת רַעֲנָן בְּבֵית אֱלֹהִים בָּטַחְתִּי בְחֶסֶד אֱלֹהִים עוֹלָם
וָעֶד: יא אוֹדְךָ לְעוֹלָם כִּי עָשִׂיתָ וַאֲקַוֶּה שִׁמְךָ כִּי־טוֹב
נֶגֶד חֲסִידֶיךָ:

build the walls of Jerusalem. 21 Then will You desire sacrifices [offered in] righteousness, *olah* and other burnt offerings; then they will offer bullocks upon Your altar.

52

David laments his suffering at the hands of Doeg, and speaks of Doeg's boasts about the evil he committed. David asks, "What does he think? Does he consider the doing of evil a mark of strength?" David also curses Doeg and those like him.

למנצח 1 For the Conductor, a *maskil* by David, 2 when Doeg the Edomite came and informed Saul, saying to him, "David has come to the house of Achimelech." 3 Why do you boast with evil, O mighty one? God's kindness is all day long. 4 Your tongue devises treachery; like a sharpened razor it works deceit. 5 You love evil more than good, falsehood more than speaking righteousness, *Selah.* 6 You love all devouring words, a deceitful tongue. 7 God will likewise shatter you forever; He will excise and pluck you from the tent, and uproot you from the land of the living forever. 8 The righteous will see it and be awed, and they will laugh at him: 9 "Here is the man who did not make God his stronghold, but trusted in his great wealth, and drew strength from his treachery." 10 But I am like a fresh olive tree in the house of God; I trust in God's kindness forever and ever. 11 I will thank you forever for what You have done; I will hope in Your Name, for You are good to Your pious ones.

נג.

בו ידובר כשגידר טיטוס את הפרוכת בחרב וחשב שהרג את עצמו:

א לַמְנַצֵּחַ עַל־מָחֲלַת מַשְׂכִּיל לְדָוִד: ב אָמַר נָבָל
בְּלִבּוֹ אֵין אֱלֹהִים הִשְׁחִיתוּ וְהִתְעִיבוּ עָוֶל אֵין עֹשֵׂה־
טוֹב: ג אֱלֹהִים מִשָּׁמַיִם הִשְׁקִיף עַל־בְּנֵי־אָדָם לִרְאוֹת
הֲיֵשׁ מַשְׂכִּיל דֹּרֵשׁ אֶת־אֱלֹהִים: ד כֻּלּוֹ סָג יַחְדָּו נֶאֱלָחוּ
אֵין עֹשֵׂה־טוֹב אֵין גַּם אֶחָד: ה הֲלֹא יָדְעוּ פֹּעֲלֵי אָוֶן
אֹכְלֵי עַמִּי אָכְלוּ לֶחֶם אֱלֹהִים לֹא קָרָאוּ: ו שָׁם פָּחֲדוּ
פַחַד לֹא־הָיָה פָחַד כִּי־אֱלֹהִים פִּזַּר עַצְמוֹת חֹנָךְ
הֱבִשֹׁתָה כִּי־אֱלֹהִים מְאָסָם: ז מִי־יִתֵּן מִצִּיּוֹן יְשֻׁעוֹת
יִשְׂרָאֵל בְּשׁוּב אֱלֹהִים שְׁבוּת עַמּוֹ יָגֵל יַעֲקֹב יִשְׂמַח
יִשְׂרָאֵל:

נד.

תפלה לאלהים שיושיע בגבורתו לכל המיחלים לחסדו, ועיין ותראה תפלה נוראה ונפלאה שיש לכל אדם לומר בזמנו:

א לַמְנַצֵּחַ בִּנְגִינֹת מַשְׂכִּיל לְדָוִד: ב בְּבוֹא הַזִּיפִים
וַיֹּאמְרוּ לְשָׁאוּל הֲלֹא דָוִד מִסְתַּתֵּר עִמָּנוּ: ג אֱלֹהִים
בְּשִׁמְךָ הוֹשִׁיעֵנִי וּבִגְבוּרָתְךָ תְדִינֵנִי: ד אֱלֹהִים שְׁמַע

53

This psalm speaks of when Titus pierced the curtain of the Holy of Holies with his sword, and thought he had killed "himself" (a euphemism for God).

למנצח 1 For the Conductor, on the *machalat*,[1] a *maskil*[2] by David. 2 The fool says in his heart, "There is no God!" They have acted corruptly and committed abominable deeds; not one does good. 3 God looked down from heaven upon mankind, to see if there was any man of intelligence who searches for God. 4 But they all regressed together; they have become corrupt; there is none who does good, not even one. 5 Indeed, the evildoers who devour My people as they devour bread, who do not call upon God, will come to realize. 6 There they will be seized with fright, a fright such as never was; for God scatters the bones of those encamped against you. You shamed them, for God rejected them. 7 O that out of Zion would come Israel's deliverance! When God returns the captivity of His people, Jacob will exult, Israel will rejoice.

54

A prayer to God asking that in His might He save all who hope for His kindness. Read, and you will discover an awe-inspiring and wondrous prayer that should be said by all in the appropriate time.

למנצח 1 For the Conductor, with instrumental music, a *maskil*[2] by David, 2 when the Ziphites came and said to Saul, "Behold, David is hiding among us!" 3 O God, deliver me by Your Name, and vindicate me by Your might. 4 God, hear my prayer, listen to the words

---

1. A musical instrument *(Rashi).* **2.** A psalm intended to enlighten and impart knowledge *(Metzudot).*

תְּפִלָּתִי הַאֲזִינָה לְאִמְרֵי־פִי׃ ה כִּי זָרִים ׀ קָמוּ עָלַי
וְעָרִיצִים בִּקְשׁוּ נַפְשִׁי לֹא שָׂמוּ אֱלֹהִים לְנֶגְדָּם סֶלָה׃
ו הִנֵּה אֱלֹהִים עֹזֵר לִי אֲדֹנָי בְּסֹמְכֵי נַפְשִׁי׃ ז יָשִׁיב
הָרַע לְשֹׁרְרָי בַּאֲמִתְּךָ הַצְמִיתֵם׃ ח בִּנְדָבָה אֶזְבְּחָה־
לָּךְ אוֹדֶה שִּׁמְךָ יְהוָה כִּי־טוֹב׃ ט כִּי מִכָּל־צָרָה הִצִּילָנִי
וּבְאֹיְבַי רָאֲתָה עֵינִי׃

נה.

זה המזמור אמר דוד כשברח מירושלים מפני בעלי לשון הרע, והם היו דואג ואחיתופל שאמרו עליו שהוא חייב מיתה ודוד היה מחזיק לאחיתופל לאוהב ועשה לו כל הכבוד והוא היה בוגד וחלל הברית וקילל דוד כל שונאיו למען ידעו כל הדורות ולא יזידון עוד:

יום י

א לַמְנַצֵּחַ בִּנְגִינֹת מַשְׂכִּיל לְדָוִד׃ ב הַאֲזִינָה אֱלֹהִים
תְּפִלָּתִי וְאַל־תִּתְעַלַּם מִתְּחִנָּתִי׃ ג הַקְשִׁיבָה לִּי וַעֲנֵנִי
אָרִיד בְּשִׂיחִי וְאָהִימָה׃ ד מִקּוֹל אוֹיֵב מִפְּנֵי עָקַת רָשָׁע
כִּי־יָמִיטוּ עָלַי אָוֶן וּבְאַף יִשְׂטְמוּנִי׃ ה לִבִּי יָחִיל בְּקִרְבִּי
וְאֵימוֹת מָוֶת נָפְלוּ עָלָי׃ ו יִרְאָה וָרַעַד יָבֹא בִי וַתְּכַסֵּנִי
פַּלָּצוּת׃ ז וָאֹמַר מִי־יִתֶּן־לִּי אֵבֶר כַּיּוֹנָה אָעוּפָה
וְאֶשְׁכֹּנָה׃ ח הִנֵּה אַרְחִיק נְדֹד אָלִין בַּמִּדְבָּר סֶלָה׃
ט אָחִישָׁה מִפְלָט לִי מֵרוּחַ סֹעָה מִסָּעַר׃ י בַּלַּע אֲדֹנָי

of my mouth. 5 For strangers have risen against me, and
ruthless men have sought my soul; they are not mindful
of God, *Selah.* 6 Behold, God is my helper; my Lord is
with those who support my soul. 7 He will repay the evil
of my watchful enemies; destroy them by Your truth.
8 With a free-will offering I will sacrifice to You; I will
offer thanks to Your Name, O Lord, for it is good. 9 For
He has saved me from every trouble, and my eye has
seen [the downfall of] my enemy.

55

David composed this psalm upon escaping from Jerusalem in the face of the slanderers, Doeg and Achitofel, who had declared him deserving of death. David had considered Achitofel a friend and accorded him the utmost honor, but Achitofel betrayed him and breached their covenant. David curses all his enemies, so that all generations should "know, and sin no more."

DAY **10**

למנצח 1 For the Conductor, with instrumental mu-
sic, a *maskil* by David. 2 Listen to my prayer, O God, do
not hide from my pleas. 3 Pay heed to me and answer
me, as I lament in my distress and moan 4 because of
the shout of the enemy and the oppression of the
wicked; for they accuse me of evil and hate me passion-
ately. 5 My heart shudders within me, and the terrors of
death have descended upon me. 6 Fear and trembling
penetrate me, and I am enveloped with horror. 7 And I
said, "If only I had wings like the dove! I would fly off
and find rest. 8 Behold, I would wander afar, and lodge
in the wilderness forever. 9 I would hurry to find shelter
for myself from the stormy wind, from the tempest."
10 Consume, O Lord, confuse their tongue; for I have

פַּלַּג לְשׁוֹנָם כִּי־רָאִיתִי חָמָס וְרִיב בָּעִיר: יא יוֹמָם
וָלַיְלָה יְסוֹבְבֻהָ עַל־חוֹמֹתֶיהָ וְאָוֶן וְעָמָל בְּקִרְבָּהּ:
יב הַוּוֹת בְּקִרְבָּהּ וְלֹא־יָמִישׁ מֵרְחֹבָהּ תֹּךְ וּמִרְמָה:
יג כִּי לֹא־אוֹיֵב יְחָרְפֵנִי וְאֶשָּׂא לֹא־מְשַׂנְאִי עָלַי הִגְדִּיל
וְאֶסָּתֵר מִמֶּנּוּ: יד וְאַתָּה אֱנוֹשׁ כְּעֶרְכִּי אַלּוּפִי וּמְיֻדָּעִי:
טו אֲשֶׁר יַחְדָּו נַמְתִּיק סוֹד בְּבֵית אֱלֹהִים נְהַלֵּךְ בְּרָגֶשׁ:
טז יַשִּׁיא מָוֶת | עָלֵימוֹ יֵרְדוּ שְׁאוֹל חַיִּים כִּי־רָעוֹת
בִּמְגוּרָם בְּקִרְבָּם: יז אֲנִי אֶל־אֱלֹהִים אֶקְרָא וַיהֹוָה
יוֹשִׁיעֵנִי: יח עֶרֶב וָבֹקֶר וְצָהֳרַיִם אָשִׂיחָה וְאֶהֱמֶה
וַיִּשְׁמַע קוֹלִי: יט פָּדָה בְשָׁלוֹם נַפְשִׁי מִקְּרָב־לִי כִּי־
בְרַבִּים הָיוּ עִמָּדִי: כ יִשְׁמַע | אֵל | וְיַעֲנֵם וְיֹשֵׁב קֶדֶם
סֶלָה אֲשֶׁר אֵין חֲלִיפוֹת לָמוֹ וְלֹא יָרְאוּ אֱלֹהִים: כא שָׁלַח
יָדָיו בִּשְׁלֹמָיו חִלֵּל בְּרִיתוֹ: כב חָלְקוּ | מַחְמָאֹת פִּיו
וּקְרָב־לִבּוֹ רַכּוּ דְבָרָיו מִשֶּׁמֶן וְהֵמָּה פְתִחוֹת: כג הַשְׁלֵךְ
עַל־יְהֹוָה | יְהָבְךָ וְהוּא יְכַלְכְּלֶךָ לֹא־יִתֵּן לְעוֹלָם מוֹט
לַצַּדִּיק: כד וְאַתָּה אֱלֹהִים | תּוֹרִדֵם לִבְאֵר שַׁחַת אַנְשֵׁי
דָמִים וּמִרְמָה לֹא־יֶחֱצוּ יְמֵיהֶם וַאֲנִי אֶבְטַח־בָּךְ:

seen violence and strife in the city.[1] 11 Day and night they encircle her upon her walls, and iniquity and vice are in her midst. 12 Treachery is within her; fraud and deceit never depart from her square. 13 For it is not the enemy who taunts me—that I could bear; nor my foe who raises himself against me, that I could hide from him. 14 But it is you, a man of my equal, my guide and my intimate. 15 Together we took sweet counsel; we walked with the throng to the house of God. 16 May He incite death upon them, let them descend to the pit alive; for there is evil in their dwelling, within them. 17 As for me, I call to God, and the Lord will save me. 18 Evening, morning and noon, I lament and moan—and He hears my voice. 19 He redeemed my soul in peace from battles against me, because of the many who were with me. 20 May God—He who is enthroned from the days of old, *Selah*—hear and humble those in whom there is no change, and who do not fear God. 21 He extended his hands against his allies, he profaned his covenant. 22 Smoother than butter are the words of his mouth, but war is in his heart; his words are softer than oil, yet they are curses. 23 Cast your burden upon the Lord, and He will sustain you; He will never let the righteous man falter. 24 And You, O God, will bring them down to the nethermost pit; bloodthirsty and treacherous men shall not live out half their days; but I will trust in You.

---

1. Jerusalem.

נו.

זה המזמור אמר כשהיה אצל אכיש אחיו של גלית ומבקשים אותו להרגו והתנצל עצמו מה שהלך ביד שונאו ונדר נדרים בצרתו:

א לַמְנַצֵּ֤חַ ׀ עַל־י֬וֹנַת אֵ֣לֶם רְ֭חֹקִים לְדָוִ֣ד מִכְתָּ֑ם
בֶּאֱחֹ֨ז אֹת֖וֹ פְלִשְׁתִּ֣ים בְּגַֽת׃ ב חָנֵּ֣נִי אֱ֭לֹהִים כִּֽי־שְׁאָפַ֣נִי
אֱנ֑וֹשׁ כׇּל־הַ֝יּ֗וֹם לֹחֵ֥ם יִלְחָצֵֽנִי׃ ג שָׁאֲפ֣וּ שׁ֭וֹרְרַי כׇּל־
הַיּ֑וֹם כִּֽי־רַבִּ֨ים לֹחֲמִ֖ים לִ֣י מָרֽוֹם׃ ד י֥וֹם אִירָ֑א אֲ֝נִ֗י
אֵלֶ֥יךָ אֶבְטָֽח׃ ה בֵּאלֹהִים֮ אֲהַלֵּ֪ל דְּבָ֫ר֥וֹ בֵּאלֹהִ֣ים בָּ֭טַחְתִּי
לֹ֣א אִירָ֑א מַה־יַּעֲשֶׂ֖ה בָשָׂ֣ר לִֽי׃ ו כׇּל־הַ֭יּוֹם דְּבָרַ֣י יְעַצֵּ֑בוּ
עָלַ֖י כׇּל־מַחְשְׁבֹתָ֣ם לָרָֽע׃ ז יָג֤וּרוּ ׀ יִצְפּ֗וֹנוּ הֵ֭מָּה עֲקֵבַ֣י
יִשְׁמֹ֑רוּ כַּ֝אֲשֶׁ֗ר קִוּ֥וּ נַפְשִֽׁי׃ ח עַל־אָ֥וֶן פַּלֶּט־לָ֑מוֹ בְּ֝אַ֗ף
עַמִּ֤ים ׀ הוֹרֵ֬ד אֱלֹהִֽים׃ ט נֹדִי֮ סָפַ֪רְתָּ֫ה אָ֥תָּה שִׂ֣ימָה
דִמְעָתִ֣י בְנֹאדֶ֑ךָ הֲ֝לֹ֗א בְּסִפְרָתֶֽךָ׃ י אָ֥ז ׀ יָ֘שׁ֤וּבוּ אוֹיְבַ֣י
אָ֭חוֹר בְּי֣וֹם אֶקְרָ֑א זֶה־יָ֝דַ֗עְתִּי כִּֽי־אֱלֹהִ֥ים לִֽי׃ יא בֵּאלֹהִים
אֲהַלֵּ֣ל דָּבָ֑ר בַּ֝יהֹוָ֗ה אֲהַלֵּ֥ל דָּבָֽר׃ יב בֵּאלֹהִ֣ים בָּ֭טַחְתִּי
לֹ֣א אִירָ֑א מַה־יַּעֲשֶׂ֖ה אָדָ֣ם לִֽי׃ יג עָלַ֣י אֱלֹהִ֣ים נְדָרֶ֑יךָ
אֲשַׁלֵּ֖ם תּוֹד֣וֹת לָֽךְ׃ יד כִּ֤י הִצַּ֪לְתָּ נַפְשִׁ֡י מִמָּוֶת֮ הֲלֹ֥א
רַגְלַ֗י מִ֫דֶּ֥חִי לְ֭הִתְהַלֵּךְ לִפְנֵ֣י אֱלֹהִ֑ים בְּ֝א֗וֹר הַֽחַיִּֽים׃

56

David composed this psalm while in mortal danger at the palace of Achish, brother of Goliath. In his distress David accepts vows upon himself.

למנצח 1 For the Conductor, of the mute dove[1] far away. By David, a *michtam,*[2] when the Philistines seized him in Gath. 2 Favor me, O God, for man longs to swallow me; the warrior oppresses me every day. 3 My watchful enemies long to swallow me every day, for many battle me, O Most High! 4 On the day I am afraid, I trust in You. 5 [I trust] in God and praise His word; in God I trust, I do not fear—what can [man of] flesh do to me? 6 Every day they make my words sorrowful; all their thoughts about me are for evil. 7 They gather and hide, they watch my steps, when they hope [to capture] my soul. 8 Should escape be theirs in reward for their iniquity? Cast down the nations in anger, O God! 9 You have counted my wanderings; place my tears in Your flask—are they not in Your record? 10 When my enemies will retreat on the day I cry out, with this I will know that God is with me. 11 When God deals strictly, I praise His word; when the Lord deals mercifully, I praise His word. 12 In God I trust, I do not fear—what can man do to me? 13 My vows to You are upon me, O God; I will repay with thanksgiving offerings to You. 14 For You saved my soul from death—even my feet from stumbling—to walk before God in the light of life.

---

1. David, having fled from Jerusalem, is silenced by fear (*Rashi/Metzudot*). **2.** A psalm that was especially precious to David (*Metzudot*).

נז.

התפלה זו עשה במערה על דרך ויירא ויצר. שלא אהרג ושלא יהרג והיה בסכנה גדולה והקב"ה עשה לו נוראים בהצלתו בזכות הבטחון:

א לַמְנַצֵּחַ אַל־תַּשְׁחֵת לְדָוִד מִכְתָּם בְּבָרְחוֹ מִפְּנֵי־
שָׁאוּל בַּמְּעָרָה׃ ב חָנֵּנִי אֱלֹהִים ׀ חָנֵּנִי כִּי בְךָ חָסָיָה
נַפְשִׁי וּבְצֵל־כְּנָפֶיךָ אֶחְסֶה עַד־יַעֲבֹר הַוּוֹת׃ ג אֶקְרָא
לֵאלֹהִים עֶלְיוֹן לָאֵל גֹּמֵר עָלָי׃ ד יִשְׁלַח מִשָּׁמַיִם ׀
וְיוֹשִׁיעֵנִי חֵרֵף שֹׁאֲפִי סֶלָה יִשְׁלַח אֱלֹהִים חַסְדּוֹ וַאֲמִתּוֹ׃
ה נַפְשִׁי ׀ בְּתוֹךְ לְבָאִם אֶשְׁכְּבָה לֹהֲטִים בְּנֵי־אָדָם
שִׁנֵּיהֶם חֲנִית וְחִצִּים וּלְשׁוֹנָם חֶרֶב חַדָּה׃ ו רוּמָה עַל־
הַשָּׁמַיִם אֱלֹהִים עַל כָּל־הָאָרֶץ כְּבוֹדֶךָ׃ ז רֶשֶׁת ׀ הֵכִינוּ
לִפְעָמַי כָּפַף נַפְשִׁי כָּרוּ לְפָנַי שִׁיחָה נָפְלוּ בְתוֹכָהּ
סֶלָה׃ ח נָכוֹן לִבִּי אֱלֹהִים נָכוֹן לִבִּי אָשִׁירָה וַאֲזַמֵּרָה׃
ט עוּרָה כְבוֹדִי עוּרָה הַנֵּבֶל וְכִנּוֹר אָעִירָה שָּׁחַר׃
י אוֹדְךָ בָעַמִּים ׀ אֲדֹנָי אֲזַמֶּרְךָ בַּלְאֻמִּים׃ יא כִּי־גָדֹל
עַד־שָׁמַיִם חַסְדֶּךָ וְעַד־שְׁחָקִים אֲמִתֶּךָ׃ יב רוּמָה עַל־
שָׁמַיִם אֱלֹהִים עַל כָּל־הָאָרֶץ כְּבוֹדֶךָ׃

57

David composed this psalm while hiding from Saul in a cave, facing grave danger. Like Jacob did when confronted with Esau, David prayed that he neither be killed nor be forced to kill. In the merit of his trust in God, God wrought wonders to save him.

למנצח 1 For the Conductor, a plea to be spared destruction. By David, a *michtam*, when he fled from Saul in the cave. 2 Favor me, O God, favor me, for in You my soul took refuge, and in the shadow of Your wings I will take refuge until the disaster passes. 3 I will call to God the Most High; to the Almighty Who fulfills [His promise] to me. 4 He will send from heaven, and save me from the humiliation of those who long to swallow me, *Selah*; God will send forth His kindness and truth. 5 My soul is in the midst of lions, I lie among fiery men; their teeth are spears and arrows, their tongue a sharp sword. 6 Be exalted above the heavens, O God; let Your glory be upon all the earth. 7 They laid a trap for my steps, they bent down my soul; they dug a pit before me, [but] they themselves fell into it, *Selah*. 8 My heart is steadfast, O God, my heart is steadfast; I will sing and chant praise. 9 Awake, my soul! Awake, O harp and lyre! I shall awaken the dawn. 10 I will thank You among the nations, my Lord; I will praise You among the peoples. 11 For Your kindness reaches till the heavens, Your truth till the skies. 12 Be exalted above the heavens, O God; let Your glory be over all the earth.

נח.

בזה המזמור מבואר היאך דוד מקונן על אבנר ושאר שונאיו שהיו אומרים על שאול שהיה כדין שרודף אחר דוד:

א לַמְנַצֵּ֣חַ אַל־תַּ֭שְׁחֵת לְדָוִ֣ד מִכְתָּֽם׃ ב הַ֭אֻמְנָם אֵ֣לֶם
צֶ֣דֶק תְּדַבֵּר֑וּן מֵישָׁרִ֥ים תִּ֝שְׁפְּט֗וּ בְּנֵ֣י אָדָֽם׃ ג אַף־בְּלֵב֮
עוֹלֹ֪ת תִּפְעָ֫ל֥וּן בָּאָ֑רֶץ חֲמַ֥ס יְ֝דֵיכֶ֗ם תְּפַלֵּסֽוּן׃ ד זֹ֣רוּ רְ֭שָׁעִים
מֵרָ֑חֶם תָּע֥וּ מִ֝בֶּ֗טֶן דֹּבְרֵ֥י כָזָֽב׃ ה חֲמַת־לָ֗מוֹ כִּדְמ֥וּת
חֲמַת־נָחָ֑שׁ כְּמוֹ־פֶ֥תֶן חֵ֝רֵ֗שׁ יַאְטֵ֥ם אָזְנֽוֹ׃ ו אֲשֶׁ֣ר לֹֽא־
יִ֭שְׁמַע לְק֣וֹל מְלַחֲשִׁ֑ים חוֹבֵ֖ר חֲבָרִ֣ים מְחֻכָּֽם׃ ז אֱֽלֹהִ֗ים
הֲרָס־שִׁנֵּ֥ימוֹ בְּפִ֑ימוֹ מַלְתְּע֥וֹת כְּ֝פִירִ֗ים נְתֹ֣ץ ׀ יְהוָֽה׃
ח יִמָּאֲס֣וּ כְמוֹ־מַ֭יִם יִתְהַלְּכוּ־לָ֑מוֹ יִדְרֹ֥ךְ חִ֝צָּ֗יו כְּמ֣וֹ
יִתְמֹלָֽלוּ׃ ט כְּמ֣וֹ שַׁ֭בְּלוּל תֶּ֣מֶס יַהֲלֹ֑ךְ נֵ֥פֶל אֵ֝֗שֶׁת בַּל־
חָ֥זוּ שָֽׁמֶשׁ׃ י בְּטֶ֤רֶם יָבִ֣ינוּ סִּֽירֹתֵיכֶ֣ם אָטָ֑ד כְּמוֹ־חַ֥י
כְּמוֹ־חָ֝ר֗וֹן יִשְׂעָרֶֽנּוּ׃ יא יִשְׂמַ֣ח צַ֭דִּיק כִּי־חָזָ֣ה
נָקָ֑ם פְּעָמָ֥יו יִ֝רְחַ֗ץ בְּדַ֣ם הָרָשָֽׁע׃ יב וְיֹאמַ֥ר
אָדָ֗ם אַךְ־פְּרִ֣י לַצַּדִּ֑יק אַ֥ךְ יֵשׁ־אֱ֝לֹהִ֗ים שֹׁפְטִ֥ים
בָּאָֽרֶץ׃

58

David expresses the anguish caused him by Avner and his other enemies, who
justified Saul's pursuit of him.

למנצח 1 For the Conductor, a plea to be spared
destruction; by David, a *michtam*. 2 Is it true that you
are mute [instead of] speaking justice? [Instead of]
judging men with fairness? 3 Even with your heart you
wreak injustice upon the land; you justify the violence
of your hands. 4 The wicked are estranged from the
womb; from birth do the speakers of falsehood stray.
5 Their venom is like the venom of a snake; like the deaf
viper that closes its ear 6 so as not to hear the voice of
charmers, [even] the most skillful caster of spells. 7 O
God, smash their teeth in their mouth; shatter the fangs
of the young lions, O Lord. 8 Let them melt like water
and disappear; when He aims His arrows, may they
crumble. 9 Like the snail that melts as it goes along, like
the stillbirth of a woman—they never see the sun.
10 Before your tender shoots know [to become] har-
dened thorns, He will blast them away, as one [uproot-
ing] with vigor and wrath. 11 The righteous one will
rejoice when he sees revenge; he will bathe his feet in
the blood of the wicked. 12 And man will say, "There is
indeed reward for the righteous; indeed there is a God
Who judges in the land."

נט.

בו מבואר נס גדול שנעשה לדוד והיאך היה בסכנה גדולה והיה ניצול מחלון שלא הרגישו שומרי הפתח. ותפלות ותחנונים ובקשות גדולות שהיה דוד עושה לעת הזאת:

א לַמְנַצֵּחַ אַל־תַּשְׁחֵת לְדָוִד מִכְתָּם בִּשְׁלֹחַ שָׁאוּל
וַיִּשְׁמְרוּ אֶת־הַבַּיִת לַהֲמִיתוֹ: ב הַצִּילֵנִי מֵאֹיְבַי | אֱלֹהָי
מִמִּתְקוֹמְמַי תְּשַׂגְּבֵנִי: ג הַצִּילֵנִי מִפֹּעֲלֵי אָוֶן וּמֵאַנְשֵׁי
דָמִים הוֹשִׁיעֵנִי: ד כִּי הִנֵּה אָרְבוּ לְנַפְשִׁי יָגוּרוּ עָלַי
עַזִּים לֹא־פִשְׁעִי וְלֹא־חַטָּאתִי יְהוָה: ה בְּלִי־עָוֹן יְרֻצוּן
וְיִכּוֹנָנוּ עוּרָה לִקְרָאתִי וּרְאֵה: ו וְאַתָּה יְהוָה־אֱלֹהִים
צְבָאוֹת אֱלֹהֵי יִשְׂרָאֵל הָקִיצָה לִפְקֹד כָּל־הַגּוֹיִם אַל־
תָּחֹן כָּל־בֹּגְדֵי אָוֶן סֶלָה: ז יָשׁוּבוּ לָעֶרֶב יֶהֱמוּ כַכָּלֶב
וִיסוֹבְבוּ עִיר: ח הִנֵּה | יַבִּיעוּן בְּפִיהֶם חֲרָבוֹת
בְּשִׂפְתוֹתֵיהֶם כִּי־מִי שֹׁמֵעַ: ט וְאַתָּה יְהוָה תִּשְׂחַק־לָמוֹ
תִּלְעַג לְכָל־גּוֹיִם: י עֻזּוֹ אֵלֶיךָ אֶשְׁמֹרָה כִּי־אֱלֹהִים
מִשְׂגַּבִּי: יא אֱלֹהֵי חַסְדִּי יְקַדְּמֵנִי אֱלֹהִים יַרְאֵנִי בְשֹׁרְרָי:
יב אַל־תַּהַרְגֵם | פֶּן־יִשְׁכְּחוּ עַמִּי הֲנִיעֵמוֹ בְחֵילְךָ
וְהוֹרִידֵמוֹ מָגִנֵּנוּ אֲדֹנָי: יג חַטַּאת־פִּימוֹ דְּבַר־שְׂפָתֵימוֹ

59

This psalm speaks of the great miracle David experienced when he eluded danger by escaping through a window, unnoticed by the guards at the door. The prayers, supplications, and entreaties he offered then are recorded here.

למנצח 1 For the Conductor, a plea to be spared destruction, By David, a *michtam*, when Saul dispatched [men], and they guarded the house in order to kill him. 2 Rescue me from my enemies, my God; raise me above those who rise against me. 3 Rescue me from evildoers, save me from men of bloodshed. 4 For behold they lie in ambush for my soul, mighty ones gather against me—not because of my sin nor my transgression, O Lord. 5 Without iniquity [on my part,] they run and prepare—awaken towards me and see! 6 And You, Lord, God of Hosts, God of Israel, wake up to remember all the nations; do not grant favor to any of the iniquitous traitors, *Selah.* 7 They return toward evening, they howl like the dog and circle the city. 8 Behold, they spew with their mouths, swords are in their lips, for [they say], "Who hears?" 9 But You, Lord, You laugh at them; You mock all nations. 10 [Because of] his might, I wait for You, for God is my stronghold. 11 The God of my kindness will anticipate my [need]; God will show me [the downfall] of my watchful foes. 12 Do not kill them, lest my nation forget; drive them about with Your might and impoverish them, O our Shield, my Master, 13 [for] the sin of their mouth, the word of their lips; let

וְיִלָּכְד֣וּ בִגְא֫וֹנָ֥ם וּמֵאָלָ֖ה וּמִכַּ֣חַשׁ יְסַפֵּֽרוּ׃ יד כַּלֵּ֥ה בְחֵמָה֮
כַּלֵּ֗ה וְֽאֵ֫ינֵ֥מוֹ וְֽיֵדְע֗וּ כִּֽי־אֱלֹהִ֗ים מֹשֵׁ֣ל בְּיַעֲקֹ֑ב לְאַפְסֵ֖י
הָאָ֣רֶץ סֶֽלָה׃ טו וְיָשֻׁ֣בוּ לָ֭עֶרֶב יֶהֱמ֥וּ כַכָּ֗לֶב וִיס֥וֹבְבוּ
עִֽיר׃ טז הֵ֭מָּה יְנִיע֣וּן לֶֽאֱכֹ֑ל אִם־לֹ֥א יִ֝שְׂבְּע֗וּ וַיָּלִֽינוּ׃
יז וַאֲנִ֤י ׀ אָשִׁ֬יר עֻזֶּ֗ךָ וַאֲרַנֵּ֣ן לַבֹּקֶר֮ חַ֫סְדֶּ֥ךָ כִּֽי־הָיִ֣יתָ
מִשְׂגָּ֣ב לִ֑י וּ֝מָנ֗וֹס בְּי֣וֹם צַר־לִֽי׃ יח עֻ֭זִּי אֵלֶ֣יךָ אֲזַמֵּ֑רָה
כִּֽי־אֱלֹהִ֥ים מִ֝שְׂגַּבִּ֗י אֱלֹהֵ֥י חַסְדִּֽי׃

ס.

בזה המזמור מבואר כשבא יואב ראש המלחמה לפני ארם נהרים אמרו לו לא מבניו של יעקב אתם והיכן היא השבועה שנשבע ללבן, ולא היה יודע יואב להשיב ושאל בסנהדרין, והתפלה שהתפלל דוד על המלחמה:

יום יא

א לַמְנַצֵּ֥חַ עַל־שׁוּשַׁ֣ן עֵד֑וּת מִכְתָּ֖ם לְדָוִ֣ד לְלַמֵּֽד׃
ב בְּהַצּוֹת֨וֹ ׀ אֶ֥ת אֲרַ֣ם נַהֲרַיִם֮ וְאֶת־אֲרַ֪ם צ֫וֹבָ֥ה וַיָּ֤שָׁב
יוֹאָ֗ב וַיַּ֣ךְ אֶת־אֱד֣וֹם בְּגֵיא־מֶ֑לַח שְׁנֵ֖ים עָשָׂ֣ר אָֽלֶף׃
ג אֱ֭לֹהִים זְנַחְתָּ֣נוּ פְרַצְתָּ֑נוּ אָ֝נַ֗פְתָּ תְּשׁ֘וֹבֵ֥ב לָֽנוּ׃
ד הִרְעַ֣שְׁתָּה אֶ֣רֶץ פְּצַמְתָּ֑הּ רְפָ֖ה שְׁבָרֶ֣יהָ כִי־מָֽטָה׃
ה הִרְאִ֣יתָ עַמְּךָ֣ קָשָׁ֑ה הִ֝שְׁקִיתָ֗נוּ יַ֣יִן תַּרְעֵלָֽה׃ ו נָתַ֬תָּה
לִּירֵאֶ֣יךָ נֵּ֭ס לְהִתְנוֹסֵ֑ס מִ֝פְּנֵ֗י קֹ֣שֶׁט סֶֽלָה׃ ז לְ֭מַעַן יֵחָלְצ֣וּן

them be trapped by their arrogance. At the sight of their accursed state and deterioration, [people] will recount. 14 Consume them in wrath, consume them and they will be no more; and they will know that God rules in Jacob, to the ends of the earth, *Selah.* 15 And they will return toward evening, they will howl like the dog and circle the city. 16 They will wander about to eat; when they will not be sated they will groan. 17 As for me, I shall sing of Your might, and sing joyously of Your kindness toward morning, for You have been a stronghold to me, a refuge on the day of my distress. 18 [You are] my strength, to You I will sing, for God is my stronghold, the God of my kindness.

60

This psalm tells of when Joab, David's general, came to Aram Naharayim for war and was asked by the people: "Are you not from the children of Jacob? What of the pact he made with Laban?" Not knowing what to answer, Joab asked the Sanhedrin. The psalm includes David's prayer for success in this war.

DAY 11

למנצח 1 For the Conductor, on the *shushan eidut.* A *michtam* by David, to instruct, 2 when he battled with Aram Naharayim and Aram Tzovah, and Joab returned and smote Edom in the Valley of Salt, twelve thousand [men]. 3 O God, You forsook us, You have breached us! You grew furious—restore us! 4 You made the earth quake, You split it apart—heal its fragments, for it totters! 5 You showed Your nation harshness, You gave us benumbing wine to drink. 6 [Now] give those who fear You a banner to raise themselves, for the sake of truth, *Selah.* 7 That Your beloved ones may be delivered,

יְדִידֶיךָ הוֹשִׁיעָה יְמִינְךָ וַעֲנֵנִי: ‏ח אֱלֹהִים ׀ דִּבֶּר בְּקָדְשׁוֹ

אֶעְלֹזָה אֲחַלְּקָה שְׁכֶם וְעֵמֶק סֻכּוֹת אֲמַדֵּד: ‏ט לִי גִלְעָד ׀

וְלִי מְנַשֶּׁה וְאֶפְרַיִם מָעוֹז רֹאשִׁי יְהוּדָה מְחֹקְקִי: ‏י מוֹאָב ׀

סִיר רַחְצִי עַל־אֱדוֹם אַשְׁלִיךְ נַעֲלִי עָלַי פְּלֶשֶׁת הִתְרֹעָעִי:

‏יא מִי יֹבִלֵנִי עִיר מָצוֹר מִי נָחַנִי עַד־אֱדוֹם: ‏יב הֲלֹא־

אַתָּה אֱלֹהִים זְנַחְתָּנוּ וְלֹא־תֵצֵא אֱלֹהִים בְּצִבְאוֹתֵינוּ:

‏יג הָבָה־לָּנוּ עֶזְרָת מִצָּר וְשָׁוְא תְּשׁוּעַת אָדָם: ‏יד בֵּאלֹהִים

נַעֲשֶׂה־חָיִל וְהוּא יָבוּס צָרֵינוּ:

סא.

זאת התפלה אמר דוד כשהיה בורח מפני שאול. וכל מחשבותיו ובקשתו היה להאריך
לו ימים לא בשביל תאות עולם הזה רק להתעסק ביראת ה' כל ימיו:

‏א לַמְנַצֵּחַ עַל־נְגִינַת לְדָוִד: ‏ב שִׁמְעָה אֱלֹהִים רִנָּתִי

הַקְשִׁיבָה תְּפִלָּתִי: ‏ג מִקְצֵה הָאָרֶץ ׀ אֵלֶיךָ אֶקְרָא בַּעֲטֹף

לִבִּי בְּצוּר־יָרוּם מִמֶּנִּי תַנְחֵנִי: ‏ד כִּי־הָיִיתָ מַחְסֶה לִי

מִגְדַּל־עֹז מִפְּנֵי אוֹיֵב: ‏ה אָגוּרָה בְאָהָלְךָ עוֹלָמִים אֶחֱסֶה

בְסֵתֶר כְּנָפֶיךָ סֶּלָה: ‏ו כִּי־אַתָּה אֱלֹהִים שָׁמַעְתָּ לִנְדָרָי

נָתַתָּ יְרֻשַּׁת יִרְאֵי שְׁמֶךָ: ‏ז יָמִים עַל־יְמֵי־מֶלֶךְ תּוֹסִיף

שְׁנוֹתָיו כְּמוֹ־דֹר וָדֹר: ‏ח יֵשֵׁב עוֹלָם לִפְנֵי אֱלֹהִים

help with Your right hand and answer me. 8 God said
with His Holy [Spirit] that I would exult; I would divide
Shechem, and measure out the Valley of Succot. 9 Mine
is Gilead, mine is Menasseh, and Ephraim is the strong-
hold of my head; Judah is my prince. 10 Moab is my
washbasin, and upon Edom I will cast my shoe; for me,
Philistia will sound a blast [of coronation]. 11 Who will
bring me into the fortified city? Who will lead me unto
Edom? 12 Is it not You, God, Who has [until now]
forsaken us, and did not go forth with our legions?
13 Grant us relief from the oppressor; futile is the
salvation of man. 14 With God we will do valiantly, and
He will trample our oppressors.

61

David composed this prayer while fleeing from Saul. The object of all his thoughts and his entreaty is that God grant him long life—not for the sake of pursuing the pleasures of the world, but rather to serve God in awe, all of his days.

למנצח 1 For the Conductor, on the *neginat*, by
David. 2 Hear my cry, O God, listen to my prayer.
3 From the end of the earth I call to You, when my heart
is faint [with trouble]: Lead me upon the rock that
surpasses me! 4 For You have been a refuge for me, a
tower of strength in the face of the enemy. 5 I will dwell
in Your tent forever; I will take refuge in the shelter of
Your wings, *Selah.* 6 For You, God, heard my vows; You
granted the inheritance of those who fear Your Name.
7 Add days to the days of the king; may his years equal
those of every generation. 8 May he sit always before
God; appoint kindness and truth to preserve him.

חֶסֶד וֶאֱמֶת מַן יִנְצְרֻהוּ: ט כֵּן אֲזַמְּרָה שִׁמְךָ לָעַד לְשַׁלְּמִי
נְדָרַי יוֹם | יוֹם:

סב.

תפלה נגד שונאיו והתעורר לדורו שלא יהיה להם בטחון על ממון והיאך אסיפת ממון הוא הבל הבלים:

א לַמְנַצֵּחַ עַל־יְדוּתוּן מִזְמוֹר לְדָוִד: ב אַךְ אֶל־
אֱלֹהִים דּוּמִיָּה נַפְשִׁי מִמֶּנּוּ יְשׁוּעָתִי: ג אַךְ־הוּא צוּרִי
וִישׁוּעָתִי מִשְׂגַּבִּי לֹא־אֶמּוֹט רַבָּה: ד עַד־אָנָה | תְּהוֹתְתוּ
עַל־אִישׁ תְּרָצְּחוּ כֻלְּכֶם כְּקִיר נָטוּי גָּדֵר הַדְּחוּיָה:
ה אַךְ מִשְּׂאֵתוֹ | יָעֲצוּ לְהַדִּיחַ יִרְצוּ כָזָב בְּפִיו יְבָרֵכוּ
וּבְקִרְבָּם יְקַלְלוּ־סֶלָה: ו אַךְ לֵאלֹהִים דּוֹמִּי נַפְשִׁי כִּי־
מִמֶּנּוּ תִּקְוָתִי: ז אַךְ־הוּא צוּרִי וִישׁוּעָתִי מִשְׂגַּבִּי לֹא
אֶמּוֹט: ח עַל־אֱלֹהִים יִשְׁעִי וּכְבוֹדִי צוּר־עֻזִּי מַחְסִי
בֵּאלֹהִים: ט בִּטְחוּ בוֹ בְכָל־עֵת | עָם שִׁפְכוּ־לְפָנָיו
לְבַבְכֶם אֱלֹהִים מַחֲסֶה־לָּנוּ סֶלָה: י אַךְ | הֶבֶל בְּנֵי־אָדָם
כָּזָב בְּנֵי־אִישׁ בְּמֹאזְנַיִם לַעֲלוֹת הֵמָּה מֵהֶבֶל יָחַד:
יא אַל־תִּבְטְחוּ בְעֹשֶׁק וּבְגָזֵל אַל־תֶּהְבָּלוּ חַיִל | כִּי־יָנוּב
אַל־תָּשִׁיתוּ לֵב: יב אַחַת | דִּבֶּר אֱלֹהִים שְׁתַּיִם־זוּ

9 Thus will I sing the praise of Your Name forever, as I fulfill my vows each day.

62

David prays for the downfall of his enemies. He also exhorts his generation that their faith should not rest in riches, telling them that the accumulation of wealth is utter futility.

למנצח 1 For the Conductor, on the *yedutun*,[1] a psalm by David. 2 To God alone does my soul hope; my salvation is from Him. 3 He alone is my rock and salvation, my stronghold; I shall not falter greatly. 4 Until when will you plot disaster for man? May you all be killed—like a leaning wall, a toppled fence. 5 Out of their arrogance alone they scheme to topple me, they favor falsehood; with their mouths they bless, and in their hearts they curse, *Selah*. 6 To God alone does my soul hope, for my hope is from Him. 7 He alone is my rock and salvation, my stronghold; I shall not falter. 8 My salvation and honor is upon God; the rock of my strength—my refuge is in God. 9 Trust in Him at all times, O nation, pour out your hearts before Him; God is a refuge for us forever. 10 Men are but vanity; people [but] transients. Were they to be raised upon the scale, they would be lighter than vanity. 11 Put not your trust in exploitation, nor place futile hope in robbery. If [corrupt] wealth flourishes, pay it no heed. 12 God spoke one thing, from which I perceived two: That strength

---

1. A musical instrument *(Metzudot)*.

שְׁמַעְתִּי כִּי־עֹז לֵאלֹהִים: יג וּלְךָ־אֲדֹנָי חָסֶד כִּי־אַתָּה ׀
תְשַׁלֵּם לְאִישׁ כְּמַעֲשֵׂהוּ:

סג.

בו מבואר התפלה שעשה דוד כשהיה מסתתר מפני שאול והיה נכסף ללכת אל מקום
ארון כמו אדם שצמא למים ועשה תפלה גדולה על עצמו ונגד שונאו:

א מִזְמוֹר לְדָוִד בִּהְיוֹתוֹ בְּמִדְבַּר יְהוּדָה: ב אֱלֹהִים ׀
אֵלִי אַתָּה אֲשַׁחֲרֶךָּ צָמְאָה לְךָ ׀ נַפְשִׁי כָּמַהּ לְךָ בְשָׂרִי
בְּאֶרֶץ־צִיָּה וְעָיֵף בְּלִי־מָיִם: ג כֵּן בַּקֹּדֶשׁ חֲזִיתִךָ לִרְאוֹת
עֻזְּךָ וּכְבוֹדֶךָ: ד כִּי־טוֹב חַסְדְּךָ מֵחַיִּים שְׂפָתַי יְשַׁבְּחוּנְךָ:
ה כֵּן אֲבָרֶכְךָ בְחַיָּי בְּשִׁמְךָ אֶשָּׂא כַפָּי: ו כְּמוֹ חֵלֶב
וָדֶשֶׁן תִּשְׂבַּע נַפְשִׁי וְשִׂפְתֵי רְנָנוֹת יְהַלֶּל־פִּי: ז אִם־
זְכַרְתִּיךָ עַל־יְצוּעָי בְּאַשְׁמֻרוֹת אֶהְגֶּה־בָּךְ: ח כִּי־הָיִיתָ
עֶזְרָתָה לִּי וּבְצֵל כְּנָפֶיךָ אֲרַנֵּן: ט דָּבְקָה נַפְשִׁי אַחֲרֶיךָ
בִּי תָּמְכָה יְמִינֶךָ: י וְהֵמָּה לְשׁוֹאָה יְבַקְשׁוּ נַפְשִׁי יָבֹאוּ
בְּתַחְתִּיּוֹת הָאָרֶץ: יא יַגִּירֻהוּ עַל־יְדֵי־חָרֶב מְנָת שֻׁעָלִים
יִהְיוּ: יב וְהַמֶּלֶךְ יִשְׂמַח בֵּאלֹהִים יִתְהַלֵּל כָּל־הַנִּשְׁבָּע
בּוֹ כִּי יִסָּכֵר פִּי דוֹבְרֵי־שָׁקֶר:

belongs to God; 13 and that Yours, my Lord, is kindness.
For You repay each man according to his deeds.

63

Hiding from Saul, and yearning to approach the place of the Holy Ark like one
thirsting for water, David composed this prayer on his behalf and against his
enemy.

מִזְמוֹר 1 A psalm by David, when he was in the
Judean desert. 2 O God, You are my Almighty, I seek
You! My soul thirsts for You, my flesh longs for You;
[like one] in a desolate and dry land, without water, 3 so
[I thirst] to see You in the Sanctuary, to behold Your
might and glory. 4 For Your kindness is better than life;
my lips shall praise You. 5 Thus will I bless you all my
life, in Your Name I will raise my hands [in prayer]. 6 As
with fat and abundance my soul is sated, when my
mouth offers praise with expressions of joy. 7 Indeed, I
remember You upon my bed; during the watches of the
night I meditate upon You. 8 For You were a help for
me; I sing in the shadow of Your wings. 9 My soul
cleaved to You; Your right hand supported me. 10 But
they seek desolation for my soul; they will enter the
depths of the earth. 11 They will drag them by the sword;
they will be the portion of foxes. 12 And the king will
rejoice in God, and all who swear by Him will take
pride, when the mouths of liars are blocked up.

סד.

בעלי אגדות דרשו זה המזמור על דניאל שהושלך לגוב אריות וצפה דוד ברוח הקודש המאורע והתפלל עליו ודניאל מזרעו היה כמ"ש לחזקיה ומבניך אשר תוליד יקחו והיו סריסים בהיכל מלך בבל:

א לַמְנַצֵּחַ מִזְמוֹר לְדָוִד׃ ב שְׁמַע־אֱלֹהִים קוֹלִי בְשִׂיחִי
מִפַּחַד אוֹיֵב תִּצֹּר חַיָּי׃ ג תַּסְתִּירֵנִי מִסּוֹד מְרֵעִים
מֵרִגְשַׁת פֹּעֲלֵי אָוֶן׃ ד אֲשֶׁר שָׁנְנוּ כַחֶרֶב לְשׁוֹנָם דָּרְכוּ
חִצָּם דָּבָר מָר׃ ה לִירוֹת בַּמִּסְתָּרִים תָּם פִּתְאֹם יֹרֻהוּ
וְלֹא יִירָאוּ׃ ו יְחַזְּקוּ־לָמוֹ ׀ דָּבָר רָע יְסַפְּרוּ לִטְמוֹן
מוֹקְשִׁים אָמְרוּ מִי יִרְאֶה־לָּמוֹ׃ ז יַחְפְּשׂוּ־עוֹלֹת תַּמְנוּ
חֵפֶשׂ מְחֻפָּשׂ וְקֶרֶב אִישׁ וְלֵב עָמֹק׃ ח וַיֹּרֵם אֱלֹהִים
חֵץ פִּתְאוֹם הָיוּ מַכּוֹתָם׃ ט וַיַּכְשִׁילוּהוּ עָלֵימוֹ לְשׁוֹנָם
יִתְנֹדְדוּ כָּל־רֹאֵה בָם׃ י וַיִּירְאוּ כָּל־אָדָם וַיַּגִּידוּ פֹּעַל
אֱלֹהִים וּמַעֲשֵׂהוּ הִשְׂכִּילוּ׃ יא יִשְׂמַח צַדִּיק בַּיהוָה
וְחָסָה בוֹ וְיִתְהַלְלוּ כָּל־יִשְׁרֵי־לֵב׃

סה.

שבחים גדולים ונוראים להקב"ה ובקשות ותפלות על חטאתינו והכלל שאי אפשר לספר גבורותיו ומי ימלל גבורותיו ע"כ דומיה תהלה לו:

א לַמְנַצֵּחַ מִזְמוֹר לְדָוִד שִׁיר׃ ב לְךָ דֻמִיָּה תְהִלָּה
אֱלֹהִים בְּצִיּוֹן וּלְךָ יְשֻׁלַּם־נֶדֶר׃ ג שֹׁמֵעַ תְּפִלָּה עָדֶיךָ

64

The masters of homiletics interpret this psalm as alluding to Daniel, who was thrown into the lion's den. With divine inspiration, David foresaw the event and prayed for him. Daniel was a descendant of David, as can be inferred from God's statement to Hezekiah (himself of Davidic lineage), "And from your children, who will issue forth from you, they will take, and they (referring to, amongst others, Daniel) will be ministers in the palace of the king of Babylon."

למנצח 1 For the Conductor, a psalm by David. 2 Hear
my voice, O God, as I recount [my woes]; preserve my
life from the terror of the enemy. 3 Shelter me from the
schemes of the wicked, from the conspiracy of evildoers,
4 who have sharpened their tongue like the sword, aimed
their arrow—a bitter word— 5 to shoot at the innocent
from hidden places; suddenly they shoot at him, they are
not afraid. 6 They encourage themselves in an evil thing,
they speak of laying traps; they say: "Who will see
them?" 7 They sought pretexts; [and when] they com-
pleted a diligent search, each man [kept the plot] inside,
deep in the heart. 8 But God shot at them; [like] a
sudden arrow were their blows. 9 Their own tongues
caused them to stumble; all who see them shake their
heads [derisively]. 10 Then all men feared, and recounted
the work of God; they perceived His deed. 11 Let the
righteous one rejoice in the Lord and take refuge in
Him, and let them take pride—all upright of heart.

65

This psalm contains awe-inspiring and glorious praises to God, as well as entreaties and prayers concerning our sins. It declares it impossible to recount God's greatness, for who can recount His mighty acts? Hence, silence is His praise.

למנצח 1 For the Conductor, a psalm by David, a
song. 2 Silence is praise for You, O God [Who dwells in]

כָּל־בָּשָׂר יָבֹאוּ: ד דִּבְרֵי עֲוֺנֹת גָּבְרוּ מֶנִּי פְּשָׁעֵינוּ אַתָּה
תְכַפְּרֵם: ה אַשְׁרֵי | תִּבְחַר וּתְקָרֵב יִשְׁכֹּן חֲצֵרֶיךָ
נִשְׂבְּעָה בְּטוּב בֵּיתֶךָ קְדֹשׁ הֵיכָלֶךָ: ו נוֹרָאוֹת | בְּצֶדֶק
תַּעֲנֵנוּ אֱלֹהֵי יִשְׁעֵנוּ מִבְטָח כָּל־קַצְוֵי־אֶרֶץ וְיָם רְחֹקִים:
ז מֵכִין הָרִים בְּכֹחוֹ נֶאְזָר בִּגְבוּרָה: ח מַשְׁבִּיחַ | שְׁאוֹן
יַמִּים שְׁאוֹן גַּלֵּיהֶם וַהֲמוֹן לְאֻמִּים: ט וַיִּירְאוּ | יֹשְׁבֵי
קְצָוֺת מֵאוֹתֹתֶיךָ מוֹצָאֵי בֹקֶר וָעֶרֶב תַּרְנִין: י פָּקַדְתָּ
הָאָרֶץ | וַתְּשֹׁקְקֶהָ רַבַּת תַּעְשְׁרֶנָּה פֶּלֶג אֱלֹהִים מָלֵא
מָיִם תָּכִין דְּגָנָם כִּי־כֵן תְּכִינֶהָ: יא תְּלָמֶיהָ רַוֵּה נַחֵת
גְּדוּדֶהָ בִּרְבִיבִים תְּמֹגְגֶנָּה צִמְחָהּ תְּבָרֵךְ: יב עִטַּרְתָּ
שְׁנַת טוֹבָתֶךָ וּמַעְגָּלֶיךָ יִרְעֲפוּן דָּשֶׁן: יג יִרְעֲפוּ נְאוֹת
מִדְבָּר וְגִיל גְּבָעוֹת תַּחְגֹּרְנָה: יד לָבְשׁוּ כָרִים | הַצֹּאן
וַעֲמָקִים יַעַטְפוּ־בָר יִתְרוֹעֲעוּ אַף־יָשִׁירוּ:

סו.

בזה המזמור נאמר שבחים ותפלות נוראות שיאמרו להקב"ה על קיבוץ גלויות:

יום יב

א לַמְנַצֵּחַ שִׁיר מִזְמוֹר הָרִיעוּ לֵאלֹהִים כָּל־הָאָרֶץ:
ב זַמְּרוּ כְבוֹד־שְׁמוֹ שִׂימוּ כָבוֹד תְּהִלָּתוֹ: ג אִמְרוּ

Zion; and to You vows will be paid. 3 O Heeder of prayer, to You does all flesh come. 4 Matters of sin overwhelm me; You will pardon our transgressions. 5 Fortunate is [the nation] whom You choose and draw near, to dwell in Your court-yards; may we be sated with the goodness of Your House, with the holiness of Your Sanctuary. 6 Answer us with awesome deeds as befits Your righteousness, O God of our salvation, the security of all [who inhabit] the ends of the earth and distant seas. 7 With His strength He prepares [rain for] the mountains; He is girded with might. 8 He quiets the roar of the seas, the roar of their waves and the tumult of nations. 9 Those who inhabit the ends [of the earth] fear [You] because of Your signs; the emergences of morning and evening cause [man] to sing praise. 10 You remember the earth and water it, you enrich it abundantly [from] God's stream filled with water. You prepare their grain, for so do You prepare it. 11 You saturate its furrows, gratifying its legions; with showers You soften it and bless its growth. 12 You crown the year of Your goodness [with rain], and Your clouds drip abundance. 13 They drip on pastures of wilderness, and the hills gird themselves with joy. 14 The meadows don sheep, and the valleys cloak themselves with grain; they sound blasts, indeed they sing.

66

This psalm describes the praises and awe-inspiring prayers that we will offer God upon the ingathering of the exiles.

DAY **12**

למנצח 1 For the Conductor, a song, a psalm. Raise your voices in jubilation to God, all the earth! 2 Sing the glory of His Name; make glorious His praise. 3 Say to God, "How

לֵאלֹהִים מַה־נּוֹרָא מַעֲשֶׂיךָ בְּרֹב עֻזְּךָ יְכַחֲשׁוּ־לְךָ
אֹיְבֶיךָ׃ ד כָּל־הָאָרֶץ ׀ יִשְׁתַּחֲווּ לְךָ וִיזַמְּרוּ־לָךְ יְזַמְּרוּ
שִׁמְךָ סֶלָה׃ ה לְכוּ וּרְאוּ מִפְעֲלוֹת אֱלֹהִים נוֹרָא עֲלִילָה
עַל־בְּנֵי אָדָם׃ ו הָפַךְ יָם ׀ לְיַבָּשָׁה בַּנָּהָר יַעַבְרוּ בְרָגֶל
שָׁם נִשְׂמְחָה בּוֹ׃ ז מֹשֵׁל בִּגְבוּרָתוֹ ׀ עוֹלָם עֵינָיו בַּגּוֹיִם
תִּצְפֶּינָה הַסּוֹרְרִים ׀ אַל־יָרוּמוּ לָמוֹ סֶלָה׃ ח בָּרְכוּ
עַמִּים ׀ אֱלֹהֵינוּ וְהַשְׁמִיעוּ קוֹל תְּהִלָּתוֹ׃ ט הַשָּׂם נַפְשֵׁנוּ
בַּחַיִּים וְלֹא־נָתַן לַמּוֹט רַגְלֵנוּ׃ י כִּי־בְחַנְתָּנוּ אֱלֹהִים
צְרַפְתָּנוּ כִּצְרָף־כָּסֶף׃ יא הֲבֵאתָנוּ בַמְּצוּדָה שַׂמְתָּ
מוּעָקָה בְמָתְנֵינוּ׃ יב הִרְכַּבְתָּ אֱנוֹשׁ לְרֹאשֵׁנוּ בָּאנוּ
בָאֵשׁ וּבַמַּיִם וַתּוֹצִיאֵנוּ לָרְוָיָה׃ יג אָבוֹא בֵיתְךָ בְעוֹלוֹת
אֲשַׁלֵּם לְךָ נְדָרָי׃ יד אֲשֶׁר־פָּצוּ שְׂפָתָי וְדִבֶּר־פִּי בַּצַּר־
לִי׃ טו עֹלוֹת מֵחִים אַעֲלֶה־לָּךְ עִם־קְטֹרֶת אֵילִים אֶעֱשֶׂה
בָקָר עִם־עַתּוּדִים סֶלָה׃ טז לְכוּ־שִׁמְעוּ וַאֲסַפְּרָה כָּל־
יִרְאֵי אֱלֹהִים אֲשֶׁר עָשָׂה לְנַפְשִׁי׃ יז אֵלָיו פִּי־קָרָאתִי
וְרוֹמַם תַּחַת לְשׁוֹנִי׃ יח אָוֶן אִם־רָאִיתִי בְלִבִּי לֹא
יִשְׁמַע אֲדֹנָי׃ יט אָכֵן שָׁמַע אֱלֹהִים הִקְשִׁיב בְּקוֹל

awesome are Your deeds!" Because of Your great strength, Your enemies will [admit] their treachery to You. 4 All the earth will bow to You, and sing to You; they will sing praise to Your Name forever! 5 Go and see the works of God, awesome in His deeds toward mankind. 6 He turned the sea into dry land, and they passed through the river on foot; we rejoiced in Him there. 7 He rules the world with His might, and His eyes watch the nations; let the rebellious not exalt themselves, *Selah*. 8 Bless our God, O nations, and let the voice of His praise be heard. 9 He has kept us alive, and did not allow our feet to falter. 10 For You tested us, O God; You refined us as one refining silver. 11 You brought us into prison; You placed a chain upon our loins. 12 You mounted men over our head; we went through fire and water, and You brought us out to abundance. 13 I will enter Your House with burnt-offerings, I will pay to You my vows, 14 which my lips uttered and my mouth spoke in my distress. 15 I will offer up to You burnt-offerings of fat animals, with the smoke of rams; I will prepare cattle with he-goats, *Selah*. 16 Come listen, all you who fear God, and I will relate what He has done for my soul. 17 I called to Him with my mouth, with exaltation beneath my tongue. 18 Had I seen iniquity in my heart, my Lord would not have listened. 19 But in truth, God

תְּפִלָּתִי: כ בָּרוּךְ אֱלֹהִים אֲשֶׁר לֹא־הֵסִיר תְּפִלָּתִי
וְחַסְדּוֹ מֵאִתִּי:

סז.

זה המזמור הוא נכבד מאוד כנודע, וגם נאמר על קיבוץ גלויות ועל מלחמות גוג ומגוג ובאותו פעם יהיה ה' אחד:

א לַמְנַצֵּחַ בִּנְגִינֹת מִזְמוֹר שִׁיר: ב אֱלֹהִים יְחָנֵּנוּ
וִיבָרְכֵנוּ יָאֵר פָּנָיו אִתָּנוּ סֶלָה: ג לָדַעַת בָּאָרֶץ דַּרְכֶּךָ
בְּכָל־גּוֹיִם יְשׁוּעָתֶךָ: ד יוֹדוּךָ עַמִּים | אֱלֹהִים יוֹדוּךָ
עַמִּים כֻּלָּם: ה יִשְׂמְחוּ וִירַנְּנוּ לְאֻמִּים כִּי־תִשְׁפֹּט עַמִּים
מִישֹׁר וּלְאֻמִּים | בָּאָרֶץ תַּנְחֵם סֶלָה: ו יוֹדוּךָ עַמִּים |
אֱלֹהִים יוֹדוּךָ עַמִּים כֻּלָּם: ז אֶרֶץ נָתְנָה יְבוּלָהּ יְבָרְכֵנוּ
אֱלֹהִים אֱלֹהֵינוּ: ח יְבָרְכֵנוּ אֱלֹהִים וְיִירְאוּ אוֹתוֹ כָּל־
אַפְסֵי־אָרֶץ:

סח.

תפלה נוראה ונפלאה שעשה דוד על סנחריב שבא לירושלים בימי חזקיה בחג הפסח, גם נתנבא נבואות על הטובות שיהיה לנו בימות המשיח:

א לַמְנַצֵּחַ לְדָוִד מִזְמוֹר שִׁיר: ב יָקוּם אֱלֹהִים יָפוּצוּ
אוֹיְבָיו וְיָנוּסוּ מְשַׂנְאָיו מִפָּנָיו: ג כְּהִנְדֹּף עָשָׁן תִּנְדֹּף
כְּהִמֵּס דּוֹנַג מִפְּנֵי־אֵשׁ יֹאבְדוּ רְשָׁעִים מִפְּנֵי אֱלֹהִים:

heard; He gave ear to the voice of my prayer. 20 Blessed is God Who has not turned away my prayer or His kindness from me.

67

This psalm is known as an especially revered prayer. It, too, speaks of the era of the ingathering of the exiles, and the wars of Gog and Magog, a time when "the Lord will be One."

לַמְנַצֵּחַ 1 For the Conductor, a song with instrumental music, a psalm. 2 May God be gracious to us and bless us; may He make His countenance shine upon us forever, 3 that Your way be known on earth, Your salvation among all nations. 4 The nations will extol You, O God; all the nations will extol You. 5 The nations will rejoice and sing for joy, for You will judge the peoples justly and guide the nations on earth forever. 6 The peoples will extol You, O God; all the peoples will extol You, 7 for the earth will have yielded its produce, and God, our God, will bless us. 8 God will bless us; and all, from the farthest corners of the earth, shall fear Him.

68

An awe-inspiring and wondrous prayer, David composed this psalm referring to a future event, when Sennacherib would surround Jerusalem on Passover, during the reign of Hezekiah. He also prophesies about the good we will enjoy during the Messianic era.

לַמְנַצֵּחַ 1 For the Conductor; by David, a psalm, a song. 2 Let God rise, let His enemies be scattered, and let His enemies flee before Him. 3 As smoke is driven away, drive them away; as wax melts before fire, let the

ד וְצַדִּיקִים יִשְׂמְחוּ יַעַלְצוּ לִפְנֵי אֱלֹהִים וְיָשִׂישׂוּ
בְשִׂמְחָה: ה שִׁירוּ ׀ לֵאלֹהִים זַמְּרוּ שְׁמוֹ סֹלּוּ לָרֹכֵב
בָּעֲרָבוֹת בְּיָהּ שְׁמוֹ וְעִלְזוּ לְפָנָיו: ו אֲבִי יְתוֹמִים וְדַיַּן
אַלְמָנוֹת אֱלֹהִים בִּמְעוֹן קָדְשׁוֹ: ז אֱלֹהִים ׀ מוֹשִׁיב
יְחִידִים ׀ בַּיְתָה מוֹצִיא אֲסִירִים בַּכּוֹשָׁרוֹת אַךְ־סוֹרְרִים
שָׁכְנוּ צְחִיחָה: ח אֱלֹהִים בְּצֵאתְךָ לִפְנֵי עַמֶּךָ בְּצַעְדְּךָ
בִישִׁימוֹן סֶלָה: ט אֶרֶץ רָעָשָׁה ׀ אַף־שָׁמַיִם נָטְפוּ
מִפְּנֵי אֱלֹהִים זֶה סִינַי מִפְּנֵי אֱלֹהִים אֱלֹהֵי יִשְׂרָאֵל:
י גֶּשֶׁם נְדָבוֹת תָּנִיף אֱלֹהִים נַחֲלָתְךָ וְנִלְאָה אַתָּה
כוֹנַנְתָּהּ: יא חַיָּתְךָ יָשְׁבוּ־בָהּ תָּכִין בְּטוֹבָתְךָ לֶעָנִי
אֱלֹהִים: יב אֲדֹנָי יִתֶּן־אֹמֶר הַמְבַשְּׂרוֹת צָבָא רָב:
יג מַלְכֵי צְבָאוֹת יִדֹּדוּן יִדֹּדוּן וּנְוַת בַּיִת תְּחַלֵּק שָׁלָל:
יד אִם־תִּשְׁכְּבוּן בֵּין שְׁפַתָּיִם כַּנְפֵי יוֹנָה נֶחְפָּה בַכֶּסֶף
וְאֶבְרוֹתֶיהָ בִּירַקְרַק חָרוּץ: טו בְּפָרֵשׂ שַׁדַּי מְלָכִים
בָּהּ תַּשְׁלֵג בְּצַלְמוֹן: טז הַר־אֱלֹהִים הַר־בָּשָׁן הַר
גַּבְנֻנִּים הַר־בָּשָׁן: יז לָמָּה ׀ תְּרַצְּדוּן הָרִים גַּבְנֻנִּים הָהָר
חָמַד אֱלֹהִים לְשִׁבְתּוֹ אַף־יְהֹוָה יִשְׁכֹּן לָנֶצַח: יח רֶכֶב

wicked perish before God. 4 And the righteous will rejoice, they will exult before God and delight with joy. 5 Sing to God, chant praises to His Name; extol Him Who rides upon the heavens with His Name, *Yah*, and exult before Him. 6 A father of orphans and judge of widows is God, in the abode of His holiness. 7 God settles the solitary into a home, and frees those bound in shackles; but the rebellious [are left to] dwell in an arid land. 8 O God, when You went out before Your nation, when You marched through the wilderness, *Selah*, 9 the earth trembled, even the heavens dripped before the presence of God; this mountain of Sinai [trembled] before the presence of God, the God of Israel. 10 You poured generous rain, O God; when Your heritage was weary, You secured it. 11 Your flock settled there; in Your goodness, O God, You prepare for the poor. 12 My Lord will fulfill the word of the heralds to a great legion: 13 Kings of armies will flee, they will flee; and she who inhabits the home will divide the loot. 14 Even if you lie upon the hearth,[1] [you will be like] wings of a dove covered with silver, her pinions with brilliant gold. 15 When the Almighty scatters kings in her midst, those in the shadow of darkness will be made snow-white. 16 The mountain of God is a fertile mountain, the mountain of majestic peaks is a fertile mountain. 17 Why do you prance, O mountains of peaks? This is the mountain God has desired as His dwelling; the Lord will even dwell there forever. 18 The chariots of

---

1. And dirty yourself in exile (*Metzudot*).

אֱלֹהִים רִבֹּתַיִם אַלְפֵי שִׁנְאָן אֲדֹנָי בָם סִינַי בַּקֹּדֶשׁ׃
יט עָלִיתָ לַמָּרוֹם | שָׁבִיתָ שֶּׁבִי לָקַחְתָּ מַתָּנוֹת בָּאָדָם
וְאַף סוֹרְרִים לִשְׁכֹּן | יָהּ אֱלֹהִים׃ כ בָּרוּךְ אֲדֹנָי יוֹם |
יוֹם יַעֲמָס־לָנוּ הָאֵל יְשׁוּעָתֵנוּ סֶלָה׃ כא הָאֵל | לָנוּ אֵל
לְמוֹשָׁעוֹת וְלֵיהֹוִה* אֲדֹנָי לַמָּוֶת תּוֹצָאוֹת׃ כב אַךְ־אֱלֹהִים
יִמְחַץ רֹאשׁ אֹיְבָיו קָדְקֹד שֵׂעָר מִתְהַלֵּךְ בַּאֲשָׁמָיו׃
כג אָמַר אֲדֹנָי מִבָּשָׁן אָשִׁיב אָשִׁיב מִמְּצֻלוֹת יָם׃
כד לְמַעַן | תִּמְחַץ רַגְלְךָ בְּדָם לְשׁוֹן כְּלָבֶיךָ מֵאֹיְבִים
מִנֵּהוּ׃ כה רָאוּ הֲלִיכוֹתֶיךָ אֱלֹהִים הֲלִיכוֹת אֵלִי מַלְכִּי
בַקֹּדֶשׁ׃ כו קִדְּמוּ שָׁרִים אַחַר נֹגְנִים בְּתוֹךְ עֲלָמוֹת
תּוֹפֵפוֹת׃ כז בְּמַקְהֵלוֹת בָּרְכוּ אֱלֹהִים אֲדֹנָי מִמְּקוֹר
יִשְׂרָאֵל׃ כח שָׁם בִּנְיָמִן | צָעִיר רֹדֵם שָׂרֵי יְהוּדָה
רִגְמָתָם שָׂרֵי זְבֻלוּן שָׂרֵי נַפְתָּלִי׃ כט צִוָּה אֱלֹהֶיךָ עֻזֶּךָ
עוּזָּה אֱלֹהִים זוּ פָּעַלְתָּ לָּנוּ׃ ל מֵהֵיכָלֶךָ עַל־יְרוּשָׁלָםִ
לְךָ יוֹבִילוּ מְלָכִים שָׁי׃ לא גְּעַר חַיַּת קָנֶה עֲדַת
אַבִּירִים | בְּעֶגְלֵי עַמִּים מִתְרַפֵּס בְּרַצֵּי־כָסֶף בִּזַּר עַמִּים
קְרָבוֹת יֶחְפָּצוּ׃ לב יֶאֱתָיוּ חַשְׁמַנִּים מִנִּי מִצְרָיִם כּוּשׁ

*) הקריאה: וְלֵאלֹהִים.

God are twice ten thousand, [with] thousands of angels; my Lord is in their midst, at Sinai, in holiness. 19 You ascended on high and took a captive,[1] you seized gifts for man; and [now] even rebels dwell with *Yah*, God. 20 Blessed is my Lord, Who each day loads us [with beneficence], the God Who is our deliverance forever. 21 The Lord is a God of deliverances for us; and to God, my Lord, are the many avenues of death. 22 God alone crushes the heads of His enemies, the hairy skull of him who goes about in his guilt. 23 My Lord said, "I will bring back from Bashan,[2] I will bring back from the depths of the sea, 24 that your foot may wade through [the enemy's] blood; that the tongue of your dogs may have its portion from your enemies." 25 They saw Your ways, O God, the ways of my God, my King, in holiness. 26 The singers began, then the musicians, in the midst of the maidens playing timbrels. 27 In assemblies bless God; [bless] my Lord, O you who stem from Israel. 28 There Benjamin, the youngest, rules them; the princes of Judah stone them, [as do] the princes of Zebulun, and the princes of Naphtali. 29 Your God has decreed your strength. Show Your strength, O God, Who has wrought this for our sake. 30 Because of [the glory of] Your Sanctuary upon Jerusalem, kings will bring You tribute. 31 Rebuke the wild beast of the reeds, the assembly of mighty bulls among the calves of nations, [until] each submits himself with pieces of silver. Scatter the nations that desire wars. 32 Nobles will come from Egypt; Kush will hasten [to raise] its hands to God.

---

1. Israel ascended on high and seized the Torah from the angels (*Metzudot*).   2. From amongst the nations who are compared to "bulls of Bashan" (*Metzudot*).

תָּרִיץ יָדָיו לֵאלֹהִים׃ לג מַמְלְכוֹת הָאָרֶץ שִׁירוּ לֵאלֹהִים
זַמְּרוּ אֲדֹנָי סֶלָה׃ לד לָרֹכֵב בִּשְׁמֵי שְׁמֵי־קֶדֶם הֵן יִתֵּן
בְּקוֹלוֹ קוֹל עֹז׃ לה תְּנוּ עֹז לֵאלֹהִים עַל־יִשְׂרָאֵל גַּאֲוָתוֹ
וְעֻזּוֹ בַּשְּׁחָקִים׃ לו נוֹרָא אֱלֹהִים ׀ מִמִּקְדָּשֶׁיךָ אֵל יִשְׂרָאֵל
הוּא נֹתֵן ׀ עֹז וְתַעֲצֻמוֹת לָעָם בָּרוּךְ אֱלֹהִים׃

סט.

יום יג

א לַמְנַצֵּחַ ׀ עַל־שׁוֹשַׁנִּים לְדָוִד׃ ב הוֹשִׁיעֵנִי אֱלֹהִים
כִּי בָאוּ מַיִם עַד־נָפֶשׁ׃ ג טָבַעְתִּי ׀ בִּיוֵן מְצוּלָה וְאֵין
מָעֳמָד בָּאתִי בְמַעֲמַקֵּי־מַיִם וְשִׁבֹּלֶת שְׁטָפָתְנִי׃
ד יָגַעְתִּי בְקָרְאִי נִחַר גְּרוֹנִי כָּלוּ עֵינַי מְיַחֵל לֵאלֹהָי׃
ה רַבּוּ ׀ מִשַּׂעֲרוֹת רֹאשִׁי שֹׂנְאַי חִנָּם עָצְמוּ מַצְמִיתַי
אֹיְבַי שֶׁקֶר אֲשֶׁר לֹא־גָזַלְתִּי אָז אָשִׁיב׃ ו אֱלֹהִים אַתָּה
יָדַעְתָּ לְאִוַּלְתִּי וְאַשְׁמוֹתַי מִמְּךָ לֹא־נִכְחָדוּ׃ ז אַל־יֵבֹשׁוּ
בִי ׀ קֹוֶיךָ אֲדֹנָי יֱהֹוִה* צְבָאוֹת אַל־יִכָּלְמוּ בִי מְבַקְשֶׁיךָ
אֱלֹהֵי יִשְׂרָאֵל׃ ח כִּי־עָלֶיךָ נָשָׂאתִי חֶרְפָּה כִּסְּתָה כְלִמָּה
פָנָי׃ ט מוּזָר הָיִיתִי לְאֶחָי וְנָכְרִי לִבְנֵי אִמִּי׃ י כִּי־
קִנְאַת בֵּיתְךָ אֲכָלָתְנִי וְחֶרְפּוֹת חוֹרְפֶיךָ נָפְלוּ עָלָי׃

*) הקריאה: אֱלֹהִים.

33 Kingdoms of the earth, sing to God; sing praise to my Lord forever! 34 To the One Who rides upon the loftiest of ancient heavens—behold He gives forth His voice, a voice of might. 35 Ascribe power to God; His majesty is over Israel, and His might is in the skies. 36 God, You are feared from Your Sanctuary; it is the God of Israel Who grants strength and power to His people; blessed is God.

69

למנצח 1 For the Conductor, on the *shoshanim*,[1] by David. 2 Deliver me, O God, for the waters have reached until my soul! 3 I have sunk in muddy depths without foothold; I have come into deep waters, and the current sweeps me away. 4 I am wearied by my crying, my throat is parched; my eyes pined while waiting for my God. 5 More numerous than the hairs on my head are those who hate me without reason. Mighty are those who would cut me off, those who are my enemies without cause. What I have not stolen, I will then have to return. 6 O God, You know my folly, and my wrongs are not hidden from You. 7 Let not those who hope in You be shamed through me, O my Lord, God of Hosts; let not those who seek You be disgraced through me, O God of Israel, 8 because for Your sake I have borne humiliation, disgrace covers my face. 9 I have become a stranger to my brothers, an alien to my mother's sons, 10 for the envy of Your House has consumed me, and the humil-

---

1. A musical instrument shaped like a *shoshanah*, a rose *(Metzudot)*.

יא וָאֶבְכֶּה בַצּוֹם נַפְשִׁי וַתְּהִי לַחֲרָפוֹת לִי: יב וָאֶתְּנָה
לְבוּשִׁי שָׂק וָאֱהִי לָהֶם לְמָשָׁל: יג יָשִׂיחוּ בִי יֹשְׁבֵי
שָׁעַר וּנְגִינוֹת שׁוֹתֵי שֵׁכָר: יד וַאֲנִי תְפִלָּתִי־לְךָ | יְהֹוָה
עֵת רָצוֹן אֱלֹהִים בְּרָב־חַסְדֶּךָ עֲנֵנִי בֶּאֱמֶת יִשְׁעֶךָ:
טו הַצִּילֵנִי מִטִּיט וְאַל־אֶטְבָּעָה אִנָּצְלָה מִשֹּׂנְאַי
וּמִמַּעֲמַקֵּי־מָיִם: טז אַל־תִּשְׁטְפֵנִי | שִׁבֹּלֶת מַיִם וְאַל־
תִּבְלָעֵנִי מְצוּלָה וְאַל־תֶּאְטַר־עָלַי בְּאֵר פִּיהָ: יז עֲנֵנִי
יְהֹוָה כִּי־טוֹב חַסְדֶּךָ כְּרֹב רַחֲמֶיךָ פְּנֵה אֵלָי: יח וְאַל־
תַּסְתֵּר פָּנֶיךָ מֵעַבְדֶּךָ כִּי־צַר־לִי מַהֵר עֲנֵנִי: יט קָרְבָה
אֶל־נַפְשִׁי גְאָלָהּ לְמַעַן אֹיְבַי פְּדֵנִי: כ אַתָּה יָדַעְתָּ
חֶרְפָּתִי וּבָשְׁתִּי וּכְלִמָּתִי נֶגְדְּךָ כָּל־צוֹרְרָי: כא חֶרְפָּה |
שָׁבְרָה לִבִּי וָאָנוּשָׁה וָאֲקַוֶּה לָנוּד וָאַיִן וְלַמְנַחֲמִים וְלֹא
מָצָאתִי: כב וַיִּתְּנוּ בְּבָרוּתִי רֹאשׁ וְלִצְמָאִי יַשְׁקוּנִי
חֹמֶץ: כג יְהִי־שֻׁלְחָנָם לִפְנֵיהֶם לְפָח וְלִשְׁלוֹמִים לְמוֹקֵשׁ:
כד תֶּחְשַׁכְנָה עֵינֵיהֶם מֵרְאוֹת וּמָתְנֵיהֶם תָּמִיד הַמְעַד:
כה שְׁפָךְ־עֲלֵיהֶם זַעְמֶךָ וַחֲרוֹן אַפְּךָ יַשִּׂיגֵם: כו תְּהִי־
טִירָתָם נְשַׁמָּה בְּאָהֳלֵיהֶם אַל־יְהִי יֹשֵׁב: כז כִּי־אַתָּה

iations of those who scorn You have fallen upon me. 11 And I wept while my soul fasted, and it was a humiliation to me. 12 I made sackcloth my garment, and became a byword for them. 13 Those who sit by the gate speak of me, and [of me] are the songs of drunkards. 14 May my prayer to You, Lord, be at a gracious time; God, in Your abounding kindness, answer me with Your true deliverance. 15 Rescue me from the mire, so that I not sink; let me be saved from my enemies and from deep waters. 16 Let not the current of water sweep me away, nor the deep swallow me; and let not the pit close its mouth over me. 17 Answer me, Lord, for Your kindness is good; according to Your abundant mercies, turn to me. 18 Do not hide Your face from Your servant, for I am in distress—hurry to answer me. 19 Draw near to my soul and liberate it; redeem me, so that my enemies [not feel triumphant]. 20 You know my humiliation, my shame, and my disgrace; all my tormentors are before You. 21 Humiliation has broken my heart, and I have become ill. I longed for comfort, but there was none; for consolers, but I did not find. 22 They put gall into my food, and for my thirst they gave me vinegar to drink. 23 Let their table become a trap before them, and [their] serenity, a snare. 24 Let their eyes be darkened so that they cannot see, and let their loins continually falter. 25 Pour Your wrath upon them, and let the fierceness of Your anger overtake them. 26 Let their palace be desolate, let there be no dweller in their tents, 27 for they persecute the one whom You struck, and tell

אֲשֶׁר־הִכִּיתָ רָדָפוּ וְאֶל־מַכְאוֹב חֲלָלֶיךָ יְסַפֵּרוּ׃ כח תְּנָה־
עָוֺן עַל־עֲוֺנָם וְאַל־יָבֹאוּ בְּצִדְקָתֶךָ׃ כט יִמָּחוּ מִסֵּפֶר
חַיִּים וְעִם צַדִּיקִים אַל־יִכָּתֵבוּ׃ ל וַאֲנִי עָנִי וְכוֹאֵב
יְשׁוּעָתְךָ אֱלֹהִים תְּשַׂגְּבֵנִי׃ לא אֲהַלְלָה שֵׁם־אֱלֹהִים
בְּשִׁיר וַאֲגַדְּלֶנּוּ בְתוֹדָה׃ לב וְתִיטַב לַיהוָה מִשּׁוֹר פָּר
מַקְרִן מַפְרִיס׃ לג רָאוּ עֲנָוִים יִשְׂמָחוּ דֹּרְשֵׁי אֱלֹהִים
וִיחִי לְבַבְכֶם׃ לד כִּי־שֹׁמֵעַ אֶל־אֶבְיוֹנִים יְהוָה וְאֶת־
אֲסִירָיו לֹא בָזָה׃ לה יְהַלְלוּהוּ שָׁמַיִם וָאָרֶץ יַמִּים וְכָל־
רֹמֵשׂ בָּם׃ לו כִּי אֱלֹהִים | יוֹשִׁיעַ צִיּוֹן וְיִבְנֶה עָרֵי יְהוּדָה
וְיָשְׁבוּ שָׁם וִירֵשׁוּהָ׃ לז וְזֶרַע עֲבָדָיו יִנְחָלוּהָ וְאֹהֲבֵי
שְׁמוֹ יִשְׁכְּנוּ־בָהּ׃

ע.

תפלה על שונאי דוד שיבושו ויכלמו בשביל שמביישים אותו וישמחו על צרותיו, ובזה ישמחו הצדיקים ויאמרו תמיד שירות ותשבחות:

א לַמְנַצֵּחַ לְדָוִד לְהַזְכִּיר׃ ב אֱלֹהִים לְהַצִּילֵנִי יְהוָה
לְעֶזְרָתִי חוּשָׁה׃ ג יֵבֹשׁוּ וְיַחְפְּרוּ מְבַקְשֵׁי נַפְשִׁי יִסֹּגוּ
אָחוֹר וְיִכָּלְמוּ חֲפֵצֵי רָעָתִי׃ ד יָשׁוּבוּ עַל־עֵקֶב בָּשְׁתָּם
הָאֹמְרִים הֶאָח | הֶאָח׃ ה יָשִׂישׂוּ וְיִשְׂמְחוּ | בְּךָ כָּל־

of the pain of Your wounded ones. 28 Add iniquity to their iniquity, and let them not enter into Your righteousness. 29 May they be erased from the Book of Life, and let them not be inscribed with the righteous. 30 But I am poor and in pain; let Your deliverance, O God, strengthen me. 31 I will praise the Name of God with song, I will extol Him with thanksgiving! 32 And it will please the Lord more than [the sacrifice of] a mature bull with horns and hooves. 33 The humble will see it and rejoice; you seekers of God, [see] and your hearts will come alive. 34 For the Lord listens to the needy, and He does not despise His prisoners. 35 Let heaven and earth praise Him, the seas and all that moves within them, 36 for God will deliver Zion and build the cities of Judah, and they will settle there and possess it; 37 and the seed of His servants will inherit it, and those who love His Name will dwell in it.

70

David prays that his enemies be shamed and humiliated for their shaming him and reveling in his troubles. Then the righteous will rejoice, and chant songs and praises always.

למנצח 1 For the Conductor, by David, to remind. 2 O God, [come] to rescue me; O Lord, hurry to my aid. 3 Let those who seek my life be shamed and disgraced; let those who wish me harm retreat and be humiliated. 4 Let those who say, "Aha! Aha!" be turned back in return for their shaming [me]. 5 Let all who seek You rejoice and delight in You, and let those who love Your

מְבַקְשֶׁ֫יךָ וְיֹאמְר֣וּ תָ֭מִיד יִגְדַּ֣ל אֱלֹהִ֑ים אֹ֝הֲבֵ֗י יְשׁוּעָתֶֽךָ׃
ו וַאֲנִ֤י ׀ עָנִ֢י וְאֶבְי֡וֹן אֱלֹהִ֣ים חֽוּשָׁה־לִּ֑י עֶזְרִ֣י וּמְפַלְטִ֣י
אַ֑תָּה יְ֝הוָ֗ה אַל־תְּאַחַֽר׃

עא.

תפלה נוראה על שונאיו היאך הם רוצים להרגו ואמרו עליו שהוא חייב מיתה:

א בְּךָֽ־יְהוָ֥ה חָסִ֑יתִי אַל־אֵב֥וֹשָׁה לְעוֹלָֽם׃ ב בְּצִדְקָתְךָ֗
תַּצִּילֵ֥נִי וּֽתְפַלְּטֵ֑נִי הַטֵּֽה־אֵלַ֥י אָ֝זְנְךָ֗ וְהוֹשִׁיעֵֽנִי׃ ג הֱיֵ֤ה
לִ֨י ׀ לְצ֥וּר־מָע֡וֹן לָב֗וֹא תָּמִ֗יד צִוִּ֥יתָ לְהוֹשִׁיעֵ֑נִי כִּֽי־סַלְעִ֖י
וּמְצוּדָתִ֣י אָֽתָּה׃ ד אֱֽלֹהַ֗י פַּ֭לְּטֵנִי מִיַּ֣ד רָשָׁ֑ע מִכַּ֖ף מְעַוֵּ֣ל
וְחוֹמֵֽץ׃ ה כִּֽי־אַתָּ֥ה תִקְוָתִ֑י אֲדֹנָ֥י יֱ֝הוִ֗ה* מִבְטַחִ֥י מִנְּעוּרָֽי׃
ו עָלֶ֤יךָ ׀ נִסְמַ֬כְתִּי מִבֶּ֗טֶן מִמְּעֵ֣י אִ֭מִּי אַתָּ֣ה גוֹזִ֑י בְּךָ֖ תְהִלָּתִ֣י
תָמִֽיד׃ ז כְּ֭מוֹפֵת הָיִ֣יתִי לְרַבִּ֑ים וְ֝אַתָּ֗ה מַחֲסִי־עֹֽז׃ ח יִמָּ֣לֵא
פִ֭י תְּהִלָּתֶ֑ךָ כָּל־הַ֝יּ֗וֹם תִּפְאַרְתֶּֽךָ׃ ט אַל־תַּ֭שְׁלִיכֵנִי לְעֵ֣ת
זִקְנָ֑ה כִּכְל֥וֹת כֹּ֝חִ֗י אַל־תַּעַזְבֵֽנִי׃ י כִּֽי־אָמְר֣וּ אוֹיְבַ֣י לִ֑י
וְשֹׁמְרֵ֥י נַ֝פְשִׁ֗י נוֹעֲצ֥וּ יַחְדָּֽו׃ יא לֵ֭אמֹר אֱלֹהִ֣ים עֲזָב֑וֹ
רִֽדְפ֥וּ וְ֝תִפְשׂ֗וּהוּ כִּי־אֵ֥ין מַצִּֽיל׃ יב אֱֽלֹהִ֗ים אַל־תִּרְחַ֣ק
מִמֶּ֑נִּי אֱ֝לֹהַ֗י לְעֶזְרָ֥תִי חֽוּשָׁה׃ יג יֵבֹ֣שׁוּ יִכְלוּ֮ שֹׂטְנֵ֪י נַ֫פְשִׁ֥י

*) הקריאה: אֱלֹהִים.

deliverance say always, "May God be exalted!" 6 But I am poor and needy; hurry to me, O God! You are my help and deliverer; O God, do not delay!

71

In this awe-inspiring prayer, David speaks of his enemies' desire to kill him, declaring him deserving of death.

בְּךָ 1 I have taken refuge in You, O Lord; I will never be shamed. 2 Rescue me and deliver me in Your righteousness; incline Your ear to me and save me. 3 Be for me a sheltering rock, to enter always. You have ordered my salvation, for You are my rock and my fortress. 4 O my God, rescue me from the hand of the wicked, from the palm of the scheming and violent. 5 For You are my hope, O my Lord, God, my security since my youth. 6 I have relied on You from the womb; You drew me from my mother's innards; my praise is of You always. 7 I became an example to the masses, yet You were my mighty refuge. 8 Let my mouth be filled with Your praise, all day long with Your glory. 9 Do not cast me aside in old age; do not forsake me when my strength fails; 10 for my enemies say of me, and those who watch my soul conspire together, 11 saying, "God has forsaken him. Give chase and catch him, for there is no rescuer." 12 O God, do not distance Yourself from me; my God, hurry to my aid. 13 Let the adversaries of my soul be shamed and consumed; let those who seek my harm be

יֵעָטוּ חֶרְפָּה וּכְלִמָּה מְבַקְשֵׁי רָעָתִי: יד וַאֲנִי תָּמִיד
אֲיַחֵל וְהוֹסַפְתִּי עַל־כָּל־תְּהִלָּתֶךָ: טו פִּי | יְסַפֵּר צִדְקָתֶךָ
כָּל־הַיּוֹם תְּשׁוּעָתֶךָ כִּי לֹא יָדַעְתִּי סְפֹרוֹת: טז אָבוֹא
בִּגְבֻרוֹת אֲדֹנָי יֱהֹוִה* אַזְכִּיר צִדְקָתְךָ לְבַדֶּךָ: יז אֱלֹהִים
לִמַּדְתַּנִי מִנְּעוּרָי וְעַד־הֵנָּה אַגִּיד נִפְלְאוֹתֶיךָ: יח וְגַם
עַד־זִקְנָה | וְשֵׂיבָה אֱלֹהִים אַל־תַּעַזְבֵנִי עַד־אַגִּיד זְרוֹעֲךָ
לְדוֹר לְכָל־יָבוֹא גְּבוּרָתֶךָ: יט וְצִדְקָתְךָ אֱלֹהִים עַד־
מָרוֹם אֲשֶׁר־עָשִׂיתָ גְדֹלוֹת אֱלֹהִים מִי כָמוֹךָ: כ אֲשֶׁר
הִרְאִיתַנִי | צָרוֹת רַבּוֹת וְרָעוֹת תָּשׁוּב תְּחַיֵּינִי וּמִתְּהֹמוֹת
הָאָרֶץ תָּשׁוּב תַּעֲלֵנִי: כא תֶּרֶב | גְּדֻלָּתִי וְתִסֹּב תְּנַחֲמֵנִי:
כב גַּם־אֲנִי | אוֹדְךָ בִכְלִי־נֶבֶל אֲמִתְּךָ אֱלֹהָי אֲזַמְּרָה
לְךָ בְכִנּוֹר קְדוֹשׁ יִשְׂרָאֵל: כג תְּרַנֵּנָּה שְׂפָתַי כִּי אֲזַמְּרָה־
לָּךְ וְנַפְשִׁי אֲשֶׁר פָּדִיתָ: כד גַּם־לְשׁוֹנִי כָּל־הַיּוֹם תֶּהְגֶּה
צִדְקָתֶךָ כִּי־בֹשׁוּ כִי־חָפְרוּ מְבַקְשֵׁי רָעָתִי:

עב.

זה המזמור חיבר דוד על שלמה שיהא לו לב להבין לעשות משפט לעניים:

א לִשְׁלֹמֹה | אֱלֹהִים מִשְׁפָּטֶיךָ לְמֶלֶךְ תֵּן וְצִדְקָתְךָ

*) הקריאה: אֱלֹהִים.

enwrapped in disgrace and humiliation. 14 But as for me, I will always hope; I will add to all Your praises. 15 My mouth will tell of Your righteousness, all day long of Your deliverance, for I do not know their number. 16 I come with the strength of my Lord, God; I mention Your righteousness, Yours alone. 17 O God, You have taught me since my youth, and to this day I tell of Your wonders. 18 Even into old age and hoariness, O God, do not abandon me, until I tell of Your might to the generations, and of Your strength to all who are to come. 19 Your righteousness, O God, reaches the high heavens, for You do great things; O God, who is like You! 20 You, Who has shown me many and grievous troubles, You will revive me again; You will lift me again from the depths of the earth. 21 You will increase my greatness; You will turn and console me. 22 I too[1] will thank You on the lyre for Your faithfulness, My God; I will sing to You on the harp, O Holy One of Israel. 23 My lips will rejoice when I sing to you, as well as my soul which You have redeemed. 24 My tongue will also utter Your righteousness all day, for those who seek my harm are shamed and disgraced.

72

David composed this psalm for Solomon, praying that he be granted the wisdom to provide justice for the poor.

DAY **14**

לשלמה 1 For Solomon. O God, impart Your justice to the king, and Your righteousness to the son of the

---

1. As You increase my greatness, so will I increase Your praise (*Metzudot*).

לְבֶן־מֶלֶךְ: בּ יָדִין עַמְּךָ בְצֶדֶק וַעֲנִיֶּיךָ בְמִשְׁפָּט: גּ יִשְׂאוּ
הָרִים שָׁלוֹם לָעָם וּגְבָעוֹת בִּצְדָקָה: דּ יִשְׁפֹּט | עֲנִיֵּי־
עָם יוֹשִׁיעַ לִבְנֵי אֶבְיוֹן וִידַכֵּא עוֹשֵׁק: הּ יִירָאוּךָ עִם־
שֶׁמֶשׁ וְלִפְנֵי יָרֵחַ דּוֹר דּוֹרִים: וּ יֵרֵד כְּמָטָר עַל־גֵּז
כִּרְבִיבִים זַרְזִיף אָרֶץ: זּ יִפְרַח־בְּיָמָיו צַדִּיק וְרֹב שָׁלוֹם
עַד־בְּלִי יָרֵחַ: חּ וְיֵרְדְּ מִיָּם עַד־יָם וּמִנָּהָר עַד־אַפְסֵי־
אָרֶץ: טּ לְפָנָיו יִכְרְעוּ צִיִּים וְאֹיְבָיו עָפָר יְלַחֵכוּ: יּ מַלְכֵי
תַרְשִׁישׁ וְאִיִּים מִנְחָה יָשִׁיבוּ מַלְכֵי שְׁבָא וּסְבָא אֶשְׁכָּר
יַקְרִיבוּ: יא וְיִשְׁתַּחֲווּ־לוֹ כָל־מְלָכִים כָּל־גּוֹיִם יַעַבְדוּהוּ:
יב כִּי־יַצִּיל אֶבְיוֹן מְשַׁוֵּעַ וְעָנִי וְאֵין־עֹזֵר לוֹ: יג יָחֹס עַל־
דַּל וְאֶבְיוֹן וְנַפְשׁוֹת אֶבְיוֹנִים יוֹשִׁיעַ: יד מִתּוֹךְ וּמֵחָמָס
יִגְאַל נַפְשָׁם וְיֵיקַר דָּמָם בְּעֵינָיו: טו וִיחִי וְיִתֶּן־לוֹ מִזְּהַב
שְׁבָא וְיִתְפַּלֵּל בַּעֲדוֹ תָמִיד כָּל־הַיּוֹם יְבָרֲכֶנְהוּ: טז יְהִי
פִסַּת־בַּר | בָּאָרֶץ בְּרֹאשׁ הָרִים יִרְעַשׁ כַּלְּבָנוֹן פִּרְיוֹ
וְיָצִיצוּ מֵעִיר כְּעֵשֶׂב הָאָרֶץ: יז יְהִי שְׁמוֹ | לְעוֹלָם לִפְנֵי־
שֶׁמֶשׁ יִנּוֹן שְׁמוֹ וְיִתְבָּרְכוּ בוֹ כָּל־גּוֹיִם יְאַשְּׁרוּהוּ:

king. 2 May he judge Your people with righteousness, Your poor with justice. 3 May the mountains bear peace to the nation, also the hills, in [reward for their] righteousness. 4 May he judge the nation's poor, save the children of the destitute, and crush the oppressor, 5 so that they will fear You as long as the sun [shines] and the moon endures, generation after generation. 6 May [his words] descend like rain upon cut grass, like raindrops that water the earth. 7 In his days may the righteous flourish, with much peace until the moon is no more. 8 And may he rule from sea to sea, and from the river until the ends of the earth. 9 May nobles kneel before him, and may his enemies lick the dust. 10 The kings of Tarshish and the islands will return tribute, the kings of Sheba and Seba will offer gifts. 11 All kings will bow to him, all nations will serve him; 12 for he rescues the needy one who cries out, the poor one who has no one to help him. 13 He pities the impoverished and needy, and saves the souls of the destitute. 14 He redeems their soul from deception and violence, and their blood is precious in his eyes. 15 He revives [the poor], and gives him of the gold of Sheba; and so [the poor] pray for him always, and bless him all day. 16 May there be abundant grain in the land, upon the mountaintops; may its fruit rustle like the [cedars of] Lebanon, and may [people] blossom from the city like the grass of the earth. 17 May his name endure forever; may his name be magnified as long as the sun [shines]. And all nations will bless themselves by him, they will praise him.

יח בָּרוּךְ | יְהֹוָה אֱלֹהִים אֱלֹהֵי יִשְׂרָאֵל עֹשֵׂה נִפְלָאוֹת
לְבַדּוֹ: יט וּבָרוּךְ | שֵׁם כְּבוֹדוֹ לְעוֹלָם וְיִמָּלֵא כְבוֹדוֹ
אֶת־כָּל־הָאָרֶץ אָמֵן | וְאָמֵן: כ כָּלּוּ תְפִלּוֹת דָּוִד בֶּן־יִשָׁי:

סֵפֶר שְׁלִישִׁי

ליום רביעי

עג.

בו מבואר השאלה מפני מה צדיק ורע לו ורשע וטוב לו. גם מקונן על אריכות הגלות
הזה. עיין בפנים ותמצא מרגוע לנפשך:

א מִזְמוֹר לְאָסָף אַךְ טוֹב לְיִשְׂרָאֵל אֱלֹהִים לְבָרֵי
לֵבָב: ב וַאֲנִי כִּמְעַט נָטָיוּ רַגְלָי כְּאַיִן שֻׁפְּכוּ אֲשֻׁרָי:
ג כִּי קִנֵּאתִי בַּהוֹלְלִים שְׁלוֹם רְשָׁעִים אֶרְאֶה: ד כִּי
אֵין חַרְצֻבּוֹת לְמוֹתָם וּבָרִיא אוּלָם: ה בַּעֲמַל אֱנוֹשׁ
אֵינֵמוֹ וְעִם־אָדָם לֹא יְנֻגָּעוּ: ו לָכֵן עֲנָקַתְמוֹ גַאֲוָה
יַעֲטָף־שִׁית חָמָס לָמוֹ: ז יָצָא מֵחֵלֶב עֵינֵמוֹ עָבְרוּ
מַשְׂכִּיּוֹת לֵבָב: ח יָמִיקוּ | וִידַבְּרוּ בְרָע עֹשֶׁק מִמָּרוֹם
יְדַבֵּרוּ: ט שַׁתּוּ בַשָּׁמַיִם פִּיהֶם וּלְשׁוֹנָם תִּהֲלַךְ בָּאָרֶץ:
י לָכֵן | יָשׁוּב עַמּוֹ הֲלֹם וּמֵי מָלֵא יִמָּצוּ לָמוֹ: יא וְאָמְרוּ
אֵיכָה יָדַע־אֵל וְיֵשׁ דֵּעָה בְעֶלְיוֹן: יב הִנֵּה־אֵלֶּה רְשָׁעִים

18 Blessed is the Lord God, the God of Israel, Who alone performs wonders. 19 Blessed is His glorious Name forever, and may the whole earth be filled with His glory, *Amen* and *Amen*. 20 The prayers of David, son of Jesse, are concluded.[1]

BOOK THREE

WEDNESDAY

73

This psalm addresses the question of why the righteous suffer while the wicked prosper, and prays for an end to our long exile. Read, and you will find repose for your soul.

מזמור 1 A psalm by Asaph. Truly God is good to Israel, to the pure of heart. 2 But as for me, my feet nearly strayed; in an instant my steps would have been swept aside. 3 For I envied the revelers when I saw the tranquility of the wicked. 4 For there are no bonds[2] to their death, and their health is sound. 5 They have no part in the toil of men, nor are they afflicted like other mortals; 6 therefore they wear pride as a necklace; their bodies are enwrapped in violence. 7 Their eyes bulge from fat; they surpassed the fantasies of their heart. 8 They consume [others], and talk wickedly of oppression—from on high do they speak. 9 They set their mouths against Heaven, while their tongues walk upon the earth. 10 Therefore His people return here,[3] and suck the full [cup of bitter] waters. 11 And they say, "How can it be that God knows? Is there knowledge in the Most High?" 12 Behold these

---

1. David composed this psalm at the end of his lifetime. **2.** Their death is not protracted by illness and misery (*Radak*). **3.** To the way of the wicked (*Rashi*).

וְשַׁלְוֵי עוֹלָם הִשְׂגּוּ־חָיִל: יג אַךְ־רִיק זִכִּיתִי לְבָבִי
וָאֶרְחַץ בְּנִקָּיוֹן כַּפָּי: יד וָאֱהִי נָגוּעַ כָּל־הַיּוֹם וְתוֹכַחְתִּי
לַבְּקָרִים: טו אִם־אָמַרְתִּי אֲסַפְּרָה כְמוֹ הִנֵּה דוֹר בָּנֶיךָ
בָגָדְתִּי: טז וָאֲחַשְּׁבָה לָדַעַת זֹאת עָמָל הוּא בְעֵינָי:
יז עַד־אָבוֹא אֶל־מִקְדְּשֵׁי־אֵל אָבִינָה לְאַחֲרִיתָם: יח אַךְ
בַּחֲלָקוֹת תָּשִׁית לָמוֹ הִפַּלְתָּם לְמַשּׁוּאוֹת: יט אֵיךְ הָיוּ
לְשַׁמָּה כְרָגַע סָפוּ תַמּוּ מִן־בַּלָּהוֹת: כ כַּחֲלוֹם מֵהָקִיץ
אֲדֹנָי בָּעִיר ׀ צַלְמָם תִּבְזֶה: כא כִּי יִתְחַמֵּץ לְבָבִי
וְכִלְיוֹתַי אֶשְׁתּוֹנָן: כב וַאֲנִי־בַעַר וְלֹא אֵדָע בְּהֵמוֹת
הָיִיתִי עִמָּךְ: כג וַאֲנִי תָמִיד עִמָּךְ אָחַזְתָּ בְּיַד יְמִינִי:
כד בַּעֲצָתְךָ תַנְחֵנִי וְאַחַר כָּבוֹד תִּקָּחֵנִי: כה מִי־לִי
בַשָּׁמָיִם וְעִמְּךָ לֹא־חָפַצְתִּי בָאָרֶץ: כו כָּלָה שְׁאֵרִי
וּלְבָבִי צוּר־לְבָבִי וְחֶלְקִי אֱלֹהִים לְעוֹלָם: כז כִּי־הִנֵּה
רְחֵקֶיךָ יֹאבֵדוּ הִצְמַתָּה כָּל־זוֹנֶה מִמֶּךָּ: כח וַאֲנִי ׀ קִרֲבַת
אֱלֹהִים לִי־טוֹב שַׁתִּי ׀ בַּאדֹנָי יֱהֹוִה* מַחְסִי לְסַפֵּר
כָּל־מַלְאֲכוֹתֶיךָ:

*) הקריאה: אֱלֹהִים.

are the wicked, and they are ever tranquil, they have gained much wealth. 13 Surely in vain have I purified my heart, and washed my hands in cleanliness; 14 for I was afflicted all day, and my rebuke came each morning. 15 Were I to say, "I shall tell it like it is," behold I would turn the generation of Your children to rebels. 16 And when I pondered to understand this, it was unjust in my eyes; 17 until I came to the sanctuaries of God, and perceived their end. 18 Only on slippery places do You set them, You cast them into darkness. 19 How they have become desolate in an instant! They came to an end, they were consumed by terrors, 20 like a dream upon awakening. O my Lord, disgrace their image in the city. 21 When my heart was in ferment, and my mind was sharpened, 22 I was a boor and did not understand, like an animal was I with You. 23 Yet I was always with You; You held my right hand. 24 Guide me with Your counsel, and afterward, receive me with honor. 25 Whom do I have in heaven [besides You]? And when I am with You I desire nothing on earth. 26 My flesh and my heart yearn; God is the rock of my heart and my portion forever. 27 For behold, all those who are far from You perish, You cut down all who stray from You. 28 But as for me, the nearness of God is my good; I have put my trust in my Lord, God, that I may recount all Your works.

עד.

המשורר מאונן ומקונן היאך שרפו כל בתי כנסיות ובתי מדרשות. פלשתים החריבו שילה נבוכדנצר החריב בית ראשון, וכל כך זמן שאנו בגלות לא ראינו אותות הגאולה ומתי יהיה הגאולה. עיין ותמצא קינות ונחמות:

א מַשְׂכִּיל לְאָסָף לָמָה אֱלֹהִים זָנַחְתָּ לָנֶצַח יֶעְשַׁן
אַפְּךָ בְּצֹאן מַרְעִיתֶךָ: ב זְכֹר עֲדָתְךָ | קָּנִיתָ קֶּדֶם גָּאַלְתָּ
שֵׁבֶט נַחֲלָתֶךָ הַר־צִיּוֹן זֶה | שָׁכַנְתָּ בּוֹ: ג הָרִימָה פְעָמֶיךָ
לְמַשֻּׁאוֹת נֶצַח כָּל־הֵרַע אוֹיֵב בַּקֹּדֶשׁ: ד שָׁאֲגוּ צֹרְרֶיךָ
בְּקֶרֶב מוֹעֲדֶךָ שָׂמוּ אוֹתֹתָם אֹתוֹת: ה יִוָּדַע כְּמֵבִיא
לְמָעְלָה בִּסְבָךְ־עֵץ קַרְדֻּמּוֹת: ו וְעַתָּה פִּתּוּחֶיהָ יָּחַד
בְּכַשִּׁיל וְכֵילַפּוֹת יַהֲלֹמוּן: ז שִׁלְחוּ בָאֵשׁ מִקְדָּשֶׁךָ לָאָרֶץ
חִלְּלוּ מִשְׁכַּן־שְׁמֶךָ: ח אָמְרוּ בְלִבָּם נִינָם יָחַד שָׂרְפוּ
כָל־מוֹעֲדֵי־אֵל בָּאָרֶץ: ט אוֹתֹתֵינוּ לֹא־רָאִינוּ אֵין־עוֹד
נָבִיא וְלֹא־אִתָּנוּ יֹדֵעַ עַד־מָה: י עַד־מָתַי אֱלֹהִים
יְחָרֶף צָר יְנָאֵץ אוֹיֵב שִׁמְךָ לָנֶצַח: יא לָמָּה תָשִׁיב
יָדְךָ וִימִינֶךָ מִקֶּרֶב חֵיקְךָ כַלֵּה: יב וֵאלֹהִים מַלְכִּי
מִקֶּדֶם פֹּעֵל יְשׁוּעוֹת בְּקֶרֶב הָאָרֶץ: יג אַתָּה פוֹרַרְתָּ
בְעָזְּךָ יָם שִׁבַּרְתָּ רָאשֵׁי תַנִּינִים עַל־הַמָּיִם: יד אַתָּה
רִצַּצְתָּ רָאשֵׁי לִוְיָתָן תִּתְּנֶנּוּ מַאֲכָל לְעָם לְצִיִּים: טו אַתָּה

74

The psalmist mourns and weeps over all the synagogues and study halls that have been burned: the Philistines destroyed the Tabernacle of Shiloh; Nebuchadnezzar destroyed the first Temple. We have been in exile for so long, without seeing any signs of redemption! When will the redemption come? Read, and you will find lamentation and consolation.

משכיל 1 A *maskil*[1] by Asaph. Why, O God, have You abandoned us forever, does Your wrath fume against the sheep of Your pasture? 2 Remember Your congregation which You acquired long ago, the tribe of Your inheritance whom You redeemed [and brought to] Mount Zion, where You rested Your Presence. 3 Lift Your steps to inflict eternal ruin, because of all the evil done by the enemy in the Sanctuary. 4 Your foes roared in the midst of Your meeting place; they considered their omens to be [genuine] signs. 5 The axes in the thicket of trees[2] were reckoned as bringing [an offering] to the Above. 6 And now, all her ornaments together are smashed by hammer and hatchet. 7 They set Your Sanctuary on fire; they desecrated the Abode of Your Name to the ground. 8 Their rulers thought together in their hearts; they burned all the meeting places of God in the land. 9 We have not seen our signs; there is no longer a prophet, and there is none among us who knows how long. 10 How long, O God, will the adversary disgrace, will the enemy blaspheme Your Name forever! 11 Why do You withdraw Your hand, even Your right hand? Cast it out from within Your bosom! 12 For God is my King from long ago, working salvations in the midst of the earth. 13 In Your might, You divided the sea; You shattered the heads of the sea-monsters on the waters. 14 You crushed the heads of the Leviathan,[3] leaving him as food for the nation [wandering in] the wilderness. 15 You split [the

---

1. A psalm intended to enlighten and impart knowledge *(Metzudot)*. **2.** Chopping wood for the construction of the Temple *(Metzudot)*. **3.** Pharaoh and his chieftains.

בָּקַעְתָּ מַעְיָן וָנָחַל אַתָּה הוֹבַשְׁתָּ נַהֲרוֹת אֵיתָן: טז לְךָ
יוֹם אַף־לְךָ לָיְלָה אַתָּה הֲכִינוֹתָ מָאוֹר וָשָׁמֶשׁ: יז אַתָּה
הִצַּבְתָּ כָּל־גְּבוּלוֹת אָרֶץ קַיִץ וָחֹרֶף אַתָּה יְצַרְתָּם:
יח זְכָר־זֹאת אוֹיֵב חֵרֵף | יְהוָה וְעַם־נָבָל נִאֲצוּ שְׁמֶךָ:
יט אַל־תִּתֵּן לְחַיַּת נֶפֶשׁ תּוֹרֶךָ חַיַּת עֲנִיֶּיךָ אַל־תִּשְׁכַּח
לָנֶצַח: כ הַבֵּט לַבְּרִית כִּי־מָלְאוּ מַחֲשַׁכֵּי־אֶרֶץ נְאוֹת
חָמָס: כא אַל־יָשֹׁב דַּךְ נִכְלָם עָנִי וְאֶבְיוֹן יְהַלְלוּ שְׁמֶךָ:
כב קוּמָה אֱלֹהִים רִיבָה רִיבֶךָ זְכֹר חֶרְפָּתְךָ מִנִּי־נָבָל
כָּל־הַיּוֹם: כג אַל־תִּשְׁכַּח קוֹל צֹרְרֶיךָ שְׁאוֹן קָמֶיךָ
עֹלֶה תָמִיד:

עה.

כמה מעלות לישראל כשיש להם יום טוב אינם עוסקים בדברי הוללות רק בשירות ותשבחות הלכות פסח בפסח וגם כשאמרו נעשה ונשמע בזה קיימו העולם, ומוסרים גדולים לאותם המתענגים בעונג בעולם הזה שחשבו אשר כחם עשה כל החיל:

א לַמְנַצֵּחַ אַל־תַּשְׁחֵת מִזְמוֹר לְאָסָף שִׁיר: ב הוֹדִינוּ
לְּךָ | אֱלֹהִים הוֹדִינוּ וְקָרוֹב שְׁמֶךָ סִפְּרוּ נִפְלְאוֹתֶיךָ:
ג כִּי אֶקַּח מוֹעֵד אֲנִי מֵישָׁרִים אֶשְׁפֹּט: ד נְמֹגִים־אֶרֶץ
וְכָל־יֹשְׁבֶיהָ אָנֹכִי תִכַּנְתִּי עַמּוּדֶיהָ סֶּלָה: ה אָמַרְתִּי

rock, bringing forth] fountain and brook; You dried up mighty streams. 16 Yours is the day, the night is also Yours; You established the moon and the sun. 17 You set all the boundaries of the earth; summer and winter— You created them. 18 Remember this, how the enemy reviled the Lord, and the vile nation blasphemed Your Name. 19 Do not give the soul of Your turtledove to the wild beast; do not forget the life of Your poor forever. 20 Look to the covenant, for the dark places of the earth are filled with dens of violence. 21 Do not turn back the oppressed in disgrace; [then] the poor and needy will praise Your Name. 22 Arise, O God, champion Your cause; remember Your insults from the perverse all day long. 23 Forget not the voice of Your adversaries; the tumult of Your opponents ascends always.

75

How great is Israel! During their holidays they do not engage in frivolity, but in song and praise, and the study of the holiday's laws. Also, when they proclaimed (at the giving of the Torah), "We will do and we will hear!" they allowed the world to remain in existence. This psalm also admonishes those who indulge in worldly pleasures and attribute their prosperity to their own efforts.

למנצח 1 For the Conductor, a plea not to be destroyed. A psalm by Asaph, a song. 2 We gave thanks to You, O God, we gave thanks; and Your Name was near [when] they[1] told of Your wonders. 3 When I choose the appointed time, I will judge with fairness. 4 When the earth and all its inhabitants were melting, I established its pillars forever. 5 I said to the perverse, "Do not

---

1. Our ancestors.

לַהוֹלְלִים אַל־תָּהֹלּוּ וְלָרְשָׁעִים אַל־תָּרִימוּ קָרֶן: ו אַל־
תָּרִימוּ לַמָּרוֹם קַרְנְכֶם תְּדַבְּרוּ בְצַוָּאר עָתָק: ז כִּי לֹא
מִמּוֹצָא וּמִמַּעֲרָב וְלֹא מִמִּדְבַּר הָרִים : ח כִּי־אֱלֹהִים
שֹׁפֵט זֶה יַשְׁפִּיל וְזֶה יָרִים: ט כִּי כוֹס בְּיַד־יְהֹוָה וְיַיִן
חָמַר | מָלֵא מֶסֶךְ וַיַּגֵּר מִזֶּה אַךְ־שְׁמָרֶיהָ יִמְצוּ יִשְׁתּוּ
כֹּל רִשְׁעֵי־אָרֶץ: י וַאֲנִי אַגִּיד לְעֹלָם אֲזַמְּרָה לֵאלֹהֵי
יַעֲקֹב : יא וְכָל־קַרְנֵי רְשָׁעִים אֲגַדֵּעַ תְּרוֹמַמְנָה
קַרְנוֹת צַדִּיק:

עו.

בו מבואר נבואת סנחריב במעשה שהיה ברב חילו שהיו לו, כולם נחטפו בשינת מות
ולא היה כח בידם ליטול כלי מלחמתם ונפלו כולם:

א לַמְנַצֵּחַ בִּנְגִינֹת מִזְמוֹר לְאָסָף שִׁיר: ב נוֹדָע
בִּיהוּדָה אֱלֹהִים בְּיִשְׂרָאֵל גָּדוֹל שְׁמוֹ: ג וַיְהִי בְשָׁלֵם
סֻכּוֹ וּמְעוֹנָתוֹ בְצִיּוֹן: ד שָׁמָּה שִׁבַּר רִשְׁפֵי־קָשֶׁת מָגֵן
וְחֶרֶב וּמִלְחָמָה סֶלָה: ה נָאוֹר אַתָּה אַדִּיר מֵהַרְרֵי־
טָרֶף: ו אֶשְׁתּוֹלְלוּ | אַבִּירֵי לֵב נָמוּ שְׁנָתָם וְלֹא־מָצְאוּ
כָל־אַנְשֵׁי־חַיִל יְדֵיהֶם: ז מִגַּעֲרָתְךָ אֱלֹהֵי יַעֲקֹב נִרְדָּם
וְרֶכֶב וָסוּס: ח אַתָּה | נוֹרָא אַתָּה וּמִי־יַעֲמֹד לְפָנֶיךָ

pervert [Israel]," and to the wicked, "Do not raise your pride." 6 Do not raise your pride heavenward, nor speak with an arrogant neck. 7 For not from the east or the west, nor from the desert does greatness come. 8 For God is Judge; He humbles one, and elevates the other. 9 For there is a cup [of punishment] in the hand of the Lord, with strong wine of full mixture; He pours from this, and all the wicked of the earth will drink, draining even its dregs. 10 But as for me, I will tell of it forever; I will sing to the God of Jacob. 11 I will cut off all glory of the wicked, but the glory of the righteous will be raised up.

76

This psalm contains the prophecy of when the vast army of Sennacherib was seized with a deep slumber that rendered the hands of the soldiers powerless to raise their weapons; thus did they all fall in battle.

למנצח . 1 For the Conductor, with instrumental music, a psalm by Asaph, a song. 2 God is known in Judah, His Name is great in Israel. 3 His Tabernacle was in Shalem,[1] and His dwelling place in Zion. 4 There He broke the flying arrows of the bow, the shield, the sword and battle—forever. 5 You are illumination, mightier than the mountains of prey. 6 The stout-hearted were without sense, they slept their sleep, and all the warriors were unable to find their strength. 7 At Your rebuke, O God of Jacob, chariot and horse were stunned. 8 You, awesome are You! Who can stand before You once You

---

1. Jerusalem.

מֵאָז אַפֶּךָ׃ ט מִשָּׁמַיִם הִשְׁמַעְתָּ דִּין אֶרֶץ יָרְאָה וְשָׁקָטָה׃
י בְּקוּם־לַמִּשְׁפָּט אֱלֹהִים לְהוֹשִׁיעַ כָּל־עַנְוֵי־אֶרֶץ סֶלָה׃
יא כִּי־חֲמַת אָדָם תּוֹדֶךָּ שְׁאֵרִית חֵמֹת תַּחְגֹּר׃ יב נִדְרוּ
וְשַׁלְּמוּ לַיהוָה אֱלֹהֵיכֶם כָּל־סְבִיבָיו יֹבִילוּ שַׁי לַמּוֹרָא׃
יג יִבְצֹר רוּחַ נְגִידִים נוֹרָא לְמַלְכֵי־אָרֶץ׃

עז.

יום טו

א לַמְנַצֵּחַ עַל־ידוּתוּן לְאָסָף מִזְמוֹר׃ ב קוֹלִי אֶל־
אֱלֹהִים וְאֶצְעָקָה קוֹלִי אֶל־אֱלֹהִים וְהַאֲזִין אֵלָי׃ ג בְּיוֹם
צָרָתִי אֲדֹנָי דָּרָשְׁתִּי יָדִי ׀ לַיְלָה נִגְּרָה וְלֹא תָפוּג מֵאֲנָה
הִנָּחֵם נַפְשִׁי׃ ד אֶזְכְּרָה אֱלֹהִים וְאֶהֱמָיָה אָשִׂיחָה ׀
וְתִתְעַטֵּף רוּחִי סֶלָה׃ ה אָחַזְתָּ שְׁמֻרוֹת עֵינָי נִפְעַמְתִּי
וְלֹא אֲדַבֵּר׃ ו חִשַּׁבְתִּי יָמִים מִקֶּדֶם שְׁנוֹת עוֹלָמִים׃
ז אֶזְכְּרָה נְגִינָתִי בַּלָּיְלָה עִם־לְבָבִי אָשִׂיחָה וַיְחַפֵּשׂ
רוּחִי׃ ח הַלְעוֹלָמִים יִזְנַח ׀ אֲדֹנָי וְלֹא־יֹסִיף לִרְצוֹת
עוֹד׃ ט הֶאָפֵס לָנֶצַח חַסְדּוֹ גָּמַר אֹמֶר לְדֹר וָדֹר׃
י הֲשָׁכַח חַנּוֹת אֵל אִם־קָפַץ בְּאַף רַחֲמָיו סֶלָה׃
יא וָאֹמַר חַלּוֹתִי הִיא שְׁנוֹת יְמִין עֶלְיוֹן׃ יב אֶזְכּוֹר

are enraged. 9 From heaven You let the verdict be heard;
the earth feared and was still, 10 when God rose to pass
judgement, to save all the humble of the earth forever.
11 The anger of man will cause us to thank You;[1] You
will restrain the residue of wrath. 12 Make vows to the
Lord your God and fulfill them; all who surround Him
will bring tribute to the Awesome One. 13 He cuts down
the spirit of nobles; He is awesome to the kings of the
earth.

77

DAY **15**

למנצח 1 For the Conductor, on the *yedutun*,[2] by
Asaph, a psalm. 2 [I raise] my voice to God and cry out;
[I raise] my voice to God and He will listen to me. 3 On
the day of my distress I sought my Lord. My wound
oozes at night and does not abate; my soul refuses to be
consoled. 4 I remember God and I moan; I speak and
my spirit faints, *Selah*. 5 You grasped my eyelids; I am
broken, I cannot speak. 6 I think of olden days, of
ancient years. 7 During the night I recall my music, I
meditate with my heart, and my spirit searches: 8 Is it
for eternity that my Lord forsakes [me], nevermore to
be appeased? 9 Has His kindness ceased forever? Has He
sealed the decree for all generations? 10 Has God forgot-
ten mercy? Has He in anger restrained His compassion
forever? 11 I said, "It is to terrify me that the right hand
of the Most High changes." 12 I remember the deeds of

1. When the wicked are punished for being angry with Israel, Israel acknowledges God (*Metzudot*). **2.** A musical instrument (*Metzudot*).

מַעַלְלֵי־יָהּ כִּי־אֶזְכְּרָה מִקֶּדֶם פִּלְאֶךָ: יג וְהָגִיתִי בְכָל־
פָּעֳלֶךָ וּבַעֲלִילוֹתֶיךָ אָשִׂיחָה: יד אֱלֹהִים בַּקֹּדֶשׁ דַּרְכֶּךָ
מִי־אֵל גָּדוֹל כֵּאלֹהִים: טו אַתָּה הָאֵל עֹשֵׂה פֶלֶא הוֹדַעְתָּ
בָעַמִּים עֻזֶּךָ: טז גָּאַלְתָּ בִּזְרוֹעַ עַמֶּךָ בְּנֵי־יַעֲקֹב וְיוֹסֵף
סֶלָה: יז רָאוּךָ מַּיִם | אֱלֹהִים רָאוּךָ מַּיִם יָחִילוּ אַף
יִרְגְּזוּ תְהֹמוֹת: יח זֹרְמוּ מַיִם | עָבוֹת קוֹל נָתְנוּ שְׁחָקִים
אַף־חֲצָצֶיךָ יִתְהַלָּכוּ: יט קוֹל רַעַמְךָ | בַּגַּלְגַּל הֵאִירוּ
בְרָקִים תֵּבֵל רָגְזָה וַתִּרְעַשׁ הָאָרֶץ: כ בַּיָּם דַּרְכֶּךָ
וּשְׁבִילְךָ בְּמַיִם רַבִּים וְעִקְּבוֹתֶיךָ לֹא נֹדָעוּ: כא נָחִיתָ
כַצֹּאן עַמֶּךָ בְּיַד־מֹשֶׁה וְאַהֲרֹן:

עח.

בזה המזמור מבואר כל הנסים שעשה הקדוש ברוך הוא לישראל מיציאת מצרים עד שנעשה דוד מלך על ישראל:

א מַשְׂכִּיל לְאָסָף הַאֲזִינָה עַמִּי תּוֹרָתִי הַטּוּ אָזְנְכֶם
לְאִמְרֵי־פִי: ב אֶפְתְּחָה בְמָשָׁל פִּי אַבִּיעָה חִידוֹת
מִנִּי־קֶדֶם: ג אֲשֶׁר שָׁמַעְנוּ וַנֵּדָעֵם וַאֲבוֹתֵינוּ סִפְּרוּ־לָנוּ:
ד לֹא נְכַחֵד | מִבְּנֵיהֶם לְדוֹר אַחֲרוֹן מְסַפְּרִים תְּהִלּוֹת
יְהוָה וֶעֱזוּזוֹ וְנִפְלְאוֹתָיו אֲשֶׁר עָשָׂה: ה וַיָּקֶם עֵדוּת |

Yah, when I remember Your wonders of long ago. 13 I meditate on all Your works, and speak of Your deeds. 14 O God, Your way is in sanctity; what god is as great as God? 15 You are the God Who works wonders; You make Your might known among the nations. 16 You redeemed Your people with a mighty arm, the children of Jacob and Joseph, *Selah*. 17 The waters[1] saw You, O God, the waters saw You and trembled; even the deep shuddered. 18 The clouds streamed water, the heavens sounded forth, even Your arrows flew about. 19 The sound of Your thunder was in the rolling wind; lightning lit up the world; the earth trembled and quaked. 20 Your way was through the sea, Your path through the mighty waters; and Your footsteps were not known.[2] 21 You led Your people like a flock, by the hand of Moses and Aaron.

78

This psalm recounts all the miracles that God wrought for Israel, from the exodus of Egypt to David's becoming king over Israel.

מַשְׂכִּיל 1 A *maskil*[3] by Asaph. Listen, my people, to my teaching; incline your ear to the words of my mouth. 2 I will open my mouth with a parable, I will utter riddles of long ago; 3 that which we have heard and know [to be true], and that our fathers have told us. 4 We will not withhold from their children, telling the final generation the praises of the Lord, and His might, and the wonders He has performed. 5 He established a

---

1. Of the Red Sea. **2.** The waters returned to cover the trail. **3.** A psalm intended to enlighten and impart knowledge (*Metzudot*).

בְּיַעֲקֹב וְתוֹרָה שָׂם בְּיִשְׂרָאֵל אֲשֶׁר צִוָּה אֶת־אֲבוֹתֵינוּ

לְהוֹדִיעָם לִבְנֵיהֶם: ו לְמַעַן יֵדְעוּ ׀ דּוֹר אַחֲרוֹן בָּנִים

יִוָּלֵדוּ יָקֻמוּ וִיסַפְּרוּ לִבְנֵיהֶם: ז וְיָשִׂימוּ בֵאלֹהִים כִּסְלָם

וְלֹא יִשְׁכְּחוּ מַעַלְלֵי־אֵל וּמִצְוֺתָיו יִנְצֹרוּ: ח וְלֹא יִהְיוּ ׀

כַּאֲבוֹתָם דּוֹר סוֹרֵר וּמֹרֶה דּוֹר לֹא־הֵכִין לִבּוֹ וְלֹא־

נֶאֶמְנָה אֶת־אֵל רוּחוֹ: ט בְּנֵי־אֶפְרַיִם נוֹשְׁקֵי רוֹמֵי־קָשֶׁת

הָפְכוּ בְּיוֹם קְרָב: י לֹא שָׁמְרוּ בְּרִית אֱלֹהִים וּבְתוֹרָתוֹ

מֵאֲנוּ לָלֶכֶת: יא וַיִּשְׁכְּחוּ עֲלִילוֹתָיו וְנִפְלְאוֹתָיו אֲשֶׁר

הֶרְאָם: יב נֶגֶד אֲבוֹתָם עָשָׂה פֶלֶא בְּאֶרֶץ מִצְרַיִם שְׂדֵה־

צֹעַן: יג בָּקַע יָם וַיַּעֲבִירֵם וַיַּצֶּב־מַיִם כְּמוֹ־נֵד: יד וַיַּנְחֵם

בֶּעָנָן יוֹמָם וְכָל־הַלַּיְלָה בְּאוֹר אֵשׁ: טו יְבַקַּע צֻרִים

בַּמִּדְבָּר וַיַּשְׁקְ כִּתְהֹמוֹת רַבָּה: טז וַיּוֹצִא נוֹזְלִים מִסָּלַע

וַיּוֹרֶד כַּנְּהָרוֹת מָיִם: יז וַיּוֹסִיפוּ עוֹד לַחֲטֹא־לוֹ לַמְרוֹת

עֶלְיוֹן בַּצִּיָּה: יח וַיְנַסּוּ־אֵל בִּלְבָבָם לִשְׁאָל־אֹכֶל לְנַפְשָׁם:

יט וַיְדַבְּרוּ בֵּאלֹהִים אָמְרוּ הֲיוּכַל אֵל לַעֲרֹךְ שֻׁלְחָן

בַּמִּדְבָּר: כ הֵן הִכָּה־צוּר ׀ וַיָּזוּבוּ מַיִם וּנְחָלִים יִשְׁטֹפוּ

הֲגַם־לֶחֶם יוּכַל תֵּת אִם־יָכִין שְׁאֵר לְעַמּוֹ: כא לָכֵן ׀

testimony in Jacob, and set down the Torah in Israel, which He commanded our fathers to make known to their children, 6 so that the last generation shall know; children yet to be born will rise and tell their children, 7 and they shall put their hope in God, and not forget the works of the Almighty; and they shall guard His commandments. 8 And they shall not be like their fathers, a wayward and rebellious generation, a generation that did not set its heart straight, and whose spirit was not faithful to God. 9 The children of Ephraim, armed archers, retreated on the day of battle.[1] 10 They did not keep the covenant of God, and refused to follow His Torah. 11 They forgot His deeds and His wonders that He had shown them. 12 He performed wonders before their fathers, in the land of Egypt, in the field of Zoan.[2] 13 He split the sea and brought them across; He erected the waters like a wall. 14 He led them with a cloud by day, and all night long with the light of fire. 15 He split rocks in the wilderness, and gave them to drink as if from the abundant depths. 16 And He brought forth flowing waters from the rock, and caused waters to descend like rivers. 17 Yet they again continued to sin against Him, to provoke the Most High in the parched land. 18 And they tested God in their hearts, by requesting food for their craving. 19 They spoke against God; they said, "Can God set a table in the wilderness? 20 True, He hit the rock and waters flowed, streams gushed forth; but can He also give bread? Will He prepare meat for His people?" 21 And so the Lord heard

---

1. The Ephraimites escaped Egypt before the other tribes, but were defeated when trying to enter the land of Canaan. **2.** Capital of Egypt (*Radak*).

שָׁמַע יְהוָה וַיִּתְעַבָּר וְאֵשׁ נִשְּׂקָה בְיַעֲקֹב וְגַם־אַף עָלָה
בְיִשְׂרָאֵל׃ כב כִּי לֹא הֶאֱמִינוּ בֵּאלֹהִים וְלֹא בָטְחוּ
בִּישׁוּעָתוֹ׃ כג וַיְצַו שְׁחָקִים מִמָּעַל וְדַלְתֵי שָׁמַיִם פָּתָח׃
כד וַיַּמְטֵר עֲלֵיהֶם מָן לֶאֱכֹל וּדְגַן־שָׁמַיִם נָתַן לָמוֹ׃
כה לֶחֶם אַבִּירִים אָכַל אִישׁ צֵידָה שָׁלַח לָהֶם לָשֹׂבַע׃
כו יַסַּע קָדִים בַּשָּׁמָיִם וַיְנַהֵג בְּעֻזּוֹ תֵימָן׃ כז וַיַּמְטֵר עֲלֵיהֶם
כֶּעָפָר שְׁאֵר וּכְחוֹל יַמִּים עוֹף כָּנָף׃ כח וַיַּפֵּל בְּקֶרֶב
מַחֲנֵהוּ סָבִיב לְמִשְׁכְּנֹתָיו׃ כט וַיֹּאכְלוּ וַיִּשְׂבְּעוּ מְאֹד
וְתַאֲוָתָם יָבִא לָהֶם׃ ל לֹא־זָרוּ מִתַּאֲוָתָם עוֹד אָכְלָם
בְּפִיהֶם׃ לא וְאַף אֱלֹהִים | עָלָה בָהֶם וַיַּהֲרֹג בְּמִשְׁמַנֵּיהֶם
וּבַחוּרֵי יִשְׂרָאֵל הִכְרִיעַ׃ לב בְּכָל־זֹאת חָטְאוּ־עוֹד וְלֹא
הֶאֱמִינוּ בְּנִפְלְאוֹתָיו׃ לג וַיְכַל־בַּהֶבֶל יְמֵיהֶם וּשְׁנוֹתָם
בַּבֶּהָלָה׃ לד אִם־הֲרָגָם וּדְרָשׁוּהוּ וְשָׁבוּ וְשִׁחֲרוּ־אֵל׃
לה וַיִּזְכְּרוּ כִּי־אֱלֹהִים צוּרָם וְאֵל עֶלְיוֹן גֹּאֲלָם׃
לו וַיְפַתּוּהוּ בְּפִיהֶם וּבִלְשׁוֹנָם יְכַזְּבוּ־לוֹ׃ לז וְלִבָּם לֹא־
נָכוֹן עִמּוֹ וְלֹא נֶאֶמְנוּ בִּבְרִיתוֹ׃ לח וְהוּא רַחוּם | יְכַפֵּר
עָוֹן וְלֹא יַשְׁחִית וְהִרְבָּה לְהָשִׁיב אַפּוֹ וְלֹא־יָעִיר כָּל־

and was enraged; a fire was kindled against Jacob; wrath, too, flared against Israel. 22 For they did not believe in God and did not trust in His salvation, 23 [though] He had commanded the skies above, and opened the doors of heaven. 24 He had rained upon them manna to eat, and given them grain of heaven. 25 Man ate the bread of angels; He sent them [enough] provisions to satiate. 26 He drove the east wind through the heaven, and led the south wind with His might. 27 He rained meat upon them like dust, winged birds like the sand of seas; 28 and He dropped them inside His camp, around His dwellings. 29 And they ate and were very satiated, for He brought them their desire. 30 They were not yet estranged from their craving, their food was still in their mouths, 31 when the wrath of God rose against them and slew their mighty ones, and brought down the chosen of Israel. 32 Despite this, they sinned again, and did not believe in His wonders; 33 so He ended their days in futility, and their years in terror. 34 When He slew them they would seek Him, they would return and pray to God. 35 They remembered that God is their rock, God the Most High, their redeemer. 36 But they beguiled Him with their mouth, and deceived Him with their tongue. 37 Their heart was not steadfast with Him; they were not faithful to His covenant. 38 Yet He is compassionate, pardons iniquity, and does not destroy; time and again He turns away His anger, and does not arouse all His wrath. 39 He remem-

חֲמָתוֹ: לט וַיִּזְכֹּר כִּי־בָשָׂר הֵמָּה רוּחַ הוֹלֵךְ וְלֹא יָשׁוּב:

מ כַּמָּה יַמְרוּהוּ בַמִּדְבָּר יַעֲצִיבוּהוּ בִּישִׁימוֹן: מא וַיָּשׁוּבוּ

וַיְנַסּוּ אֵל וּקְדוֹשׁ יִשְׂרָאֵל הִתְווּ: מב לֹא־זָכְרוּ אֶת־יָדוֹ

יוֹם אֲשֶׁר־פָּדָם מִנִּי־צָר: מג אֲשֶׁר־שָׂם בְּמִצְרַיִם

אֹתוֹתָיו וּמוֹפְתָיו בִּשְׂדֵה־צֹעַן: מד וַיַּהֲפֹךְ לְדָם יְאֹרֵיהֶם

וְנֹזְלֵיהֶם בַּל־יִשְׁתָּיוּן: מה יְשַׁלַּח בָּהֶם עָרֹב וַיֹּאכְלֵם

וּצְפַרְדֵּעַ וַתַּשְׁחִיתֵם: מו וַיִּתֵּן לֶחָסִיל יְבוּלָם וִיגִיעָם

לָאַרְבֶּה: מז יַהֲרֹג בַּבָּרָד גַּפְנָם וְשִׁקְמוֹתָם בַּחֲנָמַל:

מח וַיַּסְגֵּר לַבָּרָד בְּעִירָם וּמִקְנֵיהֶם לָרְשָׁפִים: מט יְשַׁלַּח־

בָּם | חֲרוֹן אַפּוֹ עֶבְרָה וָזַעַם וְצָרָה מִשְׁלַחַת מַלְאֲכֵי

רָעִים: נ יְפַלֵּס נָתִיב לְאַפּוֹ לֹא־חָשַׂךְ מִמָּוֶת נַפְשָׁם

וְחַיָּתָם לַדֶּבֶר הִסְגִּיר: נא וַיַּךְ כָּל־בְּכוֹר בְּמִצְרָיִם

רֵאשִׁית אוֹנִים בְּאָהֳלֵי־חָם: נב וַיַּסַּע כַּצֹּאן עַמּוֹ וַיְנַהֲגֵם

כַּעֵדֶר בַּמִּדְבָּר: נג וַיַּנְחֵם לָבֶטַח וְלֹא פָחָדוּ וְאֶת־

אוֹיְבֵיהֶם כִּסָּה הַיָּם: נד וַיְבִיאֵם אֶל־גְּבוּל קָדְשׁוֹ הַר־

זֶה קָנְתָה יְמִינוֹ: נה וַיְגָרֶשׁ מִפְּנֵיהֶם | גּוֹיִם וַיַּפִּילֵם

בְּחֶבֶל נַחֲלָה וַיַּשְׁכֵּן בְּאָהֳלֵיהֶם שִׁבְטֵי יִשְׂרָאֵל:

bered that they were but flesh, a spirit that leaves and does not return. 40 How often they provoked Him in the desert, and grieved Him in the wasteland! 41 Again and again they tested God, and sought a sign from the Holy One of Israel. 42 They did not remember His hand, the day He redeemed them from the oppressor; 43 that He set His signs in Egypt, and His wonders in the field of Zoan. 44 He turned their rivers to blood, and made their flowing waters undrinkable. 45 He sent against them a mixture of beasts which devoured them, and frogs that destroyed them. 46 He gave their produce to the grasshopper, and their toil to the locust. 47 He killed their vines with hail, and their sycamores with biting frost. 48 He delivered their animals to the hail, and their livestock to fiery bolts. 49 He sent against them His fierce anger, fury, rage, and affliction; a delegation of messengers of evil. 50 He leveled a path for His anger, and did not spare their soul from death; He delivered their animals to pestilence. 51 He struck every firstborn in Egypt, the first fruit of their strength in the tents of Ham.[1] 52 He drove His nation like sheep, and guided them like a flock in the desert. 53 He led them in security and they did not fear, for the sea covered their enemies. 54 And He brought them to the boundary of His holy place, this mountain which His right hand acquired. 55 He drove out nations before them, and allotted them an inheritance [measured] by the cord; He settled the

---

1. Progenitor of the Egyptians.

נו וַיְנַסּוּ וַיַּמְרוּ אֶת־אֱלֹהִים עֶלְיוֹן וְעֵדוֹתָיו לֹא שָׁמָרוּ׃
נז וַיִּסֹּגוּ וַיִּבְגְּדוּ כַּאֲבוֹתָם נֶהְפְּכוּ כְּקֶשֶׁת רְמִיָּה׃
נח וַיַּכְעִיסוּהוּ בְּבָמוֹתָם וּבִפְסִילֵיהֶם יַקְנִיאוּהוּ׃ נט שָׁמַע
אֱלֹהִים וַיִּתְעַבָּר וַיִּמְאַס מְאֹד בְּיִשְׂרָאֵל׃ ס וַיִּטֹּשׁ מִשְׁכַּן
שִׁלוֹ אֹהֶל שִׁכֵּן בָּאָדָם׃ סא וַיִּתֵּן לַשְּׁבִי עֻזּוֹ וְתִפְאַרְתּוֹ
בְיַד־צָר׃ סב וַיַּסְגֵּר לַחֶרֶב עַמּוֹ וּבְנַחֲלָתוֹ הִתְעַבָּר׃
סג בַּחוּרָיו אָכְלָה־אֵשׁ וּבְתוּלֹתָיו לֹא הוּלָּלוּ׃ סד כֹּהֲנָיו
בַּחֶרֶב נָפָלוּ וְאַלְמְנֹתָיו לֹא תִבְכֶּינָה׃ סה וַיִּקַץ כְּיָשֵׁן ׀
אֲדֹנָי כְּגִבּוֹר מִתְרוֹנֵן מִיָּיִן׃ סו וַיַּךְ־צָרָיו אָחוֹר חֶרְפַּת
עוֹלָם נָתַן לָמוֹ׃ סז וַיִּמְאַס בְּאֹהֶל יוֹסֵף וּבְשֵׁבֶט
אֶפְרַיִם לֹא בָחָר׃ סח וַיִּבְחַר אֶת־שֵׁבֶט יְהוּדָה אֶת־הַר
צִיּוֹן אֲשֶׁר אָהֵב׃ סט וַיִּבֶן כְּמוֹ־רָמִים מִקְדָּשׁוֹ כְּאֶרֶץ
יְסָדָהּ לְעוֹלָם׃ ע וַיִּבְחַר בְּדָוִד עַבְדּוֹ וַיִּקָּחֵהוּ מִמִּכְלְאֹת
צֹאן׃ עא מֵאַחַר עָלוֹת הֱבִיאוֹ לִרְעוֹת בְּיַעֲקֹב עַמּוֹ
וּבְיִשְׂרָאֵל נַחֲלָתוֹ׃ עב וַיִּרְעֵם כְּתֹם לְבָבוֹ וּבִתְבוּנוֹת
כַּפָּיו יַנְחֵם׃

tribes of Israel in their tents. 56 Yet they tested and defied God, the Most High, and did not keep His testimonies. 57 They regressed and rebelled like their fathers; they turned around like a deceptive bow. 58 They angered Him with their high altars, and provoked Him with their idols. 59 God heard and was enraged, and He was utterly disgusted with Israel; 60 And He abandoned the Tabernacle of Shilo, the Tent where He had dwelled among men. 61 He put His might into captivity, and His glory into the hand of the oppressor. 62 He delivered His nation to the sword, and was enraged with His inheritance. 63 Fire consumed His young men, and His maidens had no marriage song. 64 His priests fell by the sword, and their widows did not weep.[1] 65 And the Lord awoke like one who had been asleep, like a warrior shouting [to sober himself] from wine. 66 He beat His enemies into retreat, and dealt them eternal disgrace. 67 He was disgusted with the tent of Joseph, and did not choose the tribe of Ephraim. 68 He chose the tribe of Judah, Mount Zion which He loves. 69 And He built His Sanctuary [permanent as] the heavens; like the earth, He established it forever. 70 And He chose David His servant, and took him from the sheep corrals. 71 From following the nursing ewes, He brought Him to shepherd His nation Jacob, Israel His inheritance. 72 And he tended them with the integrity of his heart, and led them with the skill of his hands.

---

1. They died before being able to weep (*Targum*).

עט.

זה המזמור אמר אסף להקדוש ברוך הוא על ששפך חמתו על עצים ואבנים, מ"מ אמר במר נפשו ומאונן ומקונן על החורבן הגדול ואיך הקדוש ברוך הוא התאפק במקום שישראל לא היו רשאים לילך רק הכהן גדול ביום הכפורים לבד ועכשיו שועלים הלכו בה:

יום טז

א מִזְמוֹר לְאָסָף אֱלֹהִים בָּאוּ גוֹיִם | בְּנַחֲלָתֶךָ טִמְּאוּ
אֶת־הֵיכַל קָדְשֶׁךָ שָׂמוּ אֶת־יְרוּשָׁלִַם לְעִיִּים: ב נָתְנוּ
אֶת־נִבְלַת עֲבָדֶיךָ מַאֲכָל לְעוֹף הַשָּׁמָיִם בְּשַׂר חֲסִידֶיךָ
לְחַיְתוֹ־אָרֶץ: ג שָׁפְכוּ דָמָם | כַּמַּיִם סְבִיבוֹת יְרוּשָׁלִָם
וְאֵין קוֹבֵר: ד הָיִינוּ חֶרְפָּה לִשְׁכֵנֵינוּ לַעַג וָקֶלֶס
לִסְבִיבוֹתֵינוּ: ה עַד־מָה יְהֹוָה תֶּאֱנַף לָנֶצַח תִּבְעַר
כְּמוֹ־אֵשׁ קִנְאָתֶךָ: ו שְׁפֹךְ חֲמָתְךָ | אֶל־הַגּוֹיִם אֲשֶׁר
לֹא־יְדָעוּךָ וְעַל־מַמְלָכוֹת אֲשֶׁר בְּשִׁמְךָ לֹא קָרָאוּ:
ז כִּי אָכַל אֶת־יַעֲקֹב וְאֶת־נָוֵהוּ הֵשַׁמּוּ: ח אַל תִּזְכָּר־
לָנוּ עֲוֹנֹת רִאשׁוֹנִים מַהֵר יְקַדְּמוּנוּ רַחֲמֶיךָ כִּי דַלּוֹנוּ
מְאֹד: ט עָזְרֵנוּ | אֱלֹהֵי יִשְׁעֵנוּ עַל־דְּבַר כְּבוֹד־שְׁמֶךָ
וְהַצִּילֵנוּ וְכַפֵּר עַל־חַטֹּאתֵינוּ לְמַעַן שְׁמֶךָ: י לָמָּה |
יֹאמְרוּ הַגּוֹיִם אַיֵּה אֱלֹהֵיהֶם יִוָּדַע בַּגּוֹיִם לְעֵינֵינוּ נִקְמַת
דַּם־עֲבָדֶיךָ הַשָּׁפוּךְ: יא תָּבוֹא לְפָנֶיךָ אֶנְקַת אָסִיר

79

In this psalm, Asaph thanks God for sparing the people and directing His wrath upon the wood and stones (of the Temple). Still he cries bitterly, mourning the immense destruction: The place where the High Priest alone was allowed to enter—and only on Yom Kippur—is now so desolate that foxes stroll through it!

DAY **16**

מזמור 1 A psalm by Asaph. O God, nations have entered Your inheritance, they defiled Your Holy Sanctuary; they turned Jerusalem into heaps of rubble. 2 They have rendered the corpses of Your servants as food for the birds of heaven, the flesh of Your pious ones for the beasts of the earth. 3 They spilled their blood like water around Jerusalem, and there is no one to bury [them]. 4 We became the object of disgrace to our neighbors, ridicule and scorn to those around us. 5 Until when, O Lord! Will You be angry forever? Will Your jealousy burn like fire? 6 Pour Your wrath upon the nations that do not know You, upon the kingdoms that do not call Your Name, 7 for they devoured Jacob and desolated His abode. 8 Do not recall our former sins; let Your mercies come swiftly towards us, for we have fallen very low. 9 Help us, God of our deliverance, for the sake of the glory of Your Name; save us and pardon our sins for the sake of Your Name. 10 Why should the nations say, "Where is their God?" Let there be known among the nations, before our eyes, the retribution of the spilled blood of Your servants. 11 Let the groan of the prisoner come before You; liberate those condemned to

כְּגֹדֶל זְרוֹעֲךָ הוֹתֵר בְּנֵי תְמוּתָה: יב וְהָשֵׁב לִשְׁכֵנֵינוּ
שִׁבְעָתַיִם אֶל־חֵיקָם חֶרְפָּתָם אֲשֶׁר חֵרְפוּךָ אֲדֹנָי:
יג וַאֲנַחְנוּ עַמְּךָ | וְצֹאן מַרְעִיתֶךָ נוֹדֶה לְּךָ לְעוֹלָם לְדֹר
וָדֹר נְסַפֵּר תְּהִלָּתֶךָ:

פ.

תפלה נוראה שיתקרב הקדוש ברוך הוא עצמו לישראל כמו שהיה מקדם:

א לַמְנַצֵּחַ אֶל־שֹׁשַׁנִּים עֵדוּת לְאָסָף מִזְמוֹר: ב רֹעֵה
יִשְׂרָאֵל | הַאֲזִינָה נֹהֵג כַּצֹּאן יוֹסֵף יֹשֵׁב הַכְּרֻבִים
הוֹפִיעָה: ג לִפְנֵי אֶפְרַיִם | וּבִנְיָמִן וּמְנַשֶּׁה עוֹרְרָה אֶת־
גְּבוּרָתֶךָ וּלְכָה לִישֻׁעָתָה לָּנוּ: ד אֱלֹהִים הֲשִׁיבֵנוּ וְהָאֵר
פָּנֶיךָ וְנִוָּשֵׁעָה: ה יְהוָה אֱלֹהִים צְבָאוֹת עַד־מָתַי עָשַׁנְתָּ
בִּתְפִלַּת עַמֶּךָ: ו הֶאֱכַלְתָּם לֶחֶם דִּמְעָה וַתַּשְׁקֵמוֹ
בִּדְמָעוֹת שָׁלִישׁ: ז תְּשִׂימֵנוּ מָדוֹן לִשְׁכֵנֵינוּ וְאֹיְבֵינוּ
יִלְעֲגוּ־לָמוֹ: ח אֱלֹהִים צְבָאוֹת הֲשִׁיבֵנוּ וְהָאֵר פָּנֶיךָ
וְנִוָּשֵׁעָה: ט גֶּפֶן מִמִּצְרַיִם תַּסִּיעַ תְּגָרֵשׁ גּוֹיִם וַתִּטָּעֶהָ:
י פִּנִּיתָ לְפָנֶיהָ וַתַּשְׁרֵשׁ שָׁרָשֶׁיהָ וַתְּמַלֵּא־אָרֶץ: יא כָּסּוּ
הָרִים צִלָּהּ וַעֲנָפֶיהָ אַרְזֵי־אֵל: יב תְּשַׁלַּח קְצִירֶהָ עַד־

death, as befits the greatness of Your strength. 12 Repay our neighbors sevenfold into their bosom, for the disgrace with which they reviled You, O Lord. 13 And we, Your people, the flock of Your pasture, will thank You forever; for all generations we will recount Your praise.

80

An awe-inspiring prayer imploring God to draw near to us as in days of old.

למנצח 1 For the Conductor, on the *shoshanim*,[1] a testimony by Asaph, a psalm. 2 Listen, O Shepherd of Israel, Who leads Joseph like sheep. Appear, You Who is enthroned upon the cherubim. 3 Arouse Your might before Ephraim, Benjamin and Menashe, for it is upon You to save us. 4 Return us, O God; cause Your countenance to shine, that we may be saved. 5 O Lord, God of Hosts, until when will You fume at the prayer of Your people? 6 You fed them bread of tears, and gave them tears to drink in great measure. 7 You have made us an object of strife to our neighbors; our enemies mock to themselves. 8 Return us, O God of Hosts; cause Your countenance to shine, that we may be saved. 9 You brought a vine out of Egypt; You drove out nations and planted it. 10 You cleared space before it; it took root and filled the land. 11 Mountains were covered by its shade, and its branches became mighty cedars. 12 It sent forth its branches till the sea, and its tender shoots to

---

1. A musical instrument shaped like a *shoshanah*, a rose *(Metxudot).*

יָם וְאֶל־נָהָר יוֹנְקוֹתֶיהָ: יג לָמָּה פָּרַצְתָּ גְדֵרֶיהָ וְאָרוּהָ
כָּל־עֹבְרֵי דָרֶךְ: יד יְכַרְסְמֶנָּה חֲזִיר מִיָּ֫עַר וְזִיז שָׂדַי
יִרְעֶנָּה: טו אֱלֹהִים צְבָאוֹת שׁוּב נָא הַבֵּט מִשָּׁמַיִם
וּרְאֵה וּפְקֹד גֶּפֶן זֹאת: טז וְכַנָּה אֲשֶׁר־נָטְעָה יְמִינֶךָ
וְעַל־בֵּן אִמַּצְתָּה לָּךְ: יז שְׂרֻפָה בָאֵשׁ כְּסוּחָה מִגַּעֲרַת
פָּנֶיךָ יֹאבֵדוּ: יח תְּהִי־יָדְךָ עַל־אִישׁ יְמִינֶךָ עַל־בֶּן־
אָדָם אִמַּצְתָּ לָּךְ: יט וְלֹא־נָסוֹג מִמֶּךָּ תְּחַיֵּנוּ וּבְשִׁמְךָ
נִקְרָא: כ יְהֹוָה אֱלֹהִים צְבָאוֹת הֲשִׁיבֵנוּ הָאֵר
פָּנֶיךָ וְנִוָּשֵׁעָה:

פא.

זה המזמור אמרו בבה"מ בר"ה שנעשה בזה היום כמה נסים לישראל:

א לַמְנַצֵּחַ עַל־הַגִּתִּית לְאָסָף: ב הַרְנִינוּ לֵאלֹהִים
עוּזֵּנוּ הָרִיעוּ לֵאלֹהֵי יַעֲקֹב: ג שְׂאוּ־זִמְרָה וּתְנוּ־תֹף
כִּנּוֹר נָעִים עִם־נָבֶל: ד תִּקְעוּ בַחֹדֶשׁ שׁוֹפָר בַּכֵּסֶה
לְיוֹם חַגֵּנוּ: ה כִּי חֹק לְיִשְׂרָאֵל הוּא מִשְׁפָּט לֵאלֹהֵי
יַעֲקֹב: ו עֵדוּת | בִּיהוֹסֵף שָׂמוֹ בְּצֵאתוֹ עַל־אֶרֶץ
מִצְרָיִם שְׂפַת לֹא־יָדַעְתִּי אֶשְׁמָע: ז הֲסִירוֹתִי מִסֵּבֶל

עין תלויה   כ' רבתי

. 13 Why did You breach its fences, so that every
by plucked its fruit? 14 The boars of the forest
ge it, and the creepers of the field feed upon it. 15 O
od of Hosts, please return! Look down from heaven
and see, and be mindful of this vine, 16 and of the
foundation which Your right hand has planted, and the
son whom You strengthened for Yourself. 17 It is burned
by fire, cut down; they perish at the rebuke of Your
Presence. 18 Let Your hand be upon the man of Your
right hand, upon the son of man whom You strength-
ened for Yourself. 19 Then we will not withdraw from
You; revive us, and we will proclaim Your Name. 20 O
Lord, God of Hosts, return us; cause Your countenance
to shine that we may be saved.

81

This psalm was chanted in the Holy Temple on Rosh Hashanah, a day on which many miracles were wrought for Israel.

למנצח 1 For the Conductor, upon the *gittit*,[1] by
Asaph. 2 Sing joyously to God, our strength; sound the
shofar to the God of Jacob. 3 Raise your voice in song,
sound the drum, the pleasant harp, and the lyre. 4 Blow
the *shofar* on the New Month, on the designated day of
our Holy Day; 5 for it is a decree for Israel, a ruling of
the God of Jacob. 6 He ordained it as a precept for
Joseph when he went forth over the land of Egypt; I
heard a language which I did not know. 7 I have taken
his shoulder from the burden; his hands were removed

1. A musical instrument crafted in Gath *(Metzudot)*.

שִׁכְמוֹ כַּפָּיו מִדּוּד תַּעֲבֹרְנָה: ח בַּצָּרָה קָרָאתָ וָאֲחַלְּצֶךָּ

אֶעֶנְךָ בְּסֵתֶר רָעַם אֶבְחָנְךָ עַל־מֵי מְרִיבָה סֶלָה:

ט שְׁמַע עַמִּי וְאָעִידָה בָּךְ יִשְׂרָאֵל אִם־תִּשְׁמַע־לִי:

י לֹא־יִהְיֶה בְךָ אֵל זָר וְלֹא תִשְׁתַּחֲוֶה לְאֵל נֵכָר:

יא אָנֹכִי | יְהֹוָה אֱלֹהֶיךָ הַמַּעַלְךָ מֵאֶרֶץ מִצְרָיִם הַרְחֶב־

פִּיךָ וַאֲמַלְאֵהוּ: יב וְלֹא־שָׁמַע עַמִּי לְקוֹלִי וְיִשְׂרָאֵל לֹא־

אָבָה לִי: יג וָאֲשַׁלְּחֵהוּ בִּשְׁרִירוּת לִבָּם יֵלְכוּ

בְּמוֹעֲצוֹתֵיהֶם: יד לוּ עַמִּי שֹׁמֵעַ לִי יִשְׂרָאֵל בִּדְרָכַי

יְהַלֵּכוּ: טו כִּמְעַט אוֹיְבֵיהֶם אַכְנִיעַ וְעַל־צָרֵיהֶם אָשִׁיב

יָדִי: טז מְשַׂנְאֵי יְהֹוָה יְכַחֲשׁוּ־לוֹ וִיהִי עִתָּם לְעוֹלָם:

יז וַיַּאֲכִילֵהוּ מֵחֵלֶב חִטָּה וּמִצּוּר דְּבַשׁ אַשְׂבִּיעֶךָ:

פב.

בזה המזמור מבואר מוסר גדול על אותן הדיינים שמעוותין דין דל ויתום ונושאים פני
עשירים ולוקחים שוחד ועושין עצמן כאלו לא ידעו ולא יבינו את הדין:

א מִזְמוֹר לְאָסָף אֱלֹהִים נִצָּב בַּעֲדַת־אֵל בְּקֶרֶב

אֱלֹהִים יִשְׁפֹּט: ב עַד־מָתַי תִּשְׁפְּטוּ־עָוֶל וּפְנֵי רְשָׁעִים

תִּשְׂאוּ־סֶלָה: ג שִׁפְטוּ־דַל וְיָתוֹם עָנִי וָרָשׁ הַצְדִּיקוּ:

ד פַּלְּטוּ־דַל וְאֶבְיוֹן מִיַּד רְשָׁעִים הַצִּילוּ: ה לֹא יָדְעוּ |

ıe pot.[1] 8 In distress you called and I delivered [you called] in secret, and I answered you with ınderous wonders; I tested you at the waters of .Merivah, *Selah.* 9 Hear, My people, and I will admonish you; Israel, if you would only listen to Me! 10 You shall have no alien god within you, nor shall you bow down to a foreign deity. 11 I am the Lord your God who brought you up from the land of Egypt; open wide your mouth, [state all your desires,] and I shall grant them. 12 But My people did not heed My voice; Israel did not want [to listen to] Me. 13 So I sent them away for the willfulness of their heart, for following their [evil] design. 14 If only My people would listen to Me, if Israel would only walk in My ways, 15 then I would quickly subdue their enemies, and turn My hand against their oppressors. 16 Those who hate the Lord would shrivel before Him, and the time [of their retribution] shall be forever. 17 I would feed him [Israel] with the finest of wheat, and sate you with honey from the rock.

82

This psalm admonishes those judges who feign ignorance of the law, dealing unjustly with the pauper or the orphan, while coddling the rich and pocketing their bribes.

מזמור 1 A psalm by Asaph. God stands in the council of judges; among the judges He renders judgment: 2 How long will you judge wickedly, ever showing partiality toward the evildoers? 3 Render justice to the needy and the orphan; deal righteously with the poor and the destitute. 4 Rescue the needy and the pauper; deliver them from the hand of the wicked. 5 But they do

---

1. The cooking vessels used to prepare food for their captors (*Rashi*).

וְלֹא־יָבִינוּ בַּחֲשֵׁכָה יִתְהַלָּכוּ יִמּוֹטוּ כָּל־מוֹסְדֵי אָרֶץ׃
ו אֲנִי אָמַרְתִּי אֱלֹהִים אַתֶּם וּבְנֵי עֶלְיוֹן כֻּלְּכֶם׃ ז אָכֵן
כְּאָדָם תְּמוּתוּן וּכְאַחַד הַשָּׂרִים תִּפֹּלוּ׃ ח קוּמָה אֱלֹהִים
שָׁפְטָה הָאָרֶץ כִּי־אַתָּה תִנְחַל בְּכָל־הַגּוֹיִם׃

פג.

תפלה על המלחמות שהיו על ישראל בימי יהושפט והיאך היו יועצין סודות על ישראל עיין בפנים:

יום יז

א שִׁיר מִזְמוֹר לְאָסָף׃ ב אֱלֹהִים אַל־דֳּמִי־לָךְ אַל־
תֶּחֱרַשׁ וְאַל־תִּשְׁקֹט אֵל׃ ג כִּי־הִנֵּה אוֹיְבֶיךָ יֶהֱמָיוּן
וּמְשַׂנְאֶיךָ נָשְׂאוּ רֹאשׁ׃ ד עַל־עַמְּךָ יַעֲרִימוּ סוֹד וְיִתְיָעֲצוּ
עַל־צְפוּנֶיךָ׃ ה אָמְרוּ לְכוּ וְנַכְחִידֵם מִגּוֹי וְלֹא־יִזָּכֵר שֵׁם־
יִשְׂרָאֵל עוֹד׃ ו כִּי נוֹעֲצוּ לֵב יַחְדָּו עָלֶיךָ בְּרִית יִכְרֹתוּ׃
ז אָהֳלֵי אֱדוֹם וְיִשְׁמְעֵאלִים מוֹאָב וְהַגְרִים׃ ח גְּבָל
וְעַמּוֹן וַעֲמָלֵק פְּלֶשֶׁת עִם־יֹשְׁבֵי צוֹר׃ ט גַּם־אַשּׁוּר
נִלְוָה עִמָּם הָיוּ זְרוֹעַ לִבְנֵי־לוֹט סֶלָה׃ י עֲשֵׂה־לָהֶם
כְּמִדְיָן כְּסִיסְרָא כְיָבִין בְּנַחַל קִישׁוֹן׃ יא נִשְׁמְדוּ בְעֵין־
דֹּאר הָיוּ דֹּמֶן לָאֲדָמָה׃ יב שִׁיתֵמוֹ נְדִיבֵמוֹ כְּעֹרֵב

ow, nor do they understand; they go about in
ness, [therefore] all the foundations of the earth
emble. 6 I said that you are angels, supernal beings, all
of you; 7 but you will die as mortals, you will fall like
any prince. 8 Arise, O God, judge the earth, for You
possess all the nations.

83

A prayer regarding the wars against Israel in the days of Jehoshaphat, when the
nations plotted against Israel.

DAY **17**

שִׁיר 1 A song, a psalm by Asaph. 2 O God, do not be
silent; do not be quiet and do not be still, O God. 3 For
behold, Your enemies are in uproar, and those who hate
You have raised their head. 4 They plot deviously against
Your nation, and conspire against those sheltered by
You. 5 They say, "Come, let us sever them from nation-
hood, and the name of Israel will be remembered no
more." 6 For they conspire with a unanimous heart, they
made a covenant against You— 7 the tents of Edom and
the Ishmaelites, Moab and the Hagrites, 8 Geval and
Ammon, and Amalek; Philistia with the inhabitants of
Tyre. 9 Assyria, too, joined with them, and became the
strength of the sons of Lot, *Selah.* 10 Do to them as to
Midian; as to Sisera and Yavin at the brook of Kishon,
11 who were destroyed at Ein Dor, and were as dung for
the earth. 12 Make their nobles like Orev and Ze'ev, all

וְכִזְאֵב וּכְזֶבַח וּכְצַלְמֻנָּע כָּל־נְסִיכֵמוֹ׃ יג אֲשֶׁר אָמְרוּ
נִירְשָׁה־לָּנוּ אֵת נְאוֹת אֱלֹהִים׃ יד אֱלֹהַי שִׁיתֵמוֹ כַגַּלְגַּל
כְּקַשׁ לִפְנֵי־רוּחַ׃ טו כְּאֵשׁ תִּבְעַר־יָעַר וּכְלֶהָבָה תְּלַהֵט
הָרִים׃ טז כֵּן תִּרְדְּפֵם בְּסַעֲרֶךָ וּבְסוּפָתְךָ תְבַהֲלֵם׃
יז מַלֵּא פְנֵיהֶם קָלוֹן וִיבַקְשׁוּ שִׁמְךָ יְהֹוָה׃ יח יֵבֹשׁוּ
וְיִבָּהֲלוּ עֲדֵי־עַד וְיַחְפְּרוּ וְיֹאבֵדוּ׃ יט וְיֵדְעוּ כִּי־אַתָּה
שִׁמְךָ יְהֹוָה לְבַדֶּךָ עֶלְיוֹן עַל־כָּל־הָאָרֶץ׃

פד.

בו מבואר תפלות ובקשות, והמשורר מאונן ומקונן במר נפש ממעמקי הלב על חורבן המקדש וכמה ברכות והבטחות שיהיה בבנינו, ואשרי לגבר שיבטח שיבנה ואינו מייאש עצמו לאורך הגלות:

א לַמְנַצֵּחַ עַל־הַגִּתִּית לִבְנֵי־קֹרַח מִזְמוֹר׃ ב מַה־
יְדִידוֹת מִשְׁכְּנוֹתֶיךָ יְהֹוָה צְבָאוֹת׃ ג נִכְסְפָה וְגַם־
כָּלְתָה ׀ נַפְשִׁי לְחַצְרוֹת יְהֹוָה לִבִּי וּבְשָׂרִי יְרַנְּנוּ אֶל־
אֵל חָי׃ ד גַּם־צִפּוֹר ׀ מָצְאָה בַיִת וּדְרוֹר ׀ קֵן* ׀ לָהּ
אֲשֶׁר־שָׁתָה אֶפְרֹחֶיהָ אֶת־מִזְבְּחוֹתֶיךָ יְהֹוָה צְבָאוֹת
מַלְכִּי וֵאלֹהָי׃ ה אַשְׁרֵי יוֹשְׁבֵי בֵיתֶךָ עוֹד יְהַלְלוּךָ
סֶּלָה׃ ו אַשְׁרֵי אָדָם עוֹז־לוֹ בָךְ מְסִלּוֹת בִּלְבָבָם׃

ק׳ רבתי

princes like Zevach and Tzalmuna,[1] 13 who said,
_et us inherit the dwellings of God for ourselves."
14 My God, make them like whirling chaff, like straw
before the wind. 15 As a fire consumes the forest, and a
flame sets the mountains ablaze, 16 so pursue them with
Your tempest and terrify them with Your storm. 17 Fill
their faces with shame, and they will seek Your Name,
O Lord. 18 Let them be shamed and terrified forever; let
them be disgraced and perish. 19 And they will know
that You, Whose Name is the Lord, are alone, Most
High over all the earth.

84

In this psalm of prayers and entreaties, the psalmist mourns bitterly over the
destruction of Temple from the depths of his heart, and speaks of the many
blessings that will be realized upon its restoration. Fortunate is the one who trusts
it will be rebuilt, and does not despair in the face of this long exile.

למנצח 1 For the Conductor, on the _gittit_,[2] a psalm
by the sons of Korach. 2 How beloved are Your
dwellings, O Lord of Hosts! 3 My soul yearns, indeed it
pines, for the courtyards of the Lord; my heart and my
flesh [long to] sing to the living God. 4 Even the bird
has found a home, and the swallow a nest for herself,
where she lays her young on the [ruins of] Your altars,
O Lord of Hosts, my King and my God. 5 Fortunate
are those who dwell in Your House; they will yet praise
You forever. 6 Fortunate is the man whose strength
is in You; the paths [to the Temple] are in his heart.

---

1. These were the Midianite leaders who were captured (See Judges 7:25). **2.** A musical
instrument crafted in Gath *(Metzudot).*

ז עֹבְרֵי | בְּעֵמֶק הַבָּכָא מַעְיָן יְשִׁיתוּהוּ גַּם־בְּרָכוֹת
יַעְטֶה מוֹרֶה: ח יֵלְכוּ מֵחַיִל אֶל־חָיִל יֵרָאֶה אֶל־אֱלֹהִים
בְּצִיּוֹן: ט יְהֹוָה אֱלֹהִים צְבָאוֹת שִׁמְעָה תְפִלָּתִי הַאֲזִינָה
אֱלֹהֵי יַעֲקֹב סֶלָה: י מָגִנֵּנוּ רְאֵה אֱלֹהִים וְהַבֵּט פְּנֵי
מְשִׁיחֶךָ: יא כִּי טוֹב־יוֹם בַּחֲצֵרֶיךָ מֵאָלֶף בָּחַרְתִּי הִסְתּוֹפֵף
בְּבֵית אֱלֹהַי מִדּוּר בְּאָהֳלֵי־רֶשַׁע: יב כִּי שֶׁמֶשׁ | וּמָגֵן
יְהֹוָה אֱלֹהִים חֵן וְכָבוֹד יִתֵּן יְהֹוָה לֹא יִמְנַע־טוֹב לַהֹלְכִים
בְּתָמִים: יג יְהֹוָה צְבָאוֹת אַשְׁרֵי אָדָם בֹּטֵחַ בָּךְ:

פה.

בזה המזמור מבואר תפלה על אריכות הגלות המר ומתפלל לגאלנו ויקויים הבטחתו
במהרה ומפני מה זה הגלות ארוך יותר מהראשונים, וכל יחיד ויחיד יתפלל אותו
בצרתו:

א לַמְנַצֵּחַ לִבְנֵי־קֹרַח מִזְמוֹר: ב רָצִיתָ יְהֹוָה אַרְצֶךָ
שַׁבְתָּ שְׁבִית יַעֲקֹב: ג נָשָׂאתָ עֲוֹן עַמֶּךָ כִּסִּיתָ כָל־
חַטָּאתָם סֶלָה: ד אָסַפְתָּ כָל־עֶבְרָתֶךָ הֱשִׁיבוֹתָ מֵחֲרוֹן
אַפֶּךָ: ה שׁוּבֵנוּ אֱלֹהֵי יִשְׁעֵנוּ וְהָפֵר כַּעַסְךָ עִמָּנוּ:
ו הַלְעוֹלָם תֶּאֱנַף־בָּנוּ תִּמְשֹׁךְ אַפְּךָ לְדֹר וָדֹר: ז הֲלֹא
אַתָּה תָּשׁוּב תְּחַיֵּנוּ וְעַמְּךָ יִשְׂמְחוּ־בָךְ: ח הַרְאֵנוּ יְהֹוָה

7 For those who pass through the Valley of Thorns, He places wellsprings; their guide will be cloaked in blessings.[1] 8 They go from strength to strength; they will appear before God in Zion. 9 O Lord, God of Hosts, hear my prayer; listen, O God of Jacob, forever. 10 See our shield,[2] O God, and look upon the face of Your anointed one. 11 For better one day in Your courtyards than a thousand [elsewhere]. I would rather stand at the threshold of the house of my God, than dwell [in comfort] in the tents of wickedness. 12 For the Lord, God, is a sun and a shield; the Lord bestows favor and glory; He does not withhold goodness from those who walk in innocence. 13 O Lord of Hosts! Fortunate is the man who trusts in You.

85

In this prayer, lamenting the long and bitter exile, the psalmist asks why this exile is longer than the previous ones, and implores God to quickly fulfill His promise to redeem us. Every individual should offer this psalm when in distress.

למנצח 1 For the Conductor, a psalm by the sons of Korach. 2 O Lord, You favored Your land; You returned the captives of Jacob. 3 You forgave the iniquity of Your people, and covered all their sin forever. 4 You withdrew all Your fury, and retreated from Your fierce anger. 5 Return us, O God of our salvation, and annul Your anger toward us. 6 Will You forever be angry with us? Will You draw out Your anger over all generations? 7 Is it not true that You will revive us again, and Your people will rejoice in You? 8 Show us Your kindness, O Lord,

---

1. God provides water for the pilgrims to Jerusalem, leading them to bless their guides for choosing a water-laden route (*Metzudot*). **2.** Remember the Temple [and rebuild it] (*Metzudot*).

חַסְדְּךָ וְיֶשְׁעֲךָ תִּתֶּן־לָנוּ: ט אֶשְׁמְעָה מַה־יְדַבֵּר הָאֵל ׀
יְהֹוָה כִּי ׀ יְדַבֵּר שָׁלוֹם אֶל־עַמּוֹ וְאֶל־חֲסִידָיו וְאַל־יָשׁוּבוּ
לְכִסְלָה: י אַךְ קָרוֹב לִירֵאָיו יִשְׁעוֹ לִשְׁכֹּן כָּבוֹד בְּאַרְצֵנוּ:
יא חֶסֶד־וֶאֱמֶת נִפְגָּשׁוּ צֶדֶק וְשָׁלוֹם נָשָׁקוּ: יב אֱמֶת
מֵאֶרֶץ תִּצְמָח וְצֶדֶק מִשָּׁמַיִם נִשְׁקָף: יג גַּם־יְהֹוָה
יִתֵּן הַטּוֹב וְאַרְצֵנוּ תִּתֵּן יְבוּלָהּ: יד צֶדֶק לְפָנָיו יְהַלֵּךְ
וְיָשֵׂם לְדֶרֶךְ פְּעָמָיו:

פו.

כמה וכמה תפלות על צרותיו ונגד שונאיו דואג ואחיתופל וכמה תוארי שבחים להקב"ה,
וכל יחיד יכול להתפלל בעת צרותיו:

א תְּפִלָּה לְדָוִד הַטֵּה־יְהֹוָה אָזְנְךָ עֲנֵנִי כִּי־עָנִי
וְאֶבְיוֹן אָנִי: ב שָׁמְרָה נַפְשִׁי כִּי־חָסִיד אָנִי הוֹשַׁע
עַבְדְּךָ אַתָּה אֱלֹהַי הַבּוֹטֵחַ אֵלֶיךָ: ג חָנֵּנִי אֲדֹנָי כִּי
אֵלֶיךָ אֶקְרָא כָּל־הַיּוֹם: ד שַׂמֵּחַ נֶפֶשׁ עַבְדֶּךָ כִּי־אֵלֶיךָ
אֲדֹנָי נַפְשִׁי אֶשָּׂא: ה כִּי־אַתָּה אֲדֹנָי טוֹב וְסַלָּח וְרַב־
חֶסֶד לְכָל־קֹרְאֶיךָ: ו הַאֲזִינָה יְהֹוָה תְּפִלָּתִי וְהַקְשִׁיבָה
בְּקוֹל תַּחֲנוּנוֹתָי: ז בְּיוֹם צָרָתִי אֶקְרָאֶךָּ כִּי תַעֲנֵנִי:
ח אֵין־כָּמוֹךָ בָאֱלֹהִים ׀ אֲדֹנָי וְאֵין כְּמַעֲשֶׂיךָ: ט כָּל־

and grant us Your deliverance. 9 I hear what the Almighty Lord will say; for He speaks peace to His nation and to His pious ones, and they will not return to folly. 10 Indeed, His deliverance is near those who fear Him, that [His] glory may dwell in the land. 11 Kindness and truth have met; righteousness and peace have kissed. 12 Truth will sprout from the earth, and righteousness will peer from heaven. 13 The Lord, too, will bestow goodness, and our land will yield its produce. 14 Righteousness shall walk before him, and he shall set his footsteps in [its] path.

86

This psalm contains many prayers regarding David's troubles, and his enemies Doeg and Achitophel. It also includes many descriptions of God's praise. Every individual can offer this psalm when in distress.

תפלה 1 A prayer by David. Lord, turn Your ear, answer me, for I am poor and needy. 2 Guard my soul, for I am pious; You, my God, deliver Your servant who trusts in You. 3 Be gracious to me, my Lord, for to You I call all day. 4 Bring joy to the soul of Your servant, for to You, my Lord, I lift my soul. 5 For You, my Lord, are good and forgiving, and exceedingly kind to all who call upon You. 6 Lord, hear my prayer and listen to the voice of my supplications. 7 On the day of my distress I call upon You, for You will answer me. 8 There is none like You among the supernal beings, my Lord, and there are no deeds like Yours. 9 All the nations that You have made will come and bow down before You, my Lord,

גּוֹיִם ׀ אֲשֶׁר עָשִׂיתָ יָבוֹאוּ ׀ וְיִשְׁתַּחֲווּ לְפָנֶיךָ אֲדֹנָי וִיכַבְּדוּ
לִשְׁמֶךָ׃ י כִּי־גָדוֹל אַתָּה וְעֹשֵׂה נִפְלָאוֹת אַתָּה אֱלֹהִים
לְבַדֶּךָ׃ יא הוֹרֵנִי יְהֹוָה ׀ דַּרְכֶּךָ אֲהַלֵּךְ בַּאֲמִתֶּךָ יַחֵד
לְבָבִי לְיִרְאָה שְׁמֶךָ׃ יב אוֹדְךָ ׀ אֲדֹנָי אֱלֹהַי בְּכָל־
לְבָבִי וַאֲכַבְּדָה שִׁמְךָ לְעוֹלָם׃ יג כִּי־חַסְדְּךָ גָּדוֹל עָלָי
וְהִצַּלְתָּ נַפְשִׁי מִשְּׁאוֹל תַּחְתִּיָּה׃ יד אֱלֹהִים ׀ זֵדִים קָמוּ
עָלַי וַעֲדַת עָרִיצִים בִּקְשׁוּ נַפְשִׁי וְלֹא שָׂמוּךָ לְנֶגְדָּם׃
טו וְאַתָּה אֲדֹנָי אֵל־רַחוּם וְחַנּוּן אֶרֶךְ אַפַּיִם וְרַב־חֶסֶד
וֶאֱמֶת׃ טז פְּנֵה אֵלַי וְחָנֵּנִי תְּנָה־עֻזְּךָ לְעַבְדֶּךָ וְהוֹשִׁיעָה
לְבֶן־אֲמָתֶךָ׃ יז עֲשֵׂה־עִמִּי אוֹת לְטוֹבָה וְיִרְאוּ שֹׂנְאַי
וְיֵבֹשׁוּ כִּי־אַתָּה יְהֹוָה עֲזַרְתַּנִי וְנִחַמְתָּנִי׃

פז.

מזמור זה נתיסד לאמרו בבה"מ ומשבח כבוד ירושלים והיאך מגדל חכמים רבים וגדולים בעלי שם ואנשי מעשה וכמה טובות לעתיד לבוא:

א לִבְנֵי־קֹרַח מִזְמוֹר שִׁיר יְסוּדָתוֹ בְּהַרְרֵי־קֹדֶשׁ׃
ב אֹהֵב יְהֹוָה שַׁעֲרֵי צִיּוֹן מִכֹּל מִשְׁכְּנוֹת יַעֲקֹב׃ ג נִכְבָּדוֹת
מְדֻבָּר בָּךְ עִיר הָאֱלֹהִים סֶלָה׃ ד אַזְכִּיר ׀ רַהַב וּבָבֶל
לְיֹדְעָי הִנֵּה פְלֶשֶׁת וְצוֹר עִם־כּוּשׁ זֶה יֻלַּד־שָׁם׃

and give honor to Your Name, 10 for You are great and perform wonders, You alone, O God. 11 Lord, teach me Your way that I may walk in Your truth; unify my heart to fear Your Name. 12 I will praise You, my Lord, my God, with all my heart, and give honor to Your Name forever. 13 For Your kindness to me has been great; You have saved my soul from the depth of the grave. 14 O God, malicious men have risen against me; a band of ruthless men has sought my soul; they are not mindful of You. 15 But You, my Lord, are a compassionate and gracious God, slow to anger and abounding in kindness and truth. 16 Turn to me and be gracious to me; grant Your strength to Your servant, and deliver the son of Your maidservant. 17 Show me a sign of favor, that my foes may see and be shamed, because You, Lord, have given me aid and consoled me.

87

Composed to be sung in the Holy Temple, this psalm praises the glory of Jerusalem, a city that produces many great scholars, eminent personalities, and persons of good deeds. It also speaks of the good that will occur in the Messianic era.

לבני 1 By the sons of Korach, a psalm, a song devoted to the holy mountains [of Zion and Jerusalem]. 2 The Lord loves the gates of Zion more than all the dwelling places of Jacob. 3 Glorious things are spoken of you, eternal city of God. 4 I will remind Rahav [Egypt] and Babylon concerning My beloved; Philistia and Tyre as well as Ethiopia, "This one was born there."

ה וּלְצִיּוֹן ׀ יֵאָמַר אִישׁ וְאִישׁ יֻלַּד־בָּהּ וְהוּא יְכוֹנְנֶהָ
עֶלְיוֹן׃ ו יְהוָה יִסְפֹּר בִּכְתוֹב עַמִּים זֶה יֻלַּד־שָׁם סֶלָה׃
ז וְשָׁרִים כְּחֹלְלִים כָּל־מַעְיָנַי בָּךְ׃

פח.

המשורר מאונן ומקונן בהספד מר על החלאים והיסורים שסובלין ישראל בגלות ומזכיר הכל בפרטות:

יום יח

א שִׁיר מִזְמוֹר לִבְנֵי־קֹרַח לַמְנַצֵּחַ עַל־מָחֲלַת לְעַנּוֹת
מַשְׂכִּיל לְהֵימָן הָאֶזְרָחִי׃ ב יְהוָה אֱלֹהֵי יְשׁוּעָתִי יוֹם־
צָעַקְתִּי בַלַּיְלָה נֶגְדֶּךָ׃ ג תָּבוֹא לְפָנֶיךָ תְּפִלָּתִי הַטֵּה
אָזְנְךָ לְרִנָּתִי׃ ד כִּי־שָׂבְעָה בְרָעוֹת נַפְשִׁי וְחַיַּי לִשְׁאוֹל
הִגִּיעוּ׃ ה נֶחְשַׁבְתִּי עִם־יוֹרְדֵי בוֹר הָיִיתִי כְּגֶבֶר אֵין
אֱיָל׃ ו בַּמֵּתִים חָפְשִׁי כְּמוֹ חֲלָלִים ׀ שֹׁכְבֵי קֶבֶר אֲשֶׁר
לֹא־זְכַרְתָּם עוֹד וְהֵמָּה מִיָּדְךָ נִגְזָרוּ׃ ז שַׁתַּנִי בְּבוֹר
תַּחְתִּיּוֹת בְּמַחֲשַׁכִּים בִּמְצֹלוֹת׃ ח עָלַי סָמְכָה חֲמָתֶךָ
וְכָל־מִשְׁבָּרֶיךָ עִנִּיתָ סֶּלָה׃ ט הִרְחַקְתָּ מְיֻדָּעַי מִמֶּנִּי
שַׁתַּנִי תוֹעֵבוֹת לָמוֹ כָּלֻא וְלֹא אֵצֵא׃ י עֵינִי דָאֲבָה
מִנִּי־עֹנִי קְרָאתִיךָ יְהוָה בְּכָל־יוֹם שִׁטַּחְתִּי אֵלֶיךָ כַפָּי׃
יא הֲלַמֵּתִים תַּעֲשֶׂה־פֶּלֶא אִם־רְפָאִים יָקוּמוּ יוֹדוּךָ סֶּלָה׃

5 And to Zion will be said, "This person and that was born there"; and He, the Most High, will establish it. 6 The Lord will count in the register of people, "This one was born there," *Selah.* 7 Singers as well as dancers [will sing your praise and say], "All my inner thoughts are of you."

88

The psalmist weeps and laments bitterly over the maladies and suffering Israel endures in exile, which he describes in detail.

DAY **18**

שיר 1 A song, a psalm by the sons of Korach, for the Conductor, upon the *machalat*[1] to sing aloud; a *maskil*[2] for Heiman the Ezrachite. 2 O Lord, God of my deliverance, by day I cried out [to You], by night I [offer my prayer] before You. 3 Let my prayer come before You; turn Your ear to my supplication. 4 For my soul is sated with affliction, and my life has reached the grave. 5 I was reckoned with those who go down to the pit, I was like a man without strength. 6 [I am regarded] among the dead who are free, like corpses lying in the grave, of whom You are not yet mindful, who are yet cut off by Your hand. 7 You have put me into the lowest pit, into the darkest places, into the depths. 8 Your wrath has weighed heavily upon me, and all the waves [of Your fury] have constantly afflicted me. 9 You have estranged my friends from me, You have made me abhorrent to them; I am imprisoned and unable to leave. 10 My eye is afflicted because of distress; I call to You, O Lord, every day; I have stretched out my hands [in prayer] to You. 11 Do You perform wonders for the deceased? Do

---

1. A musical instrument *(Rashi).* **2.** A psalm intended to enlighten and impart knowledge *(Metzudot).*

יב הַיְסֻפַּר בַּקֶּבֶר חַסְדֶּךָ אֱמוּנָתְךָ בָּאֲבַדּוֹן: יג הֲיִוָּדַע
בַּחֹשֶׁךְ פִּלְאֶךָ וְצִדְקָתְךָ בְּאֶרֶץ נְשִׁיָּה: יד וַאֲנִי | אֵלֶיךָ
יְהֹוָה שִׁוַּעְתִּי וּבַבֹּקֶר תְּפִלָּתִי תְקַדְּמֶךָּ: טו לָמָה יְהֹוָה
תִּזְנַח נַפְשִׁי תַּסְתִּיר פָּנֶיךָ מִמֶּנִּי: טז עָנִי אֲנִי וְגֹוֵעַ
מִנֹּעַר נָשָׂאתִי אֵמֶיךָ אָפוּנָה: יז עָלַי עָבְרוּ חֲרוֹנֶיךָ
בִּעוּתֶיךָ צִמְּתֻתוּנִי: יח סַבּוּנִי כַמַּיִם כָּל־הַיּוֹם הִקִּיפוּ
עָלַי יָחַד: יט הִרְחַקְתָּ מִמֶּנִּי אֹהֵב וָרֵעַ מְיֻדָּעַי מַחְשָׁךְ:

פט.

זה המזמור נאמרה על מלכות בית דוד והמשורר היה מקונן על מלכות בית דוד
שהיה בטל ממנו כמה וכמה שנים וזנח ומאס אותנו:

א מַשְׂכִּיל לְאֵיתָן הָאֶזְרָחִי: ב חַסְדֵּי יְהֹוָה עוֹלָם
אָשִׁירָה לְדֹר | וָדֹר אוֹדִיעַ אֱמוּנָתְךָ בְּפִי: ג כִּי־אָמַרְתִּי
עוֹלָם חֶסֶד יִבָּנֶה שָׁמַיִם | תָּכִן אֱמוּנָתְךָ בָהֶם: ד כָּרַתִּי
בְרִית לִבְחִירִי נִשְׁבַּעְתִּי לְדָוִד עַבְדִּי: ה עַד־עוֹלָם
אָכִין זַרְעֶךָ וּבָנִיתִי לְדֹר־וָדוֹר כִּסְאֲךָ סֶלָה: ו וְיוֹדוּ
שָׁמַיִם פִּלְאֲךָ יְהֹוָה אַף־אֱמוּנָתְךָ בִּקְהַל קְדֹשִׁים:
ז כִּי מִי בַשַּׁחַק יַעֲרֹךְ לַיהֹוָה יִדְמֶה לַיהֹוָה בִּבְנֵי אֵלִים:
ח אֵל נַעֲרָץ בְּסוֹד־קְדֹשִׁים רַבָּה וְנוֹרָא עַל־כָּל־סְבִיבָיו:

the dead stand to offer You praise? *Selah.* 12 Is Your kindness recounted in the grave, your faithfulness in the place of perdition? 13 Are Your wondrous deeds known in the darkness [of the grave], or Your righteousness in the land of oblivion? 14 But, I, to You, O Lord, I cry; each morning my prayer comes before You. 15 Why, O Lord, do You forsake my soul? Why do You conceal Your countenance from Me? 16 From my youth I have been afflicted and approaching death, yet I have borne the fear of You which is firmly established within me. 17 Your furies have passed over me; Your terrors have cut me down. 18 They have engulfed me like water all day long, they all together surrounded me. 19 You have estranged from me beloved and friend; I have been rejected by my intimates.

89

This psalm speaks of the kingship of the House of David, the psalmist lamenting its fall from power for many years, and God's abandonment and spurning of us.

משכיל 1 A *maskil*[1] by Eitan the Ezrachite. 2 I will sing of the Lord's kindness forever; to all generations I will make known Your faithfulness with my mouth. 3 For I have said, "The world is built with kindness; there in the heavens You establish Your faithfulness." 4 I have made a covenant with My chosen one; I have sworn to David, My servant: 5 "I will establish Your descendants forever; I will build your throne for all generations," *Selah.* 6 Then the heavens will extol Your wonders, O Lord; Your faithfulness, too, in the congregation of the holy

---

1. A psalm intended to enlighten and impart knowledge *(Metzudot).*

ט יְהֹוָה ׀ אֱלֹהֵי צְבָאוֹת מִי־כָמוֹךָ חֲסִין ׀ יָהּ וֶאֱמוּנָתְךָ
סְבִיבוֹתֶיךָ: י אַתָּה מוֹשֵׁל בְּגֵאוּת הַיָּם בְּשׂוֹא גַלָּיו
אַתָּה תְשַׁבְּחֵם: יא אַתָּה דִכִּאתָ כֶחָלָל רָהַב בִּזְרוֹעַ
עֻזְּךָ פִּזַּרְתָּ אוֹיְבֶיךָ: יב לְךָ שָׁמַיִם אַף־לְךָ אָרֶץ תֵּבֵל
וּמְלֹאָהּ אַתָּה יְסַדְתָּם: יג צָפוֹן וְיָמִין אַתָּה בְרָאתָם
תָּבוֹר וְחֶרְמוֹן בְּשִׁמְךָ יְרַנֵּנוּ: יד לְךָ זְרוֹעַ עִם־גְּבוּרָה
תָּעֹז יָדְךָ תָּרוּם יְמִינֶךָ: טו צֶדֶק וּמִשְׁפָּט מְכוֹן כִּסְאֶךָ
חֶסֶד וֶאֱמֶת יְקַדְּמוּ פָנֶיךָ: טז אַשְׁרֵי הָעָם יֹדְעֵי תְרוּעָה
יְהֹוָה בְּאוֹר־פָּנֶיךָ יְהַלֵּכוּן: יז בְּשִׁמְךָ יְגִילוּן כָּל־הַיּוֹם
וּבְצִדְקָתְךָ יָרוּמוּ: יח כִּי־תִפְאֶרֶת עֻזָּמוֹ אָתָּה וּבִרְצוֹנְךָ
תָּרוּם קַרְנֵנוּ: יט כִּי לַיהֹוָה מָגִנֵּנוּ וְלִקְדוֹשׁ יִשְׂרָאֵל
מַלְכֵּנוּ: כ אָז דִּבַּרְתָּ־בְחָזוֹן לַחֲסִידֶיךָ וַתֹּאמֶר שִׁוִּיתִי
עֵזֶר עַל־גִּבּוֹר הֲרִימוֹתִי בָחוּר מֵעָם: כא מָצָאתִי דָּוִד
עַבְדִּי בְּשֶׁמֶן קָדְשִׁי מְשַׁחְתִּיו: כב אֲשֶׁר יָדִי תִּכּוֹן עִמּוֹ
אַף־זְרוֹעִי תְאַמְּצֶנּוּ: כג לֹא־יַשִּׁיא אוֹיֵב בּוֹ וּבֶן־עַוְלָה
לֹא יְעַנֶּנּוּ: כד וְכַתּוֹתִי מִפָּנָיו צָרָיו וּמְשַׂנְאָיו אֶגּוֹף:
כה וֶאֱמוּנָתִי וְחַסְדִּי עִמּוֹ וּבִשְׁמִי תָּרוּם קַרְנוֹ: כו וְשַׂמְתִּי

ones. 7 Indeed, who in heaven can be compared to the Lord, who among the supernal beings can be likened to the Lord! 8 The Almighty is revered in the great assembly of the holy ones, awe-inspiring to all who surround Him. 9 O Lord, God of Hosts, who is mighty like You, O God! Your faithfulness surrounds You. 10 You rule the vastness of the sea; when its waves surge, You still them. 11 You crushed Rahav (Egypt) like a corpse; with Your powerful arm You scattered Your enemies. 12 Yours are the heavens, the earth is also Yours; the world and all therein—You established them. 13 The north and the south—You created them; Tabor and Hermon sing of [the greatness] of Your Name. 14 Yours is the arm which has the might; strengthen Your hand, raise high Your right hand. 15 Righteousness and justice are the foundation of Your throne; kindness and truth go before Your countenance. 16 Fortunate is the people who know the sound of the *shofar*; Lord, they walk in the light of Your countenance. 17 They rejoice in Your Name all day, and they are exalted through Your righteousness. 18 Indeed, You are the splendor of their might, and in Your goodwill our glory is exalted. 19 For our protectors turn to the Lord, and our king to the Holy One of Israel. 20 Then You spoke in a vision to Your pious ones and said: "I have granted aid to [David] the mighty one; I have exalted the one chosen from among the people. 21 I have found David, My servant; I have anointed him with My holy oil. 22 It is he whom My hand shall be prepared [to assist]; My arm, too, shall strengthen him. 23 The enemy shall not prevail over him, nor shall the iniquitous person afflict him. 24 And I will crush his adversaries before him, and will strike down those who hate him. 25 Indeed, My faithfulness and My kindness shall be with him, and through My Name his glory shall be exalted. 26 I

בַיָּ֣ם יָד֑וֹ וּֽבַנְּהָר֥וֹת יְמִינֽוֹ׃ כז ה֣וּא יִ֭קְרָאֵנִי אָ֣בִי אָ֑תָּה
אֵ֝לִ֗י וְצ֣וּר יְשׁוּעָתִֽי׃ כח אַף־אָ֭נִי בְּכ֣וֹר אֶתְּנֵ֑הוּ עֶ֝לְי֗וֹן
לְמַלְכֵי־אָֽרֶץ׃ כט לְ֭עוֹלָם אֶשְׁמָר־ל֣וֹ חַסְדִּ֑י וּ֝בְרִיתִ֗י
נֶאֱמֶ֥נֶת לֽוֹ׃ ל וְשַׂמְתִּ֣י לָעַ֣ד זַרְע֑וֹ וְ֝כִסְא֗וֹ כִּימֵ֥י שָׁמָֽיִם׃
לא אִם־יַֽעַזְב֣וּ בָ֭נָיו תּֽוֹרָתִ֑י וּ֝בְמִשְׁפָּטַ֗י לֹ֣א יֵלֵכֽוּן׃ לב אִם־
חֻקֹּתַ֥י יְחַלֵּ֑לוּ וּ֝מִצְוֺתַ֗י לֹ֣א יִשְׁמֹֽרוּ׃ לג וּפָקַדְתִּ֣י בְשֵׁ֣בֶט
פִּשְׁעָ֑ם וּבִנְגָעִ֥ים עֲוֺנָֽם׃ לד וְ֭חַסְדִּי לֹא־אָפִ֣יר מֵעִמּ֑וֹ וְלֹ֥א
אֲ֝שַׁקֵּ֗ר בֶּאֱמוּנָתִֽי׃ לה לֹֽא־אֲחַלֵּ֥ל בְּרִיתִ֑י וּמוֹצָ֥א שְׂ֝פָתַ֗י
לֹ֣א אֲשַׁנֶּֽה׃ לו אַ֭חַת נִשְׁבַּ֣עְתִּי בְקָדְשִׁ֑י אִם־לְדָוִ֥ד אֲכַזֵּֽב׃
לז זַ֭רְעוֹ לְעוֹלָ֣ם יִהְיֶ֑ה וְכִסְא֖וֹ כַשֶּׁ֣מֶשׁ נֶגְדִּֽי׃ לח כְּ֭יָרֵחַ
יִכּ֣וֹן עוֹלָ֑ם וְעֵ֥ד בַּ֝שַּׁ֗חַק נֶאֱמָ֥ן סֶֽלָה׃ לט וְאַתָּ֣ה זָ֭נַחְתָּ
וַתִּמְאָ֑ס הִ֝תְעַבַּ֗רְתָּ עִם־מְשִׁיחֶֽךָ׃ מ נֵ֭אַרְתָּה בְּרִ֣ית עַבְדֶּ֑ךָ
חִלַּ֖לְתָּ לָאָ֣רֶץ נִזְרֽוֹ׃ מא פָּרַ֥צְתָּ כָל־גְּדֵרֹתָ֑יו שַׂ֖מְתָּ
מִבְצָרָ֣יו מְחִתָּֽה׃ מב שַׁ֭סֻּהוּ כָּל־עֹ֣בְרֵי דָ֑רֶךְ הָיָ֥ה חֶ֝רְפָּ֗ה
לִשְׁכֵנָֽיו׃ מג הֲ֭רִימוֹתָ יְמִ֣ין צָרָ֑יו הִ֝שְׂמַ֗חְתָּ כָּל־אוֹיְבָֽיו׃
מד אַף־תָּ֭שִׁיב צ֣וּר חַרְבּ֑וֹ וְלֹ֥א הֲ֝קֵמֹת֗וֹ בַּמִּלְחָמָֽה׃
מה הִשְׁבַּ֥תָּ מִטְּהָר֑וֹ וְ֝כִסְא֗וֹ לָאָ֥רֶץ מִגַּֽרְתָּה׃ מו הִ֭קְצַרְתָּ

will set his hand upon the sea, his right hand upon the rivers.
27 He will call out to Me, 'You are my Father, my God, the
strength of my deliverance.' 28 I will also make him [My]
firstborn, supreme over the kings of the earth. 29 I will
maintain My kindness for him forever; My covenant shall
remain true to him. 30 And I will bestow [kingship] upon his
seed forever, and his throne will endure as long as the
heavens last. 31 If his children forsake My Torah and do not
walk in My ordinances; 32 if they profane My statutes and do
not observe My commandments, 33 then I will punish their
transgression with the rod and their misdeeds with plagues.
34 Yet I shall not take away My kindness from him, nor
betray My faithfulness. 35 I will not abrogate My covenant,
nor change that which has issued from My lips. 36 One thing
I have sworn by My holiness—I will not cause disappoint-
ment to David. 37 His seed will endure forever and his throne
will be [resplendent] as the sun before Me. 38 Like the moon,
it shall be established forever; [the moon] is a faithful
witness in the sky for all time." 39 Yet You have forsaken and
abhorred; You became enraged at Your anointed. 40 You
annulled the covenant with Your servant; You have profaned
his crown [by casting it] to the ground. 41 You shattered all
his fences; You turned all his strongholds into ruin. 42 All
wayfarers despoiled him; he has become a disgrace to his
neighbors. 43 You have uplifted the right hand of his
adversaries; You have made all his enemies rejoice. 44 You
also turned back the blade of his sword, and did not
sustain him in battle. 45 You put an end to his splendor, and
toppled his throne to the ground. 46 You have cut short

יְמֵי עֲלוּמָיו הֶעֱטִיתָ עָלָיו בּוּשָׁה סֶלָה׃ מו עַד־מָה
יְהוָה תִּסָּתֵר לָנֶצַח תִּבְעַר כְּמוֹ־אֵשׁ חֲמָתֶךָ׃ מח זְכָר־
אֲנִי מֶה־חָלֶד עַל־מַה־שָּׁוְא בָּרָאתָ כָל־בְּנֵי־אָדָם׃ מט מִי
גֶבֶר יִחְיֶה וְלֹא יִרְאֶה־מָּוֶת יְמַלֵּט נַפְשׁוֹ מִיַּד־שְׁאוֹל
סֶלָה׃ נ אַיֵּה ׀ חֲסָדֶיךָ הָרִאשֹׁנִים ׀ אֲדֹנָי נִשְׁבַּעְתָּ לְדָוִד
בֶּאֱמוּנָתֶךָ׃ נא זְכֹר אֲדֹנָי חֶרְפַּת עֲבָדֶיךָ שְׂאֵתִי בְחֵיקִי
כָּל־רַבִּים עַמִּים׃ נב אֲשֶׁר חֵרְפוּ אוֹיְבֶיךָ ׀ יְהוָה אֲשֶׁר
חֵרְפוּ עִקְּבוֹת מְשִׁיחֶךָ׃ נג בָּרוּךְ יְהוָה לְעוֹלָם
אָמֵן ׀ וְאָמֵן׃

ספר רביעי

ליום חמישי

צ.

תפלה זו מצאה דוד כתובה כך והיתה קבלה אצלו שמשה רבינו אמרה ויסדה בספרו ומדבר מוסרים גדולים מקוצר ימיו של אדם ומעורר אדם לתשובה בפרטות שלא יתגאה בזה העולם:

יום יט

א תְּפִלָּה לְמֹשֶׁה אִישׁ־הָאֱלֹהִים אֲדֹנָי מָעוֹן אַתָּה
הָיִיתָ לָּנוּ בְּדֹר וָדֹר׃ ב בְּטֶרֶם ׀ הָרִים יֻלָּדוּ וַתְּחוֹלֵל
אֶרֶץ וְתֵבֵל וּמֵעוֹלָם עַד־עוֹלָם אַתָּה אֵל׃ ג תָּשֵׁב
אֱנוֹשׁ עַד־דַּכָּא וַתֹּאמֶר שׁוּבוּ בְנֵי־אָדָם׃ ד כִּי אֶלֶף

the days of his youth; You have enclothed him with long-lasting shame. 47 How long, O Lord, will You conceal Yourself—forever? [How long] will Your fury blaze like fire? 48 O remember how short is my life span! Why have You created all children of man for naught? 49 What man can live and not see death, can save his soul forever from the grave? 50 Where are Your former deeds of kindness, my Lord, which You swore to David in Your faithfulness? 51 Remember, my Lord, the disgrace of Your servants, that I bear in my bosom from all the many nations; 52 that Your enemies have disgraced, O Lord, that they have disgraced the footsteps of Your anointed. 53 Blessed is the Lord forever, *Amen* and *Amen.*

BOOK FOUR

THURSDAY

90

David found this prayer in its present form—receiving a tradition attributing it to Moses[1]—and incorporated it into the Tehillim. It speaks of the brevity of human life, and inspires man to repent and avoid pride in this world.

DAY **19**

תפלה 1 A prayer by Moses, the man of God. My Lord, You have been a shelter for us in every generation. 2 Before the mountains came into being, before You created the earth and the world—for ever and ever You are Almighty God. 3 You diminish man until he is crushed, and You say, "Return, you children of man." 4 Indeed, a thousand years are in Your eyes like yester-

---

1. The Midrash attributes the next eleven psalms to Moses (*Rashi*).

שָׁנִים בְּעֵינֶיךָ כְּיוֹם אֶתְמוֹל כִּי יַעֲבֹר וְאַשְׁמוּרָה בַלָּיְלָה׃
ה זְרַמְתָּם שֵׁנָה יִהְיוּ בַּבֹּקֶר כֶּחָצִיר יַחֲלֹף׃ ו בַּבֹּקֶר
יָצִיץ וְחָלָף לָעֶרֶב יְמוֹלֵל וְיָבֵשׁ׃ ז כִּי־כָלִינוּ בְאַפֶּךָ
וּבַחֲמָתְךָ נִבְהָלְנוּ׃ ח שַׁתָּה עֲוֺנֹתֵינוּ לְנֶגְדֶּךָ עֲלֻמֵנוּ לִמְאוֹר
פָּנֶיךָ׃ ט כִּי כָל־יָמֵינוּ פָּנוּ בְעֶבְרָתֶךָ כִּלִּינוּ שָׁנֵינוּ כְמוֹ־
הֶגֶה׃ י יְמֵי־שְׁנוֹתֵינוּ ׀ בָהֶם שִׁבְעִים שָׁנָה וְאִם בִּגְבוּרֹת ׀
שְׁמוֹנִים שָׁנָה וְרָהְבָּם עָמָל וָאָוֶן כִּי־גָז חִישׁ וַנָּעֻפָה׃
יא מִי־יוֹדֵעַ עֹז אַפֶּךָ וּכְיִרְאָתְךָ עֶבְרָתֶךָ׃ יב לִמְנוֹת
יָמֵינוּ כֵּן הוֹדַע וְנָבִא לְבַב חָכְמָה׃ יג שׁוּבָה יְהוָה
עַד־מָתָי וְהִנָּחֵם עַל־עֲבָדֶיךָ׃ יד שַׂבְּעֵנוּ בַבֹּקֶר חַסְדֶּךָ
וּנְרַנְּנָה וְנִשְׂמְחָה בְּכָל־יָמֵינוּ׃ טו שַׂמְּחֵנוּ כִּימוֹת עִנִּיתָנוּ
שְׁנוֹת רָאִינוּ רָעָה׃ טז יֵרָאֶה אֶל־עֲבָדֶיךָ פָעֳלֶךָ
וַהֲדָרְךָ עַל־בְּנֵיהֶם׃ יז וִיהִי ׀ נֹעַם אֲדֹנָי אֱלֹהֵינוּ עָלֵינוּ
וּמַעֲשֵׂה יָדֵינוּ כּוֹנְנָה עָלֵינוּ וּמַעֲשֵׂה יָדֵינוּ כּוֹנְנֵהוּ׃

צא.

זה המזמור הוא לעורר לב העם לחסות תחת כנפי שכינה. גם בו ענין ארבעה תקופות ומי הם אשר מושלים עליהם וכל שומר נפשו ירחק מהם:

א יֹשֵׁב בְּסֵתֶר עֶלְיוֹן בְּצֵל שַׁדַּי יִתְלוֹנָן׃ ב אֹמַר

day that has passed, like a watch of the night. 5 The stream of their life is as but a slumber; in the morning they are like grass that sprouts anew. 6 In the morning it thrives and sprouts anew; in the evening it withers and dries. 7 For we are consumed by Your anger, and destroyed by Your wrath. 8 You have set our wrongdoings before You, our hidden sins before the light of Your countenance. 9 For all our days have vanished in Your wrath; we cause our years to pass like a fleeting sound. 10 The days of our lives number seventy years, and if in great vigor, eighty years; most of them are but travail and futility, passing quickly and flying away. 11 Who can know the intensity of Your anger? Your wrath is commensurate with one's fear of You. 12 Teach us, then, to reckon our days, that we may acquire a wise heart. 13 Relent, O Lord; how long [will Your anger last]? Have compassion upon Your servants. 14 Satiate us in the morning with Your kindness, then we shall sing and rejoice throughout our days. 15 Give us joy corresponding to the days You afflicted us, the years we have seen adversity. 16 Let Your work be revealed to Your servants, and Your splendor be upon their children. 17 May the pleasantness of the Lord our God be upon us; establish for us the work of our hands; establish the work of our hands.

91

This psalm inspires the hearts of the people to seek shelter under the wings of the Divine Presence. It also speaks of the four seasons of the year, and their respective ministering powers, instructing those who safeguard their souls to avoid them.

ישב 1 You who dwells in the shelter of the Most High, who abides in the shadow of the Omnipotent: 2 I

לַֽיהֹוָה מַחְסִי וּמְצוּדָתִי אֱלֹהַי אֶבְטַח־בּוֹ׃ ג כִּי הוּא
יַצִּילְךָ מִפַּח יָקוּשׁ מִדֶּבֶר הַוּוֹת׃ ד בְּאֶבְרָתוֹ ׀ יָסֶךְ לָךְ
וְתַחַת־כְּנָפָיו תֶּחְסֶה צִנָּה וְסֹחֵרָה אֲמִתּוֹ׃ ה לֹא תִירָא
מִפַּחַד לָיְלָה מֵחֵץ יָעוּף יוֹמָם׃ ו מִדֶּבֶר בָּאֹפֶל יַהֲלֹךְ
מִקֶּטֶב יָשׁוּד צָהֳרָיִם׃ ז יִפֹּל מִצִּדְּךָ ׀ אֶלֶף וּרְבָבָה מִימִינֶךָ
אֵלֶיךָ לֹא יִגָּשׁ׃ ח רַק בְּעֵינֶיךָ תַבִּיט וְשִׁלֻּמַת רְשָׁעִים
תִּרְאֶה׃ ט כִּי־אַתָּה יְהֹוָה מַחְסִי עֶלְיוֹן שַׂמְתָּ מְעוֹנֶךָ׃
י לֹא־תְאֻנֶּה אֵלֶיךָ רָעָה וְנֶגַע לֹא־יִקְרַב בְּאָהֳלֶךָ׃
יא כִּי מַלְאָכָיו יְצַוֶּה־לָּךְ לִשְׁמָרְךָ בְּכָל־דְּרָכֶיךָ׃ יב עַל־
כַּפַּיִם יִשָּׂאוּנְךָ פֶּן־תִּגֹּף בָּאֶבֶן רַגְלֶךָ׃ יג עַל־שַׁחַל וָפֶתֶן
תִּדְרֹךְ תִּרְמֹס כְּפִיר וְתַנִּין׃ יד כִּי בִי חָשַׁק וַאֲפַלְּטֵהוּ
אֲשַׂגְּבֵהוּ כִּי־יָדַע שְׁמִי׃ טו יִקְרָאֵנִי ׀ וְאֶעֱנֵהוּ עִמּוֹ
אָנֹכִי בְצָרָה אֲחַלְּצֵהוּ וַאֲכַבְּדֵהוּ׃ טז אֹרֶךְ יָמִים
אַשְׂבִּיעֵהוּ וְאַרְאֵהוּ בִּישׁוּעָתִי׃

צב.

זה המזמור אמרו הלוים בשיר על הדוכן בבה"מ ביום השבת ומדבר מענין עה"ב ומדבר על לב המדוכאים ביסורים:

א מִזְמוֹר שִׁיר לְיוֹם הַשַּׁבָּת׃ ב טוֹב לְהוֹדוֹת לַיהֹוָה

say of the Lord who is my refuge and my stronghold, my God in whom I trust, 3 that He will save you from the ensnaring trap, from the destructive pestilence. 4 He will cover you with His pinions and you will find refuge under His wings; His truth is a shield and an armor. 5 You will not fear the terror of the night, nor the arrow that flies by day; 6 the pestilence that prowls in the darkness, nor the destruction that ravages at noon. 7 A thousand may fall at your [left] side, and ten thousand at your right, but it shall not reach you. 8 You need only look with your eyes, and you will see the retribution of the wicked. 9 Because you [have said,] "The Lord is my shelter," and you have made the Most High your haven, 10 no evil will befall you, no plague will come near your tent. 11 For He will instruct His angels in your behalf, to guard you in all your ways. 12 They will carry you in their hands, lest you injure your foot upon a rock. 13 You will tread upon the lion and the viper; you will trample upon the young lion and the serpent. 14 Because he desires Me, I will deliver him; I will fortify him, for he knows My Name. 15 When he calls on Me, I will answer him; I am with him in distress. I will deliver him and honor him. 16 I will satiate him with long life, and show him My deliverance.

92

Sung every Shabbat by the Levites in the Holy Temple, this psalm speaks of the World to Come, and comforts the hearts of those crushed by suffering.

מזמור 1 A psalm, a song for the Shabbat day. 2 It is good to praise the Lord, and to sing to Your Name, O

וּלְזַמֵּר לְשִׁמְךָ עֶלְיוֹן: ג לְהַגִּיד בַּבֹּקֶר חַסְדֶּךָ וֶאֱמוּנָתְךָ בַּלֵּילוֹת: ד עֲלֵי־עָשׂוֹר וַעֲלֵי־נָבֶל עֲלֵי הִגָּיוֹן בְּכִנּוֹר: ה כִּי שִׂמַּחְתַּנִי יְהֹוָה בְּפָעֳלֶךָ בְּמַעֲשֵׂי יָדֶיךָ אֲרַנֵּן: ו מַה־גָּדְלוּ מַעֲשֶׂיךָ יְהֹוָה מְאֹד עָמְקוּ מַחְשְׁבֹתֶיךָ: ז אִישׁ־בַּעַר לֹא יֵדָע וּכְסִיל לֹא־יָבִין אֶת־זֹאת: ח בִּפְרֹחַ רְשָׁעִים ׀ כְּמוֹ עֵשֶׂב וַיָּצִיצוּ כָּל־פֹּעֲלֵי אָוֶן לְהִשָּׁמְדָם עֲדֵי־עַד: ט וְאַתָּה מָרוֹם לְעֹלָם יְהֹוָה: י כִּי הִנֵּה אֹיְבֶיךָ ׀ יְהֹוָה כִּי־הִנֵּה אֹיְבֶיךָ יֹאבֵדוּ יִתְפָּרְדוּ כָּל־פֹּעֲלֵי אָוֶן: יא וַתָּרֶם כִּרְאֵים קַרְנִי בַּלֹּתִי בְּשֶׁמֶן רַעֲנָן: יב וַתַּבֵּט עֵינִי בְּשׁוּרָי בַּקָּמִים עָלַי מְרֵעִים תִּשְׁמַעְנָה אָזְנָי: יג צַדִּיק כַּתָּמָר יִפְרָח כְּאֶרֶז בַּלְּבָנוֹן יִשְׂגֶּה: יד שְׁתוּלִים בְּבֵית יְהֹוָה בְּחַצְרוֹת אֱלֹהֵינוּ יַפְרִיחוּ: טו עוֹד יְנוּבוּן בְּשֵׂיבָה דְּשֵׁנִים וְרַעֲנַנִּים יִהְיוּ: טז לְהַגִּיד כִּי־יָשָׁר יְהֹוָה צוּרִי וְלֹא־עַוְלָתָה בּוֹ:

צג.

זה המזמור נאמר על ימות המשיח, באותו פעם ילבש הקב"ה גיאות ומה יתגאה לפניו אדם כמו שעשה נבוכדנצר ופרעה וסנחריב:

א יְהֹוָה מָלָךְ גֵּאוּת לָבֵשׁ לָבֵשׁ יְהֹוָה עֹז הִתְאַזָּר אַף־

Most High; 3 to proclaim Your kindness in the morning, and Your faithfulness in the nights, 4 with a ten-stringed instrument and lyre, to the melody of a harp. 5 For You, Lord, have gladdened me with Your deeds; I sing for joy at the works of Your hand. 6 How great are Your works, O Lord; how very profound Your thoughts! 7 A brutish man cannot know, a fool cannot comprehend this: 8 When the wicked thrive like grass, and all evildoers flourish—it is in order that they may be destroyed forever. 9 But You, Lord, are exalted forever. 10 Indeed, Your enemies, O Lord, indeed Your enemies shall perish; all evildoers shall be scattered. 11 But You have increased my might like that of a wild ox; I am anointed with fresh oil. 12 My eyes have seen [the downfall of] my watchful enemies; my ears have heard [the doom of] the wicked who rise against me. 13 The righteous will flourish like a palm tree, grow tall like a cedar in Lebanon. 14 Planted in the House of the Lord, they shall blossom in the courtyards of our God. 15 They shall be fruitful even in old age; they shall be full of sap and freshness—16 to declare that the Lord is just; He is my Strength, and there is no injustice in Him.

93

This psalm speaks of the Messianic era, when God will don grandeur—allowing no room for man to boast before Him as did Nebuchadnezzar, Pharaoh, and Sennacherib.

יהוה 1 The Lord is King; He has garbed Himself with grandeur; the Lord has robed Himself, He has girded Himself with strength; He has also established the world

תִּכּוֹן תֵּבֵל בַּל־תִּמּוֹט: ב נָכוֹן כִּסְאֲךָ מֵאָז מֵעוֹלָם
אָתָּה: ג נָשְׂאוּ נְהָרוֹת ׀ יְהֹוָה נָשְׂאוּ נְהָרוֹת קוֹלָם
יִשְׂאוּ נְהָרוֹת דָּכְיָם: ד מִקֹּלוֹת ׀ מַיִם רַבִּים אַדִּירִים
מִשְׁבְּרֵי־יָם אַדִּיר בַּמָּרוֹם יְהֹוָה: ה עֵדֹתֶיךָ ׀ נֶאֶמְנוּ
מְאֹד לְבֵיתְךָ נַאֲוָה־קֹדֶשׁ יְהֹוָה לְאֹרֶךְ יָמִים:

צד.

תפלה נוראה ונפלאה לכל יחיד על הגאולה ומוסר גדול:

א אֵל־נְקָמוֹת יְהֹוָה אֵל נְקָמוֹת הוֹפִיעַ: ב הִנָּשֵׂא
שֹׁפֵט הָאָרֶץ הָשֵׁב גְּמוּל עַל־גֵּאִים: ג עַד־מָתַי רְשָׁעִים ׀
יְהֹוָה עַד־מָתַי רְשָׁעִים יַעֲלֹזוּ: ד יַבִּיעוּ יְדַבְּרוּ עָתָק
יִתְאַמְּרוּ כָּל־פֹּעֲלֵי אָוֶן: ה עַמְּךָ יְהֹוָה יְדַכְּאוּ וְנַחֲלָתְךָ
יְעַנּוּ: ו אַלְמָנָה וְגֵר יַהֲרֹגוּ וִיתוֹמִים יְרַצֵּחוּ: ז וַיֹּאמְרוּ
לֹא יִרְאֶה־יָּהּ וְלֹא־יָבִין אֱלֹהֵי יַעֲקֹב: ח בִּינוּ בֹּעֲרִים
בָּעָם וּכְסִילִים מָתַי תַּשְׂכִּילוּ: ט הֲנֹטַע אֹזֶן הֲלֹא יִשְׁמָע
אִם־יֹצֵר עַיִן הֲלֹא יַבִּיט: י הֲיֹסֵר גּוֹיִם הֲלֹא יוֹכִיחַ
הַמְלַמֵּד אָדָם דָּעַת: יא יְהֹוָה יֹדֵעַ מַחְשְׁבוֹת אָדָם כִּי־
הֵמָּה הָבֶל: יב אַשְׁרֵי ׀ הַגֶּבֶר אֲשֶׁר־תְּיַסְּרֶנּוּ יָּהּ וּמִתּוֹרָתְךָ

firmly that it shall not falter. 2 Your throne stands firm from of old; You have existed forever. 3 The rivers have raised, O Lord, the rivers have raised their voice; the rivers raise their raging waves. 4 More than the sound of many waters, than the mighty breakers of the sea, is the Lord mighty on High. 5 Your testimonies are most trustworthy; Your House will be resplendent in holiness, O Lord, forever.

94

An awe-inspiring and wondrous prayer with which every individual can pray for the redemption. It is also an important moral teaching.

אֵל 1 The Lord is a God of retribution; O God of retribution, reveal Yourself! 2 Judge of the earth, arise; render to the arrogant their recompense. 3 How long shall the wicked, O Lord, how long shall the wicked exult? 4 They continuously speak insolently; all the evildoers act arrogantly. 5 They crush Your people, O Lord, and oppress Your heritage. 6 They kill the widow and the stranger, and murder the orphans. 7 And they say, "The Lord does not see, the God of Jacob does not perceive." 8 Understand, you senseless among the people; you fools, when will you become wise? 9 Shall He who implants the ear not hear? Shall He who forms the eye not see? 10 Shall He who chastises nations not punish? Shall He who imparts knowledge to man [not know]? 11 The Lord knows the thoughts of man, that they are naught. 12 Fortunate is the man whom You chastise, O Lord, and instruct him in Your Torah,

תְלַמְּדֶנּוּ: יג לְהַשְׁקִיט לוֹ מִימֵי רָע עַד יִכָּרֶה לָרָשָׁע
שָׁחַת: יד כִּי | לֹא־יִטֹּשׁ יְהֹוָה עַמּוֹ וְנַחֲלָתוֹ לֹא יַעֲזֹב:
טו כִּי־עַד־צֶדֶק יָשׁוּב מִשְׁפָּט וְאַחֲרָיו כָּל־יִשְׁרֵי־לֵב:
טז מִי־יָקוּם לִי עִם־מְרֵעִים מִי־יִתְיַצֵּב לִי עִם־פֹּעֲלֵי אָוֶן:
יז לוּלֵי יְהֹוָה עֶזְרָתָה לִּי כִּמְעַט | שָׁכְנָה דוּמָה נַפְשִׁי:
יח אִם־אָמַרְתִּי מָטָה רַגְלִי חַסְדְּךָ יְהֹוָה יִסְעָדֵנִי: יט בְּרֹב
שַׂרְעַפַּי בְּקִרְבִּי תַּנְחוּמֶיךָ יְשַׁעַשְׁעוּ נַפְשִׁי: כ הַיְחָבְרְךָ
כִּסֵּא הַוּוֹת יֹצֵר עָמָל עֲלֵי־חֹק: כא יָגוֹדּוּ עַל־נֶפֶשׁ צַדִּיק
וְדָם נָקִי יַרְשִׁיעוּ: כב וַיְהִי יְהֹוָה לִי לְמִשְׂגָּב וֵאלֹהַי
לְצוּר מַחְסִי: כג וַיָּשֶׁב עֲלֵיהֶם | אֶת־אוֹנָם וּבְרָעָתָם
יַצְמִיתֵם יַצְמִיתֵם יְהֹוָה אֱלֹהֵינוּ:

צה.

מדבר על העתיד היאך איש אל אחיו ידבר לכו נרננה ונשבח לה' על הניסים שעשה לנו:

א לְכוּ נְרַנְּנָה לַיהֹוָה נָרִיעָה לְצוּר יִשְׁעֵנוּ: ב נְקַדְּמָה
פָנָיו בְּתוֹדָה בִּזְמִרוֹת נָרִיעַ לוֹ: ג כִּי אֵל גָּדוֹל יְהֹוָה
וּמֶלֶךְ גָּדוֹל עַל־כָּל־אֱלֹהִים: ד אֲשֶׁר בְּיָדוֹ מֶחְקְרֵי־
אָרֶץ וְתוֹעֲפוֹת הָרִים לוֹ: ה אֲשֶׁר־לוֹ הַיָּם וְהוּא עָשָׂהוּ

13 bestowing upon him tranquillity in times of adversity, until the pit is dug for the wicked. 14 For the Lord will not abandon His people, nor forsake His heritage. 15 For judgment shall again be consonant with justice, and all the upright in heart will pursue it. 16 Who would rise up for me against the wicked ones; who would stand up for me against the evildoers? 17 Had the Lord not been a help to me, my soul would have soon dwelt in the silence [of the grave]. 18 When I thought that my foot was slipping, Your kindness, O Lord, supported me. 19 When my [worrisome] thoughts multiply within me, Your consolation delights my soul. 20 Can one in the seat of evil, one who makes iniquity into law, consort with You? 21 They band together against the life of the righteous, and condemn innocent blood. 22 The Lord has been my stronghold; my God, the strength of my refuge. 23 He will turn their violence against them and destroy them through their own wickedness; the Lord, our God, will destroy them.

95

This psalm speaks of the future, when man will say to his fellow, "Come, let us sing and offer praise to God for the miracles He has performed for us!"

לכו 1 Come, let us sing to the Lord; let us raise our voices in jubilation to the Rock of our deliverance. 2 Let us approach Him with thanksgiving; let us raise our voices to Him in song. 3 For the Lord is a great God, and a great King over all supernal beings; 4 in His hands are the depths of the earth, and the heights of the mountains are His. 5 Indeed, the sea is His, for He made

וְיַבֶּשֶׁת יָדָיו יָצָרוּ׃ ו בֹּאוּ נִשְׁתַּחֲוֶה וְנִכְרָעָה נִבְרְכָה
לִפְנֵי־יְהֹוָה עֹשֵׂנוּ׃ ז כִּי הוּא אֱלֹהֵינוּ וַאֲנַחְנוּ עַם
מַרְעִיתוֹ וְצֹאן יָדוֹ הַיּוֹם אִם־בְּקֹלוֹ תִשְׁמָעוּ׃ ח אַל־
תַּקְשׁוּ לְבַבְכֶם כִּמְרִיבָה כְּיוֹם מַסָּה בַּמִּדְבָּר׃ ט אֲשֶׁר
נִסּוּנִי אֲבוֹתֵיכֶם בְּחָנוּנִי גַּם־רָאוּ פָעֳלִי׃ י אַרְבָּעִים
שָׁנָה ׀ אָקוּט בְּדוֹר וָאֹמַר עַם תֹּעֵי לֵבָב הֵם וְהֵם לֹא־
יָדְעוּ דְרָכָי׃ יא אֲשֶׁר־נִשְׁבַּעְתִּי בְאַפִּי אִם־יְבֹאוּן
אֶל־מְנוּחָתִי׃

צו.

עוד יאמרו איש אל אחיו באו ונשירה לה':

א שִׁירוּ לַיהֹוָה שִׁיר חָדָשׁ שִׁירוּ לַיהֹוָה כָּל־הָאָרֶץ׃
ב שִׁירוּ לַיהֹוָה בָּרְכוּ שְׁמוֹ בַּשְּׂרוּ מִיּוֹם־לְיוֹם יְשׁוּעָתוֹ׃
ג סַפְּרוּ בַגּוֹיִם כְּבוֹדוֹ בְּכָל־הָעַמִּים נִפְלְאוֹתָיו׃ ד כִּי
גָדוֹל יְהֹוָה וּמְהֻלָּל מְאֹד נוֹרָא הוּא עַל־כָּל־אֱלֹהִים׃
ה כִּי ׀ כָּל־אֱלֹהֵי הָעַמִּים אֱלִילִים וַיהֹוָה שָׁמַיִם עָשָׂה׃
ו הוֹד־וְהָדָר לְפָנָיו עֹז וְתִפְאֶרֶת בְּמִקְדָּשׁוֹ׃ ז הָבוּ לַיהֹוָה
מִשְׁפְּחוֹת עַמִּים הָבוּ לַיהֹוָה כָּבוֹד וָעֹז׃ ח הָבוּ לַיהֹוָה

it; His hands formed the dry land. 6 Come, let us prostrate ourselves and bow down; let us bend the knee before the Lord, our Maker. 7 For He is our God, and we are the people that He tends, the flock under His [guiding] hand—even this very day, if you would but hearken to His voice! 8 Do not harden your heart as at Merivah, as on the day at Massah in the wilderness, 9 where your fathers tested Me; they tried Me, though they had seen My deeds. 10 For forty years I quarreled with that generation; and I said, "They are a people of erring hearts, they do not know My ways." 11 So I vowed in My anger that they would not enter My resting place.

96

The time will yet come when man will say to his fellow: "Come, let us sing to God!"

שִׁירוּ 1 Sing to the Lord a new song; sing to the Lord, all the earth. 2 Sing to the Lord, bless His Name; proclaim His deliverance from day to day. 3 Recount His glory among the nations, His wonders among all the peoples. 4 For the Lord is great and highly praised; He is awesome above all gods. 5 For all the gods of the nations are naught, but the Lord made the heavens. 6 Majesty and splendor are before Him, might and beauty in His Sanctuary. 7 Render to the Lord, O families of nations, render to the Lord honor and might. 8 Render to the Lord honor due to His Name; bring an

כְּב֣וֹד שְׁמ֑וֹ שְׂאֽוּ־מִ֝נְחָ֗ה וּבֹ֥אוּ לְחַצְרוֹתָֽיו׃ ט הִשְׁתַּחֲו֣וּ
לַ֭יהוָה בְּהַדְרַת־קֹ֑דֶשׁ חִ֥ילוּ מִ֝פָּנָ֗יו כָּל־הָאָֽרֶץ׃ י אִמְר֤וּ
בַגּוֹיִ֨ם ׀ יְהוָ֢ה מָ֫לָ֥ךְ אַף־תִּכּ֣וֹן תֵּ֭בֵל בַּל־תִּמּ֑וֹט יָדִ֥ין
עַ֝מִּ֗ים בְּמֵישָׁרִֽים׃ יא יִשְׂמְח֣וּ הַ֭שָּׁמַיִם וְתָגֵ֣ל הָאָ֑רֶץ
יִֽרְעַ֥ם הַ֝יָּ֗ם וּמְלֹאֽוֹ׃ יב יַעֲלֹ֣ז שָׂ֭דַי וְכָל־אֲשֶׁר־בּ֑וֹ אָ֥ז
יְ֝רַנְּנ֗וּ כָּל־עֲצֵי־יָֽעַר׃ יג לִפְנֵ֤י יְהוָ֨ה ׀ כִּ֬י בָ֗א כִּ֥י בָא֮
לִשְׁפֹּ֢ט הָ֫אָ֥רֶץ יִשְׁפֹּֽט־תֵּבֵ֥ל בְּצֶ֑דֶק וְ֝עַמִּ֗ים בֶּאֱמוּנָתֽוֹ׃

צז.

יום כ

א יְהוָ֣ה מָ֭לָךְ תָּגֵ֣ל הָאָ֑רֶץ יִ֝שְׂמְח֗וּ אִיִּ֥ים רַבִּֽים׃
ב עָנָ֣ן וַעֲרָפֶ֣ל סְבִיבָ֑יו צֶ֥דֶק וּ֝מִשְׁפָּ֗ט מְכ֣וֹן כִּסְאֽוֹ׃
ג אֵ֭שׁ לְפָנָ֣יו תֵּלֵ֑ךְ וּתְלַהֵ֖ט סָבִ֣יב צָרָֽיו׃ ד הֵאִ֣ירוּ בְרָקָ֣יו
תֵּבֵ֑ל רָאֲתָ֖ה וַתָּחֵ֣ל הָאָֽרֶץ׃ ה הָרִ֗ים כַּדּוֹנַ֗ג נָ֭מַסּוּ מִלִּפְנֵ֣י
יְהוָ֑ה מִ֝לִּפְנֵ֗י אֲד֣וֹן כָּל־הָאָֽרֶץ׃ ו הִגִּ֣ידוּ הַשָּׁמַ֣יִם צִדְק֑וֹ
וְרָא֖וּ כָל־הָעַמִּ֣ים כְּבוֹדֽוֹ׃ ז יֵבֹ֤שׁוּ ׀ כָּל־עֹ֬בְדֵי פֶ֗סֶל
הַמִּֽתְהַלְלִ֥ים בָּאֱלִילִ֑ים הִשְׁתַּחֲווּ־ל֝֗וֹ כָּל־אֱלֹהִֽים׃
ח שָׁמְעָ֬ה וַתִּשְׂמַ֨ח ׀ צִיּ֗וֹן וַתָּגֵ֗לְנָה בְּנ֣וֹת יְהוּדָ֑ה לְמַ֖עַן

offering and come to His courtyards. 9 Bow down to the
Lord in resplendent holiness; tremble before Him, all
the earth. 10 Proclaim among the nations, "The Lord
reigns"; indeed, the world is firmly established that it
shall not falter; He will judge the peoples with right-
eousness. 11 The heavens will rejoice, the earth will exult;
the sea and its fullness will roar. 12 The fields and
everything therein will jubilate; then all the trees of the
forest will sing. 13 Before the Lord [they shall rejoice],
for He has come, for He has come to judge the earth;
He will judge the world with justice, and the nations
with His truth.

97

DAY **20**

יהוה 1 When the Lord will reveal His kingship, the
earth will exult; the multitudes of islands will rejoice.
2 Clouds and dense darkness will surround Him; justice
and mercy will be the foundation of His throne. 3 Fire
will go before Him and consume His foes all around.
4 His lightnings will illuminate the world; the earth will
see and tremble. 5 The mountains will melt like wax
before the Lord, before the Master of all the earth. 6 The
heavens will declare His justice, and all the nations will
behold His glory. 7 All who worship graven images, who
take pride in idols, will be ashamed; all idol worshippers
will prostrate themselves before Him. 8 Zion will hear
and rejoice, the towns of Judah will exult, because of

מִשְׁפָּטֶיךָ יְהֹוָה: ט כִּי־אַתָּה ׀ יְהֹוָה עֶלְיוֹן עַל־כָּל־
הָאָרֶץ מְאֹד נַעֲלֵיתָ עַל־כָּל־אֱלֹהִים: י אֹהֲבֵי יְהֹוָה
שִׂנְאוּ רָע שֹׁמֵר נַפְשׁוֹת חֲסִידָיו מִיַּד רְשָׁעִים יַצִּילֵם:
יא אוֹר זָרֻעַ לַצַּדִּיק וּלְיִשְׁרֵי־לֵב שִׂמְחָה: יב שִׂמְחוּ צַדִּיקִים
בַּיהֹוָה וְהוֹדוּ לְזֵכֶר קָדְשׁוֹ:

צח.

כו יסופר היאך ישראל יתנו שבח להקב"ה על הגאולה:

א מִזְמוֹר שִׁירוּ לַיהֹוָה ׀ שִׁיר חָדָשׁ כִּי־נִפְלָאוֹת עָשָׂה
הוֹשִׁיעָה־לּוֹ יְמִינוֹ וּזְרוֹעַ קָדְשׁוֹ: ב הוֹדִיעַ יְהֹוָה יְשׁוּעָתוֹ
לְעֵינֵי הַגּוֹיִם גִּלָּה צִדְקָתוֹ: ג זָכַר חַסְדּוֹ ׀ וֶאֱמוּנָתוֹ
לְבֵית יִשְׂרָאֵל רָאוּ כָל־אַפְסֵי־אָרֶץ אֵת יְשׁוּעַת אֱלֹהֵינוּ:
ד הָרִיעוּ לַיהֹוָה כָּל־הָאָרֶץ פִּצְחוּ וְרַנְּנוּ וְזַמֵּרוּ: ה זַמְּרוּ
לַיהֹוָה בְּכִנּוֹר בְּכִנּוֹר וְקוֹל זִמְרָה: ו בַּחֲצֹצְרוֹת וְקוֹל
שׁוֹפָר הָרִיעוּ לִפְנֵי ׀ הַמֶּלֶךְ יְהֹוָה: ז יִרְעַם הַיָּם וּמְלֹאוֹ
תֵּבֵל וְיֹשְׁבֵי בָהּ: ח נְהָרוֹת יִמְחֲאוּ־כָף יַחַד הָרִים
יְרַנֵּנוּ: ט לִפְנֵי־יְהֹוָה כִּי־בָא לִשְׁפֹּט הָאָרֶץ יִשְׁפֹּט־
תֵּבֵל בְּצֶדֶק וְעַמִּים בְּמֵישָׁרִים:

Your judgments, O Lord. 9 For You, Lord, transcend all the earth; You are exceedingly exalted above all the supernal beings. 10 You who love the Lord, hate evil; He watches over the souls of His pious ones, He saves them from the hand of the wicked. 11 Light is sown for the righteous, and joy for the upright in heart. 12 Rejoice in the Lord, you righteous, and extol His holy Name.

98

This psalm describes how Israel will praise God for the Redemption.

מזמור 1 A psalm. Sing to the Lord a new song, for He has performed wonders; His right hand and holy arm have wrought deliverance for Him. 2 The Lord has made known His salvation; He has revealed His justice before the eyes of the nations. 3 He has remembered His kindness and faithfulness to the House of Israel; all, from the farthest corners of the earth, witnessed the deliverance by our God. 4 Raise your voices in jubilation to the Lord, all the earth; burst into joyous song and chanting. 5 Sing to the Lord with a harp, with a harp and the sound of song. 6 With trumpets and the sound of the *shofar*, jubilate before the King, the Lord. 7 The sea and its fullness will roar in joy, the earth and its inhabitants. 8 The rivers will clap their hands, the mountains will sing together. 9 [They will rejoice] before the Lord, for He has come to judge the earth; He will judge the world with justice, and the nations with righteousness.

צט.

זה המזמור נאמר על מלחמות גוג ומגוג:

א יְהוָה מָלָךְ יִרְגְּזוּ עַמִּים יֹשֵׁב כְּרוּבִים תָּנוּט
הָאָרֶץ׃ ב יְהוָה בְּצִיּוֹן גָּדוֹל וְרָם הוּא עַל־כָּל־הָעַמִּים׃
ג יוֹדוּ שִׁמְךָ גָּדוֹל וְנוֹרָא קָדוֹשׁ הוּא׃ ד וְעֹז מֶלֶךְ
מִשְׁפָּט אָהֵב אַתָּה כּוֹנַנְתָּ מֵישָׁרִים מִשְׁפָּט וּצְדָקָה
בְּיַעֲקֹב ׀ אַתָּה עָשִׂיתָ׃ ה רוֹמְמוּ יְהוָה אֱלֹהֵינוּ וְהִשְׁתַּחֲווּ
לַהֲדֹם רַגְלָיו קָדוֹשׁ הוּא׃ ו מֹשֶׁה וְאַהֲרֹן ׀ בְּכֹהֲנָיו
וּשְׁמוּאֵל בְּקֹרְאֵי שְׁמוֹ קֹרְאִים אֶל־יְהוָה וְהוּא יַעֲנֵם׃
ז בְּעַמּוּד עָנָן יְדַבֵּר אֲלֵיהֶם שָׁמְרוּ עֵדֹתָיו וְחֹק נָתַן
לָמוֹ׃ ח יְהוָה אֱלֹהֵינוּ אַתָּה עֲנִיתָם אֵל נֹשֵׂא הָיִיתָ
לָהֶם וְנֹקֵם עַל־עֲלִילוֹתָם׃ ט רוֹמְמוּ יְהוָה אֱלֹהֵינוּ
וְהִשְׁתַּחֲווּ לְהַר קָדְשׁוֹ כִּי־קָדוֹשׁ יְהוָה אֱלֹהֵינוּ׃

ק.

זה המזמור נאמר לעורר לבבות האנשים אשר הם ביסורים בעולם הזה מכל מקום יעבדו את ה' בשמחה, שהכל הוא לטובתם על דרך כי את אשר יאהב ה' יוכיח, וכל הקרבנות יהיו בטלים חוץ מקרבן תודה:

א מִזְמוֹר לְתוֹדָה הָרִיעוּ לַיהוָה כָּל־הָאָרֶץ׃ ב עִבְדוּ
אֶת־יְהוָה בְּשִׂמְחָה בֹּאוּ לְפָנָיו בִּרְנָנָה׃ ג דְּעוּ כִּי־

99

This psalm refers to the wars of Gog and Magog, which will precede the Redemption.

יהוה 1 When the Lord will reveal His kingship, the nations will tremble; the earth will quake before Him Who is enthroned upon the cherubim, 2 [before] the Lord Who is in Zion, Who is great and exalted above all the peoples. 3 They will extol Your Name which is great, awesome and holy. 4 And [they will praise] the might of the King Who loves justice. You have established uprightness; You have made [the laws of] justice and righteousness in Jacob. 5 Exalt the Lord our God, and bow down at His footstool; He is holy. 6 Moses and Aaron among His priests, and Samuel among those who invoke His Name, would call upon the Lord and He would answer them. 7 He would speak to them from a pillar of cloud; they observed His testimonies and the decrees which He gave them. 8 Lord our God, You have answered them; You were a forgiving God for their sake, yet bringing retribution for their own misdeeds. 9 Exalt the Lord our God, and bow down at His holy mountain, for the Lord our God is holy.

100

This psalm inspires the hearts of those who suffer in this world. Let them, nevertheless, serve God with joy, for all is for their good, as in the verse: "He whom God loves does He chastise." The psalm also refers to the thanksgiving sacrifice—the only sacrifice to be offered in the Messianic era.

מזמור 1 A psalm of thanksgiving. Let all the earth sing in jubilation to the Lord. 2 Serve the Lord with joy; come before Him with exultation. 3 Know that the Lord

יְהֹוָה הֽוּא אֱלֹהִים הֽוּא עָשָׂנוּ וְלוֹ אֲנַחְנוּ עַמּוֹ וְצֹאן
מַרְעִיתוֹ : ד בֹּאוּ שְׁעָרָיו | בְּתוֹדָה חֲצֵרֹתָיו בִּתְהִלָּה
הֽוֹדוּ לוֹ בָּרְכוּ שְׁמוֹ : ה כִּי־טוֹב יְהֹוָה לְעוֹלָם חַסְדּוֹ
וְעַד־דֹּר וָדֹר אֱמוּנָתוֹ :

קא.

בזה המזמור מבואר היאך דוד היה מתבודד מבני אדם וכמה מדות טובות וישרות
שהיה מתנהג בביתו :

א לְדָוִד מִזְמוֹר חֶסֶד־וּמִשְׁפָּט אָשִׁירָה לְךָ יְהֹוָה
אֲזַמֵּרָה : ב אַשְׂכִּילָה | בְּדֶרֶךְ תָּמִים מָתַי תָּבוֹא אֵלַי
אֶתְהַלֵּךְ בְּתָם־לְבָבִי בְּקֶרֶב בֵּיתִי : ג לֹא־אָשִׁית | לְנֶגֶד
עֵינַי דְּבַר־בְּלִיָּעַל עֲשֹׂה־סֵטִים שָׂנֵאתִי לֹא יִדְבַּק בִּי :
ד לֵבָב עִקֵּשׁ יָסוּר מִמֶּנִּי רָע לֹא אֵדָע : ה מְלָשְׁנִי
בַסֵּתֶר | רֵעֵהוּ אוֹתוֹ אַצְמִית גְּבַהּ־עֵינַיִם וּרְחַב לֵבָב
אֹתוֹ לֹא אוּכָל : ו עֵינַי | בְּנֶאֶמְנֵי־אֶרֶץ לָשֶׁבֶת עִמָּדִי
הֹלֵךְ בְּדֶרֶךְ תָּמִים הוּא יְשָׁרְתֵנִי : ז לֹא־יֵשֵׁב | בְּקֶרֶב
בֵּיתִי עֹשֵׂה רְמִיָּה דֹּבֵר שְׁקָרִים לֹא־יִכּוֹן לְנֶגֶד עֵינָי :
ח לַבְּקָרִים אַצְמִית כָּל־רִשְׁעֵי־אָרֶץ לְהַכְרִית מֵעִיר־
יְהֹוָה כָּל־פֹּעֲלֵי אָוֶן :

is God; He has made us and we are His, His people and the sheep of His pasture. 4 Enter His gates with gratitude, His courtyards with praise; give thanks to Him, bless His Name. 5 For the Lord is good; His kindness is everlasting, and His faithfulness is for all generations.

101

This psalm speaks of David's secluding himself from others, and of his virtuous conduct even in his own home.

לדוד 1 By David, a psalm. I will sing of [Your] kindness and justice; to You, O Lord, will I chant praise! 2 I will pay heed to the path of integrity—O when will it come to me? I shall walk with the innocence of my heart [even] within my house. 3 I shall not place an evil thing before my eyes; I despise the doing of wayward deeds, it does not cling to me. 4 A perverse heart shall depart from me; I shall not know evil. 5 He who slanders his fellow in secret, him will I cut down; one with haughty eyes and a lustful heart, him I cannot suffer. 6 My eyes are upon the faithful of the land, that they may dwell with me; he who walks in the path of integrity, he shall minister to me. 7 He that practices deceit shall not dwell within my house; the speaker of lies shall have no place before my eyes. 8 Every morning I will cut down all the wicked of the land, to excise all evildoers from the city of the Lord.

קב.

תפלה נוראה על בני הגולה, וכל אדם יכול לומר זה המזמור בעת צרותיו בדרך תפלה:

א תְּפִלָּה לְעָנִי כִי־יַעֲטֹף וְלִפְנֵי יְהוָה יִשְׁפֹּךְ שִׂיחוֹ:
ב יְהוָה שִׁמְעָה תְפִלָּתִי וְשַׁוְעָתִי אֵלֶיךָ תָבוֹא: ג אַל־
תַּסְתֵּר פָּנֶיךָ ׀ מִמֶּנִּי בְּיוֹם צַר־לִי הַטֵּה־אֵלַי אָזְנֶךָ בְּיוֹם
אֶקְרָא מַהֵר עֲנֵנִי: ד כִּי־כָלוּ בְעָשָׁן יָמָי וְעַצְמוֹתַי
כְּמוֹקֵד נִחָרוּ: ה הוּכָּה כָעֵשֶׂב וַיִּבַשׁ לִבִּי כִּי שָׁכַחְתִּי
מֵאֲכֹל לַחְמִי: ו מִקּוֹל אַנְחָתִי דָּבְקָה עַצְמִי לִבְשָׂרִי:
ז דָּמִיתִי לִקְאַת מִדְבָּר הָיִיתִי כְּכוֹס חֳרָבוֹת: ח שָׁקַדְתִּי
וָאֶהְיֶה כְּצִפּוֹר בּוֹדֵד עַל־גָּג: ט כָּל־הַיּוֹם חֵרְפוּנִי אוֹיְבָי
מְהוֹלָלַי בִּי נִשְׁבָּעוּ: י כִּי־אֵפֶר כַּלֶּחֶם אָכָלְתִּי וְשִׁקֻּוַי
בִּבְכִי מָסָכְתִּי: יא מִפְּנֵי־זַעַמְךָ וְקִצְפֶּךָ כִּי נְשָׂאתַנִי
וַתַּשְׁלִיכֵנִי: יב יָמַי כְּצֵל נָטוּי וַאֲנִי כָּעֵשֶׂב אִיבָשׁ:
יג וְאַתָּה יְהוָה לְעוֹלָם תֵּשֵׁב וְזִכְרְךָ לְדֹר וָדֹר: יד אַתָּה
תָקוּם תְּרַחֵם צִיּוֹן כִּי־עֵת לְחֶנְנָהּ כִּי־בָא מוֹעֵד:
טו כִּי־רָצוּ עֲבָדֶיךָ אֶת־אֲבָנֶיהָ וְאֶת־עֲפָרָהּ יְחֹנֵנוּ:
טז וְיִירְאוּ גוֹיִם אֶת־שֵׁם יְהוָה וְכָל־מַלְכֵי הָאָרֶץ אֶת־

102

An awe-inspiring prayer for the exiled, and an appropriate prayer for anyone in distress.

תפלה 1 A prayer of the poor man when he is faint [with affliction], and pours out his tale of woe before the Lord. 2 O Lord, hear my prayer, let my cry reach You! 3 Hide not Your face from me on the day of my distress; turn Your ear to me; on the day that I call, answer me quickly. 4 For my days have vanished with the smoke; my bones are dried up as a hearth. 5 Smitten like grass and withered is my heart, for I have forgotten to eat my bread. 6 From the voice of my sigh, my bone cleaves to my flesh. 7 I am like the bird of the wilderness; like the owl of the wasteland have I become. 8 In haste I fled; I was like a bird, alone on a roof. 9 All day my enemies disgrace me; those who ridicule me curse using my name.[1] 10 For I have eaten ashes like bread, and mixed my drink with tears, 11 because of Your anger and Your wrath—for You have raised me up, then cast me down. 12 My days are like the fleeting shadow; I wither away like the grass. 13 But You, Lord, will be enthroned forever, and Your remembrance is for all generations. 14 You will arise and have mercy on Zion, for it is time to be gracious to her; the appointed time has come. 15 For Your servants cherish her stones, and love her dust. 16 Then the nations will fear the Name of the Lord, and all the kings of the earth

---

1. When swearing, they would say, "If I am lying, may I become like the miserable Jews" (*Metzudot*).

כְּבוֹדֶךָ: יז כִּי־בָנָה יְהוָה צִיּוֹן נִרְאָה בִּכְבוֹדוֹ: יח פָּנָה
אֶל־תְּפִלַּת הָעַרְעָר וְלֹא בָזָה אֶת־תְּפִלָּתָם: יט תִּכָּתֶב
זֹאת לְדוֹר אַחֲרוֹן וְעַם נִבְרָא יְהַלֶּל־יָהּ: כ כִּי־הִשְׁקִיף
מִמְּרוֹם קָדְשׁוֹ יְהוָה מִשָּׁמַיִם | אֶל־אֶרֶץ הִבִּיט:
כא לִשְׁמֹעַ אֶנְקַת אָסִיר לְפַתֵּחַ בְּנֵי תְמוּתָה: כב לְסַפֵּר
בְּצִיּוֹן שֵׁם יְהוָה וּתְהִלָּתוֹ בִּירוּשָׁלָם: כג בְּהִקָּבֵץ עַמִּים
יַחְדָּו וּמַמְלָכוֹת לַעֲבֹד אֶת־יְהוָה: כד עִנָּה בַדֶּרֶךְ כֹּחִי
קִצַּר יָמָי: כה אֹמַר אֵלִי אַל־תַּעֲלֵנִי בַּחֲצִי יָמָי בְּדוֹר
דּוֹרִים שְׁנוֹתֶיךָ: כו לְפָנִים הָאָרֶץ יָסַדְתָּ וּמַעֲשֵׂה יָדֶיךָ
שָׁמָיִם: כז הֵמָּה | יֹאבֵדוּ וְאַתָּה תַעֲמֹד וְכֻלָּם כַּבֶּגֶד
יִבְלוּ כַּלְּבוּשׁ תַּחֲלִיפֵם וְיַחֲלֹפוּ: כח וְאַתָּה־הוּא וּשְׁנוֹתֶיךָ
לֹא יִתָּמּוּ: כט בְּנֵי־עֲבָדֶיךָ יִשְׁכּוֹנוּ וְזַרְעָם לְפָנֶיךָ יִכּוֹן:

קג.

זה המזמור דוד היה אומר כשהיה חולה וטוב להתפלל על החולה ומכל שכן החולה עצמו בעוד נשמתו בגופו אזי יכול לברך להקדוש ברוך הוא בגופו ונפשו עם הקרבים. עיין ותמצא מרגוע לנפשך:

א לְדָוִד | בָּרְכִי נַפְשִׁי אֶת־יְהוָה וְכָל־קְרָבַי אֶת־שֵׁם
קָדְשׁוֹ: ב בָּרְכִי נַפְשִׁי אֶת־יְהוָה וְאַל־תִּשְׁכְּחִי כָּל־
גְּמוּלָיו: ג הַסֹּלֵחַ לְכָל־עֲוֹנֵכִי הָרֹפֵא לְכָל־תַּחֲלוּאָיְכִי:

Your glory, 17 when [they see that] the Lord has built Zion, He has appeared in His glory. 18 He turned to the entreaty of the prayerful, and did not despise their prayer. 19 Let this be written for the last generation, so that the newborn nation will praise the Lord. 20 For He looked down from His holy heights; from heaven, the Lord gazed upon the earth, 21 to hear the cry of the bound, to untie those who are doomed to die, 22 so that the Name of the Lord be declared in Zion, and His praise in Jerusalem, 23 when nations and kingdoms will gather together to serve the Lord. 24 He weakened my strength on the way; He shortened my days. 25 I would say: "My God, do not remove me in the midst of my days! You Whose years endure through all generations." 26 In the beginning You laid the foundations of the earth, and the heavens are the work of Your hands. 27 They will perish, but You will endure; all of them will wear out like a garment; You will exchange them like a robe, and they will vanish. 28 But You remain the same; Your years will not end. 29 The children of Your servants will abide; their seed shall be established before You.

103

David's prayer when he was ill, this psalm is an appropriate prayer on behalf of the sick, especially when offered by the sick person himself while his soul is yet in his body. He can then bless God from his depths, body and soul. Read, and find repose for your soul.

לדוד 1 By David. Bless the Lord, O my soul; and all my being, His holy Name. 2 My soul, bless the Lord; forget not all His favors: 3 Who forgives all your sins,

ד הַגּוֹאֵל מִשַּׁחַת חַיָּיְכִי הַמְעַטְּרֵכִי חֶסֶד וְרַחֲמִים:
ה הַמַּשְׂבִּיעַ בַּטּוֹב עֶדְיֵךְ תִּתְחַדֵּשׁ כַּנֶּשֶׁר נְעוּרָיְכִי:
ו עֹשֵׂה צְדָקוֹת יְהֹוָה וּמִשְׁפָּטִים לְכָל־עֲשׁוּקִים: ז יוֹדִיעַ
דְּרָכָיו לְמֹשֶׁה לִבְנֵי יִשְׂרָאֵל עֲלִילוֹתָיו: ח רַחוּם וְחַנּוּן
יְהֹוָה אֶרֶךְ אַפַּיִם וְרַב־חָסֶד: ט לֹא־לָנֶצַח יָרִיב וְלֹא
לְעוֹלָם יִטּוֹר: י לֹא כַחֲטָאֵינוּ עָשָׂה לָנוּ וְלֹא כַעֲוֹנֹתֵינוּ
גָּמַל עָלֵינוּ: יא כִּי כִגְבֹהַּ שָׁמַיִם עַל־הָאָרֶץ גָּבַר חַסְדּוֹ
עַל־יְרֵאָיו: יב כִּרְחֹק מִזְרָח מִמַּעֲרָב הִרְחִיק מִמֶּנּוּ אֶת־
פְּשָׁעֵינוּ: יג כְּרַחֵם אָב עַל־בָּנִים רִחַם יְהֹוָה עַל־
יְרֵאָיו: יד כִּי־הוּא יָדַע יִצְרֵנוּ זָכוּר כִּי־עָפָר אֲנַחְנוּ:
טו אֱנוֹשׁ כֶּחָצִיר יָמָיו כְּצִיץ הַשָּׂדֶה כֵּן יָצִיץ: טז כִּי
רוּחַ עָבְרָה־בּוֹ וְאֵינֶנּוּ וְלֹא־יַכִּירֶנּוּ עוֹד מְקוֹמוֹ:
יז וְחֶסֶד יְהֹוָה ׀ מֵעוֹלָם וְעַד־עוֹלָם עַל־יְרֵאָיו וְצִדְקָתוֹ
לִבְנֵי בָנִים: יח לְשֹׁמְרֵי בְרִיתוֹ וּלְזֹכְרֵי פִקֻּדָיו לַעֲשׂוֹתָם:
יט יְהֹוָה בַּשָּׁמַיִם הֵכִין כִּסְאוֹ וּמַלְכוּתוֹ בַּכֹּל מָשָׁלָה:
כ בָּרְכוּ יְהֹוָה מַלְאָכָיו גִּבֹּרֵי כֹחַ עֹשֵׂי דְבָרוֹ לִשְׁמֹעַ
בְּקוֹל דְּבָרוֹ: כא בָּרְכוּ יְהֹוָה כָּל־צְבָאָיו מְשָׁרְתָיו עֹשֵׂי

Who heals all your illnesses; 4 Who redeems your life
from the grave, Who crowns you with kindness and
mercy; 5 Who satisfies your mouth with goodness; like
the eagle, your youth is renewed. 6 The Lord executes
righteousness and justice for all the oppressed. 7 He
made His ways known to Moses, His deeds to the
Children of Israel. 8 The Lord is compassionate and
gracious, slow to anger and of great kindness. 9 He will
not contend for eternity, nor harbor ill will forever.
10 He has not dealt with us according to our transgres-
sions, nor requited us according to our sins. 11 For as
high as heaven is above the earth, so has His kindness
been mighty over those who fear Him. 12 As far as the
east is from the west, so has He distanced our transgres-
sions from us. 13 As a father has compassion on his
children, so has the Lord had compassion on those who
fear Him. 14 For He knows our nature; He is mindful
that we are but dust. 15 As for man, his days are like
grass; like a flower of the field, so he sprouts. 16 When
a wind passes over him, he is gone; his place recognizes
him no more. 17 But the kindness of the Lord is forever
and ever upon those who fear Him, and His righteous-
ness is [secured] for children's children, 18 to those who
keep His covenant, and to those who remember His
commands to do them. 19 The Lord has established His
throne in the heavens, and His kingship has dominion
over all. 20 Bless the Lord, you His angels who are
mighty in strength, who do His bidding to obey the
voice of His speech. 21 Bless the Lord, all His hosts, His

רְצוֹנוֹ: כב בָּרְכוּ יְהֹוָה | כָּל־מַעֲשָׂיו בְּכָל־מְקֹמוֹת
מֶמְשַׁלְתּוֹ בָּרְכִי נַפְשִׁי אֶת־יְהֹוָה:

קד.

בו יסופר שבח כל מעשה בראשית ומה שנברא בכל יום ויום והיאך הם נוראים ונפלאים שמפרנס מקרני ראמים ועד ביצי כנים:

יום כא

א בָּרְכִי נַפְשִׁי אֶת־יְהֹוָה יְהֹוָה אֱלֹהַי גָּדַלְתָּ מְּאֹד הוֹד
וְהָדָר לָבָשְׁתָּ: ב עֹטֶה אוֹר כַּשַּׂלְמָה נוֹטֶה שָׁמַיִם
כַּיְרִיעָה: ג הַמְקָרֶה בַמַּיִם עֲלִיּוֹתָיו הַשָּׂם עָבִים רְכוּבוֹ
הַמְהַלֵּךְ עַל־כַּנְפֵי־רוּחַ: ד עֹשֶׂה מַלְאָכָיו רוּחוֹת
מְשָׁרְתָיו אֵשׁ לֹהֵט: ה יָסַד־אֶרֶץ עַל־מְכוֹנֶיהָ בַּל־תִּמּוֹט
עוֹלָם וָעֶד: ו תְּהוֹם כַּלְּבוּשׁ כִּסִּיתוֹ עַל־הָרִים יַעַמְדוּ־
מָיִם: ז מִן־גַּעֲרָתְךָ יְנוּסוּן מִן־קוֹל רַעַמְךָ יֵחָפֵזוּן:
ח יַעֲלוּ הָרִים יֵרְדוּ בְקָעוֹת אֶל־מְקוֹם זֶה | יָסַדְתָּ לָהֶם:
ט גְּבוּל־שַׂמְתָּ בַּל־יַעֲבֹרוּן בַּל־יְשׁוּבוּן לְכַסּוֹת הָאָרֶץ:
י הַמְשַׁלֵּחַ מַעְיָנִים בַּנְּחָלִים בֵּין הָרִים יְהַלֵּכוּן: יא יַשְׁקוּ
כָּל־חַיְתוֹ שָׂדָי יִשְׁבְּרוּ פְרָאִים צְמָאָם: יב עֲלֵיהֶם עוֹף־
הַשָּׁמַיִם יִשְׁכּוֹן מִבֵּין עֳפָאיִם יִתְּנוּ־קוֹל: יג מַשְׁקֶה הָרִים
מֵעֲלִיּוֹתָיו מִפְּרִי מַעֲשֶׂיךָ תִּשְׂבַּע הָאָרֶץ: יד מַצְמִיחַ

servants who do His will. 22 Bless the Lord, all His works, in all the places of His dominion. My soul, bless the Lord!

104

This psalm tells of the beauty of creation, describing that which was created on each of the six days of creation. It proclaims the awesomeness of God Who sustains it all—from the horns of the wild ox to the eggs of the louse.

DAY **21**

ברכי 1 My soul, bless the Lord! Lord my God, You are greatly exalted; You have garbed Yourself with majesty and splendor. 2 You enwrap [Yourself] with light as with a garment; You spread the heavens as a curtain. 3 He roofs His heavens with water; He makes the clouds His chariot, He moves [them] on the wings of the wind. 4 He makes the winds His messengers, the blazing fire His servants. 5 He established the earth on its foundations, that it shall never falter. 6 The depths covered it as a garment; the waters stood above the mountains. 7 At Your exhortation they fled; at the sound of Your thunder they rushed away. 8 They ascended mountains, they flowed down valleys, to the place which You have assigned for them. 9 You set a boundary which they may not cross, so that they should not return to engulf the earth. 10 He sends forth springs into streams; they flow between the mountains. 11 They give drink to all the beasts of the field; the wild animals quench their thirst. 12 The birds of the heavens dwell beside them; they raise their voice from among the foliage. 13 He irrigates the mountains from His clouds above; the earth is satiated from the fruit of Your works. 14 He

חָצִ֨יר ׀ לַבְּהֵמָ֗ה וְ֭עֵשֶׂב לַעֲבֹדַ֣ת הָאָדָ֑ם לְ֥הוֹצִיא לֶ֝֗חֶם
מִן־הָאָֽרֶץ׃ טו וְיַ֤יִן ׀ יְשַׂמַּ֬ח לְבַב־אֱנ֗וֹשׁ לְהַצְהִ֣יל פָּנִ֣ים
מִשָּׁ֑מֶן וְ֝לֶ֗חֶם לְבַב־אֱנ֥וֹשׁ יִסְעָֽד׃ טז יִ֭שְׂבְּעוּ עֲצֵ֣י יְהוָ֑ה
אַרְזֵ֥י לְ֝בָנ֗וֹן אֲשֶׁ֣ר נָטָֽע׃ יז אֲשֶׁר־שָׁ֭ם צִפֳּרִ֣ים יְקַנֵּ֑נוּ
חֲ֝סִידָ֗ה בְּרוֹשִׁ֥ים בֵּיתָֽהּ׃ יח הָרִ֣ים הַ֭גְּבֹהִים לַיְּעֵלִ֑ים
סְ֝לָעִ֗ים מַחְסֶ֥ה לַשְׁפַנִּֽים׃ יט עָשָׂ֣ה יָ֭רֵחַ לְמוֹעֲדִ֑ים שֶׁ֝֗מֶשׁ
יָדַ֥ע מְבוֹאֽוֹ׃ כ תָּֽשֶׁת־חֹ֭שֶׁךְ וִ֣יהִי לָ֑יְלָה בּֽוֹ־תִ֝רְמֹ֗שׂ
כָּל־חַיְתוֹ־יָֽעַר׃ כא הַכְּפִירִים שֹׁאֲגִ֣ים לַטָּ֑רֶף וּלְבַקֵּ֖שׁ
מֵאֵ֣ל אָכְלָֽם׃ כב תִּזְרַ֣ח הַ֭שֶּׁמֶשׁ יֵאָסֵפ֑וּן וְאֶל־מְ֝עוֹנֹתָ֗ם
יִרְבָּצֽוּן׃ כג יֵצֵ֣א אָדָ֣ם לְפָעֳל֑וֹ וְֽלַעֲבֹדָת֣וֹ עֲדֵי־עָֽרֶב׃
כד מָֽה־רַבּ֬וּ מַעֲשֶׂ֨יךָ ׀ יְהוָ֗ה כֻּ֭לָּם בְּחָכְמָ֣ה עָשִׂ֑יתָ
מָלְאָ֥ה הָ֝אָ֗רֶץ קִנְיָנֶֽךָ׃ כה זֶ֤ה ׀ הַיָּ֥ם גָּד֮וֹל וּרְחַ֪ב יָ֫דָ֥יִם
שָׁם־רֶ֭מֶשׂ וְאֵ֣ין מִסְפָּ֑ר חַיּ֥וֹת קְ֝טַנּ֗וֹת עִם־גְּדֹלֽוֹת׃
כו שָׁ֭ם אֳנִיּ֣וֹת יְהַלֵּכ֑וּן לִ֝וְיָתָ֗ן זֶה־יָצַ֥רְתָּ לְשַֽׂחֶק־בּֽוֹ׃
כז כֻּ֭לָּם אֵלֶ֣יךָ יְשַׂבֵּר֑וּן לָתֵ֖ת אָכְלָ֣ם בְּעִתּֽוֹ׃ כח תִּתֵּ֣ן
לָ֭הֶם יִלְקֹט֑וּן תִּפְתַּ֥ח יָ֝דְךָ֗ יִשְׂבְּע֥וּן טֽוֹב׃ כט תַּסְתִּ֥יר
פָּנֶ֗יךָ יִֽבָּהֵ֫ל֥וּן תֹּסֵ֣ף ר֭וּחָם יִגְוָע֑וּן וְֽאֶל־עֲפָרָ֥ם יְשׁוּבֽוּן׃

makes grass grow for the cattle, and vegetation requiring the labor of man to bring forth food from the earth; 15 and wine that gladdens man's heart, oil that makes the face shine, and bread that sustains man's heart. 16 The trees of the Lord drink their fill, the cedars of Lebanon which He planted, 17 wherein birds build their nests; the stork has her home in the cypress. 18 The high mountains are for the wild goats; the rocks are a refuge for the rabbits. 19 He made the moon to calculate the festivals; the sun knows its time of setting. 20 You bring on darkness and it is night, when all the beasts of the forest creep forth. 21 The young lions roar for prey, and seek their food from God. 22 When the sun rises, they return and lie down in their dens. 23 Then man goes out to his work, to his labor until evening. 24 How manifold are Your works, O Lord! You have made them all with wisdom; the earth is full of Your possessions. 25 This sea, vast and wide, where there are countless creeping creatures, living things small and great; 26 there ships travel, there is the Leviathan that You created to frolic therein. 27 They all look expectantly to You to give them their food at the proper time. 28 When You give it to them, they gather it; when You open Your hand, they are satiated with goodness. 29 When You conceal Your countenance, they are terrified; when You take back their spirit, they perish and return to their dust.

ל תְּשַׁלַּח רוּחֲךָ יִבָּרֵאוּן וּתְחַדֵּשׁ פְּנֵי אֲדָמָה: לא יְהִי
כְבוֹד יְהֹוָה לְעוֹלָם יִשְׂמַח יְהֹוָה בְּמַעֲשָׂיו: לב הַמַּבִּיט
לָאָרֶץ וַתִּרְעָד יִגַּע בֶּהָרִים וְיֶעֱשָׁנוּ: לג אָשִׁירָה לַיהֹוָה
בְּחַיָּי אֲזַמְּרָה לֵאלֹהַי בְּעוֹדִי: לד יֶעֱרַב עָלָיו שִׂיחִי אָנֹכִי
אֶשְׂמַח בַּיהֹוָה: לה יִתַּמּוּ חַטָּאִים | מִן־הָאָרֶץ וּרְשָׁעִים |
עוֹד אֵינָם בָּרְכִי נַפְשִׁי אֶת־יְהֹוָה הַלְלוּיָהּ:

קה.

זה המזמור אמר דוד כשהעלה הארון לעיר דוד והיה משורר אותו לפני הארון, וסיפר
כל הנסים שעשה במצרים והיאך שלח לפניהם יוסף ובא לבית האסורים והוציא אותו
עד שבא למעלה גדולה לאסור שרי פרעה בלי רשות פרעה:

א הוֹדוּ לַיהֹוָה קִרְאוּ בִשְׁמוֹ הוֹדִיעוּ בָעַמִּים
עֲלִילוֹתָיו: ב שִׁירוּ־לוֹ זַמְּרוּ־לוֹ שִׂיחוּ בְּכָל־נִפְלְאוֹתָיו:
ג הִתְהַלְלוּ בְּשֵׁם קָדְשׁוֹ יִשְׂמַח לֵב | מְבַקְשֵׁי יְהֹוָה:
ד דִּרְשׁוּ יְהֹוָה וְעֻזּוֹ בַּקְּשׁוּ פָנָיו תָּמִיד: ה זִכְרוּ נִפְלְאוֹתָיו
אֲשֶׁר־עָשָׂה מֹפְתָיו וּמִשְׁפְּטֵי־פִיו: ו זֶרַע אַבְרָהָם עַבְדּוֹ
בְּנֵי יַעֲקֹב בְּחִירָיו: ז הוּא יְהֹוָה אֱלֹהֵינוּ בְּכָל־הָאָרֶץ
מִשְׁפָּטָיו: ח זָכַר לְעוֹלָם בְּרִיתוֹ דָּבָר צִוָּה לְאֶלֶף דּוֹר:
ט אֲשֶׁר כָּרַת אֶת־אַבְרָהָם וּשְׁבוּעָתוֹ לְיִשְׂחָק: י וַיַּעֲמִידֶהָ

30 When You will send forth Your spirit they will be created anew, and You will renew the face of the earth. 31 May the glory of the Lord be forever; may the Lord find delight in His works. 32 He looks at the earth, and it trembles; He touches the mountains, and they smoke. 33 I will sing to the Lord with my soul; I will chant praise to my God with my [entire] being. 34 May my prayer be pleasant to Him; I will rejoice in the Lord. 35 May sinners cease from the earth, and the wicked be no more. Bless the Lord, O my soul! Praise the Lord!

105

When David brought the Holy Ark up to the City of David, he composed this psalm and sang it before the Ark. He recounts all the miracles that God performed for the Jews in Egypt: sending before them Joseph, who was imprisoned, only to be liberated by God, eventually attaining the status of one who could imprison the princes of Egypt without consulting Pharaoh.

הודו 1 Offer praise to the Lord, proclaim His Name; make His deeds known among the nations. 2 Sing to Him, chant praises to Him, speak of all His wonders. 3 Glory in His holy Name; may the heart of those who seek the Lord rejoice. 4 Search for the Lord and His might; seek His countenance always. 5 Remember the wonders that He has wrought, His miracles, and the judgements of His mouth. 6 O descendants of Abraham His servant, children of Jacob, His chosen ones: 7 He is the Lord our God; His judgements extend over the entire earth. 8 He remembers His covenant forever, the word which He has commanded to a thousand generations; 9 the covenant which He made with Abraham, and His oath to Isaac. 10 He established it for Jacob as a

לְיַעֲקֹב לְחֹק לְיִשְׂרָאֵל בְּרִית עוֹלָם: יא לֵאמֹר לְךָ
אֶתֵּן אֶת־אֶרֶץ־כְּנָעַן חֶבֶל נַחֲלַתְכֶם: יב בִּהְיוֹתָם מְתֵי
מִסְפָּר כִּמְעַט וְגָרִים בָּהּ: יג וַיִּתְהַלְּכוּ מִגּוֹי אֶל־גּוֹי
מִמַּמְלָכָה אֶל־עַם אַחֵר: יד לֹא־הִנִּיחַ אָדָם לְעָשְׁקָם
וַיּוֹכַח עֲלֵיהֶם מְלָכִים: טו אַל־תִּגְּעוּ בִמְשִׁיחָי וְלִנְבִיאַי
אַל־תָּרֵעוּ: טז וַיִּקְרָא רָעָב עַל־הָאָרֶץ כָּל־מַטֵּה־לֶחֶם
שָׁבָר: יז שָׁלַח לִפְנֵיהֶם אִישׁ לְעֶבֶד נִמְכַּר יוֹסֵף:
יח עִנּוּ בַכֶּבֶל רַגְלוֹ בַּרְזֶל בָּאָה נַפְשׁוֹ: יט עַד־עֵת
בֹּא־דְבָרוֹ אִמְרַת יְהֹוָה צְרָפָתְהוּ: כ שָׁלַח מֶלֶךְ וַיַּתִּירֵהוּ
מֹשֵׁל עַמִּים וַיְפַתְּחֵהוּ: כא שָׂמוֹ אָדוֹן לְבֵיתוֹ וּמֹשֵׁל
בְּכָל־קִנְיָנוֹ: כב לֶאְסֹר שָׂרָיו בְּנַפְשׁוֹ וּזְקֵנָיו יְחַכֵּם:
כג וַיָּבֹא יִשְׂרָאֵל מִצְרָיִם וְיַעֲקֹב גָּר בְּאֶרֶץ־חָם: כד וַיֶּפֶר
אֶת־עַמּוֹ מְאֹד וַיַּעֲצִמֵהוּ מִצָּרָיו: כה הָפַךְ לִבָּם לִשְׂנֹא
עַמּוֹ לְהִתְנַכֵּל בַּעֲבָדָיו: כו שָׁלַח מֹשֶׁה עַבְדּוֹ אַהֲרֹן
אֲשֶׁר־בָּחַר בּוֹ: כז שָׂמוּ בָם דִּבְרֵי אֹתוֹתָיו וּמֹפְתִים
בְּאֶרֶץ חָם: כח שָׁלַח חֹשֶׁךְ וַיַּחְשִׁךְ וְלֹא־מָרוּ אֶת־
דְּבָרוֹ: כט הָפַךְ אֶת־מֵימֵיהֶם לְדָם וַיָּמֶת אֶת־דְּגָתָם:

statute, for Israel as an everlasting covenant, 11 stating, "To you I shall give the land of Canaan"—the portion of your inheritance, 12 when they were but few, very few, and strangers in it. 13 They wandered from nation to nation, from one kingdom to another people. 14 He permitted no one to wrong them, and admonished kings for their sake: 15 "Do not touch My anointed ones, and do not harm My prophets." 16 He called for a famine upon the land; He broke every source of bread. 17 He sent a man before them; Joseph was sold as a slave. 18 They afflicted his foot with chains, his soul was put into iron; 19 until the time that His words came, the decree of the Lord purified him. 20 The king sent [word] and released him, the ruler of nations set him free. 21 He appointed him master of his house and ruler of all his possessions, 22 to imprison his princes at will, and to enlighten his elders. 23 Thus Israel came to Egypt, and Jacob sojourned in the land of Ham (Egypt). 24 He multiplied His nation greatly, and made it mightier than its adversaries. 25 He turned their hearts to hate His nation, to conspire against His servants. 26 He sent Moses, His servant; Aaron, whom He had chosen. 27 They placed among them the words of His signs, miracles in the land of Ham. 28 He sent darkness and made it dark, and they did not defy His word. 29 He transformed their waters to blood, and killed their fish.

לּ שָׁרַץ אַרְצָם צְפַרְדְעִים בְּחַדְרֵי מַלְכֵיהֶם: לא אָמַר

וַיָּבֹא עָרֹב כִּנִּים בְּכָל־גְּבוּלָם: לב נָתַן גִּשְׁמֵיהֶם בָּרָד

אֵשׁ לֶהָבוֹת בְּאַרְצָם: לג וַיַּךְ גַּפְנָם וּתְאֵנָתָם וַיְשַׁבֵּר

עֵץ גְּבוּלָם: לד אָמַר וַיָּבֹא אַרְבֶּה וְיֶלֶק וְאֵין מִסְפָּר:

לה וַיֹּאכַל כָּל־עֵשֶׂב בְּאַרְצָם וַיֹּאכַל פְּרִי אַדְמָתָם: לו וַיַּךְ

כָּל־בְּכוֹר בְּאַרְצָם רֵאשִׁית לְכָל־אוֹנָם: לז וַיּוֹצִיאֵם בְּכֶסֶף

וְזָהָב וְאֵין בִּשְׁבָטָיו כּוֹשֵׁל: לח שָׂמַח מִצְרַיִם בְּצֵאתָם

כִּי־נָפַל פַּחְדָּם עֲלֵיהֶם: לט פָּרַשׂ עָנָן לְמָסָךְ וְאֵשׁ

לְהָאִיר לָיְלָה: מ שָׁאַל וַיָּבֵא שְׂלָו וְלֶחֶם שָׁמַיִם

יַשְׂבִּיעֵם: מא פָּתַח צוּר וַיָּזוּבוּ מָיִם הָלְכוּ בַּצִּיּוֹת נָהָר:

מב כִּי זָכַר אֶת־דְּבַר קָדְשׁוֹ אֶת־אַבְרָהָם עַבְדּוֹ:

מג וַיּוֹצִא עַמּוֹ בְשָׂשׂוֹן בְּרִנָּה אֶת־בְּחִירָיו: מד וַיִּתֵּן

לָהֶם אַרְצוֹת גּוֹיִם וַעֲמַל לְאֻמִּים יִירָשׁוּ: מה בַּעֲבוּר |

יִשְׁמְרוּ חֻקָּיו וְתוֹרֹתָיו יִנְצֹרוּ הַלְלוּיָהּ:

קו.

זה המזמור קאי על הקודם, ואמר המשורר הודו לה' על שעשה לנו עוד ניסים מה
שלא זכרנו מקדם כאשר מי ימלל גבורות ה' אם באנו לספר מי יוכל למלל הכל:
יום כב

א הַלְלוּיָהּ | הוֹדוּ לַיהֹוָה כִּי־טוֹב כִּי לְעוֹלָם חַסְדּוֹ:

30 Their land swarmed with frogs in the chambers of their kings. 31 He spoke, and hordes of wild beasts came, and lice throughout their borders. 32 He turned their rains to hail, flaming fire in their land; 33 it struck their vine and fig tree, it broke the trees of their borders. 34 He spoke, and grasshoppers came, locusts without number; 35 and it consumed all grass in their land, it ate the fruit of their soil. 36 Then He smote every firstborn in their land, the first of all their potency. 37 And He took them out with silver and gold, and none among His tribes stumbled. 38 Egypt rejoiced at their leaving, for the fear [of Israel] had fallen upon them. 39 He spread out a cloud for shelter, and a fire to illuminate the night. 40 [Israel] asked, and He brought quail, and with the bread of heaven He satisfied them. 41 He opened a rock and waters flowed; they streamed through dry places like a river, 42 for He remembered His holy word to Abraham His servant. 43 And He brought out His nation with joy, His chosen ones with song. 44 He gave them the lands of nations, they inherited the toil of peoples, 45 so that they might keep His statutes and observe His laws. Praise the Lord!

106

The psalmist continues the theme of the previous psalm, praising God for performing other miracles not mentioned previously, for "who can recount the mighty acts of God?" Were we to try, we could not mention them all!

DAY **22**

הללויה 1 Praise the Lord! Praise the Lord for He is

ב מִי יְמַלֵּל גְּבוּרוֹת יְהֹוָה יַשְׁמִיעַ כָּל־תְּהִלָּתוֹ: ג אַשְׁרֵי
שֹׁמְרֵי מִשְׁפָּט עֹשֵׂה צְדָקָה בְכָל־עֵת: ד זָכְרֵנִי יְהֹוָה
בִּרְצוֹן עַמֶּךָ פָּקְדֵנִי בִּישׁוּעָתֶךָ: ה לִרְאוֹת ׀ בְּטוֹבַת
בְּחִירֶיךָ לִשְׂמֹחַ בְּשִׂמְחַת גּוֹיֶךָ לְהִתְהַלֵּל עִם־נַחֲלָתֶךָ:
ו חָטָאנוּ עִם־אֲבוֹתֵינוּ הֶעֱוִינוּ הִרְשָׁעְנוּ: ז אֲבוֹתֵינוּ
בְמִצְרַיִם ׀ לֹא־הִשְׂכִּילוּ נִפְלְאוֹתֶיךָ לֹא זָכְרוּ אֶת־רֹב
חֲסָדֶיךָ וַיַּמְרוּ עַל־יָם בְּיַם־סוּף: ח וַיּוֹשִׁיעֵם לְמַעַן שְׁמוֹ
לְהוֹדִיעַ אֶת־גְּבוּרָתוֹ: ט וַיִּגְעַר בְּיַם־סוּף וַיֶּחֱרָב וַיּוֹלִיכֵם
בַּתְּהֹמוֹת כַּמִּדְבָּר: י וַיּוֹשִׁיעֵם מִיַּד שׂוֹנֵא וַיִּגְאָלֵם מִיַּד
אוֹיֵב: יא וַיְכַסּוּ־מַיִם צָרֵיהֶם אֶחָד מֵהֶם לֹא נוֹתָר:
יב וַיַּאֲמִינוּ בִדְבָרָיו יָשִׁירוּ תְּהִלָּתוֹ: יג מִהֲרוּ שָׁכְחוּ מַעֲשָׂיו
לֹא־חִכּוּ לַעֲצָתוֹ: יד וַיִּתְאַוּוּ תַאֲוָה בַּמִּדְבָּר וַיְנַסּוּ־אֵל
בִּישִׁימוֹן: טו וַיִּתֵּן לָהֶם שֶׁאֱלָתָם וַיְשַׁלַּח רָזוֹן בְּנַפְשָׁם:
טז וַיְקַנְאוּ לְמֹשֶׁה בַּמַּחֲנֶה לְאַהֲרֹן קְדוֹשׁ יְהֹוָה:
יז תִּפְתַּח־אֶרֶץ וַתִּבְלַע דָּתָן וַתְּכַס עַל־עֲדַת אֲבִירָם:
יח וַתִּבְעַר־אֵשׁ בַּעֲדָתָם לֶהָבָה תְּלַהֵט רְשָׁעִים: יט יַעֲשׂוּ־
עֵגֶל בְּחֹרֵב וַיִּשְׁתַּחֲווּ לְמַסֵּכָה: כ וַיָּמִירוּ אֶת־כְּבוֹדָם

good, for His kindness is everlasting. 2 Who can recount the mighty acts of the Lord, or proclaim all His praises? 3 Fortunate are those who preserve justice, who perform deeds of righteousness all the time. 4 Remember me, Lord, when You find favor with Your people; be mindful of me with Your deliverance; 5 to behold the prosperity of Your chosen, to rejoice in the joy of Your nation, to glory with Your inheritance. 6 We have sinned as did our fathers, we have acted perversely and wickedly. 7 Our fathers in Egypt did not contemplate Your wonders, they did not remember Your abundant kindnesses, and they rebelled by the sea, at the Sea of Reeds. 8 Yet He delivered them for the sake of His Name, to make His strength known. 9 He roared at the Sea of Reeds and it dried up; He led them through the depths, as through a desert. 10 He saved them from the hand of the enemy, and redeemed them from the hand of the foe. 11 The waters engulfed their adversaries; not one of them remained. 12 Then they believed in His words, they sang His praise. 13 They quickly forgot His deeds, they did not wait for His counsel; 14 and they lusted a craving in the desert, they tested God in the wilderness. 15 And He gave them their request, but sent emaciation into their souls. 16 They angered Moses in the camp, and Aaron, the Lord's holy one. 17 The earth opened and swallowed Dathan, and engulfed the company of Abiram; 18 and a fire burned in their assembly, a flame set the wicked ablaze. 19 They made a calf in Horeb, and bowed down to a molten image. 20 They exchanged their Glory for

בְּתַבְנִית שׁוֹר אֹכֵל עֵשֶׂב: כא שָׁכְחוּ אֵל מוֹשִׁיעָם
עֹשֶׂה גְדֹלוֹת בְּמִצְרָיִם: כב נִפְלָאוֹת בְּאֶרֶץ חָם נוֹרָאוֹת
עַל־יַם־סוּף: כג וַיֹּאמֶר לְהַשְׁמִידָם לוּלֵי מֹשֶׁה בְחִירוֹ
עָמַד בַּפֶּרֶץ לְפָנָיו לְהָשִׁיב חֲמָתוֹ מֵהַשְׁחִית: כד וַיִּמְאֲסוּ
בְּאֶרֶץ חֶמְדָּה לֹא־הֶאֱמִינוּ לִדְבָרוֹ: כה וַיֵּרָגְנוּ בְאָהֳלֵיהֶם
לֹא שָׁמְעוּ בְּקוֹל יְהֹוָה: כו וַיִּשָּׂא יָדוֹ לָהֶם לְהַפִּיל אוֹתָם
בַּמִּדְבָּר: כז וּלְהַפִּיל זַרְעָם בַּגּוֹיִם וּלְזָרוֹתָם בָּאֲרָצוֹת:
כח וַיִּצָּמְדוּ לְבַעַל פְּעוֹר וַיֹּאכְלוּ זִבְחֵי מֵתִים: כט וַיַּכְעִיסוּ
בְּמַעַלְלֵיהֶם וַתִּפְרָץ־בָּם מַגֵּפָה: ל וַיַּעֲמֹד פִּינְחָס וַיְפַלֵּל
וַתֵּעָצַר הַמַּגֵּפָה: לא וַתֵּחָשֶׁב לוֹ לִצְדָקָה לְדֹר וָדֹר
עַד־עוֹלָם: לב וַיַּקְצִיפוּ עַל־מֵי מְרִיבָה וַיֵּרַע לְמֹשֶׁה
בַּעֲבוּרָם: לג כִּי־הִמְרוּ אֶת־רוּחוֹ וַיְבַטֵּא בִּשְׂפָתָיו:
לד לֹא־הִשְׁמִידוּ אֶת־הָעַמִּים אֲשֶׁר אָמַר יְהֹוָה לָהֶם:
לה וַיִּתְעָרְבוּ בַגּוֹיִם וַיִּלְמְדוּ מַעֲשֵׂיהֶם: לו וַיַּעַבְדוּ אֶת־
עֲצַבֵּיהֶם וַיִּהְיוּ לָהֶם לְמוֹקֵשׁ: לז וַיִּזְבְּחוּ אֶת־בְּנֵיהֶם
וְאֶת־בְּנוֹתֵיהֶם לַשֵּׁדִים: לח וַיִּשְׁפְּכוּ דָם נָקִי דַּם־בְּנֵיהֶם
וּבְנוֹתֵיהֶם אֲשֶׁר זִבְּחוּ לַעֲצַבֵּי כְנַעַן וַתֶּחֱנַף הָאָרֶץ

the likeness of a grass-eating ox. 21 They forgot God, their savior, Who had performed great deeds in Egypt, 22 wonders in the land of Ham, awesome things at the Sea of Reeds. 23 He said that He would destroy them— had not Moses His chosen one stood in the breach before Him, to turn away His wrath from destroying. 24 They despised the desirable land, they did not believe His word. 25 And they murmured in their tents, they did not heed the voice of the Lord. 26 So He raised His hand [in oath] against them, to cast them down in the wilderness, 27 to throw down their progeny among the nations, and to scatter them among the lands. 28 They joined themselves to [the idol] Baal Peor, and ate of the sacrifices to the dead; 29 they provoked Him with their doings, and a plague broke out in their midst. 30 Then Phineas arose and executed judgement, and the plague was stayed; 31 it was accounted for him as a righteous deed, through all generations, forever. 32 They angered Him at the waters of Merivah, and Moses suffered on their account; 33 for they defied His spirit, and He pronounced [an oath] with His lips. 34 They did not destroy the nations as the Lord had instructed them; 35 rather, they mingled with the nations and learned their deeds. 36 They worshipped their idols, and they became a snare for them. 37 They sacrificed their sons and daughters to demons. 38 They spilled innocent blood, the blood of their sons and daughters whom they sacrificed to the idols of Canaan; and the land

בַּדָּמִים: לט וַיִּטְמְאוּ בְמַעֲשֵׂיהֶם וַיִּזְנוּ בְּמַעַלְלֵיהֶם:
מ וַיִּחַר־אַף יְהוָה בְּעַמּוֹ וַיְתָעֵב אֶת־נַחֲלָתוֹ: מא וַיִּתְּנֵם
בְּיַד־גּוֹיִם וַיִּמְשְׁלוּ בָהֶם שֹׂנְאֵיהֶם: מב וַיִּלְחָצוּם
אוֹיְבֵיהֶם וַיִּכָּנְעוּ תַּחַת יָדָם: מג פְּעָמִים רַבּוֹת יַצִּילֵם
וְהֵמָּה יַמְרוּ בַעֲצָתָם וַיָּמֹכּוּ בַּעֲוֺנָם: מד וַיַּרְא בַּצַּר לָהֶם
בְּשָׁמְעוֹ אֶת־רִנָּתָם: מה וַיִּזְכֹּר לָהֶם בְּרִיתוֹ וַיִּנָּחֵם כְּרֹב
חֲסָדָיו: מו וַיִּתֵּן אוֹתָם לְרַחֲמִים לִפְנֵי כָּל־שׁוֹבֵיהֶם:
מז הוֹשִׁיעֵנוּ | יְהוָה אֱלֹהֵינוּ וְקַבְּצֵנוּ מִן־הַגּוֹיִם לְהוֹדוֹת
לְשֵׁם קָדְשֶׁךָ לְהִשְׁתַּבֵּחַ בִּתְהִלָּתֶךָ: מח בָּרוּךְ יְהוָה |
אֱלֹהֵי יִשְׂרָאֵל מִן־הָעוֹלָם | וְעַד הָעוֹלָם וְאָמַר כָּל־הָעָם
אָמֵן הַלְלוּיָהּ:

ספר חמישי

ליום ששי

קז.

זה המזמור נאמר על ארבעה שיצאו מצרה לרוחה צריכים להודות לה', כי בעונש חטאם היו בצרה ובחסד אלהים נצלו ומהראוי לשבח ולספר בפני רבים:

א הֹדוּ לַיהוָה כִּי־טוֹב כִּי לְעוֹלָם חַסְדּוֹ: ב יֹאמְרוּ

became guilty with blood. 39 They were defiled by their
deeds, and went astray by their actions. 40 And the
Lord's wrath blazed against His people, and He ab-
horred His inheritance; 41 so He delivered them into the
hands of nations, and their enemies ruled them. 42 Their
enemies oppressed them, and they were subdued under
their hand. 43 Many times did He save them, yet they
were rebellious in their counsel and were impoverished
by their sins. 44 But He saw their distress, when He
heard their prayer; 45 and He remembered for them His
covenant and He relented, in keeping with His abound-
ing kindness, 46 and He caused them to be treated
mercifully by all their captors. 47 Deliver us, Lord our
God; gather us from among the nations, that we may
give thanks to Your Holy Name and glory in Your
praise. 48 Blessed is the Lord, the God of Israel, forever
and ever. And let all the people say, "Amen! Praise the
Lord!"

BOOK FIVE

FRIDAY

107

This psalm speaks of those who are saved from four specific perilous situations (imprisonment, sickness, desert travel, and sea travel) and must thank God, for their sins caused their troubles, and only by the kindness of God were they saved. It is therefore appropriate that they praise God and tell of their salvation to all.

הֹדוּ 1 Give thanks to the Lord for He is good, for His
kindness is everlasting. 2 So shall say those redeemed by

גְּאוּלֵי יְהֹוָה אֲשֶׁר גְּאָלָם מִיַּד־צָר: ג וּמֵאֲרָצוֹת קִבְּצָם
מִמִּזְרָח וּמִמַּעֲרָב מִצָּפוֹן וּמִיָּם: ד תָּעוּ בַמִּדְבָּר בִּישִׁימוֹן
דָּרֶךְ עִיר מוֹשָׁב לֹא מָצָאוּ: ה רְעֵבִים גַּם־צְמֵאִים
נַפְשָׁם בָּהֶם תִּתְעַטָּף: ו וַיִּצְעֲקוּ אֶל־יְהֹוָה בַּצַּר לָהֶם
מִמְּצוּקוֹתֵיהֶם יַצִּילֵם: ז וַיַּדְרִיכֵם בְּדֶרֶךְ יְשָׁרָה לָלֶכֶת
אֶל־עִיר מוֹשָׁב: ח יוֹדוּ לַיהֹוָה חַסְדּוֹ וְנִפְלְאוֹתָיו לִבְנֵי
אָדָם: ט כִּי־הִשְׂבִּיעַ נֶפֶשׁ שֹׁקֵקָה וְנֶפֶשׁ רְעֵבָה מִלֵּא־
טוֹב: י יֹשְׁבֵי חֹשֶׁךְ וְצַלְמָוֶת אֲסִירֵי עֳנִי וּבַרְזֶל: יא כִּי־
הִמְרוּ אִמְרֵי־אֵל וַעֲצַת עֶלְיוֹן נָאָצוּ: יב וַיַּכְנַע בֶּעָמָל
לִבָּם כָּשְׁלוּ וְאֵין עֹזֵר: יג וַיִּזְעֲקוּ אֶל־יְהֹוָה בַּצַּר לָהֶם
מִמְּצוּקוֹתֵיהֶם יוֹשִׁיעֵם: יד יוֹצִיאֵם מֵחֹשֶׁךְ וְצַלְמָוֶת
וּמוֹסְרוֹתֵיהֶם יְנַתֵּק: טו יוֹדוּ לַיהֹוָה חַסְדּוֹ וְנִפְלְאוֹתָיו
לִבְנֵי אָדָם: טז כִּי־שִׁבַּר דַּלְתוֹת נְחֹשֶׁת וּבְרִיחֵי בַרְזֶל
גִּדֵּעַ: יז אֱוִלִים מִדֶּרֶךְ פִּשְׁעָם וּמֵעֲוֹנֹתֵיהֶם יִתְעַנּוּ: יח כָּל־
אֹכֶל תְּתַעֵב נַפְשָׁם וַיַּגִּיעוּ עַד־שַׁעֲרֵי־מָוֶת: יט וַיִּזְעֲקוּ
אֶל־יְהֹוָה בַּצַּר לָהֶם מִמְּצוּקוֹתֵיהֶם יוֹשִׁיעֵם: כ יִשְׁלַח
דְּבָרוֹ וְיִרְפָּאֵם וִימַלֵּט מִשְּׁחִיתוֹתָם: כא יוֹדוּ לַיהֹוָה חַסְדּוֹ

the Lord, those whom He redeemed from the hand of the oppressor. 3 He gathered them from the lands—from east and from west, from north and from the sea. 4 They lost their way in the wilderness, in the wasteland; they found no inhabited city. 5 Both hungry and thirsty, their soul languished within them. 6 They cried out to the Lord in their distress; He delivered them from their afflictions. 7 He guided them in the right path to reach an inhabited city. 8 Let them give thanks to the Lord, and [proclaim] His wonders to the children of man, 9 for He has satiated a thirsting soul, and filled a hungry soul with goodness. 10 Those who sit in darkness and the shadow of death, bound in misery and chains of iron, 11 for they defied the words of God and spurned the counsel of the Most High— 12 He humbled their heart through suffering; they stumbled and there was none to help. 13 They cried out to the Lord in their distress; He saved them from their afflictions. 14 He brought them out of darkness and the shadow of death, and sundered their bonds. 15 Let them give thanks to the Lord for His kindness, and [proclaim] His wonders to the children of man, 16 for He broke the brass gates and smashed the iron bars. 17 Foolish sinners are afflicted because of their sinful ways and their wrongdoings. 18 Their soul loathes all food, and they reach the gates of death. 19 They cried out to the Lord in their distress; He saved them from their afflictions. 20 He sent forth His command and healed them; He delivered them from their graves. 21 Let them give thanks to the Lord for His kindness,

וְנִפְלְאוֹתָיו לִבְנֵי אָדָם׃ כב וְיִזְבְּחוּ זִבְחֵי תוֹדָה וִיסַפְּרוּ
מַעֲשָׂיו בְּרִנָּה׃ כג יוֹרְדֵי הַיָּם בָּאֳנִיּוֹת עֹשֵׂי מְלָאכָה
בְּמַיִם רַבִּים׃ כד הֵמָּה רָאוּ מַעֲשֵׂי יְהוָה וְנִפְלְאוֹתָיו
בִּמְצוּלָה׃ כה וַיֹּאמֶר וַיַּעֲמֵד רוּחַ סְעָרָה וַתְּרוֹמֵם גַּלָּיו׃
כו יַעֲלוּ שָׁמַיִם יֵרְדוּ תְהוֹמוֹת נַפְשָׁם בְּרָעָה תִתְמוֹגָג׃
כז יָחוֹגּוּ וְיָנוּעוּ כַּשִּׁכּוֹר וְכָל־חָכְמָתָם תִּתְבַּלָּע׃ כח וַיִּצְעֲקוּ
אֶל־יְהוָה בַּצַּר לָהֶם וּמִמְּצוּקֹתֵיהֶם יוֹצִיאֵם׃ כט יָקֵם
סְעָרָה לִדְמָמָה וַיֶּחֱשׁוּ גַּלֵּיהֶם׃ ל וַיִּשְׂמְחוּ כִי־יִשְׁתֹּקוּ
וַיַּנְחֵם אֶל־מְחוֹז חֶפְצָם׃ לא יוֹדוּ לַיהוָה חַסְדּוֹ וְנִפְלְאוֹתָיו
לִבְנֵי אָדָם׃ לב וִירוֹמְמוּהוּ בִּקְהַל עָם וּבְמוֹשַׁב זְקֵנִים
יְהַלְלוּהוּ׃ לג יָשֵׂם נְהָרוֹת לְמִדְבָּר וּמֹצָאֵי מַיִם לְצִמָּאוֹן׃
לד אֶרֶץ פְּרִי לִמְלֵחָה מֵרָעַת יֹשְׁבֵי בָהּ׃ לה יָשֵׂם מִדְבָּר
לַאֲגַם־מַיִם וְאֶרֶץ צִיָּה לְמֹצָאֵי מָיִם׃ לו וַיּוֹשֶׁב שָׁם
רְעֵבִים וַיְכוֹנְנוּ עִיר מוֹשָׁב׃ לז וַיִּזְרְעוּ שָׂדוֹת וַיִּטְּעוּ
כְרָמִים וַיַּעֲשׂוּ פְּרִי תְבוּאָה׃ לח וַיְבָרְכֵם וַיִּרְבּוּ מְאֹד
וּבְהֶמְתָּם לֹא יַמְעִיט׃ לט וַיִּמְעֲטוּ וַיָּשֹׁחוּ מֵעֹצֶר רָעָה

and [proclaim] His wonders to the children of man.
22 Let them offer sacrifices of thanksgiving, and joyfully
recount His deeds. 23 Those who go down to the sea
in ships, who perform tasks in mighty waters; 24 they
saw the works of the Lord and His wonders in the
deep. 25 He spoke and caused the stormy wind to rise,
and it lifted up the waves. 26 They rise to the sky,
plunge to the depths; their soul melts in distress.
27 They reel and stagger like a drunkard, all their skill
is to no avail. 28 They cried out to the Lord in their
distress, and He brought them out from their calamity.
29 He transformed the storm into stillness, and the
waves were quieted. 30 They rejoiced when they were
silenced, and He led them to their destination. 31 Let
them give thanks to the Lord for His kindness, and
[proclaim] His wonders to the children of man. 32 Let
them exalt Him in the congregation of the people, and
praise Him in the assembly of the elders. 33 He turns
rivers into desert, springs of water into parched land,
34 a fruitful land into a salt-marsh, because of the
wickedness of those who inhabit it. 35 He turns a
desert into a lake, and parched land into springs of
water. 36 He settles the hungry there, and they establish
a city of habitation. 37 They sow fields and plant
vineyards which yield fruit and wheat. 38 He blesses
them and they multiply greatly, and He does not
decrease their cattle. 39 [If they sin,] they are dimin-
ished and cast down through oppression, misery,

וְיָגֽוֹן: מ שֹׁפֵךְ בּוּז עַל־נְדִיבִים וַיַּתְעֵם בְּתֹהוּ לֹא־דָֽרֶךְ:

מא וַיְשַׂגֵּב אֶבְיוֹן מֵעוֹנִי וַיָּשֶׂם כַּצֹּאן מִשְׁפָּחֽוֹת: מב יִרְאוּ

יְשָׁרִים וְיִשְׂמָחוּ וְכָל־עַוְלָה קָפְצָה פִּֽיהָ: מג מִי־חָכָם

וְיִשְׁמָר־אֵלֶּה וְיִתְבּֽוֹנְנוּ חַסְדֵי יְהֹוָֽה:

קח.

א שִׁיר מִזְמוֹר לְדָוִֽד: ב נָכוֹן לִבִּי אֱלֹהִים אָשִׁירָה

וַאֲזַמְּרָה אַף־כְּבוֹדִֽי: ג עוּרָה הַנֵּבֶל וְכִנּוֹר אָעִירָה שָּֽׁחַר:

ד אוֹדְךָ בָעַמִּים ׀ יְהֹוָה וַאֲזַמֶּרְךָ בַּלְאֻמִּֽים: ה כִּי־גָדֹל

מֵעַל־שָׁמַיִם חַסְדֶּךָ וְעַד־שְׁחָקִים אֲמִתֶּֽךָ: ו רֽוּמָה עַל־

שָׁמַיִם אֱלֹהִים וְעַל כָּל־הָאָרֶץ כְּבוֹדֶֽךָ: ז לְמַעַן יֵחָלְצוּן

יְדִידֶיךָ הוֹשִׁיעָה יְמִֽינְךָ וַעֲנֵֽנִי: ח אֱלֹהִים ׀ דִּבֶּר בְּקָדְשׁוֹ

אֶעְלֹזָה אֲחַלְּקָה שְׁכֶם וְעֵמֶק סֻכּוֹת אֲמַדֵּֽד: ט לִי גִלְעָד ׀

לִי מְנַשֶּׁה וְאֶפְרַיִם מָעוֹז רֹאשִׁי יְהוּדָה מְחֹקְקִֽי: י מוֹאָב ׀

סִיר רַחְצִי עַל־אֱדוֹם אַשְׁלִיךְ נַעֲלִי עֲלֵי פְלֶשֶׁת אֶתְרוֹעָֽע:

יא מִי יֹבִלֵנִי עִיר מִבְצָר מִי נָחַנִי עַד־אֱדֽוֹם: יב הֲלֹא־

אֱלֹהִים זְנַחְתָּנוּ וְלֹא־תֵצֵא אֱלֹהִים בְּצִבְאֹתֵֽינוּ: יג הָֽבָה

and sorrow. 40 He pours contempt upon distinguished men, and causes them to stray in a pathless wilderness. 41 He raises the needy from distress, and makes their families [as numerous] as flocks. 42 The upright observe this and rejoice, and all the wicked close their mouth. 43 Let him who is wise bear these in mind, and then the benevolent acts of the Lord will be understood.

DAY 23   **108**

שיר 1 A song, a psalm by David. 2 My heart is steadfast, O God; I will sing and chant praises even with my soul. 3 Awake, O lyre and harp; I shall awaken the dawn. 4 I will thank You among the nations, Lord; I will sing praises to You among the peoples. 5 Indeed, Your kindness reaches above the heavens; Your truth reaches to the skies. 6 Be exalted upon the heavens, O God, [show] Your glory upon all the earth. 7 That Your beloved ones may be delivered, help with Your right hand and answer me. 8 God spoke in His holiness that I would exult, I would divide portions [of the enemies' land], I would measure the Valley of Succot. 9 Mine is Gilead, mine is Manasseh, and Ephraim is the stronghold of my head, Judah is my prince. 10 Moab is my washbasin, I will cast my shoe upon Edom, I will shout over Philistia. 11 Who will bring me to the fortified city? Who led me unto Edom? 12 Is it not God, Who has [until now] forsaken us, and did not go forth, O God, with our armies? 13 Give us help against the adversary;

לָנוּ עֶזְרָת מִצָּר וְשָׁוְא תְּשׁוּעַת אָדָם: יד בֵּאלֹהִים נַעֲשֶׂה־

חָיִל וְהוּא יָבוּס צָרֵינוּ:

קט.

חברו דוד בברחו מפני שאול ובאותו פעם היה לו הרבה שונאים שהיו מדברים רק
רע עליו והיו מראין אליו כאלו היו אוהביו לכך היה מקללם במר נפשו:

א לַמְנַצֵּחַ לְדָוִד מִזְמוֹר אֱלֹהֵי תְהִלָּתִי אַל־תֶּחֱרָשׁ:

ב כִּי פִי רָשָׁע וּפִי־מִרְמָה עָלַי פָּתָחוּ דִּבְּרוּ אִתִּי לְשׁוֹן

שֶׁקֶר: ג וְדִבְרֵי שִׂנְאָה סְבָבוּנִי וַיִּלָּחֲמוּנִי חִנָּם: ד תַּחַת־

אַהֲבָתִי יִשְׂטְנוּנִי וַאֲנִי תְפִלָּה: ה וַיָּשִׂימוּ עָלַי רָעָה

תַּחַת טוֹבָה וְשִׂנְאָה תַּחַת אַהֲבָתִי: ו הַפְקֵד עָלָיו

רָשָׁע וְשָׂטָן יַעֲמֹד עַל־יְמִינוֹ: ז בְּהִשָּׁפְטוֹ יֵצֵא רָשָׁע

וּתְפִלָּתוֹ תִּהְיֶה לַחֲטָאָה: ח יִהְיוּ־יָמָיו מְעַטִּים פְּקֻדָּתוֹ

יִקַּח אַחֵר: ט יִהְיוּ־בָנָיו יְתוֹמִים וְאִשְׁתּוֹ אַלְמָנָה: י וְנוֹעַ

יָנוּעוּ בָנָיו וְשִׁאֵלוּ וְדָרְשׁוּ מֵחָרְבוֹתֵיהֶם: יא יְנַקֵּשׁ נוֹשֶׁה

לְכָל־אֲשֶׁר־לוֹ וְיָבֹזּוּ זָרִים יְגִיעוֹ: יב אַל־יְהִי־לוֹ מֹשֵׁךְ

חָסֶד וְאַל־יְהִי חוֹנֵן לִיתוֹמָיו: יג יְהִי־אַחֲרִיתוֹ לְהַכְרִית

בְּדוֹר אַחֵר יִמַּח שְׁמָם: יד יִזָּכֵר | עֲוֹן אֲבֹתָיו אֶל־יְהֹוָה

וְחַטַּאת אִמּוֹ אַל־תִּמָּח: טו יִהְיוּ נֶגֶד־יְהֹוָה תָּמִיד וְיַכְרֵת

futile is the help of man. 14 Through God we will do
valiantly, and He will trample our oppressors.

109

David composed this psalm while fleeing from Saul. At that time he faced many
enemies who, despite acting friendly in his presence, spoke only evil of him; he
therefore curses them bitterly.

למנצח 1 For the Conductor, by David, a psalm. O
God of my praise, be not silent. 2 For the mouth of the
wicked and the mouth of the deceitful have opened
against me; they spoke to me with a false tongue. 3 They
have surrounded me with words of hate, and attacked
me without cause. 4 In return for my love they hate me;
still, I am [a man of] prayer. 5 They placed harm upon
me in return for my favor, and hatred in return for my
love. 6 Appoint a wicked man over him; let an adversary
stand at his right. 7 When he is judged may he go out
condemned; may his prayer be considered a sin. 8 May
his days be few; may another take his position. 9 May
his children be orphans and his wife a widow. 10 May
his children wander about and beg; may they seek
charity from amid their ruins. 11 May the creditor seize
all that he has, and may strangers plunder [the fruits of]
his labor. 12 May he have none who extends him
kindness, and may none be gracious to his orphans.
13 May his posterity be cut off; may their name be erased
in a later generation. 14 May the iniquity of his fathers
be remembered by the Lord, and the sin of his mother
not be erased. 15 May they be before the Lord always,
and may He cut off their memory from the earth.

מֵאֶרֶץ זִכְרָם: ‏טז‏ יַעַן אֲשֶׁר | לֹא־זָכַר‎ עֲשׂוֹת חֶסֶד
וַיִּרְדֹּף אִישׁ־עָנִי וְאֶבְיוֹן וְנִכְאֵה לֵבָב לְמוֹתֵת: ‏יז‏ וַיֶּאֱהַב
קְלָלָה וַתְּבוֹאֵהוּ וְלֹא־חָפֵץ בִּבְרָכָה וַתִּרְחַק מִמֶּנּוּ:
‏יח‏ וַיִּלְבַּשׁ קְלָלָה כְּמַדּוֹ וַתָּבֹא כַמַּיִם בְּקִרְבּוֹ וְכַשֶּׁמֶן
בְּעַצְמוֹתָיו: ‏יט‏ תְּהִי־לוֹ כְּבֶגֶד יַעְטֶה וּלְמֵזַח תָּמִיד
יַחְגְּרֶהָ: ‏כ‏ זֹאת | פְּעֻלַּת שֹׂטְנַי מֵאֵת יְהֹוָה וְהַדֹּבְרִים
רָע עַל־נַפְשִׁי: ‏כא‏ וְאַתָּה | יֱהֹוִה‎* אֲדֹנָי עֲשֵׂה־אִתִּי לְמַעַן
שְׁמֶךָ כִּי־טוֹב חַסְדְּךָ הַצִּילֵנִי: ‏כב‏ כִּי־עָנִי וְאֶבְיוֹן אָנֹכִי
וְלִבִּי חָלַל בְּקִרְבִּי: ‏כג‏ כְּצֵל כִּנְטוֹתוֹ נֶהֱלָכְתִּי נִנְעַרְתִּי
כָּאַרְבֶּה: ‏כד‏ בִּרְכַּי כָּשְׁלוּ מִצּוֹם וּבְשָׂרִי כָּחַשׁ מִשָּׁמֶן:
‏כה‏ וַאֲנִי | הָיִיתִי חֶרְפָּה לָהֶם יִרְאוּנִי יְנִיעוּן רֹאשָׁם:
‏כו‏ עָזְרֵנִי יְהֹוָה אֱלֹהָי הוֹשִׁיעֵנִי כְחַסְדֶּךָ: ‏כז‏ וְיֵדְעוּ כִּי־
יָדְךָ זֹּאת אַתָּה יְהֹוָה עֲשִׂיתָהּ: ‏כח‏ יְקַלְלוּ־הֵמָּה וְאַתָּה
תְבָרֵךְ קָמוּ | וַיֵּבֹשׁוּ וְעַבְדְּךָ יִשְׂמָח: ‏כט‏ יִלְבְּשׁוּ שׂוֹטְנַי
כְּלִמָּה וְיַעֲטוּ כַמְעִיל בָּשְׁתָּם: ‏ל‏ אוֹדֶה יְהֹוָה מְאֹד בְּפִי
וּבְתוֹךְ רַבִּים אֲהַלְלֶנּוּ: ‏לא‏ כִּי־יַעֲמֹד לִימִין אֶבְיוֹן לְהוֹשִׁיעַ
מִשֹּׁפְטֵי נַפְשׁוֹ:

*) הקריאה: אֱלֹהִים.

16 Because he did not remember to do kindness, and he pursued the poor and destitute man and the broken-hearted, to kill [him]. 17 He loved the curse and it has come upon him; he did not desire blessing, and it has remained far from him. 18 He donned the curse like his garment, and it came like water into his innards, like oil into his bones. 19 May it be to him like a cloak in which he wraps himself, as a belt with which he girds himself always. 20 This is from the Lord for the deeds of my enemies, and [for] those who speak evil against my soul. 21 And You, God, my Lord, do [kindness] with me for the sake of Your Name; for Your kindness is good, rescue me! 22 For I am poor and destitute, and my heart has died within me. 23 Like the fleeting shadow I am banished, I am tossed about like the locust. 24 My knees totter from fasting, and my flesh is lean without fat. 25 And I became a disgrace to them; they see me and shake their heads. 26 Help me, Lord, my God, deliver me according to Your kindness. 27 Let them know that this is Your hand, that You, Lord, have done it. 28 Let them curse, but You will bless; they arose, but they will be shamed, and Your servant will rejoice. 29 May my adversaries be clothed in humiliation; may they wrap themselves in their shame as in a cloak. 30 I will thank the Lord profusely with my mouth, and amid the multitude I will praise Him, 31 when He stands at the right of the destitute one to deliver him from the condemners of his soul.

קי.

בו יסופר היאך ששאלו לאליעזר עבד אברהם ויספר היאך הרג אברהם מלכים גדולים וחיילותם, עיין בפנים ותמצא שכל המזמור הולך על אברהם בשביל שהכיר את בוראו בילדותו לכך זכה לשם:

א לְדָוִד מִזְמוֹר נְאֻם יְהֹוָה ׀ לַאדֹנִי שֵׁב לִימִינִי עַד־
אָשִׁית אֹיְבֶיךָ הֲדֹם לְרַגְלֶיךָ: ב מַטֵּה עֻזְּךָ יִשְׁלַח יְהֹוָה
מִצִּיּוֹן רְדֵה בְּקֶרֶב אֹיְבֶיךָ: ג עַמְּךָ נְדָבֹת בְּיוֹם חֵילֶךָ
בְּהַדְרֵי־קֹדֶשׁ מֵרֶחֶם מִשְׁחָר לְךָ טַל יַלְדֻתֶיךָ: ד נִשְׁבַּע
יְהֹוָה ׀ וְלֹא יִנָּחֵם אַתָּה־כֹהֵן לְעוֹלָם עַל־דִּבְרָתִי מַלְכִּי־
צֶדֶק: ה אֲדֹנָי עַל־יְמִינְךָ מָחַץ בְּיוֹם־אַפּוֹ מְלָכִים:
ו יָדִין בַּגּוֹיִם מָלֵא גְוִיּוֹת מָחַץ רֹאשׁ עַל־אֶרֶץ רַבָּה:
ז מִנַּחַל בַּדֶּרֶךְ יִשְׁתֶּה עַל־כֵּן יָרִים רֹאשׁ:

קיא.

זה המזמור נאמר בא"ב ובכל פסוק שני אותיות ובב' פסוקים אחרונים ג' אותיות, והמזמור קצר ונכבד ידבר במעשה הקדוש ברוך הוא וגדולים מעשי ה':

א הַלְלוּיָהּ ׀ אוֹדֶה יְהֹוָה בְּכָל־לֵבָב בְּסוֹד יְשָׁרִים
וְעֵדָה: ב גְּדֹלִים מַעֲשֵׂי יְהֹוָה דְּרוּשִׁים לְכָל־חֶפְצֵיהֶם:
ג הוֹד־וְהָדָר פָּעֳלוֹ וְצִדְקָתוֹ עֹמֶדֶת לָעַד: ד זֵכֶר עָשָׂה
לְנִפְלְאֹתָיו חַנּוּן וְרַחוּם יְהֹוָה: ה טֶרֶף נָתַן לִירֵאָיו יִזְכֹּר
לְעוֹלָם בְּרִיתוֹ: ו כֹּחַ מַעֲשָׂיו הִגִּיד לְעַמּוֹ לָתֵת לָהֶם

110

This psalm records the response of Eliezer, servant of Abraham (to those who asked how Abraham managed to defeat the four kings). He tells of Abraham killing the mighty kings and their armies. Read, and you will discover that the entire psalm refers to Abraham, who merited prominence for recognizing God in his youth.

לְדָוִד 1 By David, a psalm. The Lord said to my master, "Sit at My right, until I make your enemies a stool for your feet." 2 The staff of your strength the Lord will send from Zion, to rule amid your enemies. 3 Your people [will come] willingly on the day of your campaign; because of your splendid sanctity from when you emerged from the womb, you still possess the dew of your youth. 4 The Lord has sworn and will not regret: "You shall be a priest forever, just as Melchizedek!" 5 My Lord is at your right; He has crushed kings on the day of His fury. 6 He will render judgement upon the nations, and they will be filled with corpses; He will crush heads over a vast land. 7 He will drink from the stream on the way, and so will hold his head high.

111

This psalm is written in alphabetical sequence, each verse containing two letters, save the last two verses which contain three letters each. The psalm is short yet prominent, speaking of the works of God and their greatness.

הַלְלוּיָהּ 1 Praise the Lord! I will give thanks to the Lord with all my heart, in the counsel of the upright and the congregation. 2 Great are the works of the Lord, [yet] available to all who desire them. 3 Majesty and splendor are His work, and His righteousness endures forever. 4 He established a memorial for His wonders, for the Lord is gracious and compassionate. 5 He gave food to those who fear Him; He remembered His covenant always. 6 He has declared the power of His deeds to His people, to give them

נַחֲלַת גּוֹיִם : ז מַעֲשֵׂי יָדָיו אֱמֶת וּמִשְׁפָּט נֶאֱמָנִים כָּל־

פִּקּוּדָיו : ח סְמוּכִים לָעַד לְעוֹלָם עֲשׂוּיִם בֶּאֱמֶת וְיָשָׁר :

ט פְּדוּת שָׁלַח לְעַמּוֹ צִוָּה לְעוֹלָם בְּרִיתוֹ קָדוֹשׁ וְנוֹרָא

שְׁמוֹ : י רֵאשִׁית חָכְמָה | יִרְאַת יְהֹוָה שֵׂכֶל טוֹב

לְכָל־עֹשֵׂיהֶם תְּהִלָּתוֹ עֹמֶדֶת לָעַד :

קיב.

גם זה המזמור נאמר בא"ב, בכל פסוק שני אותיות ובשני אחרונים שלש, ומספר על
מדות טובות שיבור לו אדם והיאך יתן צדקה ושכרו שלא יצטרך לבריות :

א הַלְלוּיָהּ | אַשְׁרֵי־אִישׁ יָרֵא אֶת־יְהֹוָה בְּמִצְוֺתָיו

חָפֵץ מְאֹד : ב גִּבּוֹר בָּאָרֶץ יִהְיֶה זַרְעוֹ דּוֹר יְשָׁרִים

יְבֹרָךְ : ג הוֹן־וָעֹשֶׁר בְּבֵיתוֹ וְצִדְקָתוֹ עֹמֶדֶת לָעַד :

ד זָרַח בַּחֹשֶׁךְ אוֹר לַיְשָׁרִים חַנּוּן וְרַחוּם וְצַדִּיק : ה טוֹב־

אִישׁ חוֹנֵן וּמַלְוֶה יְכַלְכֵּל דְּבָרָיו בְּמִשְׁפָּט : ו כִּי־לְעוֹלָם

לֹא־יִמּוֹט לְזֵכֶר עוֹלָם יִהְיֶה צַדִּיק : ז מִשְּׁמוּעָה רָעָה

לֹא יִירָא נָכוֹן לִבּוֹ בָּטֻחַ בַּיהֹוָה : ח סָמוּךְ לִבּוֹ לֹא

יִירָא עַד אֲשֶׁר־יִרְאֶה בְצָרָיו : ט פִּזַּר | נָתַן לָאֶבְיוֹנִים

צִדְקָתוֹ עֹמֶדֶת לָעַד קַרְנוֹ תָּרוּם בְּכָבוֹד : י רָשָׁע יִרְאֶה |

וְכָעָס שִׁנָּיו יַחֲרֹק וְנָמָס תַּאֲוַת רְשָׁעִים תֹּאבֵד :

the inheritance of nations. 7 The works of His hands are true and just; all His mandates are faithful. 8 They are steadfast for ever and ever, for they are made with truth and uprightness. 9 He sent redemption to His people, [by] commanding His covenant forever; holy and awesome is His Name. 10 The beginning of wisdom is fear of the Lord; sound wisdom for all who practice it—his praise endures forever.

112

This psalm, too, follows alphabetical sequence, each verse containing two letters, save the last two which contain three letters each. It speaks of the good traits man should choose, and of how to give charity—the reward for which is never having to rely on others.

הללויה 1 Praise the Lord! Fortunate is the man who fears the Lord, and desires His commandments intensely. 2 His descendants will be mighty on the earth; he will be blessed with an upright generation. 3 Wealth and riches are in his house, and his righteousness endures forever. 4 Even in darkness light shines for the upright, for [He is] Compassionate, Merciful, and Just. 5 Good is the man who is compassionate and lends, [but] provides for his own needs with discretion. 6 For he will never falter; the righteous man will be an eternal remembrance. 7 He will not be afraid of a bad tiding; his heart is steadfast, secure in the Lord. 8 His heart is steadfast, he does not fear, until he sees his oppressors [destroyed]. 9 He has distributed [his wealth], giving to the needy. His righteousness will endure forever; his might will be uplifted in honor. 10 The wicked man will see and be angry; he will gnash his teeth and melt away; the wish of the wicked will be ruined.

קיג.

בו יסופר נפלאות מציאת מצרים:

יום כד

א הַלְלוּיָהּ ׀ הַלְלוּ עַבְדֵי יְהוָה הַלְלוּ אֶת־שֵׁם יְהוָה׃
ב יְהִי שֵׁם יְהוָה מְבֹרָךְ מֵעַתָּה וְעַד־עוֹלָם׃ ג מִמִּזְרַח־
שֶׁמֶשׁ עַד־מְבוֹאוֹ מְהֻלָּל שֵׁם יְהוָה׃ ד רָם עַל־כָּל־
גּוֹיִם ׀ יְהוָה עַל הַשָּׁמַיִם כְּבוֹדוֹ׃ ה מִי כַּיהוָה אֱלֹהֵינוּ
הַמַּגְבִּיהִי לָשָׁבֶת׃ ו הַמַּשְׁפִּילִי לִרְאוֹת בַּשָּׁמַיִם וּבָאָרֶץ׃
ז מְקִימִי מֵעָפָר דָּל מֵאַשְׁפֹּת יָרִים אֶבְיוֹן׃ ח לְהוֹשִׁיבִי
עִם־נְדִיבִים עִם נְדִיבֵי עַמּוֹ׃ ט מוֹשִׁיבִי ׀ עֲקֶרֶת הַבַּיִת
אֵם־הַבָּנִים שְׂמֵחָה הַלְלוּיָהּ׃

קיד.

בו מבואר מפני מה זכה יהודה למלכות:

א בְּצֵאת יִשְׂרָאֵל מִמִּצְרָיִם בֵּית יַעֲקֹב מֵעַם לֹעֵז׃
ב הָיְתָה יְהוּדָה לְקָדְשׁוֹ יִשְׂרָאֵל מַמְשְׁלוֹתָיו׃ ג הַיָּם
רָאָה וַיָּנֹס הַיַּרְדֵּן יִסֹּב לְאָחוֹר׃ ד הֶהָרִים רָקְדוּ כְאֵילִים
גְּבָעוֹת כִּבְנֵי־צֹאן׃ ה מַה־לְּךָ הַיָּם כִּי תָנוּס הַיַּרְדֵּן
תִּסֹּב לְאָחוֹר׃ ו הֶהָרִים תִּרְקְדוּ כְאֵילִים גְּבָעוֹת כִּבְנֵי־

113

This psalm recounts some of the wonders of the exodus from Egypt.

DAY **24**

הללויה 1 Praise the Lord! Offer praise, you servants
of the Lord; praise the Name of the Lord. 2 May the
Name of the Lord be blessed from now and to all
eternity. 3 From the rising of the sun to its setting, the
Name of the Lord is praised. 4 The Lord is high above
all nations; His glory transcends the heavens. 5 Who is
like the Lord our God, Who dwells on high 6 [yet] looks
down so low upon heaven and earth! 7 He raises the
poor from the dust, lifts the destitute from the dunghill,
8 to seat them with nobles, with the nobles of His
people. 9 He transforms the barren woman into a
household, into a joyful mother of children. Praise the
Lord!

114

This psalm explains why the tribe of Judah merited kingship.

בצאת 1 When Israel went out of Egypt, the House of
Jacob from a people of a foreign tongue, 2 Judah became
His holy [nation], Israel, His domain. 3 The sea saw and
fled, the Jordan turned backward. 4 The mountains
skipped like rams, the hills like young sheep. 5 What is
the matter with you, O sea, that you flee; Jordan, that
you turn backward; 6 mountains, that you skip like

צֹ֑אן׃ ז מִלִּפְנֵ֣י אָ֭דוֹן ח֣וּלִי אָ֑רֶץ מִ֝לִּפְנֵ֗י אֱל֣וֹהַּ יַעֲקֹֽב׃
ח הַהֹפְכִ֣י הַצּ֣וּר אֲגַם־מָ֑יִם חַ֝לָּמִ֗ישׁ לְמַעְיְנוֹ־מָֽיִם׃

קטו.

תפלה על אריכת הגלות שיעשה למען שמו שלא יתחלל:

א לֹ֤א לָ֥נוּ יְהוָ֗ה לֹ֫א־לָ֥נוּ כִּֽי־לְ֭שִׁמְךָ תֵּ֣ן כָּב֑וֹד עַל־
חַ֝סְדְּךָ֗ עַל־אֲמִתֶּֽךָ׃ ב לָ֭מָּה יֹאמְר֣וּ הַגּוֹיִ֑ם אַיֵּה־נָ֝֗א
אֱלֹהֵיהֶֽם׃ ג וֵאלֹהֵ֥ינוּ בַשָּׁמָ֑יִם כֹּ֖ל אֲשֶׁר־חָפֵ֣ץ עָשָֽׂה׃
ד עֲ֭צַבֵּיהֶם כֶּ֣סֶף וְזָהָ֑ב מַ֝עֲשֵׂ֗ה יְדֵ֣י אָדָֽם׃ ה פֶּֽה־לָ֭הֶם
וְלֹ֣א יְדַבֵּ֑רוּ עֵינַ֥יִם לָ֝הֶ֗ם וְלֹ֣א יִרְאֽוּ׃ ו אָזְנַ֣יִם לָ֭הֶם וְלֹ֣א
יִשְׁמָ֑עוּ אַ֥ף לָ֝הֶ֗ם וְלֹ֣א יְרִיחֽוּן׃ ז יְדֵיהֶ֤ם ׀ וְלֹ֬א יְמִישׁ֗וּן
רַ֭גְלֵיהֶם וְלֹ֣א יְהַלֵּ֑כוּ לֹא־יֶ֝הְגּ֗וּ בִּגְרוֹנָֽם׃ ח כְּ֭מוֹהֶם יִהְי֣וּ
עֹשֵׂיהֶ֑ם כֹּ֖ל אֲשֶׁר־בֹּטֵ֣חַ בָּהֶֽם׃ ט יִ֭שְׂרָאֵל בְּטַ֣ח בַּיהוָ֑ה
עֶזְרָ֖ם וּמָגִנָּ֣ם הֽוּא׃ י בֵּ֣ית אַ֭הֲרֹן בִּטְח֣וּ בַיהוָ֑ה עֶזְרָ֖ם
וּמָגִנָּ֣ם הֽוּא׃ יא יִרְאֵ֣י יְ֭הוָה בִּטְח֣וּ בַיהוָ֑ה עֶזְרָ֖ם וּמָגִנָּ֣ם
הֽוּא׃ יב יְהוָ֥ה זְכָרָ֗נוּ יְבָ֫רֵ֥ךְ יְבָרֵ֗ךְ אֶת־בֵּ֣ית יִשְׂרָאֵ֑ל
יְ֝בָרֵ֗ךְ אֶת־בֵּ֥ית אַהֲרֹֽן׃ יג יְ֭בָרֵךְ יִרְאֵ֣י יְהוָ֑ה הַ֝קְּטַנִּ֗ים
עִם־הַגְּדֹלִֽים׃ יד יֹסֵ֣ף יְהוָ֣ה עֲלֵיכֶ֑ם עֲ֝לֵיכֶ֗ם וְעַל־בְּנֵיכֶֽם׃

rams; hills, like young sheep? 7 [We do so] before the Master, the Creator of the earth, before the God of Jacob, 8 Who turns the rock into a pool of water, the flintstone into a water fountain.

115

A prayer that God bring this long exile to an end, for the sake of His Name—that it not be desecrated.

לֹא 1 Not for our sake, Lord, not for our sake, but for the sake of Your Name bestow glory, because of Your kindness and Your truth. 2 Why should the nations say, "Where, now, is their God?" 3 Indeed, our God is in heaven; whatever He desires, He does. 4 Their idols are of silver and gold, the product of human hands. 5 They have a mouth, but cannot speak; they have eyes, but cannot see; 6 they have ears, but cannot hear; they have a nose, but cannot smell; 7 their hands cannot touch; their feet cannot walk; they can make no sound in their throat. 8 Those who make them will become like them— all who put their trust in them. 9 Israel, trust in the Lord; He is their help and their shield. 10 House of Aaron, trust in the Lord; He is their help and their shield. 11 You who fear the Lord, trust in the Lord; He is their help and their shield. 12 The Lord who is ever mindful of us, may He bless: May He bless the House of Israel; may He bless the House of Aaron; 13 may He bless those who fear the Lord, the small with the great. 14 May the Lord increase [blessing] upon you, upon you

טו בְּרוּכִים אַתֶּם לַיהוָה עֹשֵׂה שָׁמַיִם וָאָרֶץ׃ טז הַשָּׁמַיִם
שָׁמַיִם לַיהוָה וְהָאָרֶץ נָתַן לִבְנֵי־אָדָם׃ יז לֹא הַמֵּתִים
יְהַלְלוּ־יָהּ וְלֹא כָּל־יֹרְדֵי דוּמָה׃ יח וַאֲנַחְנוּ | נְבָרֵךְ יָהּ
מֵעַתָּה וְעַד־עוֹלָם הַלְלוּיָהּ׃

קטז.

שבחים גדולים להקדוש ברוך הוא והיאך דוד אמר בדין הוא לאהוב אותו על כל הטובות שעשה לו כמה ניסים ואינו יודע מה גמול ישלם לו שאי אפשר להשיב לו על כל הגמול שעשה עמו:

א אָהַבְתִּי כִּי־יִשְׁמַע | יְהוָה אֶת־קוֹלִי תַּחֲנוּנָי׃
ב כִּי־הִטָּה אָזְנוֹ לִי וּבְיָמַי אֶקְרָא׃ ג אֲפָפוּנִי | חֶבְלֵי־
מָוֶת וּמְצָרֵי שְׁאוֹל מְצָאוּנִי צָרָה וְיָגוֹן אֶמְצָא׃ ד וּבְשֵׁם־
יְהוָה אֶקְרָא אָנָּה יְהוָה מַלְּטָה נַפְשִׁי׃ ה חַנּוּן יְהוָה
וְצַדִּיק וֵאלֹהֵינוּ מְרַחֵם׃ ו שֹׁמֵר פְּתָאיִם יְהוָה דַּלֹּתִי
וְלִי יְהוֹשִׁיעַ׃ ז שׁוּבִי נַפְשִׁי לִמְנוּחָיְכִי כִּי־יְהוָה גָּמַל
עָלָיְכִי׃ ח כִּי חִלַּצְתָּ נַפְשִׁי מִמָּוֶת אֶת־עֵינִי מִן־דִּמְעָה
אֶת־רַגְלִי מִדֶּחִי׃ ט אֶתְהַלֵּךְ לִפְנֵי יְהוָה בְּאַרְצוֹת
הַחַיִּים׃ י הֶאֱמַנְתִּי כִּי אֲדַבֵּר אֲנִי עָנִיתִי מְאֹד׃ יא אֲנִי
אָמַרְתִּי בְחָפְזִי כָּל־הָאָדָם כֹּזֵב׃ יב מָה־אָשִׁיב לַיהוָה

and upon your children. 15 You are blessed by the Lord, the Maker of heaven and earth. 16 The heavens are the Lord's heavens, but the earth He gave to the children of man. 17 The dead cannot praise the Lord, nor any who descend into the silence [of the grave]. 18 But we will bless the Lord from now to eternity. Praise the Lord!

116

This psalm contains magnificent praises to God. It also describes David's love for God, in light of all the miracles He performed for him. David does not know how to repay God, declaring it impossible to pay back for all God has done for him.

אהבתי 1 I would love if the Lord would listen to my voice, to my supplications; 2 if He would turn His ear to me on the days when I call. 3 The pangs of death encompassed me and the misery of the grave came upon me; I encounter trouble and sorrow. 4 I invoke the Name of the Lord, "Lord, I implore you, deliver my soul!" 5 The Lord is gracious and righteous; our God is compassionate. 6 The Lord watches over the simpletons; I was brought low, and He saved me. 7 Return, my soul, to your tranquility, for the Lord has bestowed goodness upon you. 8 For You have delivered my soul from death, my eyes from tears, my feet from stumbling. 9 I shall walk before the Lord in the lands of the living. 10 I had faith even when I declared, "I am greatly afflicted"; 11 [even when] I said in my haste, "All men are deceitful." 12 How can I repay the Lord for all His

כָּל־תַּגְמוּלוֹהִי עָלָי: יג כּוֹס־יְשׁוּעוֹת אֶשָּׂא וּבְשֵׁם יְהוָה
אֶקְרָא: יד נְדָרַי לַיהוָה אֲשַׁלֵּם נֶגְדָה־נָּא לְכָל־עַמּוֹ:
טו יָקָר בְּעֵינֵי יְהוָה הַמָּוְתָה לַחֲסִידָיו: טז אָנָּה יְהוָה
כִּי־אֲנִי עַבְדֶּךָ אֲנִי עַבְדְּךָ בֶּן־אֲמָתֶךָ פִּתַּחְתָּ לְמוֹסֵרָי:
יז לְךָ אֶזְבַּח זֶבַח תּוֹדָה וּבְשֵׁם יְהוָה אֶקְרָא: יח נְדָרַי
לַיהוָה אֲשַׁלֵּם נֶגְדָה־נָּא לְכָל־עַמּוֹ: יט בְּחַצְרוֹת | בֵּית
יְהוָה בְּתוֹכֵכִי יְרוּשָׁלִָם הַלְלוּיָהּ:

קיז.

מזמור משני פסוקים רמז על ימות המשיח וישראל בתפארתם ולכן הללויה כולם כי אז כולם יקראו בשם ה':

א הַלְלוּ אֶת־יְהוָה כָּל־גּוֹיִם שַׁבְּחוּהוּ כָּל־הָאֻמִּים:
ב כִּי גָבַר עָלֵינוּ | חַסְדּוֹ וֶאֱמֶת־יְהוָה לְעוֹלָם הַלְלוּיָהּ:

קיח.

בו יסופר גודל הבטחון שהיה לדוד והרבה תהלות להש"י שקיים לנו מה שהבטיח אותנו:

א הוֹדוּ לַיהוָה כִּי־טוֹב כִּי לְעוֹלָם חַסְדּוֹ: ב יֹאמַר־
נָא יִשְׂרָאֵל כִּי לְעוֹלָם חַסְדּוֹ: ג יֹאמְרוּ־נָא בֵית־אַהֲרֹן
כִּי לְעוֹלָם חַסְדּוֹ: ד יֹאמְרוּ־נָא יִרְאֵי יְהוָה כִּי לְעוֹלָם
חַסְדּוֹ: ה מִן־הַמֵּצַר קָרָאתִי יָּהּ עָנָנִי בַמֶּרְחָב יָהּ:

beneficences to me? 13 I will raise the cup of deliverance and proclaim the Name of the Lord. 14 I will pay my vows to the Lord, now, in the presence of all His people. 15 Grievous in the eyes of the Lord is the death of His pious ones. 16 I thank you, Lord, that since I am Your servant, I am Your servant the son of Your maidservant, You have loosened my bonds. 17 To You I will bring an offering of thanksgiving, and proclaim the Name of the Lord. 18 I will pay my vows to the Lord, now, in the presence of all His people, 19 in the courtyards of the House of the Lord, in the midst of Jerusalem. Praise the Lord!

117

This psalm of two verses alludes to the Messianic era, when the Children of Israel will enjoy their former glory. All will praise God, in fulfillment of the verse, "All will then call in the Name of God."

הללו 1 Praise the Lord, all you nations; extol Him, all you peoples. 2 For His kindness was mighty over us, and the truth of the Lord is everlasting. Praise the Lord!

118

This psalm describes David's immense trust in God. It also contains many praises to God, Who has fulfilled that which He has promised us.

הודו 1 Offer praise to the Lord for He is good, for His kindness is everlasting. 2 Let Israel declare that His kindness is everlasting. 3 Let the House of Aaron declare that His kindness is everlasting. 4 Let those who fear the Lord declare that His kindness is everlasting. 5 From out of distress I called to God; with abounding relief, God

ו יְהֹוָ֣ה לִ֭י לֹ֣א אִירָ֑א מַה־יַּֽעֲשֶׂ֖ה לִ֣י אָדָֽם׃ ז יְהֹוָ֣ה לִ֭י
בְּעֹזְרָ֑י וַ֝אֲנִ֗י אֶרְאֶ֥ה בְשֹׂנְאָֽי׃ ח ט֗וֹב לַחֲס֥וֹת בַּֽיהֹוָ֑ה
מִ֝בְּטֹ֗חַ בָּאָדָֽם׃ ט ט֗וֹב לַחֲס֥וֹת בַּֽיהֹוָ֑ה מִ֝בְּטֹ֗חַ בִּנְדִיבִֽים׃
י כָּל־גּוֹיִ֥ם סְבָב֑וּנִי בְּשֵׁ֥ם יְ֝הֹוָ֗ה כִּ֣י אֲמִילַֽם׃ יא סַבּ֥וּנִי גַם־
סְבָב֑וּנִי בְּשֵׁ֥ם יְ֝הֹוָ֗ה כִּ֣י אֲמִילַֽם׃ יב סַבּ֬וּנִי כִדְבֹרִ֗ים
דֹּ֭עֲכוּ כְּאֵ֣שׁ קוֹצִ֑ים בְּשֵׁ֥ם יְ֝הֹוָ֗ה כִּ֣י אֲמִילַֽם׃ יג דַּחֹ֣ה
דְחִיתַ֣נִי לִנְפֹּ֑ל וַֽיהֹוָ֥ה עֲזָרָֽנִי׃ יד עָזִּ֣י וְזִמְרָ֣ת יָ֑הּ וַֽיְהִי־
לִ֝֗י לִֽישׁוּעָֽה׃ טו ק֤וֹל ׀ רִנָּ֬ה וִֽישׁוּעָ֗ה בְּאָהֳלֵ֥י צַדִּיקִ֑ים
יְמִ֥ין יְ֝הֹוָ֗ה עֹ֣שָׂה חָֽיִל׃ טז יְמִ֣ין יְ֭הֹוָה רוֹמֵמָ֑ה יְמִ֥ין
יְ֝הֹוָ֗ה עֹ֣שָׂה חָֽיִל׃ יז לֹ֣א אָמ֣וּת כִּי־אֶחְיֶ֑ה וַ֝אֲסַפֵּ֗ר
מַעֲשֵׂ֥י יָֽהּ׃ יח יַסֹּ֣ר יִסְּרַ֣נִּי יָּ֑הּ וְ֝לַמָּ֗וֶת לֹ֣א נְתָנָֽנִי׃
יט פִּתְחוּ־לִ֥י שַֽׁעֲרֵי־צֶ֑דֶק אָבֹֽא־בָ֝֗ם אוֹדֶ֥ה יָֽהּ׃ כ זֶה־
הַשַּׁ֣עַר לַֽיהֹוָ֑ה צַ֝דִּיקִ֗ים יָבֹ֥אוּ בֽוֹ׃ כא א֭וֹדְךָ כִּ֣י עֲנִיתָ֑נִי
וַתְּהִי־לִ֝֗י לִֽישׁוּעָֽה׃ כב אֶ֭בֶן מָאֲס֣וּ הַבּוֹנִ֑ים הָ֝יְתָ֗ה לְרֹ֣אשׁ
פִּנָּֽה׃ כג מֵאֵ֣ת יְ֭הֹוָה הָ֣יְתָה זֹּ֑את הִ֖יא נִפְלָ֣את בְּעֵינֵֽינוּ׃
כד זֶה־הַ֭יּוֹם עָשָׂ֣ה יְהֹוָ֑ה נָגִ֖ילָה וְנִשְׂמְחָ֣ה בֽוֹ׃ כה אָ֣נָּא
יְ֭הֹוָה הוֹשִׁ֨יעָ֥ה נָּ֑א אָֽנָּ֥א יְ֝הֹוָ֗ה הַצְלִ֨יחָ֥ה נָּֽא׃ כו בָּר֣וּךְ

answered me. 6 The Lord is with me, I do not fear—
what can man do to me? 7 The Lord is with me among
my helpers, and I will see [the downfall of] my enemies.
8 It is better to rely on the Lord than to trust in man.
9 It is better to rely on the Lord than to trust in nobles.
10 All the nations surrounded me, but in the Name of
the Lord I will cut them down. 11 They surrounded me,
they encompassed me, but in the Name of the Lord I
will cut them down. 12 They surrounded me like bees,
yet they shall be extinguished like fiery thorns; in the
Name of the Lord I will cut them down. 13 You [my
foes] repeatedly pushed me to fall, but the Lord helped
me. 14 God is my strength and song, and He has been
a help to me. 15 The sound of rejoicing and deliverance
reverberates in the tents of the righteous, "The right
hand of the Lord performs deeds of valor. 16 The right
hand of the Lord is exalted; the right hand of the Lord
performs deeds of valor!" 17 I shall not die, but I shall
live and recount the deeds of God. 18 God has indeed
chastised me, but He did not give me up to death.
19 Open for me the gates of righteousness; I will enter
them and praise God. 20 This is the gate of the Lord,
the righteous will enter it. 21 I offer thanks to You, for
You have answered me, and You have been my deliver-
ance. 22 The stone which the builders scorned has
become the chief cornerstone. 23 From the Lord has this
come about; it is wondrous in our eyes. 24 This is the
day which the Lord has made; let us be glad and rejoice
on it. 25 We implore You, Lord, deliver us now. We
implore You, Lord, grant us success now. 26 Blessed is

הַבָּא בְּשֵׁם יְהֹוָה בֵּרַכְנוּכֶם מִבֵּית יְהֹוָה: כז אֵל |
יְהֹוָה וַיָּאֶר לָנוּ אִסְרוּ־חַג בַּעֲבֹתִים עַד־קַרְנוֹת הַמִּזְבֵּחַ:
כח אֵלִי אַתָּה וְאוֹדֶךָּ אֱלֹהַי אֲרוֹמְמֶךָּ: כט הוֹדוּ לַיהֹוָה
כִּי־טוֹב כִּי לְעוֹלָם חַסְדּוֹ:

קיט.

זה המזמור נכבד מאד וחברו דוד על שמונה א"ב וכל אות ח' פסוקים ובכל פסוק יש בו דרך או תורה עדות פקודים מצוה אמירה דבור משפט צדק חקים, כל המזמור הוא מוסר ובקשות גדולות שמן הראוי לכל אדם לאמרו בכל יום והוא הכנה גדולה לעבודת הקדוש ברוך הוא (פר"ץ ב"ן דמ"ה סימן שבהם מלת עדותיך בוי"ו חולם):

יום כה

א אַשְׁרֵי תְמִימֵי־דָרֶךְ הַהֹלְכִים בְּתוֹרַת יְהֹוָה:
ב אַשְׁרֵי נֹצְרֵי עֵדֹתָיו בְּכָל־לֵב יִדְרְשׁוּהוּ: ג אַף לֹא־
פָעֲלוּ עַוְלָה בִּדְרָכָיו הָלָכוּ: ד אַתָּה צִוִּיתָה פִקֻּדֶיךָ
לִשְׁמֹר מְאֹד: ה אַחֲלַי יִכֹּנוּ דְרָכָי לִשְׁמֹר חֻקֶּיךָ: ו אָז
לֹא־אֵבוֹשׁ בְּהַבִּיטִי אֶל־כָּל־מִצְוֹתֶיךָ: ז אוֹדְךָ בְּיֹשֶׁר
לֵבָב בְּלָמְדִי מִשְׁפְּטֵי צִדְקֶךָ: ח אֶת־חֻקֶּיךָ אֶשְׁמֹר
אַל־תַּעַזְבֵנִי עַד־מְאֹד: ט בַּמֶּה יְזַכֶּה־נַּעַר אֶת־אָרְחוֹ
לִשְׁמֹר כִּדְבָרֶךָ: י בְּכָל־לִבִּי דְרַשְׁתִּיךָ אַל־תַּשְׁגֵּנִי
מִמִּצְוֹתֶיךָ: יא בְּלִבִּי צָפַנְתִּי אִמְרָתֶךָ לְמַעַן לֹא אֶחֱטָא־
לָךְ: יב בָּרוּךְ אַתָּה יְהֹוָה לַמְּדֵנִי חֻקֶּיךָ: יג בִּשְׂפָתַי

he who comes in the Name of the Lord; we bless you from the House of the Lord. 27 The Lord is a benevolent God and He has given us light; bind the festival offering with cords until [you bring it to] the horns of the altar. 28 You are my God and I will praise You, my God—and I will exalt You. 29 Praise the Lord for He is good, for His kindness is everlasting.

119

David composed this prominent psalm in alphabetical sequence—eight verses for each letter. Every verse contains one of the following words (referring to different aspects of Torah): Way; Torah; Testimony; Precept; Commandment; Statement (translated here as Word or Promise); Word; Judgement (or Laws); Righteousness; Statute. Replete with morals and prayers, this psalm should be recited daily, as a powerful preparation for the service of God. (In verses beginning with one of the letters of the mnemonic PeReTZ BeN DaMaH, the word "עֵדְוֹתֶיךָ" is pronounced "eidvotecha.")

DAY **25**

אַשְׁרֵי 1 Fortunate are those whose way is artless, who walk with the Torah of the Lord. 2 Fortunate are those who keep His testimonies, who seek Him with all their hearts. 3 Indeed, they have not done iniquity; they walk in His ways. 4 You have commanded Your precepts to be observed diligently. 5 My wish is that my ways be directed to keep Your statutes. 6 Then I will not be ashamed, when I behold all Your commandments. 7 I will give thanks to You with uprightness of heart, when I learn Your righteous judgments. 8 I will keep Your statutes; do not utterly forsake me.

בּ 9 How can a young man keep his way pure? By observing Your word. 10 With all my heart I have sought You; do not let me stray from Your commandments. 11 I have harbored Your word in my heart, that I might not sin against You. 12 Blessed are You, O Lord; teach me Your

סִפַּרְתִּי כֹּל מִשְׁפְּטֵי־פִיךָ׃ יד בְּדֶרֶךְ עֵדְוֹתֶיךָ שַׂשְׂתִּי
כְּעַל כָּל־הוֹן׃ טו בְּפִקֻּדֶיךָ אָשִׂיחָה וְאַבִּיטָה אֹרְחֹתֶיךָ׃
טז בְּחֻקֹּתֶיךָ אֶשְׁתַּעֲשָׁע לֹא אֶשְׁכַּח דְּבָרֶךָ׃ יז גְּמֹל
עַל־עַבְדְּךָ אֶחְיֶה וְאֶשְׁמְרָה דְבָרֶךָ׃ יח גַּל־עֵינַי וְאַבִּיטָה
נִפְלָאוֹת מִתּוֹרָתֶךָ׃ יט גֵּר אָנֹכִי בָאָרֶץ אַל־תַּסְתֵּר
מִמֶּנִּי מִצְוֹתֶיךָ׃ כ גָּרְסָה נַפְשִׁי לְתַאֲבָה אֶל־מִשְׁפָּטֶיךָ
בְכָל־עֵת׃ כא גָּעַרְתָּ זֵדִים אֲרוּרִים הַשֹּׁגִים מִמִּצְוֹתֶיךָ׃
כב גַּל מֵעָלַי חֶרְפָּה וָבוּז כִּי עֵדֹתֶיךָ נָצָרְתִּי׃ כג גַּם
יָשְׁבוּ שָׂרִים בִּי נִדְבָּרוּ עַבְדְּךָ יָשִׂיחַ בְּחֻקֶּיךָ׃ כד גַּם־
עֵדֹתֶיךָ שַׁעֲשֻׁעָי אַנְשֵׁי עֲצָתִי׃ כה דָּבְקָה לֶעָפָר נַפְשִׁי
חַיֵּנִי כִּדְבָרֶךָ׃ כו דְּרָכַי סִפַּרְתִּי וַתַּעֲנֵנִי לַמְּדֵנִי חֻקֶּיךָ׃
כז דֶּרֶךְ־פִּקּוּדֶיךָ הֲבִינֵנִי וְאָשִׂיחָה בְּנִפְלְאוֹתֶיךָ׃ כח דָּלְפָה
נַפְשִׁי מִתּוּגָה קַיְּמֵנִי כִּדְבָרֶךָ׃ כט דֶּרֶךְ־שֶׁקֶר הָסֵר
מִמֶּנִּי וְתוֹרָתְךָ חָנֵּנִי׃ ל דֶּרֶךְ אֱמוּנָה בָחָרְתִּי מִשְׁפָּטֶיךָ
שִׁוִּיתִי׃ לא דָּבַקְתִּי בְעֵדְוֹתֶיךָ יְהֹוָה אַל־תְּבִישֵׁנִי׃
לב דֶּרֶךְ־מִצְוֹתֶיךָ אָרוּץ כִּי תַרְחִיב לִבִּי׃ לג הוֹרֵנִי יְהֹוָה
דֶּרֶךְ חֻקֶּיךָ וְאֶצְּרֶנָּה עֵקֶב׃ לד הֲבִינֵנִי וְאֶצְּרָה תוֹרָתֶךָ

statutes. 13 With my lips I have declared all the judgments of Your mouth. 14 I have rejoiced in the way of Your testimonies, as I would with all riches. 15 I will speak of Your precepts, and gaze upon Your ways. 16 I will delight in Your statutes; I will not forget Your word.

ג 17 Deal kindly with Your servant, that I may live to keep Your word. 18 Unveil my eyes, that I may behold wonders from Your Torah. 19 I am a sojourner on earth; do not hide Your commandments from me. 20 My soul is crushed with a longing for Your judgments every moment. 21 You have rebuked the accursed scoffers, those who stray from Your commandments. 22 Remove insult and contempt from me, for I have kept Your testimonies. 23 Though princes sat and spoke against me, Your servant speaks of Your statutes. 24 Indeed, Your testimonies are my delight; they are my counselors.

ד 25 My soul cleaves to the dust; revive me in accordance with Your word. 26 I have spoken of my ways, and You answered me; teach me Your statutes. 27 Make me understand the way of Your precepts, and I will speak of Your wonders. 28 My soul drips away out of grief; sustain me according to Your word. 29 Remove from me the way of falsehood, and graciously endow me with Your Torah. 30 I have chosen the way of faith; Your judgments have I laid before me. 31 I held fast to Your testimonies, O Lord; put me not to shame. 32 I will run on the path of Your commandments, for You will broaden my heart.

ה 33 Teach me, O Lord, the way of Your statutes, and I will keep it to the last. 34 Grant me understanding and I will keep Your Torah; I will observe it with all my heart.

וְאֶשְׁמְרֶנָּה בְכָל־לֵב׃ לה הַדְרִיכֵנִי בִּנְתִיב מִצְוֺתֶיךָ כִּי־
בוֹ חָפָצְתִּי׃ לו הַט־לִבִּי אֶל־עֵדְוֺתֶיךָ וְאַל אֶל־בָּצַע׃
לז הַעֲבֵר עֵינַי מֵרְאוֹת שָׁוְא בִּדְרָכֶךָ חַיֵּנִי׃ לח הָקֵם
לְעַבְדְּךָ אִמְרָתֶךָ אֲשֶׁר לְיִרְאָתֶךָ׃ לט הַעֲבֵר חֶרְפָּתִי
אֲשֶׁר יָגֹרְתִּי כִּי מִשְׁפָּטֶיךָ טוֹבִים׃ מ הִנֵּה תָּאַבְתִּי
לְפִקֻּדֶיךָ בְּצִדְקָתְךָ חַיֵּנִי׃ מא וִיבֹאֻנִי חֲסָדֶךָ יְהֹוָה
תְּשׁוּעָתְךָ כְּאִמְרָתֶךָ׃ מב וְאֶעֱנֶה חֹרְפִי דָבָר כִּי־בָטַחְתִּי
בִּדְבָרֶךָ׃ מג וְאַל־תַּצֵּל מִפִּי דְבַר־אֱמֶת עַד־מְאֹד כִּי
לְמִשְׁפָּטֶךָ יִחָלְתִּי׃ מד וְאֶשְׁמְרָה תוֹרָתְךָ תָמִיד לְעוֹלָם
וָעֶד׃ מה וְאֶתְהַלְּכָה בָרְחָבָה כִּי פִקֻּדֶיךָ דָרָשְׁתִּי׃
מו וַאֲדַבְּרָה בְעֵדֹתֶיךָ נֶגֶד מְלָכִים וְלֹא אֵבוֹשׁ׃
מז וְאֶשְׁתַּעֲשַׁע בְּמִצְוֺתֶיךָ אֲשֶׁר אָהָבְתִּי׃ מח וְאֶשָּׂא
כַפַּי אֶל־מִצְוֺתֶיךָ אֲשֶׁר אָהָבְתִּי וְאָשִׂיחָה בְחֻקֶּיךָ׃ מט זְכָר־
דָּבָר לְעַבְדֶּךָ עַל אֲשֶׁר יִחַלְתָּנִי׃ נ זֹאת נֶחָמָתִי בְעָנְיִי
כִּי אִמְרָתְךָ חִיָּתְנִי׃ נא זֵדִים הֱלִיצֻנִי עַד־מְאֹד מִתּוֹרָתְךָ
לֹא נָטִיתִי׃ נב זָכַרְתִּי מִשְׁפָּטֶיךָ מֵעוֹלָם ׀ יְהֹוָה
וָאֶתְנֶחָם׃ נג זַלְעָפָה אֲחָזַתְנִי מֵרְשָׁעִים עֹזְבֵי תּוֹרָתֶךָ׃

35 Direct me in the path of Your commandments, for that is my desire. 36 Incline my heart to Your testimonies, and not to greed. 37 Avert my eyes from seeing vanity; by Your ways give me life. 38 Fulfill for Your servant Your promise, which brings to the fear of You. 39 Remove my shame which I fear, for Your judgments are good. 40 Behold, I have longed for Your precepts; give me life in Your righteousness.

ו 41 And let Your kindness come to fruition for me, O Lord, Your salvation as You promised. 42 I will offer a retort to those who taunt me, for I trust in Your word. 43 Do not at all remove the word of truth from my mouth, for I hope [to fulfill] Your judgments. 44 I will keep Your Torah continually, for ever and ever. 45 And I will walk in spacious paths, for I seek Your precepts. 46 I will speak of Your testimonies before kings, and I will not be ashamed. 47 And I will delight in Your commandments, which I love. 48 I will lift up my hands to Your commandments, which I love, and I will speak of Your statutes.

ז 49 Remember the word [promised] to Your servant, by which You gave me hope. 50 This is my comfort in my affliction, for Your word has given me life. 51 [Though] the wicked ridicule me severely, I have not strayed from Your Torah. 52 When I remember Your judgments of old, O Lord, I take comfort. 53 Trembling seized me because of the wicked, those who forsake

נד זְמִרוֹת הָיוּ־לִי חֻקֶּיךָ בְּבֵית מְגוּרָי׃ נה זָכַרְתִּי
בַלַּיְלָה שִׁמְךָ יְהֹוָה וָאֶשְׁמְרָה תּוֹרָתֶךָ׃ נו זֹאת הָיְתָה־
לִּי כִּי פִקֻּדֶיךָ נָצָרְתִּי׃ נז חֶלְקִי יְהֹוָה אָמַרְתִּי לִשְׁמֹר
דְּבָרֶיךָ׃ נח חִלִּיתִי פָנֶיךָ בְכָל־לֵב חָנֵּנִי כְּאִמְרָתֶךָ׃
נט חִשַּׁבְתִּי דְרָכָי וָאָשִׁיבָה רַגְלַי אֶל־עֵדֹתֶיךָ׃ ס חַשְׁתִּי
וְלֹא הִתְמַהְמָהְתִּי לִשְׁמֹר מִצְוֺתֶיךָ׃ סא חֶבְלֵי רְשָׁעִים
עִוְּדֻנִי תּוֹרָתְךָ לֹא שָׁכָחְתִּי׃ סב חֲצוֹת־לַיְלָה אָקוּם
לְהוֹדוֹת לָךְ עַל מִשְׁפְּטֵי צִדְקֶךָ׃ סג חָבֵר אָנִי לְכָל־
אֲשֶׁר יְרֵאוּךָ וּלְשֹׁמְרֵי פִּקּוּדֶיךָ׃ סד חַסְדְּךָ יְהֹוָה מָלְאָה
הָאָרֶץ חֻקֶּיךָ לַמְּדֵנִי׃ סה טוֹב עָשִׂיתָ עִם־עַבְדְּךָ יְהֹוָה
כִּדְבָרֶךָ׃ סו טוּב טַעַם וָדַעַת לַמְּדֵנִי כִּי בְמִצְוֺתֶיךָ
הֶאֱמָנְתִּי׃ סז טֶרֶם אֶעֱנֶה אֲנִי שֹׁגֵג וְעַתָּה אִמְרָתְךָ
שָׁמָרְתִּי׃ סח טוֹב־אַתָּה וּמֵטִיב לַמְּדֵנִי חֻקֶּיךָ׃ סט טָפְלוּ
עָלַי שֶׁקֶר זֵדִים אֲנִי בְּכָל־לֵב ׀ אֱצֹּר פִּקּוּדֶיךָ׃ ע טָפַשׁ
כַּחֵלֶב לִבָּם אֲנִי תּוֹרָתְךָ שִׁעֲשָׁעְתִּי׃ עא טוֹב־לִי כִי־
עֻנֵּיתִי לְמַעַן אֶלְמַד חֻקֶּיךָ׃ עב טוֹב־לִי תוֹרַת־פִּיךָ
מֵאַלְפֵי זָהָב וָכָסֶף׃ עג יָדֶיךָ עָשׂוּנִי וַיְכוֹנְנוּנִי הֲבִינֵנִי

Your Torah. 54 Your statutes have been my songs in the house of my wanderings. 55 At night I remembered Your Name, O Lord, and I kept Your Torah. 56 All this came to me because I kept Your precepts.

ח 57 The Lord is my portion; I pledged to keep Your words. 58 I pleaded before You with all my heart: have compassion upon me according to Your word. 59 I contemplated my ways, and returned my feet to Your testimonies. 60 I hurried and did not delay to keep Your commandments. 61 Bands of wicked men plundered me, [but] I did not forget Your Torah. 62 At midnight, I rise to thank You for Your righteous judgments. 63 I am a friend to all who fear You, and to those who keep Your precepts. 64 Your kindness, O Lord, fills the earth; teach me Your statutes.

ט 65 You have dealt goodness to Your servant, O Lord, in accord with Your promise. 66 Teach me the goodness and wisdom of the [Torah's] reasons, for I believe in Your commandments. 67 Before I afflicted myself, I would blunder; but now I observe Your word. 68 You are good and benevolent; teach me Your statutes. 69 The wicked have smeared me with lies, [when in truth] I keep Your precepts with all my heart. 70 Their hearts grew thick as fat; but as for me, Your Torah is my delight. 71 It is for my good that I was afflicted, so that I might learn Your statutes. 72 The Torah of Your mouth is better for me than thousands in gold and silver.

י 73 Your hands have made me and prepared me; grant me understanding, that I may learn Your com-

וָאֶלְמְדָה מִצְוֺתֶיךָ: עד יְרֵאֶיךָ יִרְאוּנִי וְיִשְׂמָחוּ כִּי

לִדְבָרְךָ יִחָלְתִּי: עה יָדַעְתִּי יְהֹוָה כִּי־צֶדֶק מִשְׁפָּטֶיךָ

וֶאֱמוּנָה עִנִּיתָנִי: עו יְהִי־נָא חַסְדְּךָ לְנַחֲמֵנִי כְּאִמְרָתְךָ

לְעַבְדֶּךָ: עז יְבֹאוּנִי רַחֲמֶיךָ וְאֶחְיֶה כִּי־תוֹרָתְךָ שַׁעֲשֻׁעָי:

עח יֵבֹשׁוּ זֵדִים כִּי־שֶׁקֶר עִוְּתוּנִי אֲנִי אָשִׂיחַ בְּפִקּוּדֶיךָ:

עט יָשׁוּבוּ לִי יְרֵאֶיךָ וְיֹדְעֵי עֵדֹתֶיךָ: פ יְהִי־לִבִּי תָמִים

בְּחֻקֶּיךָ לְמַעַן לֹא אֵבוֹשׁ: פא כָּלְתָה לִתְשׁוּעָתְךָ נַפְשִׁי

לִדְבָרְךָ יִחָלְתִּי: פב כָּלוּ עֵינַי לְאִמְרָתֶךָ לֵאמֹר מָתַי

תְּנַחֲמֵנִי: פג כִּי־הָיִיתִי כְּנֹאד בְּקִיטוֹר חֻקֶּיךָ לֹא שָׁכָחְתִּי:

פד כַּמָּה יְמֵי־עַבְדֶּךָ מָתַי תַּעֲשֶׂה בְרֹדְפַי מִשְׁפָּט:

פה כָּרוּ־לִי זֵדִים שִׁיחוֹת אֲשֶׁר לֹא כְתוֹרָתֶךָ: פו כָּל־

מִצְוֺתֶיךָ אֱמוּנָה שֶׁקֶר רְדָפוּנִי עָזְרֵנִי: פז כִּמְעַט כִּלּוּנִי

בָאָרֶץ וַאֲנִי לֹא־עָזַבְתִּי פִקֻּדֶיךָ: פח כְּחַסְדְּךָ חַיֵּנִי

וְאֶשְׁמְרָה עֵדוּת פִּיךָ: פט לְעוֹלָם יְהֹוָה דְּבָרְךָ נִצָּב

בַּשָּׁמָיִם: צ לְדֹר וָדֹר אֱמוּנָתֶךָ כּוֹנַנְתָּ אֶרֶץ וַתַּעֲמֹד:

צא לְמִשְׁפָּטֶיךָ עָמְדוּ הַיּוֹם כִּי הַכֹּל עֲבָדֶיךָ: צב לוּלֵי

תוֹרָתְךָ שַׁעֲשֻׁעָי אָז אָבַדְתִּי בְעָנְיִי: צג לְעוֹלָם לֹא־

mandments. 74 Those who fear You will see me and rejoice, because I hoped in Your word. 75 I know, O Lord, that Your judgments are just; righteously have You afflicted me. 76 Let Your kindness be my comfort, as You promised to Your servant. 77 Let Your mercies come upon me, that I may live, for Your Torah is my delight. 78 Let the scoffers be shamed, for they have maligned me with falsehood; but I will meditate upon Your precepts. 79 May those who fear You return to me, and those who know Your testimonies. 80 May my heart be perfect in Your statutes, so that I not be shamed.

כ 81 My soul longs for Your salvation; I hope for Your word. 82 My eyes long for Your promise, saying, "When will You comfort me?" 83 Though I became [dried out] like a wineskin in smoke, I did not forget Your statutes. 84 How many are the days of Your servant? When will You execute judgment upon my pursuers? 85 The wicked have dug pits for me, in violation of Your Torah. 86 All Your commandments teach truth, [yet] they pursue me with lies, help me! 87 They nearly consumed me upon the earth, but I did not forsake Your precepts. 88 As befits Your kindness, grant me life, and I will keep the testimony of Your mouth.

ל 89 Forever, O Lord, Your word stands firm in the heavens. 90 Your faithfulness persists for all generations; You established the earth, and it stands. 91 They stand ready today [to execute] Your judgments, for all are Your servants. 92 Had Your Torah not been my delight, I would have perished in my affliction. 93 Never will I

אֶשְׁכַּח פִּקּוּדֶיךָ כִּי־בָם חִיִּיתָנִי׃ צד לְךָ־אֲנִי הוֹשִׁיעֵנִי
כִּי פִקּוּדֶיךָ דָרָשְׁתִּי׃ צה לִי קִוּוּ רְשָׁעִים לְאַבְּדֵנִי
עֵדֹתֶיךָ אֶתְבּוֹנָן׃ צו לְכָל־תִּכְלָה רָאִיתִי קֵץ רְחָבָה
מִצְוָתְךָ מְאֹד׃

יום כו צז מָה־אָהַבְתִּי תוֹרָתֶךָ כָּל־הַיּוֹם הִיא
שִׂיחָתִי׃ צח מֵאֹיְבַי תְּחַכְּמֵנִי מִצְוֹתֶךָ כִּי לְעוֹלָם הִיא־
לִי׃ צט מִכָּל־מְלַמְּדַי הִשְׂכַּלְתִּי כִּי עֵדְוֹתֶיךָ שִׂיחָה לִי׃
ק מִזְּקֵנִים אֶתְבּוֹנָן כִּי פִקּוּדֶיךָ נָצָרְתִּי׃ קא מִכָּל־אֹרַח
רָע כָּלִאתִי רַגְלָי לְמַעַן אֶשְׁמֹר דְּבָרֶךָ׃ קב מִמִּשְׁפָּטֶיךָ
לֹא־סָרְתִּי כִּי־אַתָּה הוֹרֵתָנִי׃ קג מַה־נִּמְלְצוּ לְחִכִּי
אִמְרָתֶךָ מִדְּבַשׁ לְפִי׃ קד מִפִּקּוּדֶיךָ אֶתְבּוֹנָן עַל־כֵּן
שָׂנֵאתִי ׀ כָּל־אֹרַח שָׁקֶר׃ קה נֵר־לְרַגְלִי דְבָרֶךָ וְאוֹר
לִנְתִיבָתִי׃ קו נִשְׁבַּעְתִּי וָאֲקַיֵּמָה לִשְׁמֹר מִשְׁפְּטֵי
צִדְקֶךָ׃ קז נַעֲנֵיתִי עַד־מְאֹד יְהוָה חַיֵּנִי כִדְבָרֶךָ׃
קח נִדְבוֹת פִּי רְצֵה־נָא יְהוָה וּמִשְׁפָּטֶיךָ לַמְּדֵנִי׃ קט נַפְשִׁי
בְכַפִּי תָמִיד וְתוֹרָתְךָ לֹא שָׁכָחְתִּי׃ קי נָתְנוּ רְשָׁעִים
פַּח לִי וּמִפִּקּוּדֶיךָ לֹא תָעִיתִי׃ קיא נָחַלְתִּי עֵדְוֹתֶיךָ

forget Your precepts, for through them You have sustained me. 94 I am Yours; save me, for I have sought Your precepts. 95 The wicked hope to destroy me, but I meditate upon Your testimonies. 96 To every goal I have seen a limit, but Your commandment is immensely broad.

DAY **26**

מ 97 O how I love Your Torah! All day it is my discussion. 98 Your commandments make me wiser than my enemies, for they are ever with me. 99 From all my teachers I have gained wisdom, for Your testimonies are my discussion. 100 I will be more perceptive than elders, because I have guarded Your precepts. 101 I have restrained my feet from every evil path, that I might keep Your word. 102 I have not turned away from Your judgments, for You have instructed me. 103 How sweet are Your words to my palate, [sweeter] than honey to my mouth! 104 From Your precepts I gain understanding, therefore I hate every path of falsehood.

נ 105 Your word is a lamp to my feet and a light to my path. 106 I have sworn—and I will fulfill it—to keep Your righteous judgments. 107 I am afflicted to the extreme; grant me life, O Lord, according to Your promise. 108 Accept with favor, O Lord, the offerings of my lips, and teach me Your laws. 109 My soul is in danger always, yet I have not forgotten Your Torah. 110 The wicked laid a snare for me, yet I have not strayed from Your precepts. 111 I have taken Your testimonies as

לְעוֹלָם כִּי־שְׂשׂוֹן לִבִּי הֵמָּה: קיב נָטִיתִי לִבִּי לַעֲשׂוֹת
חֻקֶּיךָ לְעוֹלָם עֵקֶב: קיג סֵעֲפִים שָׂנֵאתִי וְתוֹרָתְךָ
אָהָבְתִּי: קיד סִתְרִי וּמָגִנִּי אָתָּה לִדְבָרְךָ יִחָלְתִּי:
קטו סוּרוּ מִמֶּנִּי מְרֵעִים וְאֶצְּרָה מִצְוֹת אֱלֹהָי: קטז סָמְכֵנִי
כְאִמְרָתְךָ וְאֶחְיֶה וְאַל־תְּבִישֵׁנִי מִשִּׂבְרִי: קיז סְעָדֵנִי
וְאִוָּשֵׁעָה וְאֶשְׁעָה בְחֻקֶּיךָ תָמִיד: קיח סָלִיתָ כָּל־שׁוֹגִים
מֵחֻקֶּיךָ כִּי־שֶׁקֶר תַּרְמִיתָם: קיט סִגִים הִשְׁבַּתָּ כָל־
רִשְׁעֵי־אָרֶץ לָכֵן אָהַבְתִּי עֵדֹתֶיךָ: קכ סָמַר מִפַּחְדְּךָ
בְשָׂרִי וּמִמִּשְׁפָּטֶיךָ יָרֵאתִי: קכא עָשִׂיתִי מִשְׁפָּט וָצֶדֶק
בַּל־תַּנִּיחֵנִי לְעֹשְׁקָי: קכב עֲרֹב עַבְדְּךָ לְטוֹב אַל־יַעַשְׁקֻנִי
זֵדִים: קכג עֵינַי כָּלוּ לִישׁוּעָתֶךָ וּלְאִמְרַת צִדְקֶךָ:
קכד עֲשֵׂה עִם־עַבְדְּךָ כְחַסְדֶּךָ וְחֻקֶּיךָ לַמְּדֵנִי: קכה עַבְדְּךָ־
אָנִי הֲבִינֵנִי וְאֵדְעָה עֵדֹתֶיךָ: קכו עֵת לַעֲשׂוֹת לַיהוָה
הֵפֵרוּ תּוֹרָתֶךָ: קכז עַל־כֵּן אָהַבְתִּי מִצְוֹתֶיךָ מִזָּהָב
וּמִפָּז: קכח עַל־כֵּן | כָּל־פִּקּוּדֵי כֹל יִשָּׁרְתִּי כָּל־אֹרַח
שֶׁקֶר שָׂנֵאתִי: קכט פְּלָאוֹת עֵדְוֹתֶיךָ עַל־כֵּן נְצָרָתַם
נַפְשִׁי: קל פֵּתַח־דְּבָרֶיךָ יָאִיר מֵבִין פְּתָיִים: קלא פִּי

an eternal heritage, for they are the joy of my heart. 112 I
have inclined my heart to perform Your statutes, for-
ever, to the last.

ס 113 I despise vain thoughts, but I love Your Torah.
114 You are my refuge and my shield; I place hope in Your
promise. 115 Turn away from me, you evildoers, and I
will keep the commandments of my God. 116 Support me
according to Your promise, and I will live; let me not be
shamed because of my hope. 117 Sustain me, and I will be
saved, and I will be engrossed in Your statutes always.
118 You trample all who stray from Your statutes, for
their ploy is a lie. 119 You have purged all the wicked of
the earth like dross, therefore I love Your testimonies.
120 My flesh bristles from fear of You, and I am in awe of
Your judgments.

ע 121 I practiced justice and righteousness; leave me
not to my oppressors. 122 Guarantee Your servant good-
ness; let not the wicked exploit me. 123 My eyes long for
Your salvation, and for the word of Your righteousness.
124 Treat Your servant according to Your kindness, and
teach me Your statutes. 125 I am Your servant; grant me
understanding, that I may know Your testimonies. 126 It
is time to act for the Lord; they have abrogated Your
Torah. 127 Therefore I love Your commandments more
than gold, even fine gold. 128 Therefore I affirmed all
Your precepts; I have hated every path of falsehood.

פ 129 Your testimonies are wondrous, therefore does
my soul guard them. 130 Your opening words illuminate,
enlightening the simple. 131 I opened my mouth and

פָעַרְתִּי וָאֶשְׁאָפָה כִּי לְמִצְוֺתֶיךָ יָאָבְתִּי׃ קלב פְּנֵה־אֵלַי
וְחָנֵּנִי כְּמִשְׁפָּט לְאֹהֲבֵי שְׁמֶךָ׃ קלג פְּעָמַי הָכֵן בְּאִמְרָתֶךָ
וְאַל־תַּשְׁלֶט־בִּי כָל־אָוֶן׃ קלד פְּדֵנִי מֵעֹשֶׁק אָדָם
וְאֶשְׁמְרָה פִּקּוּדֶיךָ׃ קלה פָּנֶיךָ הָאֵר בְּעַבְדֶּךָ וְלַמְּדֵנִי
אֶת־חֻקֶּיךָ׃ קלו פַּלְגֵי־מַיִם יָרְדוּ עֵינָי עַל לֹא־שָׁמְרוּ
תוֹרָתֶךָ׃ קלז צַדִּיק אַתָּה יְהוָה וְיָשָׁר מִשְׁפָּטֶיךָ׃
קלח צִוִּיתָ צֶדֶק עֵדֹתֶיךָ וֶאֱמוּנָה מְאֹד׃ קלט צִמְּתַתְנִי
קִנְאָתִי כִּי־שָׁכְחוּ דְבָרֶיךָ צָרָי׃ קמ צְרוּפָה אִמְרָתְךָ
מְאֹד וְעַבְדְּךָ אֲהֵבָהּ׃ קמא צָעִיר אָנֹכִי וְנִבְזֶה פִּקֻּדֶיךָ
לֹא שָׁכָחְתִּי׃ קמב צִדְקָתְךָ צֶדֶק לְעוֹלָם וְתוֹרָתְךָ אֱמֶת׃
קמג צַר־וּמָצוֹק מְצָאוּנִי מִצְוֺתֶיךָ שַׁעֲשֻׁעָי׃ קמד צֶדֶק
עֵדְוֺתֶיךָ לְעוֹלָם הֲבִינֵנִי וְאֶחְיֶה׃ קמה קָרָאתִי בְכָל־לֵב
עֲנֵנִי יְהֹוָה חֻקֶּיךָ אֶצֹּרָה׃ קמו קְרָאתִיךָ הוֹשִׁיעֵנִי
וְאֶשְׁמְרָה עֵדֹתֶיךָ׃ קמז קִדַּמְתִּי בַנֶּשֶׁף וָאֲשַׁוֵּעָה לִדְבָרְךָ
יִחָלְתִּי׃ קמח קִדְּמוּ עֵינַי אַשְׁמֻרוֹת לָשִׂיחַ בְּאִמְרָתֶךָ׃
קמט קוֹלִי שִׁמְעָה כְחַסְדֶּךָ יְהֹוָה כְּמִשְׁפָּטֶךָ חַיֵּנִי׃
קנ קָרְבוּ רֹדְפֵי זִמָּה מִתּוֹרָתְךָ רָחָקוּ׃ קנא קָרוֹב אַתָּה

swallowed, because I craved Your commandments. 132 Turn to me and favor me, as is [Your] law for those who love Your Name. 133 Set my steps in Your word, and let no iniquity rule over me. 134 Deliver me from the oppression of man, and I will keep Your precepts. 135 Let Your face shine upon Your servant, and teach me Your statutes. 136 My eyes shed streams of water, because they do not keep Your Torah.

צ 137 Righteous are you, O Lord, and Your judgments are upright. 138 You commanded Your testimonies in righteousness and great faithfulness. 139 My zeal consumes me, because my enemies have forgotten Your words. 140 Your word is very pure, and Your servant cherishes it. 141 I am young and despised, yet I do not forget Your precepts. 142 Your righteousness is an everlasting righteousness, and Your Torah is truth. 143 Trouble and anguish have taken hold of me, yet Your commandments are my delight. 144 Your testimonies are righteous forever; give me understanding, that I may live.

ק 145 I call out with all my heart; answer me, O Lord; I will keep Your statutes. 146 I call out to You; save me, and I will observe Your testimonies. 147 I rose before dawn and cried out; my hope is in Your word. 148 My eyes preceded the night watches, that I may discuss Your word. 149 Hear my voice in keeping with Your kindness; O Lord, grant me life as is Your practice. 150 Those who pursue mischief draw near; they are far from Your Torah. 151 You are near, O Lord, and all Your command-

יְהֹוָה וְכָל־מִצְוֹתֶיךָ אֱמֶת׃ קנב קֶדֶם יָדַעְתִּי מֵעֵדֹתֶיךָ
כִּי לְעוֹלָם יְסַדְתָּם׃ קנג רְאֵה־עָנְיִי וְחַלְּצֵנִי כִּי־תוֹרָתְךָ
לֹא שָׁכָחְתִּי׃ קנד רִיבָה רִיבִי וּגְאָלֵנִי לְאִמְרָתְךָ חַיֵּנִי׃
קנה רָחוֹק מֵרְשָׁעִים יְשׁוּעָה כִּי־חֻקֶּיךָ לֹא דָרָשׁוּ׃
קנו רַחֲמֶיךָ רַבִּים ׀ יְהֹוָה כְּמִשְׁפָּטֶיךָ חַיֵּנִי׃ קנז רַבִּים
רֹדְפַי וְצָרָי מֵעֵדְוֹתֶיךָ לֹא נָטִיתִי׃ קנח רָאִיתִי בֹגְדִים
וָאֶתְקוֹטָטָה אֲשֶׁר אִמְרָתְךָ לֹא שָׁמָרוּ׃ קנט רְאֵה כִּי־
פִקּוּדֶיךָ אָהָבְתִּי יְהֹוָה כְּחַסְדְּךָ חַיֵּנִי׃ קס רֹאשׁ־דְּבָרְךָ
אֱמֶת וּלְעוֹלָם כָּל־מִשְׁפַּט צִדְקֶךָ׃ קסא שָׂרִים רְדָפוּנִי
חִנָּם וּמִדְּבָרְךָ פָּחַד לִבִּי׃ קסב שָׂשׂ אָנֹכִי עַל־אִמְרָתֶךָ
כְּמוֹצֵא שָׁלָל רָב׃ קסג שֶׁקֶר שָׂנֵאתִי וַאֲתַעֵבָה תּוֹרָתְךָ
אָהָבְתִּי׃ קסד שֶׁבַע בַּיּוֹם הִלַּלְתִּיךָ עַל מִשְׁפְּטֵי צִדְקֶךָ׃
קסה שָׁלוֹם רָב לְאֹהֲבֵי תוֹרָתֶךָ וְאֵין לָמוֹ מִכְשׁוֹל׃
קסו שִׂבַּרְתִּי לִישׁוּעָתְךָ יְהֹוָה וּמִצְוֹתֶיךָ עָשִׂיתִי׃
קסז שָׁמְרָה נַפְשִׁי עֵדֹתֶיךָ וָאֹהֲבֵם מְאֹד׃ קסח שָׁמַרְתִּי
פִקּוּדֶיךָ וְעֵדֹתֶיךָ כִּי כָל־דְּרָכַי נֶגְדֶּךָ׃ קסט תִּקְרַב רִנָּתִי
לְפָנֶיךָ יְהֹוָה כִּדְבָרְךָ הֲבִינֵנִי׃ קע תָּבוֹא תְּחִנָּתִי

ments are truth. 152 From the beginning I discerned from Your testimonies that You had established them forever.

ר 153 Behold my affliction and deliver me, for I have not forgotten Your Torah. 154 Wage my battle and redeem me; grant me life for the sake of Your word. 155 Salvation is far from the wicked, for they seek not Your statutes. 156 Your mercies are great, O Lord; grant me life as is Your practice. 157 My pursuers and my enemies are many, yet I did not turn away from Your testimonies. 158 I saw traitors and I quarreled with them, because they do not keep Your words. 159 Behold how I love Your precepts; grant me life, O Lord, according to Your kindness. 160 The beginning of Your word is truth, and forever are all Your righteous judgements.

ש 161 Princes have pursued me without cause, but it is Your word my heart fears. 162 I rejoice at Your word, like one who finds abundant spoil. 163 I hate falsehood and abhor it, but Your Torah I love. 164 Seven times a day I praise You, because of Your righteous judgments. 165 There is abundant peace for those who love Your Torah, and there is no stumbling for them. 166 I hoped for Your salvation, O Lord, and I performed Your commandments. 167 My soul has kept Your testimonies, and I love them intensely. 168 I have kept Your precepts and Your testimonies, for all my ways are before You.

ת 169 Let my prayer approach Your presence, O Lord; grant me understanding according to Your word. 170 Let my supplication come before You; save me

לְפָנֶיךָ כְּאִמְרָתְךָ הַצִּילֵנִי׃ קעא תַּבַּעְנָה שְׂפָתַי תְּהִלָּה
כִּי תְלַמְּדֵנִי חֻקֶּיךָ׃ קעב תַּעַן לְשׁוֹנִי אִמְרָתֶךָ כִּי כָל־
מִצְוֹתֶיךָ צֶּדֶק׃ קעג תְּהִי־יָדְךָ לְעָזְרֵנִי כִּי פִקּוּדֶיךָ
בָחָרְתִּי׃ קעד תָּאַבְתִּי לִישׁוּעָתְךָ יְהוָה וְתוֹרָתְךָ שַׁעֲשֻׁעָי׃
קעה תְּחִי־נַפְשִׁי וּתְהַלְלֶךָּ וּמִשְׁפָּטֶךָ יַעְזְרֻנִי׃ קעו תָּעִיתִי
כְּשֶׂה אֹבֵד בַּקֵּשׁ עַבְדֶּךָ כִּי מִצְוֹתֶיךָ לֹא שָׁכָחְתִּי׃

ליום השבת

קכ.

ויכוח על אותן המדברים לשון הרע והיאך הורגת אף במקום רחוק יותר מכלי זיין:

יום כז

א שִׁיר הַמַּעֲלוֹת אֶל־יְהוָה בַּצָּרָתָה לִּי קָרָאתִי
וַיַּעֲנֵנִי׃ ב יְהוָה הַצִּילָה נַפְשִׁי מִשְּׂפַת־שֶׁקֶר מִלָּשׁוֹן
רְמִיָּה׃ ג מַה־יִּתֵּן לְךָ וּמַה־יֹּסִיף לָךְ לָשׁוֹן רְמִיָּה׃
ד חִצֵּי גִבּוֹר שְׁנוּנִים עִם גַּחֲלֵי רְתָמִים׃ ה אוֹיָה־לִי
כִּי־גַרְתִּי מֶשֶׁךְ שָׁכַנְתִּי עִם־אָהֳלֵי קֵדָר׃ ו רַבַּת שָׁכְנָה־
לָּהּ נַפְשִׁי עִם שׂוֹנֵא שָׁלוֹם׃ ז אֲנִי־שָׁלוֹם וְכִי אֲדַבֵּר
הֵמָּה לַמִּלְחָמָה׃

according to Your promise. 171 My lips will utter praise,
for You have taught me Your statutes. 172 My tongue will
echo Your word, for all Your commandments are just.
173 Let Your hand be ready to help me, for I have chosen
Your precepts. 174 I long for Your salvation, O Lord, and
Your Torah is my delight. 175 Let my soul live, and it will
praise You, and let Your judgment help me. 176 I have
gone astray like a lost sheep; seek out Your servant, for
I have not forgotten Your commandments.

SHABBAT

120

This psalm rebukes slanderers, describing how the deadly effect of slander reaches even further than weapons.

DAY **27**

שיר 1 A song of ascents. I have called out to the Lord
in my distress, and He answered me. 2 O Lord, rescue
my soul from the lips of falsehood, from a deceitful
tongue. 3 What can He give you, and what [further
restraint] can He add to you, O deceitful tongue? 4 [You
resemble] the sharp arrows of a mighty one, and the
coals of broom-wood.[1] 5 Woe unto me that I sojourned
among Meshech, that I dwelt beside the tents of Kedar.
6 Too long has my soul dwelt among those who hate
peace. 7 I am for peace, but when I speak, they are for
war.

1. Which remain hot on the inside while appearing cool to the touch (*Rashi*).

קכא.

היאך יש מעלה בגן עדן התחתון ומשם עולה לגן עדן העליון והיאך הקב"ה משגיח:

א שִׁיר לַמַּעֲלוֹת אֶשָּׂא עֵינַי אֶל־הֶהָרִים מֵאַיִן יָבוֹא
עֶזְרִי׃ ב עֶזְרִי מֵעִם יְהֹוָה עֹשֵׂה שָׁמַיִם וָאָרֶץ׃ ג אַל־
יִתֵּן לַמּוֹט רַגְלֶךָ אַל־יָנוּם שֹׁמְרֶךָ׃ ד הִנֵּה לֹא־יָנוּם
וְלֹא יִישָׁן שׁוֹמֵר יִשְׂרָאֵל׃ ה יְהֹוָה שֹׁמְרֶךָ יְהֹוָה צִלְּךָ
עַל־יַד יְמִינֶךָ׃ ו יוֹמָם הַשֶּׁמֶשׁ לֹא־יַכֶּכָּה וְיָרֵחַ בַּלָּיְלָה׃
ז יְהֹוָה יִשְׁמָרְךָ מִכָּל־רָע יִשְׁמֹר אֶת־נַפְשֶׁךָ׃ ח יְהֹוָה
יִשְׁמָר־צֵאתְךָ וּבוֹאֶךָ מֵעַתָּה וְעַד־עוֹלָם׃

קכב.

מספר המשורר משבח ירושלים והניסים שנעשו בירושלים:

א שִׁיר הַמַּעֲלוֹת לְדָוִד שָׂמַחְתִּי בְּאֹמְרִים לִי בֵּית
יְהֹוָה נֵלֵךְ׃ ב עֹמְדוֹת הָיוּ רַגְלֵינוּ בִּשְׁעָרַיִךְ יְרוּשָׁלָםִ׃
ג יְרוּשָׁלַםִ הַבְּנוּיָה כְּעִיר שֶׁחֻבְּרָה־לָּהּ יַחְדָּו׃ ד שֶׁשָּׁם
עָלוּ שְׁבָטִים שִׁבְטֵי־יָהּ עֵדוּת לְיִשְׂרָאֵל לְהוֹדוֹת לְשֵׁם
יְהֹוָה׃ ה כִּי שָׁמָּה ׀ יָשְׁבוּ כִסְאוֹת לְמִשְׁפָּט כִּסְאוֹת
לְבֵית דָּוִד׃ ו שַׁאֲלוּ שְׁלוֹם יְרוּשָׁלָםִ יִשְׁלָיוּ אֹהֲבָיִךְ׃

121

This psalm alludes to the Lower Paradise, from which one ascends to the Higher Paradise. It also speaks of how God watches over us.

שִׁיר 1 A song of ascents. I lift my eyes to the mountains—from where will my help come? 2 My help will come from the Lord, Maker of heaven and earth. 3 He will not let your foot falter; your guardian does not slumber. 4 Indeed, the Guardian of Israel neither slumbers nor sleeps. 5 The Lord is your guardian; the Lord is your protective shade at your right hand. 6 The sun will not harm you by day, nor the moon by night. 7 The Lord will guard you from all evil; He will guard your soul. 8 The Lord will guard your going and your coming from now and for all time.

122

The psalmist sings the praises of Jerusalem and tells of the miracles that happened there.

שִׁיר 1 A song of ascents by David. I rejoiced when they said to me, "Let us go to the House of the Lord." 2 Our feet were standing within your gates, O Jerusalem; 3 Jerusalem that is built like a city in which [all Israel] is united together. 4 For there the tribes went up, the tribes of God—as enjoined upon Israel—to offer praise to the Name of the Lord. 5 For there stood the seats of justice, the thrones of the house of David. 6 Pray for the peace of Jerusalem; may those who love you have peace.

ז יְהִי־שָׁלוֹם בְּחֵילֵךְ שַׁלְוָה בְּאַרְמְנוֹתָיִךְ: ח לְמַעַן אַחַי
וְרֵעָי אֲדַבְּרָה־נָּא שָׁלוֹם בָּךְ: ט לְמַעַן בֵּית־יְהֹוָה אֱלֹהֵינוּ
אֲבַקְשָׁה טוֹב לָךְ:

קכג.

המשורר מקונן על זמן ארוך ורב שעברו כבר בגלות:

א שִׁיר הַמַּעֲלוֹת אֵלֶיךָ נָשָׂאתִי אֶת־עֵינַי הַיֹּשְׁבִי
בַּשָּׁמָיִם: ב הִנֵּה כְעֵינֵי עֲבָדִים אֶל־יַד אֲדוֹנֵיהֶם כְּעֵינֵי
שִׁפְחָה אֶל־יַד גְּבִרְתָּהּ כֵּן עֵינֵינוּ אֶל־יְהֹוָה אֱלֹהֵינוּ
עַד שֶׁיְּחָנֵּנוּ: ג חָנֵּנוּ יְהֹוָה חָנֵּנוּ כִּי־רַב שָׂבַעְנוּ בוּז:
ד רַבַּת שָׂבְעָה־לָּהּ נַפְשֵׁנוּ הַלַּעַג הַשַּׁאֲנַנִּים הַבּוּז
לִגְאֵי יוֹנִים:

קכד.

א שִׁיר הַמַּעֲלוֹת לְדָוִד לוּלֵי יְהֹוָה שֶׁהָיָה לָנוּ יֹאמַר־
נָא יִשְׂרָאֵל: ב לוּלֵי יְהֹוָה שֶׁהָיָה לָנוּ בְּקוּם עָלֵינוּ
אָדָם: ג אֲזַי חַיִּים בְּלָעוּנוּ בַּחֲרוֹת אַפָּם בָּנוּ: ד אֲזַי
הַמַּיִם שְׁטָפוּנוּ נַחְלָה עָבַר עַל־נַפְשֵׁנוּ: ה אֲזַי עָבַר
עַל־נַפְשֵׁנוּ הַמַּיִם הַזֵּידוֹנִים: ו בָּרוּךְ יְהֹוָה שֶׁלֹּא נְתָנָנוּ

7 May there be peace within your walls, serenity within your mansions. 8 For the sake of my brethren and friends, I ask that there be peace within you. 9 For the sake of the House of the Lord our God, I seek your well-being.

123

The psalmist laments the length of time we have already suffered in exile.

שִׁיר 1 A song of ascents. To You have I lifted my eyes, You Who are enthroned in heaven. 2 Indeed, as the eyes of servants are turned to the hand of their masters, as the eyes of a maid to the hand of her mistress, so are our eyes turned to the Lord our God, until He will be gracious to us. 3 Be gracious to us, Lord, be gracious to us, for we have been surfeited with humiliation. 4 Our soul has been overfilled with the derision of the complacent, with the scorn of the arrogant.

124

שִׁיר 1 A song of ascents by David. Were it not for the Lord Who was with us—let Israel declare—2 were it not for the Lord Who was with us when men rose up against us, 3 then they would have swallowed us alive in their burning rage against us. 4 Then the waters would have inundated us, the torrent would have swept over our soul; 5 then the raging waters would have surged over our soul. 6 Blessed is the Lord, Who did not permit

טֶרֶף לְשִׁנֵּיהֶם: ז נַפְשֵׁנוּ כְּצִפּוֹר נִמְלְטָה מִפַּח יוֹקְשִׁים הַפַּח נִשְׁבָּר וַאֲנַחְנוּ נִמְלָטְנוּ: ח עֶזְרֵנוּ בְּשֵׁם יְהֹוָה עֹשֵׂה שָׁמַיִם וָאָרֶץ:

קכה.

א שִׁיר הַמַּעֲלוֹת הַבֹּטְחִים בַּיהֹוָה כְּהַר־צִיּוֹן לֹא־יִמּוֹט לְעוֹלָם יֵשֵׁב: ב יְרוּשָׁלִַם הָרִים סָבִיב לָהּ וַיהֹוָה סָבִיב לְעַמּוֹ מֵעַתָּה וְעַד־עוֹלָם: ג כִּי לֹא יָנוּחַ שֵׁבֶט הָרֶשַׁע עַל גּוֹרַל הַצַּדִּיקִים לְמַעַן לֹא־יִשְׁלְחוּ הַצַּדִּיקִים בְּעַוְלָתָה יְדֵיהֶם: ד הֵיטִיבָה יְהֹוָה לַטּוֹבִים וְלִישָׁרִים בְּלִבּוֹתָם: ה וְהַמַּטִּים עֲקַלְקַלּוֹתָם יוֹלִיכֵם יְהֹוָה אֶת־פֹּעֲלֵי הָאָוֶן שָׁלוֹם עַל־יִשְׂרָאֵל:

קכו.

ידבר על העתיד ומדמה הגלות כמו אדם שזורע בארץ יבשה בוכה ומתחנן להקב"ה שימטיר עליה שלא יפסיד הזרע ואם זכה לקצור הוא נותן הודאה להקב"ה:

א שִׁיר הַמַּעֲלוֹת בְּשׁוּב יְהֹוָה אֶת־שִׁיבַת צִיּוֹן הָיִינוּ כְּחֹלְמִים: ב אָז יִמָּלֵא שְׂחוֹק פִּינוּ וּלְשׁוֹנֵנוּ רִנָּה אָז יֹאמְרוּ בַגּוֹיִם הִגְדִּיל יְהֹוָה לַעֲשׂוֹת עִם־אֵלֶּה: ג הִגְדִּיל

us to be prey for their teeth. 7 Our soul is like a bird which has escaped from the fowler's snare; the snare broke and we escaped. 8 Our help is in the Name of the Lord, the Maker of heaven and earth.

125

שׁיר 1 A song of ascents. Those who trust in the Lord are as Mount Zion which never falters, but abides forever. 2 Mountains surround Jerusalem, and the Lord surrounds His people from this time and forever. 3 For the rod of wickedness will never come to rest upon the lot of the righteous; therefore the righteous need not stretch their hand to iniquity. 4 Be beneficent, O Lord, to the good and to those who are upright in their hearts. 5 But as for those that turn to their perverseness, may the Lord lead them with the workers of iniquity. Peace be upon Israel.

126

The psalmist speaks of the future, comparing our Divine service in exile to one who sows arid land, then cries and begs God to send rain upon it so that the seed not be wasted. When he merits to reap the crop, he offers thanks to God.

שׁיר 1 A song of ascents. When the Lord will return the exiles of Zion, we will have been like dreamers. 2 Then our mouth will be filled with laughter, and our tongue with songs of joy; then will they say among the nations, "The Lord has done great things for these." 3 The Lord has done great things for us; we were joyful.

יְהוָה לַעֲשׂוֹת עִמָּנוּ הָיִינוּ שְׂמֵחִים׃ ד שׁוּבָה יְהוָה
אֶת־שְׁבִיתֵנוּ כַּאֲפִיקִים בַּנֶּגֶב׃ ה הַזֹּרְעִים בְּדִמְעָה
בְּרִנָּה יִקְצֹרוּ׃ ו הָלוֹךְ יֵלֵךְ ׀ וּבָכֹה נֹשֵׂא מֶשֶׁךְ־הַזָּרַע
בֹּא־יָבֹא בְרִנָּה נֹשֵׂא אֲלֻמֹּתָיו׃

קכז.

בו מבואר היאך דוד המלך מוכיח בני דורו ובראשון שלמה בנו שיהיו כל מעשיו לשם שמים ומגנה אנשי סוחרים המיגעים יומם ולילה במחייתן:

א שִׁיר הַמַּעֲלוֹת לִשְׁלֹמֹה אִם־יְהוָה ׀ לֹא־יִבְנֶה בַיִת
שָׁוְא עָמְלוּ בוֹנָיו בּוֹ אִם־יְהוָה לֹא־יִשְׁמָר־עִיר שָׁוְא ׀
שָׁקַד שׁוֹמֵר׃ ב שָׁוְא לָכֶם ׀ מַשְׁכִּימֵי קוּם מְאַחֲרֵי־שֶׁבֶת
אֹכְלֵי לֶחֶם הָעֲצָבִים כֵּן יִתֵּן לִידִידוֹ שֵׁנָא׃ ג הִנֵּה
נַחֲלַת יְהוָה בָּנִים שָׂכָר פְּרִי הַבָּטֶן׃ ד כְּחִצִּים בְּיַד־
גִּבּוֹר כֵּן בְּנֵי הַנְּעוּרִים׃ ה אַשְׁרֵי הַגֶּבֶר אֲשֶׁר מִלֵּא
אֶת־אַשְׁפָּתוֹ מֵהֶם לֹא־יֵבֹשׁוּ כִּי־יְדַבְּרוּ אֶת־
אוֹיְבִים בַּשָּׁעַר׃

קכח.

בו מבואר כמה מעלות לאדם אם נהנה מיגע כפיו ואינו נהנה מאחרים אף שרוצים ליתן לו במתנה מכ"ש גזילה או עושה מלאכת ה' ברמיה, וכמה הנהגות טובות שמן הראוי להיות ירא שמים:

א שִׁיר הַמַּעֲלוֹת אַשְׁרֵי כָּל־יְרֵא יְהוָה הַהֹלֵךְ

4 Lord, return our exiles as streams to arid soil. 5 Those who sow in tears will reap with songs of joy. 6 He goes along weeping, carrying the bag of seed; he will surely return with songs of joy, carrying his sheaves.

127

King David instructs his generation, and especially his son Solomon, to be sure that all one's actions be for the sake of Heaven. He also criticizes those who toil day and night in pursuit of a livelihood.

שִׁיר 1 A song of ascents for Solomon. If the Lord does not build a house, then its builders labor upon it in vain. If the Lord will not guard a city, the vigilance of its watchman is in vain. 2 It is in vain for you, you who rise early, who sit up late, and who eat the bread of tension, for in fact He gives His loved ones sleep. 3 Behold, the heritage of the Lord is children; the fruit of the womb is a reward. 4 As arrows in the hand of a mighty man, so are the children of youth. 5 Fortunate is the man who has his quiver full of them; they will not find themselves shamed when they speak with enemies in public places.

128

This psalm extols one who enjoys the fruits of his own labor, avoiding theft and deception, even refusing gifts. It also describes behavior appropriate to the God-fearing.

שִׁיר 1 A song of ascents. Fortunate is every man who

בִּדְרָכָיו: ב יְגִיעַ כַּפֶּיךָ כִּי תֹאכֵל אַשְׁרֶיךָ וְטוֹב לָךְ:

ג אֶשְׁתְּךָ ׀ כְּגֶפֶן פֹּרִיָּה בְּיַרְכְּתֵי בֵיתֶךָ בָּנֶיךָ כִּשְׁתִלֵי זֵיתִים סָבִיב לְשֻׁלְחָנֶךָ: ד הִנֵּה כִי־כֵן יְבֹרַךְ גָּבֶר יְרֵא יְהֹוָה:

ה יְבָרֶכְךָ יְהֹוָה מִצִּיּוֹן וּרְאֵה בְּטוּב יְרוּשָׁלָ͏ִם כֹּל יְמֵי חַיֶּיךָ: ו וּרְאֵה־בָנִים לְבָנֶיךָ שָׁלוֹם עַל־יִשְׂרָאֵל:

קכט.

הַמְשׁוֹרֵר מֵאוֹנֵן עַל הַצָּרוֹת:

א שִׁיר הַמַּעֲלוֹת רַבַּת צְרָרוּנִי מִנְּעוּרַי יֹאמַר־נָא יִשְׂרָאֵל: ב רַבַּת צְרָרוּנִי מִנְּעוּרָי גַּם לֹא־יָכְלוּ לִי: ג עַל־גַּבִּי חָרְשׁוּ חֹרְשִׁים הֶאֱרִיכוּ לְמַעֲנִיתָם: ד יְהֹוָה צַדִּיק קִצֵּץ עֲבוֹת רְשָׁעִים: ה יֵבֹשׁוּ וְיִסֹּגוּ אָחוֹר כֹּל שֹׂנְאֵי צִיּוֹן: ו יִהְיוּ כַּחֲצִיר גַּגּוֹת שֶׁקַּדְמַת שָׁלַף יָבֵשׁ: ז שֶׁלֹּא מִלֵּא כַפּוֹ קוֹצֵר וְחִצְנוֹ מְעַמֵּר: ח וְלֹא אָמְרוּ ׀ הָעֹבְרִים בִּרְכַּת־יְהֹוָה אֲלֵיכֶם בֵּרַכְנוּ אֶתְכֶם בְּשֵׁם יְהֹוָה:

קל.

תְּפִלָּה עַל אֲרִיכַת הַגָּלוּת:

א שִׁיר הַמַּעֲלוֹת מִמַּעֲמַקִּים קְרָאתִיךָ יְהֹוָה: ב אֲדֹנָי שִׁמְעָה בְקוֹלִי תִּהְיֶינָה אָזְנֶיךָ קַשֻּׁבוֹת לְקוֹל

fears the Lord, who walks in His ways. 2 When you eat
of the labor of your hands, you will be happy, and you
will have goodness. 3 Your wife will be like a fruitful vine
in the inner chambers of your house; your children will
be like olive saplings around your table. 4 Behold, so will
be blessed the man who fears the Lord. 5 May the Lord
bless you out of Zion, and may you see the goodness of
Jerusalem all the days of your life. 6 And may you see
children [born] to your children; peace upon Israel.

129

The psalmist laments the troubles of Israel.

שיר 1 A song of ascents. Much have they persecuted
me from my youth on. Let Israel declare it now—
2 "Much have they persecuted me from my youth on,
[but] they have not prevailed against me." 3 The
plowmen plowed upon my back; they wished to make
their furrow long. 4 But the Lord is just; He cut the
cords of the lawless. 5 They will be humiliated and will
be turned back, all the haters of Zion. 6 They will be as
grass upon the rooftops that withers before one plucks
it, 7 wherewith the reaper has never filled his hand, nor
the sheaf-binder his arm; 8 and of which the passers-by
never have said: "The blessing of the Lord be upon you;
we bless you in the name of the Lord."

130

The psalmist prays for an end to this long exile.

שיר 1 A song of ascents. Out of the depths I call to
You, O Lord. 2 My Lord, hearken to my voice; let Your

תַּחֲנוּנָי: ג אִם־עֲוֺנוֹת תִּשְׁמָר־יָהּ אֲדֹנָי מִי יַעֲמֹד:
ד כִּי־עִמְּךָ הַסְּלִיחָה לְמַעַן תִּוָּרֵא: ה קִוִּיתִי יְהוָה קִוְּתָה
נַפְשִׁי וְלִדְבָרוֹ הוֹחָלְתִּי: ו נַפְשִׁי לַאדֹנָי מִשֹּׁמְרִים
לַבֹּקֶר שֹׁמְרִים לַבֹּקֶר: ז יַחֵל יִשְׂרָאֵל אֶל־יְהוָה כִּי־
עִם־יְהוָה הַחֶסֶד וְהַרְבֵּה עִמּוֹ פְדוּת: ח וְהוּא יִפְדֶּה
אֶת־יִשְׂרָאֵל מִכֹּל עֲוֺנֹתָיו:

קלא.

בו יסופר שפלות דוד והיאך לא גבה לבו כל ימיו ולא עשה לו גדולות ותענוגי בני אדם:

א שִׁיר הַמַּעֲלוֹת לְדָוִד יְהוָה | לֹא־גָבַהּ לִבִּי וְלֹא־
רָמוּ עֵינַי וְלֹא־הִלַּכְתִּי | בִּגְדֹלוֹת וּבְנִפְלָאוֹת מִמֶּנִּי:
ב אִם־לֹא שִׁוִּיתִי | וְדוֹמַמְתִּי נַפְשִׁי כְּגָמֻל עֲלֵי אִמּוֹ
כַּגָּמֻל עָלַי נַפְשִׁי: ג יַחֵל יִשְׂרָאֵל אֶל־יְהוָה מֵעַתָּה
וְעַד־עוֹלָם:

קלב.

זה השיר אמרו דוד כשהיה דבר בעולם והיה הוא וזקני ישראל מתכסים בשקים והמשכן היה רחוק מהם לכך היה מתאמץ בתפלות גדולות שהקב"ה יזכור מה שעשה דוד הטרחות וענויים על בה"מ:

א שִׁיר הַמַּעֲלוֹת זְכוֹר־יְהוָה לְדָוִד אֵת כָּל־עֻנּוֹתוֹ:
ב אֲשֶׁר נִשְׁבַּע לַיהוָה נָדַר לַאֲבִיר יַעֲקֹב: ג אִם־אָבֹא

ears be attentive to the sound of my pleas. 3 God, if You
were to preserve iniquities, my Lord, who could survive?
4 But forgiveness is with You, that You may be held in
awe. 5 I hope in the Lord; my soul hopes, and I long for
His word. 6 My soul yearns for the Lord more than
those awaiting the morning wait for the morning.
7 Israel, put your hope in the Lord, for with the Lord
there is kindness; with Him there is abounding deliver-
ance. 8 And He will redeem Israel from all its iniquities.

131

In this prayer, David declares that never in the course of his life was he haughty,
nor did he pursue greatness or worldly pleasures.

שִׁיר 1 A song of ascents, by David. O Lord, my heart
was not proud, nor were my eyes haughty; I did not
seek matters that were too great and too wondrous for
me. 2 Surely I put my soul at peace and soothed it like
a weaned child with his mother; my soul was like a
weaned child. 3 Let Israel hope in the Lord from this
time forth and forever.

132

David composed this psalm while he and the elders of Israel wore sackcloth, in
mourning over the plague that had descended upon the land, and their being
distant from the Holy Temple. David therefore offers intense prayers, entreating
God to remember the hardship and sacrifice he endured for the sake of the Temple.

שִׁיר 1 A song of ascents. O Lord, remember unto
David all his suffering, 2 how he swore to the Lord, and
vowed to the Mighty Power of Jacob: 3 "I will not enter
into the tent of my house; I will not go up into the bed

בְּאֹהֶל בֵּיתִי אִם־אֶעֱלֶה עַל־עֶרֶשׂ יְצוּעָי: ד אִם־אֶתֵּן
שְׁנַת לְעֵינָי לְעַפְעַפַּי תְּנוּמָה: ה עַד־אֶמְצָא מָקוֹם
לַיהוָה מִשְׁכָּנוֹת לַאֲבִיר יַעֲקֹב: ו הִנֵּה שְׁמַעֲנוּהָ
בְאֶפְרָתָה מְצָאנוּהָ בִּשְׂדֵי־יָעַר: ז נָבוֹאָה לְמִשְׁכְּנוֹתָיו
נִשְׁתַּחֲוֶה לַהֲדֹם רַגְלָיו: ח קוּמָה יְהוָה לִמְנוּחָתֶךָ אַתָּה
וַאֲרוֹן עֻזֶּךָ: ט כֹּהֲנֶיךָ יִלְבְּשׁוּ־צֶדֶק וַחֲסִידֶיךָ יְרַנֵּנוּ:
י בַּעֲבוּר דָּוִד עַבְדֶּךָ אַל־תָּשֵׁב פְּנֵי מְשִׁיחֶךָ: יא נִשְׁבַּע
יְהוָה לְדָוִד אֱמֶת לֹא־יָשׁוּב מִמֶּנָּה מִפְּרִי בִטְנְךָ אָשִׁית
לְכִסֵּא־לָךְ: יב אִם־יִשְׁמְרוּ בָנֶיךָ בְּרִיתִי וְעֵדֹתִי זוֹ
אֲלַמְּדֵם גַּם־בְּנֵיהֶם עֲדֵי־עַד יֵשְׁבוּ לְכִסֵּא־לָךְ: יג כִּי־
בָחַר יְהוָה בְּצִיּוֹן אִוָּהּ לְמוֹשָׁב לוֹ: יד זֹאת־מְנוּחָתִי
עֲדֵי־עַד פֹּה אֵשֵׁב כִּי אִוִּתִיהָ: טו צֵידָהּ בָּרֵךְ אֲבָרֵךְ
אֶבְיוֹנֶיהָ אַשְׂבִּיעַ לָחֶם: טז וְכֹהֲנֶיהָ אַלְבִּישׁ יֶשַׁע
וַחֲסִידֶיהָ רַנֵּן יְרַנֵּנוּ: יז שָׁם אַצְמִיחַ קֶרֶן לְדָוִד עָרַכְתִּי
נֵר לִמְשִׁיחִי: יח אוֹיְבָיו אַלְבִּישׁ בֹּשֶׁת וְעָלָיו יָצִיץ נִזְרוֹ:

קלג.

א שִׁיר הַמַּעֲלוֹת לְדָוִד הִנֵּה מַה־טּוֹב וּמַה־נָּעִים

that is spread for me; 4 I will not give sleep to my eyes,
nor slumber to my eyelids;—5 until I will have found a
place for the Lord, a resting place for the Mighty Power
of Jacob." 6 Lo, we heard of it in Ephrath; we found it
in the field of the forest. 7 We will come to His resting
places; we will prostrate ourselves at His footstool.
8 Ascend, O Lord, to Your resting place, You and the Ark
of Your might. 9 May Your priests clothe themselves in
righteous ness, and may Your pious ones sing joyous
songs. 10 For the sake of David Your servant, turn not
away the face of Your anointed. 11 For the Lord has
sworn to David a truth from which He will never
retreat: "From the fruit of your womb will I set for you
upon the throne. 12 If your sons will keep My covenant
and this testimony of mine which I will teach them,
then their sons, too, will sit on the throne for you until
the end of time. 13 For the Lord has chosen Zion; He
has desired it for His habitation. 14 This is My resting
place to the end of time. Here will I dwell, for I have
desired it. 15 I will abundantly bless her sustenance; I
will satisfy her needy with bread. 16 I will clothe her
priests with salvation, and her pious ones will sing
joyous songs. 17 There I will cause David's power to
flourish; there I have prepared a lamp for My anointed.
18 His enemies will I clothe with shame, but upon him,
his crown will blossom."

133

שִׁיר 1 A song of ascents, by David. Behold, how good
and how pleasant it is when brothers dwell together.

שֶׁבֶת אַחִים גַּם־יָחַד׃ ב כַּשֶּׁמֶן הַטּוֹב | עַל־הָרֹאשׁ
יֹרֵד עַל־הַזָּקָן זְקַן־אַהֲרֹן שֶׁיֹּרֵד עַל־פִּי מִדּוֹתָיו׃ ג כְּטַל
חֶרְמוֹן שֶׁיֹּרֵד עַל־הַרְרֵי צִיּוֹן כִּי שָׁם | צִוָּה יְהוָה אֶת־
הַבְּרָכָה חַיִּים עַד־הָעוֹלָם׃

קלד.

המשורר מעורר לב החכמים והחסידים שיעמדו ממטתם בלילה לבית ה':

א שִׁיר הַמַּעֲלוֹת הִנֵּה | בָּרְכוּ אֶת־יְהוָה כָּל־עַבְדֵי
יְהוָה הָעֹמְדִים בְּבֵית־יְהוָה בַּלֵּילוֹת׃ ב שְׂאוּ־יְדֵכֶם
קֹדֶשׁ וּבָרְכוּ אֶת־יְהוָה׃ ג יְבָרֶכְךָ יְהוָה מִצִּיּוֹן עֹשֵׂה
שָׁמַיִם וָאָרֶץ׃

קלה.

יום כח

א הַלְלוּיָהּ | הַלְלוּ אֶת־שֵׁם יְהוָה הַלְלוּ עַבְדֵי יְהוָה׃
ב שֶׁעֹמְדִים בְּבֵית יְהוָה בְּחַצְרוֹת בֵּית אֱלֹהֵינוּ׃
ג הַלְלוּיָהּ כִּי־טוֹב יְהוָה זַמְּרוּ לִשְׁמוֹ כִּי נָעִים׃ ד כִּי־
יַעֲקֹב בָּחַר לוֹ יָהּ יִשְׂרָאֵל לִסְגֻלָּתוֹ׃ ה כִּי אֲנִי יָדַעְתִּי
כִּי־גָדוֹל יְהוָה וַאֲדֹנֵינוּ מִכָּל־אֱלֹהִים׃ ו כֹּל אֲשֶׁר־חָפֵץ
יְהוָה עָשָׂה בַּשָּׁמַיִם וּבָאָרֶץ בַּיַּמִּים וְכָל־תְּהֹמוֹת׃
ז מַעֲלֶה נְשִׂאִים מִקְצֵה הָאָרֶץ בְּרָקִים לַמָּטָר עָשָׂה

2 Like the precious oil [placed] upon the head, flowing
[in abundance] down the beard, the beard of Aaron
which rests upon his garments. 3 Like the dew of
Hermon which comes down upon the mountains of
Zion, for there the Lord has commanded blessing, life
unto eternity.

134

The psalmist exhorts the scholarly and pious to rise from their beds at night, and go to the House of God.

שיר 1 A song of ascents. Behold: Bless the Lord, all
you servants of the Lord who stand in the House of the
Lord in the nights. 2 Lift up your hands in holiness and
bless the Lord. 3 May the Lord, Who makes heaven and
earth, bless you from Zion.

135

DAY **28**

הללויה 1 Praise the Lord! Praise the Name of the
Lord; offer praise, you servants of the Lord—2 who
stand in the House of the Lord, in the courtyards of the
House of our God. 3 Praise the Lord, for the Lord is
good; sing to His Name, for He is pleasant. 4 For God
has chosen Jacob for Himself, Israel as His beloved
treasure. 5 For I know that the Lord is great, our Master
is greater than all supernal beings. 6 All that the Lord
desired He has done, in the heavens and on earth, in the
seas and the depths. 7 He causes mists to rise from the
ends of the earth; He makes lightning for the rain; He

מוֹצֵא רוּחַ מֵאוֹצְרוֹתָיו׃ ח שֶׁהִכָּה בְּכוֹרֵי מִצְרָיִם מֵאָדָם
עַד־בְּהֵמָה׃ ט שָׁלַח | אוֹתֹת וּמֹפְתִים בְּתוֹכֵכִי מִצְרָיִם
בְּפַרְעֹה וּבְכָל־עֲבָדָיו׃ י שֶׁהִכָּה גּוֹיִם רַבִּים וְהָרַג מְלָכִים
עֲצוּמִים׃ יא לְסִיחוֹן | מֶלֶךְ הָאֱמֹרִי וּלְעוֹג מֶלֶךְ הַבָּשָׁן
וּלְכֹל מַמְלְכוֹת כְּנָעַן׃ יב וְנָתַן אַרְצָם נַחֲלָה נַחֲלָה
לְיִשְׂרָאֵל עַמּוֹ׃ יג יְהוָה שִׁמְךָ לְעוֹלָם יְהוָה זִכְרְךָ לְדֹר־
וָדֹר׃ יד כִּי־יָדִין יְהוָה עַמּוֹ וְעַל־עֲבָדָיו יִתְנֶחָם׃
טו עֲצַבֵּי הַגּוֹיִם כֶּסֶף וְזָהָב מַעֲשֵׂה יְדֵי אָדָם׃ טז פֶּה
לָהֶם וְלֹא יְדַבֵּרוּ עֵינַיִם לָהֶם וְלֹא יִרְאוּ׃ יז אָזְנַיִם לָהֶם
וְלֹא יַאֲזִינוּ אַף אֵין־יֶשׁ־רוּחַ בְּפִיהֶם׃ יח כְּמוֹהֶם יִהְיוּ
עֹשֵׂיהֶם כֹּל אֲשֶׁר־בֹּטֵחַ בָּהֶם׃ יט בֵּית יִשְׂרָאֵל בָּרְכוּ
אֶת־יְהוָה בֵּית אַהֲרֹן בָּרְכוּ אֶת־יְהוָה׃ כ בֵּית הַלֵּוִי
בָּרְכוּ אֶת־יְהוָה יִרְאֵי יְהוָה בָּרְכוּ אֶת־יְהוָה׃ כא בָּרוּךְ
יְהוָה | מִצִּיּוֹן שֹׁכֵן יְרוּשָׁלָםִ הַלְלוּיָהּ׃

קלו.

בזה המזמור יש כ"ו פסוקים נגד כ"ו דורות מבריאת עולם עד שישראל קבלו את התורה:

א הוֹדוּ לַיהוָה כִּי־טוֹב כִּי לְעוֹלָם חַסְדּוֹ׃ ב הוֹדוּ

brings forth the wind from His vaults. 8 It was He who struck down the firstborn of Egypt, of man and beast. 9 He sent signs and wonders into the midst of Egypt, on Pharaoh and on all his servants. 10 It was He who struck down many nations, and slew mighty kings: 11 Sichon, king of the Amorites; Og, king of Bashan; and all the kingdoms of Canaan. 12 And He gave their lands as a heritage, a heritage to His people Israel. 13 Lord, Your Name is forever; Lord, Your remembrance is throughout all generations. 14 Indeed, the Lord will judge on behalf of His people, and have compassion on His servants. 15 The idols of the nations are silver and gold, the product of human hands. 16 They have a mouth, but cannot speak; they have eyes, but cannot see; 17 they have ears, but cannot hear; nor is there breath in their mouth. 18 Like them will their makers become—all who trust in them. 19 House of Israel, bless the Lord; House of Aaron, bless the Lord; 20 House of Levi, bless the Lord; you who fear the Lord, bless the Lord. 21 Blessed is the Lord from Zion, who dwells in Jerusalem. Praise the Lord!

136

This psalm contains twenty-six verses, corresponding to the twenty-six generations between the creation of the world and the giving of the Torah.

הודו 1 Praise the Lord for He is good, for His kindness is forever. 2 Praise the God of the supernal

לֵֽאלֹהֵי הָאֱלֹהִים כִּי לְעוֹלָם חַסְדּוֹ: ג הוֹדוּ לַאֲדֹנֵי
הָאֲדֹנִים כִּי לְעוֹלָם חַסְדּוֹ: ד לְעֹשֵׂה נִפְלָאוֹת גְּדֹלוֹת
לְבַדּוֹ כִּי לְעוֹלָם חַסְדּוֹ: ה לְעֹשֵׂה הַשָּׁמַיִם בִּתְבוּנָה
כִּי לְעוֹלָם חַסְדּוֹ: ו לְרוֹקַע הָאָרֶץ עַל־הַמָּיִם כִּי לְעוֹלָם
חַסְדּוֹ: ז לְעֹשֵׂה אוֹרִים גְּדֹלִים כִּי לְעוֹלָם חַסְדּוֹ:
ח אֶת־הַשֶּׁמֶשׁ לְמֶמְשֶׁלֶת בַּיּוֹם כִּי לְעוֹלָם חַסְדּוֹ: ט אֶת־
הַיָּרֵחַ וְכוֹכָבִים לְמֶמְשְׁלוֹת בַּלָּיְלָה כִּי לְעוֹלָם חַסְדּוֹ:
י לְמַכֵּה מִצְרַיִם בִּבְכוֹרֵיהֶם כִּי לְעוֹלָם חַסְדּוֹ: יא וַיּוֹצֵא
יִשְׂרָאֵל מִתּוֹכָם כִּי לְעוֹלָם חַסְדּוֹ: יב בְּיָד חֲזָקָה וּבִזְרוֹעַ
נְטוּיָה כִּי לְעוֹלָם חַסְדּוֹ: יג לְגֹזֵר יַם־סוּף לִגְזָרִים כִּי לְעוֹלָם
חַסְדּוֹ: יד וְהֶעֱבִיר יִשְׂרָאֵל בְּתוֹכוֹ כִּי לְעוֹלָם חַסְדּוֹ: טו וְנִעֵר
פַּרְעֹה וְחֵילוֹ בְיַם־סוּף כִּי לְעוֹלָם חַסְדּוֹ: טז לְמוֹלִיךְ
עַמּוֹ בַּמִּדְבָּר כִּי לְעוֹלָם חַסְדּוֹ: יז לְמַכֵּה מְלָכִים גְּדֹלִים
כִּי לְעוֹלָם חַסְדּוֹ: יח וַיַּהֲרֹג מְלָכִים אַדִּירִים כִּי לְעוֹלָם
חַסְדּוֹ: יט לְסִיחוֹן מֶלֶךְ הָאֱמֹרִי כִּי לְעוֹלָם חַסְדּוֹ:
כ וּלְעוֹג מֶלֶךְ הַבָּשָׁן כִּי לְעוֹלָם חַסְדּוֹ: כא וְנָתַן אַרְצָם
לְנַחֲלָה כִּי לְעוֹלָם חַסְדּוֹ: כב נַחֲלָה לְיִשְׂרָאֵל עַבְדּוֹ

beings, for His kindness is forever. 3 Praise the Master
of the heavenly hosts, for His kindness is forever.
4 Who alone performs great wonders, for His kindness
is forever. 5 Who makes the heavens with understand-
ing, for His kindness is forever. 6 Who spreads forth
the earth above the waters, for His kindness is forever.
7 Who makes the great lights, for His kindness is
forever. 8 The sun to rule by day, for His kindness is
forever. 9 The moon and stars to rule by night, for His
kindness is forever. 10 Who struck Egypt through its
firstborn, for His kindness is forever. 11 And brought
Israel out of their midst, for His kindness is forever.
12 With a strong hand and with an outstretched arm,
for His kindness is forever. 13 Who split the Sea of
Reeds into sections, for His kindness is forever. 14 And
brought Israel across it, for His kindness is forever.
15 And cast Pharaoh and his army into the Sea of
Reeds, for His kindness is forever. 16 Who led His
people through the desert, for His kindness is forever;
17 Who struck down great kings, for His kindness is
forever. 18 And slew mighty kings, for His kindness is
forever. 19 Sichon, king of the Amorites, for His
kindness is forever. 20 And Og, king of Bashan, for His
kindness is forever. 21 And gave their land as a
heritage, for His kindness is forever. 22 A heritage to

כִּ֝֗י לְעוֹלָ֥ם חַסְדּֽוֹ׃ כג שֶׁ֭בְּשִׁפְלֵנוּ זָ֣כַר לָ֑נוּ כִּ֖י לְעוֹלָ֣ם
חַסְדּֽוֹ׃ כד וַיִּפְרְקֵ֥נוּ מִצָּרֵ֑ינוּ כִּ֖י לְעוֹלָ֣ם חַסְדּֽוֹ׃ כה נֹתֵ֣ן
לֶ֭חֶם לְכָל־בָּשָׂ֑ר כִּ֖י לְעוֹלָ֣ם חַסְדּֽוֹ׃ כו ה֭וֹדוּ לְאֵ֣ל
הַשָּׁמָ֑יִם כִּ֖י לְעוֹלָ֣ם חַסְדּֽוֹ׃

קלז.

נאמר על חורבן הבית היאך נבוכדנצר היה שואל מהם ששירו הלוים בשביה כמו על הדוכן והם אמרו היאך נשיר את שיר ה' על אדמת נכר ורוה"ק היה מנחם להם:

א עַ֥ל נַהֲר֨וֹת ׀ בָּבֶ֗ל שָׁ֣ם יָ֭שַׁבְנוּ גַּם־בָּכִ֑ינוּ בְּ֝זָכְרֵ֗נוּ
אֶת־צִיּֽוֹן׃ ב עַֽל־עֲרָבִ֥ים בְּתוֹכָ֑הּ תָּ֝לִ֗ינוּ כִּנֹּרוֹתֵֽינוּ׃
ג כִּ֤י שָׁ֨ם ׀ שְׁאֵל֪וּנוּ שׁוֹבֵ֡ינוּ דִּבְרֵי־שִׁ֭יר וְתוֹלָלֵ֣ינוּ שִׂמְחָ֑ה
שִׁ֥ירוּ לָ֝֗נוּ מִשִּׁ֥יר צִיּֽוֹן׃ ד אֵ֗יךְ נָשִׁ֥יר אֶת־שִׁיר־יְהֹוָ֑ה עַ֝֗ל
אַדְמַ֥ת נֵכָֽר׃ ה אִם־אֶשְׁכָּחֵ֥ךְ יְֽרוּשָׁלִָ֗ם תִּשְׁכַּ֥ח יְמִינִֽי׃
ו תִּדְבַּ֥ק לְשׁוֹנִ֨י ׀ לְחִכִּי֮ אִם־לֹ֪א אֶ֫זְכְּרֵ֥כִי אִם־לֹ֣א אַ֭עֲלֶה
אֶת־יְרוּשָׁלִַ֑ם עַ֝֗ל רֹ֣אשׁ שִׂמְחָתִֽי׃ ז זְכֹ֤ר יְהֹוָ֨ה ׀ לִבְנֵ֬י
אֱד֗וֹם אֵת֮ י֤וֹם יְֽרוּשָׁ֫לִָ֥ם הָ֭אֹמְרִים עָ֥רוּ ׀ עָ֑רוּ עַ֝֗ד הַיְס֥וֹד
בָּֽהּ׃ ח בַּת־בָּבֶ֗ל הַשְּׁד֫וּדָ֥ה אַשְׁרֵ֥י שֶׁיְשַׁלֶּם־לָ֑ךְ אֶת־
גְּ֝מוּלֵ֗ךְ שֶׁגָּמַ֥לְתְּ לָֽנוּ׃ ט אַשְׁרֵ֤י ׀ שֶׁיֹּאחֵ֓ז וְנִפֵּ֬ץ אֶת־עֹ֝לָלַ֗יִךְ
אֶל־הַסָּֽלַע׃

Israel His servant, for His kindness is forever. 23 Who remembered us in our humiliation, for His kindness is forever. 24 And redeemed us from our oppressors, for His kindness is forever. 25 Who gives food to all flesh, for His kindness is forever. 26 Praise the God of heaven, for His kindness is forever.

137

Referring to the time of the destruction of the Temple, this psalm tells of when Nebuchadnezzar would ask the Levites to sing in captivity as they had in the Temple, to which they would reply, "How can we sing the song of God upon alien soil?" They were then comforted by Divine inspiration.

עַל 1 By the rivers of Babylon, there we sat and wept as we remembered Zion. 2 There, upon the willows, we hung our harps. 3 For there our captors demanded of us songs, and those who scorned us—rejoicing, [saying,] "Sing to us of the songs of Zion." 4 How can we sing the song of the Lord on alien soil? 5 If I forget you, Jerusalem, let my right hand forget [its dexterity]. 6 Let my tongue cleave to my palate if I will not remember you, if I will not bring to mind Jerusalem during my greatest joy! 7 Remember, O Lord, against the Edomites the day of [the destruction of] Jerusalem, when they said, "Raze it, raze it to its very foundation!" 8 O Babylon, who is destined to be laid waste, happy is he who will repay you in retribution for what you have inflicted on us. 9 Happy is he who will seize and crush your infants against the rock!

קלח.

שבחים נוראים נתן דוד להקב"ה על החסד שעשה עמו וקיים הבטחתו ונתן לו המלוכה:

א לְדָוִד ׀ אוֹדְךָ בְכָל־לִבִּי נֶגֶד אֱלֹהִים אֲזַמְּרֶךָּ׃
ב אֶשְׁתַּחֲוֶה ׀ אֶל־הֵיכַל קָדְשְׁךָ וְאוֹדֶה אֶת־שְׁמֶךָ עַל־
חַסְדְּךָ וְעַל־אֲמִתֶּךָ כִּי־הִגְדַּלְתָּ עַל־כָּל־שִׁמְךָ אִמְרָתֶךָ׃
ג בְּיוֹם קָרָאתִי וַתַּעֲנֵנִי תַּרְהִבֵנִי בְנַפְשִׁי עֹז׃ ד יוֹדוּךָ
יְהוָה כָּל־מַלְכֵי־אָרֶץ כִּי שָׁמְעוּ אִמְרֵי־פִיךָ׃ ה וְיָשִׁירוּ
בְּדַרְכֵי יְהוָה כִּי גָדוֹל כְּבוֹד יְהוָה׃ ו כִּי־רָם יְהוָה
וְשָׁפָל יִרְאֶה וְגָבֹהַּ מִמֶּרְחָק יְיֵדָע׃ ז אִם־אֵלֵךְ ׀ בְּקֶרֶב
צָרָה תְּחַיֵּנִי עַל אַף אֹיְבַי תִּשְׁלַח יָדֶךָ וְתוֹשִׁיעֵנִי
יְמִינֶךָ׃ ח יְהוָה יִגְמֹר בַּעֲדִי יְהוָה חַסְדְּךָ לְעוֹלָם מַעֲשֵׂי
יָדֶיךָ אַל־תֶּרֶף׃

קלט.

זה המזמור נכבד מאד ואין בכל החמשה ספרים מזמור המייסר לאדם בדרכי השם כמו זה המזמור. אשרי לאדם האומר זה המזמור בכל יום:

א לַמְנַצֵּחַ לְדָוִד מִזְמוֹר יְהוָה חֲקַרְתַּנִי וַתֵּדָע׃
ב אַתָּה יָדַעְתָּ שִׁבְתִּי וְקוּמִי בַּנְתָּה לְרֵעִי מֵרָחוֹק׃

138

David offers awesome praises to God for His kindness to him, and for fulfilling His
promise to grant him kingship.

לדוד 1 By David. I will thank You with all my heart,
in the presence of princes I shall praise You. 2 I will bow
toward Your Holy Sanctuary, and praise Your Name for
Your kindness and for Your truth; for You have exalted
Your word above all Your Names. 3 On the day that I
called out You answered me, You emboldened me, [You
put] strength in my soul. 4 Lord, all the kings of the land
will give thanks to You when they hear the words of
Your mouth. 5 And they will sing of the Lord's ways, for
the glory of the Lord is great. 6 For though the Lord is
exalted, He sees the lowly; the High One castigates from
afar. 7 If I walk in the midst of distress, keep me alive;
against the wrath of my enemies stretch out Your hand,
and let Your right hand deliver me. 8 Lord, complete
[Your kindness] on my behalf. Lord, Your kindness is
forever, do not forsake the work of Your hands.

139

A most prominent psalm that guides man in the ways of God as no other in all of
the five books of Tehillim. Fortunate is he who recites it daily.

למנצח 1 For the Conductor, by David, a psalm. O
Lord, You have probed me, and You know. 2 You know
my sitting down and my standing up; You perceive my

ג אָרְחִי וְרִבְעִי זֵרִיתָ וְכָל־דְּרָכַי הִסְכַּנְתָּה: ד כִּי אֵין
מִלָּה בִּלְשׁוֹנִי הֵן יְהֹוָה יָדַעְתָּ כֻלָּהּ: ה אָחוֹר וָקֶדֶם
צַרְתָּנִי וַתָּשֶׁת עָלַי כַּפֶּכָה: ו פְּלִיאָה דַעַת מִמֶּנִּי
נִשְׂגְּבָה לֹא־אוּכַל לָהּ: ז אָנָה אֵלֵךְ מֵרוּחֶךָ וְאָנָה
מִפָּנֶיךָ אֶבְרָח: ח אִם־אֶסַּק שָׁמַיִם שָׁם אָתָּה וְאַצִּיעָה
שְּׁאוֹל הִנֶּךָּ: ט אֶשָּׂא כַנְפֵי־שָׁחַר אֶשְׁכְּנָה בְּאַחֲרִית
יָם: י גַּם־שָׁם יָדְךָ תַנְחֵנִי וְתֹאחֲזֵנִי יְמִינֶךָ: יא וָאֹמַר
אַךְ־חֹשֶׁךְ יְשׁוּפֵנִי וְלַיְלָה אוֹר בַּעֲדֵנִי: יב גַּם־חֹשֶׁךְ
לֹא־יַחְשִׁיךְ מִמֶּךָ וְלַיְלָה כַּיּוֹם יָאִיר כַּחֲשֵׁיכָה כָּאוֹרָה:
יג כִּי־אַתָּה קָנִיתָ כִלְיֹתָי תְּסֻכֵּנִי בְּבֶטֶן אִמִּי: יד אוֹדְךָ
עַל כִּי נוֹרָאוֹת נִפְלֵיתִי נִפְלָאִים מַעֲשֶׂיךָ וְנַפְשִׁי יֹדַעַת
מְאֹד: טו לֹא־נִכְחַד עָצְמִי מִמֶּךָּ אֲשֶׁר־עֻשֵּׂיתִי בַסֵּתֶר
רֻקַּמְתִּי בְּתַחְתִּיּוֹת אָרֶץ: טז גָּלְמִי | רָאוּ עֵינֶיךָ וְעַל־
סִפְרְךָ כֻּלָּם יִכָּתֵבוּ יָמִים יֻצָּרוּ וְלוֹ אֶחָד בָּהֶם: יז וְלִי
מַה־יָּקְרוּ רֵעֶיךָ אֵל מֶה עָצְמוּ רָאשֵׁיהֶם: יח אֶסְפְּרֵם
מֵחוֹל יִרְבּוּן הֱקִיצֹתִי וְעוֹדִי עִמָּךְ: יט אִם־תִּקְטֹל
אֱלוֹהַּ | רָשָׁע וְאַנְשֵׁי דָמִים סוּרוּ מֶנִּי: כ אֲשֶׁר יֹמְרוּךָ

thought from afar. 3 You encircle my going about and my lying down; You are familiar with all my paths. 4 For there was not yet a word on my tongue—and behold, Lord, You knew it all. 5 You have besieged me front and back, You have laid Your hand upon me. 6 Knowledge [to escape You] is beyond me; it is exalted, I cannot know it. 7 Where can I go [to escape] Your spirit? And where can I flee from Your presence? 8 If I ascend to the heavens, You are there; if I make my bed in the grave, behold, You are there. 9 Were I to take up wings as the dawn and dwell in the furthest part of the sea, 10 there, too, Your hand would guide me; Your right hand would hold me. 11 Were I to say, "Surely the darkness will shadow me," then the night would be as light around me. 12 Even the darkness obscures nothing from You; and the night shines like the day—the darkness is as light. 13 For You created my mind; You covered me in my mother's womb. 14 I will thank You, for I was formed in an awesome and wondrous way; unfathomable are Your works, though my soul perceives much. 15 My essence was not hidden from You even while I was born in concealment, formed in the depths of the earth. 16 Your eyes beheld my raw form; all [happenings] are inscribed in Your book, even those to be formed in future days—to Him they are the same. 17 How precious are Your thoughts to me, O God! How overwhelming, [even] their beginnings! 18 Were I to count them, they would outnumber the sand, even if I were to remain awake and always with You. 19 O that You would slay the wicked, O God, and men of blood [to whom I say], "Depart from me!" 20 They exalt You for wicked

לִמְזִמָּה נָשֻׂא לַשָּׁוְא עָרֶיךָ: כא הֲלוֹא־מְשַׂנְאֶיךָ יְהוָה ׀
אֶשְׂנָא וּבִתְקוֹמְמֶיךָ אֶתְקוֹטָט: כב תַּכְלִית שִׂנְאָה
שְׂנֵאתִים לְאוֹיְבִים הָיוּ לִי: כג חָקְרֵנִי אֵל וְדַע לְבָבִי
בְּחָנֵנִי וְדַע שַׂרְעַפָּי: כד וּרְאֵה אִם־דֶּרֶךְ עֹצֶב־בִּי וּנְחֵנִי
בְּדֶרֶךְ עוֹלָם:

קמ.

זה המזמור חיבר דוד על המלשינים בפרטות על דואג שהיה ראש לכל הקושרים, ותפלה זו יאמר כל יחיד ויחיד שיש לו מלשינים:

יום כט*

א לַמְנַצֵּחַ מִזְמוֹר לְדָוִד: ב חַלְּצֵנִי יְהוָה מֵאָדָם
רָע מֵאִישׁ חֲמָסִים תִּנְצְרֵנִי: ג אֲשֶׁר חָשְׁבוּ רָעוֹת
בְּלֵב כָּל־יוֹם יָגוּרוּ מִלְחָמוֹת: ד שָׁנְנוּ לְשׁוֹנָם כְּמוֹ־
נָחָשׁ חֲמַת עַכְשׁוּב תַּחַת שְׂפָתֵימוֹ סֶלָה: ה שָׁמְרֵנִי
יְהוָה ׀ מִידֵי רָשָׁע מֵאִישׁ חֲמָסִים תִּנְצְרֵנִי אֲשֶׁר חָשְׁבוּ
לִדְחוֹת פְּעָמָי: ו טָמְנוּ גֵאִים ׀ פַּח לִי וַחֲבָלִים פָּרְשׂוּ
רֶשֶׁת לְיַד־מַעְגָּל מֹקְשִׁים שָׁתוּ־לִי סֶלָה: ז אָמַרְתִּי
לַיהוָה אֵלִי אָתָּה הַאֲזִינָה יְהוָה קוֹל תַּחֲנוּנָי: ח יֱהוִֹה*
אֲדֹנָי עֹז יְשׁוּעָתִי סַכֹּתָה לְרֹאשִׁי בְּיוֹם נָשֶׁק: ט אַל־
תִּתֵּן יְהוָה מַאֲוַיֵּי רָשָׁע זְמָמוֹ אַל־תָּפֵק יָרוּמוּ סֶלָה:

---

*) בחודש של כט יום אומרים ביום כט גם השעור של יום ל. המו"ל. *) הקריאה: אֱלֹהִים.

schemes, Your enemies raise [You] for falsehood. 21 Indeed, I hate those who hate You, Lord; I contend with those who rise up against You. 22 I hate them with the utmost hatred; I regard them as my own enemies. 23 Search me, Lord, and know my heart; test me and know my thoughts. 24 See if there is a vexing way in me, then lead me in the way of the world.

140

David composed this psalm against his slanderers, especially the chief conspirator Doeg. Anyone confronted by slanderers should recite this psalm.

DAY 29*

לַמְנַצֵּחַ 1 For the Conductor, a psalm by David. 2 Rescue me from the evil man, protect me from the man of violence, 3 who devise evil schemes in their heart; every day they gather for wars. 4 They sharpen their tongues like a serpent; the spider's venom is forever under their lips. 5 Guard me, Lord, from the hands of the wicked, protect me from the man of violence—those who plot to cause my steps to slip. 6 Arrogant ones have hidden a snare for me, and ropes; they spread a net by my path, they set traps for me continually. 7 I said to the Lord, "You are my God!" Listen, O Lord, to the voice of my pleas. 8 God, my Lord, the strength of my deliverance, You sheltered my head on the day of armed battle. 9 Grant not, O Lord, the desires of the wicked; fulfill not his scheme, make it unattainable forever.

---

*) On the 29th day of a 29-day month, the psalms for day 30 are said as well.

י רֹאשׁ מְסִבָּי עֲמַל שְׂפָתֵימוֹ יְכַסֵּימוֹ׃ יא יְמוֹטוּ עֲלֵיהֶם
גֶּחָלִים בָּאֵשׁ יַפִּלֵם בְּמַהֲמֹרוֹת בַּל־יָקוּמוּ׃ יב אִישׁ
לָשׁוֹן בַּל־יִכּוֹן בָּאָרֶץ אִישׁ־חָמָס רָע יְצוּדֶנּוּ לְמַדְחֵפֹת׃
יג יָדַעְתִּי כִּי־יַעֲשֶׂה יְהוָה דִּין עָנִי מִשְׁפַּט אֶבְיֹנִים׃
יד אַךְ צַדִּיקִים יוֹדוּ לִשְׁמֶךָ יֵשְׁבוּ יְשָׁרִים אֶת־פָּנֶיךָ׃

קמא.

מוסר גדול שמן הראוי לאדם להתפלל להקדוש ברוך הוא שיעזרנו שלא ידבר בפיו ולשונו מה שאין בלבו, וכמו שומר השער לא יניח לפתוח הפתח רק לצורך כן יהיו שפתיו:

א מִזְמוֹר לְדָוִד יְהוָה קְרָאתִיךָ חוּשָׁה לִּי הַאֲזִינָה
קוֹלִי בְּקָרְאִי־לָךְ׃ ב תִּכּוֹן תְּפִלָּתִי קְטֹרֶת לְפָנֶיךָ
מַשְׂאַת כַּפַּי מִנְחַת־עָרֶב׃ ג שִׁיתָה יְהוָה שָׁמְרָה לְפִי
נִצְּרָה עַל־דַּל שְׂפָתָי׃ ד אַל־תַּט־לִבִּי ׀ לְדָבָר ׀ רָע
לְהִתְעוֹלֵל עֲלִלוֹת ׀ בְּרֶשַׁע אֶת־אִישִׁים פֹּעֲלֵי־אָוֶן וּבַל־
אֶלְחַם בְּמַנְעַמֵּיהֶם׃ ה יֶהֶלְמֵנִי צַדִּיק ׀ חֶסֶד וְיוֹכִיחֵנִי
שֶׁמֶן רֹאשׁ אַל־יָנִי רֹאשִׁי כִּי־עוֹד וּתְפִלָּתִי בְּרָעוֹתֵיהֶם׃
ו נִשְׁמְטוּ בִידֵי־סֶלַע שֹׁפְטֵיהֶם וְשָׁמְעוּ אֲמָרַי כִּי נָעֵמוּ׃
ז כְּמוֹ פֹלֵחַ וּבֹקֵעַ בָּאָרֶץ נִפְזְרוּ עֲצָמֵינוּ לְפִי שְׁאוֹל׃

10 As for the head of my besiegers, let the deceit of their own lips bury them. 11 Let burning coals fall upon them; let it cast them down into the fire, into deep pits, never to rise again. 12 Let not the slanderous man be established in the land; let the evil of the man of violence trap him until he is overthrown. 13 I know that the Lord will execute judgement for the poor, justice for the needy. 14 Indeed, the righteous will extol Your Name; the upright will dwell in Your presence.

141

This psalm teaches an important lesson: One should pray for Divine assistance that his mouth not speak that which is not in his heart. The gatekeeper only allows the gate to be opened for a purpose; let it be the same with one's lips.

מזמור 1 A psalm by David. O Lord, I have called You, hasten to me; listen to my voice when I call to You. 2 Let my prayer be set forth as incense before You, the raising of my hands as an afternoon offering. 3 O Lord, place a guard for my mouth, keep watch over the door of my lips. 4 Do not incline my heart to a bad thing—to perform deeds in wickedness, with men, doers of evil; let me not partake of their delicacies. 5 Let the righteous one strike me with kindness and let him rebuke me; like the finest oil, let my head not refuse it. For as long [as I live], my prayer is [to preserve me] from their harm. 6 For their judges have slipped because of their [hearts of] rock, though they heard my words and they were pleasant. 7 As one who chops and splinters [wood] on the ground, so have our bones been scattered to the

ח כִּי אֵלֶיךָ ׀ יֱהֹוִה* אֲדֹנָי עֵינָי בְּכָה חָסִיתִי אַל־תְּעַר
נַפְשִׁי: ט שָׁמְרֵנִי מִידֵי פַח יָקְשׁוּ לִי וּמֹקְשׁוֹת פֹּעֲלֵי
אָוֶן: י יִפְּלוּ בְמַכְמֹרָיו רְשָׁעִים יַחַד אָנֹכִי עַד־אֶעֱבוֹר:

קמב.

תפלה נוראה ונפלאה כשהיה במערה וכרת כנף המעיל וכן היה אומר אנה אפנה ואנה אברח אין לי אלא לצעוק אליך:

א מַשְׂכִּיל לְדָוִד בִּהְיוֹתוֹ בַמְּעָרָה תְפִלָּה: ב קוֹלִי
אֶל־יְהֹוָה אֶזְעָק קוֹלִי אֶל־יְהֹוָה אֶתְחַנָּן: ג אֶשְׁפֹּךְ
לְפָנָיו שִׂיחִי צָרָתִי לְפָנָיו אַגִּיד: ד בְּהִתְעַטֵּף עָלַי ׀
רוּחִי וְאַתָּה יָדַעְתָּ נְתִיבָתִי בְּאֹרַח־זוּ אֲהַלֵּךְ טָמְנוּ
פַח לִי: ה הַבֵּיט יָמִין ׀ וּרְאֵה וְאֵין־לִי מַכִּיר אָבַד מָנוֹס
מִמֶּנִּי אֵין דּוֹרֵשׁ לְנַפְשִׁי: ו זָעַקְתִּי אֵלֶיךָ יְהֹוָה אָמַרְתִּי
אַתָּה מַחְסִי חֶלְקִי בְּאֶרֶץ הַחַיִּים: ז הַקְשִׁיבָה ׀ אֶל־
רִנָּתִי כִּי־דַלּוֹתִי מְאֹד הַצִּילֵנִי מֵרֹדְפַי כִּי אָמְצוּ מִמֶּנִּי:
ח הוֹצִיאָה מִמַּסְגֵּר ׀ נַפְשִׁי לְהוֹדוֹת אֶת־שְׁמֶךָ בִּי יַכְתִּרוּ
צַדִּיקִים כִּי תִגְמֹל עָלָי:

קמג.

א מִזְמוֹר לְדָוִד יְהֹוָה ׀ שְׁמַע תְּפִלָּתִי הַאֲזִינָה אֶל־

*) הקריאה: אֱלֹהִים.

mouth of the grave. 8 For to You, God, my Lord, are my
eyes; in You I take shelter; do not pour out my soul.
9 Protect me from the hands of the snare they laid for
me, and from the traps of the evildoers. 10 Let the wicked
fall into their own nets together, until I pass over.

142

David composed this psalm while hiding from Saul in a cave, at which time he
had cut off the corner of Saul's garment (to prove that he was able to kill him but
did not wish to do so). He declared, "Where can I turn, and where can I run? All
I have is to cry out to You!"

משכיל 1 A *maskil*[1] by David, when he was in the cave,
a prayer. 2 With my voice I will cry out to the Lord; with
my voice I will call to the Lord in supplication. 3 I will
pour out my plea before Him; I will declare my distress
in His presence. 4 When my spirit is faint within me, You
know my path. In the way in which I walk, they have
hidden a snare for me. 5 Look to my right and see, there
is none that will know me; every escape is lost to me. No
man cares for my soul. 6 I cried out to You, O Lord; I
said, "You are my refuge, my portion in the land of the
living." 7 Listen to my song of prayer, for I have been
brought very low. Deliver me from my pursuers, for
they are too mighty for me. 8 Release my soul from
confinement, so that it may acknowledge Your Name.
Because of me, the righteous will crown [You] when You
will deal graciously with me.

143

מזמור 1 A psalm by David. O Lord, hear my prayer,

---

1. A psalm intended to enlighten and impart knowledge (Metzudot).

תַּֽחֲנוּנָ֑י בֶּאֱמֻנָתְךָ֥ עֲ֝נֵ֗נִי בְּצִדְקָתֶֽךָ׃ ב וְאַל־תָּב֣וֹא בְ֭מִשְׁפָּט
אֶת־עַבְדֶּ֑ךָ כִּ֤י לֹֽא־יִצְדַּ֖ק לְפָנֶ֣יךָ כָל־חָֽי׃ ג כִּ֤י רָ֨דַ֪ף
אוֹיֵ֡ב ׀ נַפְשִׁ֗י דִּכָּ֣א לָ֭אָרֶץ חַיָּתִ֑י הוֹשִׁיבַ֥נִי בְ֝מַחֲשַׁכִּ֗ים
כְּמֵתֵ֥י עוֹלָֽם׃ ד וַתִּתְעַטֵּ֣ף עָלַ֣י רוּחִ֑י בְּ֝תוֹכִ֗י יִשְׁתּוֹמֵ֥ם
לִבִּֽי׃ ה זָ֘כַ֤רְתִּי יָמִ֨ים ׀ מִקֶּ֗דֶם הָגִ֥יתִי בְכָל־פָּעֳלֶ֑ךָ בְּמַעֲשֵׂ֖ה
יָדֶ֣יךָ אֲשׂוֹחֵֽחַ׃ ו פֵּרַ֣שְׂתִּי יָדַ֣י אֵלֶ֑יךָ נַפְשִׁ֓י ׀ כְּאֶֽרֶץ־
עֲיֵפָ֖ה לְךָ֣ סֶֽלָה׃ ז מַהֵ֬ר עֲנֵ֨נִי ׀ יְהוָה֮ כָּלְתָ֪ה ר֫וּחִ֥י אַל־
תַּסְתֵּ֣ר פָּנֶ֣יךָ מִמֶּ֑נִּי וְ֝נִמְשַׁ֗לְתִּי עִם־יֹ֥רְדֵי בֽוֹר׃
ח הַשְׁמִ֘יעֵ֤נִי בַבֹּ֨קֶר ׀ חַסְדֶּ֗ךָ כִּֽי־בְךָ֥ בָטָ֑חְתִּי הוֹדִיעֵ֗נִי
דֶּֽרֶךְ־ז֥וּ אֵלֵ֑ךְ כִּֽי־אֵ֝לֶ֗יךָ נָשָׂ֥אתִי נַפְשִֽׁי׃ ט הַצִּילֵ֖נִי
מֵאֹיְבַ֥י ׀ יְהוָ֗ה אֵלֶ֥יךָ כִסִּֽתִי׃ י לַמְּדֵ֤נִי ׀ לַעֲשׂ֣וֹת רְצוֹנֶךָ֮
כִּֽי־אַתָּ֪ה אֱל֫וֹהָ֥י רוּחֲךָ֥ טוֹבָ֑ה תַּ֝נְחֵ֗נִי בְּאֶ֣רֶץ מִישֽׁוֹר׃
יא לְמַֽעַן־שִׁמְךָ֣ יְהוָ֣ה תְּחַיֵּ֑נִי בְּצִדְקָתְךָ֓ ׀ תוֹצִ֖יא מִצָּרָ֣ה
נַפְשִֽׁי׃ יב וּֽבְחַסְדְּךָ֮ תַּצְמִ֪ית אֹ֫יְבָ֥י וְֽ֭הַאֲבַדְתָּ כָּל־צֹרְרֵ֣י
נַפְשִׁ֑י כִּ֝֗י אֲנִ֣י עַבְדֶּֽךָ׃

קמד.

זה המזמור חבר דוד כאשר נצח כל המלחמות ליתן שבח להקדוש ברוך הוא:

א לְדָוִ֨ד ׀ בָּ֘ר֤וּךְ יְהוָ֨ה ׀ צוּרִ֗י הַֽמְלַמֵּ֣ד יָדַ֣י לַקְרָ֑ב

lend Your ear to my supplications. With Your faithfulness answer me, and with Your righteousness. 2 Do not enter into judgment with Your servant, for no living being would be vindicated before You. 3 For the enemy has pursued my soul; he has crushed my life to the ground; he has set me down in dark places, like those who are eternally dead. 4 Then my spirit became faint within me; my heart was dismayed within me. 5 I remembered the days of old; I meditated on all Your deeds; I spoke of Your handiwork. 6 I spread out my hands to You; like a languishing land my soul yearns after You, *Selah.* 7 Answer me soon, O Lord, my spirit is spent; hide not Your face from me, lest I become like those who descend into the pit. 8 Let me hear Your kindness in the morning, for have I trusted in You. Let me know the way in which I should walk, for to You I have lifted my soul. 9 Deliver me from my enemies, O Lord. I have concealed [my troubles from all, save] You. 10 Teach me to do Your will, for You are my God. Let Your good spirit lead me in an even path. 11 For the sake of Your Name, O Lord, give me life; in Your righteousness, take my soul out of distress. 12 And in Your kindness, cut off my enemies and obliterate all those who oppress my soul, for I am Your servant.

144

After triumphing in all his wars, David composed this psalm in praise of God.

לְדָוִד 1 By David. Blessed be the Lord, my Rock, Who trains my hands for battle and my fingers for war.

אֶצְבְּעוֹתַי לַמִּלְחָמָה: ב חַסְדִּי וּמְצוּדָתִי מִשְׂגַּבִּי
וּמְפַלְטִי־לִי מָגִנִּי וּבוֹ חָסִיתִי הָרוֹדֵד עַמִּי תַחְתָּי:
ג יְהֹוָה מָה־אָדָם וַתֵּדָעֵהוּ בֶּן־אֱנוֹשׁ וַתְּחַשְּׁבֵהוּ: ד אָדָם
לַהֶבֶל דָּמָה יָמָיו כְּצֵל עוֹבֵר: ה יְהֹוָה הַט־שָׁמֶיךָ וְתֵרֵד
גַּע בֶּהָרִים וְיֶעֱשָׁנוּ: ו בְּרוֹק בָּרָק וּתְפִיצֵם שְׁלַח חִצֶּיךָ
וּתְהֻמֵּם: ז שְׁלַח יָדֶיךָ מִמָּרוֹם פְּצֵנִי וְהַצִּילֵנִי מִמַּיִם
רַבִּים מִיַּד בְּנֵי נֵכָר: ח אֲשֶׁר פִּיהֶם דִּבֶּר־שָׁוְא וִימִינָם
יְמִין שָׁקֶר: ט אֱלֹהִים שִׁיר חָדָשׁ אָשִׁירָה לָּךְ בְּנֵבֶל
עָשׂוֹר אֲזַמְּרָה־לָּךְ: י הַנּוֹתֵן תְּשׁוּעָה לַמְּלָכִים הַפּוֹצֶה
אֶת־דָּוִד עַבְדּוֹ מֵחֶרֶב רָעָה: יא פְּצֵנִי וְהַצִּילֵנִי מִיַּד
בְּנֵי־נֵכָר אֲשֶׁר פִּיהֶם דִּבֶּר־שָׁוְא וִימִינָם יְמִין שָׁקֶר:
יב אֲשֶׁר בָּנֵינוּ ׀ כִּנְטִעִים מְגֻדָּלִים בִּנְעוּרֵיהֶם בְּנוֹתֵינוּ
כְזָוִיֹּת מְחֻטָּבוֹת תַּבְנִית הֵיכָל: יג מְזָוֵינוּ מְלֵאִים
מְפִיקִים מִזַּן אֶל־זַן צֹאונֵנוּ מַאֲלִיפוֹת מְרֻבָּבוֹת
בְּחוּצוֹתֵינוּ: יד אַלּוּפֵינוּ מְסֻבָּלִים אֵין פֶּרֶץ וְאֵין יוֹצֵאת
וְאֵין צְוָחָה בִּרְחֹבֹתֵינוּ: טו אַשְׁרֵי הָעָם שֶׁכָּכָה לּוֹ
אַשְׁרֵי הָעָם שֶׁיְהֹוָה אֱלֹהָיו:

2 My source of kindness and my fortress, my high tower and my rescuer, my shield, in Whom I take refuge; it is He Who makes my people submit to me. 3 O Lord, what is man that You have recognized him; the son of a mortal, that You are mindful of him? 4 Man is like a breath; his days are like a passing shadow. 5 O Lord, incline Your heavens and descend; touch the mountains and they will become vapor. 6 Flash one bolt of lightning and You will scatter them; send out Your arrows and You will confound them. 7 Stretch forth Your hands from on high, rescue me and deliver me out of many waters, from the hand of strangers, 8 whose mouth speaks deceit and whose right hand is a right hand of falsehood. 9 God, I will sing a new song to You, I will play to You upon a harp of ten strings. 10 He who gives victory to kings, He will rescue David, His servant, from the evil sword. 11 Rescue me and deliver me from the hand of strangers, whose mouth speaks deceit and whose right hand is a right hand of falsehood. 12 For our sons are like plants, brought up to manliness in their youth; our daughters are like cornerstones, fashioned after the fashion of a palace. 13 Our storehouses are full, overflowing with all manner of food; our sheep increase by the thousands, growing by the tens of thousands in our open fields. 14 Our leaders bear the heaviest burden; there is none who break through, nor is there bad report, nor outcry in our streets. 15 Happy is the nation for whom this is so. Happy is that nation whose God is the Lord.

קמה.

כל האומר זה המזמור שלש פעמים בכל יום בכל כוונתו מובטח שהוא בן עולם הבא ולגודל התהלה חברו באלף בית: יום ל

א תְּהִלָּה לְדָוִד אֲרוֹמִמְךָ אֱלוֹהַי הַמֶּלֶךְ וַאֲבָרְכָה
שִׁמְךָ לְעוֹלָם וָעֶד: ב בְּכָל־יוֹם אֲבָרְכֶךָּ וַאֲהַלְלָה שִׁמְךָ
לְעוֹלָם וָעֶד: ג גָּדוֹל יְהוָה וּמְהֻלָּל מְאֹד וְלִגְדֻלָּתוֹ אֵין
חֵקֶר: ד דּוֹר לְדוֹר יְשַׁבַּח מַעֲשֶׂיךָ וּגְבוּרֹתֶיךָ יַגִּידוּ:
ה הֲדַר כְּבוֹד הוֹדֶךָ וְדִבְרֵי נִפְלְאֹתֶיךָ אָשִׂיחָה: ו וֶעֱזוּז
נוֹרְאוֹתֶיךָ יֹאמֵרוּ וּגְדֻלָּתְךָ אֲסַפְּרֶנָּה: ז זֵכֶר רַב־טוּבְךָ
יַבִּיעוּ וְצִדְקָתְךָ יְרַנֵּנוּ: ח חַנּוּן וְרַחוּם יְהוָה אֶרֶךְ אַפַּיִם
וּגְדָל־חָסֶד: ט טוֹב־יְהוָה לַכֹּל וְרַחֲמָיו עַל־כָּל־מַעֲשָׂיו:
י יוֹדוּךָ יְהוָה כָּל־מַעֲשֶׂיךָ וַחֲסִידֶיךָ יְבָרְכוּכָה: יא כְּבוֹד
מַלְכוּתְךָ יֹאמֵרוּ וּגְבוּרָתְךָ יְדַבֵּרוּ: יב לְהוֹדִיעַ | לִבְנֵי
הָאָדָם גְּבוּרֹתָיו וּכְבוֹד הֲדַר מַלְכוּתוֹ: יג מַלְכוּתְךָ
מַלְכוּת כָּל־עֹלָמִים וּמֶמְשַׁלְתְּךָ בְּכָל־דּוֹר וָדֹר: יד סוֹמֵךְ
יְהוָה לְכָל־הַנֹּפְלִים וְזוֹקֵף לְכָל־הַכְּפוּפִים: טו עֵינֵי
כֹל אֵלֶיךָ יְשַׂבֵּרוּ וְאַתָּה נוֹתֵן־לָהֶם אֶת־אָכְלָם בְּעִתּוֹ:
טז פּוֹתֵחַ אֶת־יָדֶךָ וּמַשְׂבִּיעַ לְכָל־חַי רָצוֹן: יז צַדִּיק

145

One who recites this psalm daily with absolute concentration is guaranteed a portion in the World to Come. Because of its prominence, this psalm was composed in alphabetical sequence.

DAY **30**

תהלה 1 A psalm of praise by David: I will exalt You, my God the King, and bless Your Name forever. 2 Every day I will bless You, and extol Your Name forever. 3 The Lord is great and exceedingly exalted; there is no limit to His greatness. 4 One generation to another will laud Your works, and tell of Your mighty acts. 5 I will speak of the splendor of Your glorious majesty and of Your wondrous deeds. 6 They will proclaim the might of Your awesome acts, and I will recount Your greatness. 7 They will express the remembrance of Your abounding goodness, and sing of Your righteousness. 8 The Lord is gracious and compassionate, slow to anger and of great kindness. 9 The Lord is good to all, and His mercies extend over all His works. 10 Lord, all Your works will give thanks to You, and Your pious ones will bless You. 11 They will declare the glory of Your kingdom, and tell of Your strength, 12 to make known to men His mighty acts, and the glorious majesty of His kingdom. 13 Your kingship is a kingship over all worlds, and Your dominion is throughout all generations. 14 The Lord supports all who fall, and straightens all who are bent. 15 The eyes of all look expectantly to You, and You give them their food at the proper time. 16 You open Your hand and satisfy the desire of every living thing. 17 The Lord is

יְהוָה בְּכָל־דְּרָכָיו וְחָסִיד בְּכָל־מַעֲשָׂיו׃ יח קָרוֹב יְהוָה
לְכָל־קֹרְאָיו לְכֹל אֲשֶׁר יִקְרָאֻהוּ בֶאֱמֶת׃ יט רְצוֹן־יְרֵאָיו
יַעֲשֶׂה וְאֶת־שַׁוְעָתָם יִשְׁמַע וְיוֹשִׁיעֵם׃ כ שׁוֹמֵר יְהוָה
אֶת־כָּל־אֹהֲבָיו וְאֵת כָּל־הָרְשָׁעִים יַשְׁמִיד׃ כא תְּהִלַּת
יְהוָה יְדַבֶּר־פִּי וִיבָרֵךְ כָּל־בָּשָׂר שֵׁם קָדְשׁוֹ לְעוֹלָם וָעֶד׃

קמו.

זה המזמור מעורר לאדם לעשות תשובה ומעשים טובים בחיים חיותו ואל יבטח בבני אדם שאינם יכולים להושיע לעצמם כי בפתע פתאום תצא רוחו ממנו לכך מן הראוי לבטוח בהקב"ה שבידו לקיים מה שרוצה לעשות:

א הַלְלוּיָהּ הַלְלִי נַפְשִׁי אֶת־יְהוָה׃ ב אֲהַלְלָה יְהוָה
בְּחַיָּי אֲזַמְּרָה לֵאלֹהַי בְּעוֹדִי׃ ג אַל־תִּבְטְחוּ בִנְדִיבִים
בְּבֶן־אָדָם ׀ שֶׁאֵין לוֹ תְשׁוּעָה׃ ד תֵּצֵא רוּחוֹ יָשֻׁב
לְאַדְמָתוֹ בַּיּוֹם הַהוּא אָבְדוּ עֶשְׁתֹּנֹתָיו׃ ה אַשְׁרֵי שֶׁאֵל
יַעֲקֹב בְּעֶזְרוֹ שִׂבְרוֹ עַל־יְהוָה אֱלֹהָיו׃ ו עֹשֶׂה ׀ שָׁמַיִם
וָאָרֶץ אֶת־הַיָּם וְאֶת־כָּל־אֲשֶׁר־בָּם הַשֹּׁמֵר אֱמֶת לְעוֹלָם׃
ז עֹשֶׂה מִשְׁפָּט ׀ לָעֲשׁוּקִים נֹתֵן לֶחֶם לָרְעֵבִים יְהוָה
מַתִּיר אֲסוּרִים׃ ח יְהוָה ׀ פֹּקֵחַ עִוְרִים יְהוָה זֹקֵף
כְּפוּפִים יְהוָה אֹהֵב צַדִּיקִים׃ ט יְהוָה ׀ שֹׁמֵר אֶת־גֵּרִים

righteous in all His ways, and benevolent in all His deeds. 18 The Lord is close to all who call upon Him, to all who call upon Him in truth. 19 He fulfills the desire of those who fear Him, hears their cry and delivers them. 20 The Lord watches over all who love Him, and will destroy all the wicked. 21 My mouth will utter the praise of the Lord, and let all flesh bless His holy Name forever.

146

This psalm inspires man to repent and perform good deeds while still alive. Let him not rely on mortals who are unable to help themselves, and who may suddenly pass on. Rather, one should put his trust in God, Who is capable of carrying out all He desires.

הללויה 1 Praise the Lord! Praise the Lord, O my soul. 2 I will sing to the Lord with my soul; I will chant praises to my God while I yet exist. 3 Do not place your trust in nobles, nor in mortal man who has not the ability to bring deliverance. 4 When his spirit departs, he returns to his earth; on that very day, his plans come to naught. 5 Fortunate is he whose help is the God of Jacob, whose hope rests upon the Lord his God. 6 He makes the heavens, the earth, the sea, and all that is in them; He keeps His promise faithfully forever. 7 He renders justice to the oppressed; He gives food to the hungry; the Lord releases those who are bound. 8 The Lord opens the eyes of the blind; the Lord straightens those who are bowed; the Lord loves the righteous. 9 The Lord watches over

יָתוֹם וְאַלְמָנָה יְעוֹדֵד וְדֶרֶךְ רְשָׁעִים יְעַוֵּת: י יִמְלֹךְ
יְהֹוָה | לְעוֹלָם אֱלֹהַיִךְ צִיּוֹן לְדֹר וָדֹר הַלְלוּיָהּ:

קמז.

בו יסופר גדולת ה' ורוב חסדו וטובו אל ברואיו:

א הַלְלוּיָהּ | כִּי־טוֹב זַמְּרָה אֱלֹהֵינוּ כִּי־נָעִים נָאוָה
תְהִלָּה: ב בּוֹנֵה יְרוּשָׁלַםִ יְהֹוָה נִדְחֵי יִשְׂרָאֵל יְכַנֵּס:
ג הָרֹפֵא לִשְׁבוּרֵי לֵב וּמְחַבֵּשׁ לְעַצְּבוֹתָם: ד מוֹנֶה
מִסְפָּר לַכּוֹכָבִים לְכֻלָּם שֵׁמוֹת יִקְרָא: ה גָּדוֹל אֲדוֹנֵינוּ
וְרַב־כֹּחַ לִתְבוּנָתוֹ אֵין מִסְפָּר: ו מְעוֹדֵד עֲנָוִים יְהֹוָה
מַשְׁפִּיל רְשָׁעִים עֲדֵי־אָרֶץ: ז עֱנוּ לַיהֹוָה בְּתוֹדָה זַמְּרוּ
לֵאלֹהֵינוּ בְכִנּוֹר: ח הַמְכַסֶּה שָׁמַיִם | בְּעָבִים הַמֵּכִין
לָאָרֶץ מָטָר הַמַּצְמִיחַ הָרִים חָצִיר: ט נוֹתֵן לִבְהֵמָה
לַחְמָהּ לִבְנֵי עֹרֵב אֲשֶׁר יִקְרָאוּ: י לֹא בִגְבוּרַת הַסּוּס
יֶחְפָּץ לֹא־בְשׁוֹקֵי הָאִישׁ יִרְצֶה: יא רוֹצֶה יְהֹוָה אֶת־
יְרֵאָיו אֶת־הַמְיַחֲלִים לְחַסְדּוֹ: יב שַׁבְּחִי יְרוּשָׁלַםִ אֶת־
יְהֹוָה הַלְלִי אֱלֹהַיִךְ צִיּוֹן: יג כִּי־חִזַּק בְּרִיחֵי שְׁעָרָיִךְ
בֵּרַךְ בָּנַיִךְ בְּקִרְבֵּךְ: יד הַשָּׂם־גְּבוּלֵךְ שָׁלוֹם חֵלֶב

the strangers; He gives strength to orphan and widow; He thwarts the way of the wicked. 10 The Lord shall reign forever, your God, O Zion, throughout all generations. Praise the Lord!

147

This psalm recounts God's greatness, and His kindness and goodness to His creations.

הללויה 1 Praise the Lord! Sing to our God for He is good; praise befits Him for He is pleasant. 2 The Lord is the rebuilder of Jerusalem; He will gather the banished of Israel. 3 He heals the broken-hearted, and bandages their wounds. 4 He counts the number of the stars; He gives a name to each of them. 5 Great is our Master and abounding in might; His understanding is beyond reckoning. 6 The Lord strengthens the humble; He casts the wicked to the ground. 7 Lift your voices to the Lord in gratitude; sing to our God with the harp. 8 He covers the heaven with clouds; He prepares rain for the earth, and makes grass grow upon the mountains. 9 He gives the animal its food, to the young ravens which cry to Him. 10 He does not desire [those who place their trust in] the strength of the horse, nor does He want those who rely upon the thighs [swiftness] of man. 11 He desires those who fear Him, those who long for His kindness. 12 Praise the Lord, O Jerusalem; Zion, extol your God. 13 For He has strengthened the bolts of your gates; He has blessed your children in your midst. 14 He has made peace within your borders; He satiates you

חִטִּים יַשְׂבִּיעֵךְ: טו הַשֹּׁלֵחַ אִמְרָתוֹ אָרֶץ עַד־מְהֵרָה
יָרוּץ דְּבָרוֹ: טז הַנֹּתֵן שֶׁלֶג כַּצָּמֶר כְּפוֹר כָּאֵפֶר יְפַזֵּר:
יז מַשְׁלִיךְ קַרְחוֹ כְפִתִּים לִפְנֵי קָרָתוֹ מִי יַעֲמֹד: יח יִשְׁלַח
דְּבָרוֹ וְיַמְסֵם יַשֵּׁב רוּחוֹ יִזְּלוּ־מָיִם: יט מַגִּיד דְּבָרָיו
לְיַעֲקֹב חֻקָּיו וּמִשְׁפָּטָיו לְיִשְׂרָאֵל: כ לֹא־עָשָׂה כֵן | לְכָל־
גּוֹי וּמִשְׁפָּטִים בַּל־יְדָעוּם הַלְלוּיָהּ:

קמח.

המשורר יעורר להלל את ה' ע"ד ברואיו העליונים והתחתונים אשר כולם עומדים בכוחו של הקב"ה:

א הַלְלוּיָהּ | הַלְלוּ אֶת־יְהוָה מִן־הַשָּׁמַיִם הַלְלוּהוּ
בַּמְּרוֹמִים: ב הַלְלוּהוּ כָל־מַלְאָכָיו הַלְלוּהוּ כָּל־צְבָאָיו:
ג הַלְלוּהוּ שֶׁמֶשׁ וְיָרֵחַ הַלְלוּהוּ כָּל־כּוֹכְבֵי אוֹר:
ד הַלְלוּהוּ שְׁמֵי הַשָּׁמָיִם וְהַמַּיִם אֲשֶׁר | מֵעַל הַשָּׁמָיִם:
ה יְהַלְלוּ אֶת־שֵׁם יְהוָה כִּי הוּא צִוָּה וְנִבְרָאוּ: ו וַיַּעֲמִידֵם
לָעַד לְעוֹלָם חָק־נָתַן וְלֹא יַעֲבוֹר: ז הַלְלוּ אֶת־יְהוָה
מִן־הָאָרֶץ תַּנִּינִים וְכָל־תְּהֹמוֹת: ח אֵשׁ וּבָרָד שֶׁלֶג
וְקִיטוֹר רוּחַ סְעָרָה עֹשָׂה דְבָרוֹ: ט הֶהָרִים וְכָל־גְּבָעוֹת
עֵץ פְּרִי וְכָל־אֲרָזִים: י הַחַיָּה וְכָל־בְּהֵמָה רֶמֶשׂ וְצִפּוֹר

with the finest of wheat. 15 He issues His command to the earth; swiftly does His word run. 16 He dispenses snow like fleece; He scatters frost like ashes. 17 He hurls His ice like morsels; who can withstand His cold? 18 He sends forth His word and melts them; He causes His wind to blow, and the waters flow. 19 He tells His words [Torah] to Jacob, His statutes and ordinances to Israel. 20 He has not done so for other nations, and they do not know [His] ordinances. Praise the Lord!

148

The psalmist inspires one to praise God for His creations—above and below—all of which exist by God's might alone.

הללויה 1 Praise the Lord! Praise the Lord from the heavens; praise Him in the celestial heights. 2 Praise Him, all His angels; praise Him, all His hosts. 3 Praise Him, sun and moon; praise Him, all the shining stars. 4 Praise Him, heaven of heavens, and the waters that are above the heavens. 5 Let them praise the Name of the Lord, for He commanded and they were created. 6 He has established them forever, for all time; He issued a decree, and it shall not be transgressed. 7 Praise the Lord from the earth, sea-monsters and all [that dwell in] the depths; 8 fire and hail, snow and vapor, stormy wind carrying out His command; 9 the mountains and all hills, fruit-bearing trees and all cedars; 10 the beasts and

כָּנָף׃ יא מַלְכֵי־אֶרֶץ וְכָל־לְאֻמִּים שָׂרִים וְכָל־שֹׁפְטֵי
אָרֶץ׃ יב בַּחוּרִים וְגַם־בְּתוּלוֹת זְקֵנִים עִם־נְעָרִים׃
יג יְהַלְלוּ | אֶת־שֵׁם יְהֹוָה כִּי־נִשְׂגָּב שְׁמוֹ לְבַדּוֹ הוֹדוֹ
עַל־אֶרֶץ וְשָׁמָיִם׃ יד וַיָּרֶם קֶרֶן | לְעַמּוֹ תְּהִלָּה לְכָל־
חֲסִידָיו לִבְנֵי יִשְׂרָאֵל עַם קְרֹבוֹ הַלְלוּיָהּ׃

קמט.

א הַלְלוּיָהּ | שִׁירוּ לַיהֹוָה שִׁיר חָדָשׁ תְּהִלָּתוֹ בִּקְהַל
חֲסִידִים׃ ב יִשְׂמַח יִשְׂרָאֵל בְּעֹשָׂיו בְּנֵי־צִיּוֹן יָגִילוּ
בְמַלְכָּם׃ ג יְהַלְלוּ שְׁמוֹ בְמָחוֹל בְּתֹף וְכִנּוֹר יְזַמְּרוּ־לוֹ׃
ד כִּי־רוֹצֶה יְהֹוָה בְּעַמּוֹ יְפָאֵר עֲנָוִים בִּישׁוּעָה׃ ה יַעְלְזוּ
חֲסִידִים בְּכָבוֹד יְרַנְּנוּ עַל־מִשְׁכְּבוֹתָם׃ ו רוֹמְמוֹת אֵל
בִּגְרוֹנָם וְחֶרֶב פִּיפִיּוֹת בְּיָדָם׃ ז לַעֲשׂוֹת נְקָמָה בַּגּוֹיִם
תּוֹכֵחוֹת בַּלְאֻמִּים׃ ח לֶאְסֹר מַלְכֵיהֶם בְּזִקִּים וְנִכְבְּדֵיהֶם
בְּכַבְלֵי בַרְזֶל׃ ט לַעֲשׂוֹת בָּהֶם | מִשְׁפָּט כָּתוּב הָדָר
הוּא לְכָל־חֲסִידָיו הַלְלוּיָהּ׃

all cattle, creeping things and winged fowl; 11 kings of the earth and all nations, rulers and all judges of the land; 12 young men as well as maidens, elders with young lads. 13 Let them praise the Name of the Lord, for His Name is sublime, to Himself; its radiance [alone] is upon earth and heaven. 14 He shall raise the glory of His people, [increase] the praise of all His pious ones, the Children of Israel, the people close to Him. Praise the Lord!

149

הללויה 1 Praise the Lord! Sing to the Lord a new song, [recount] His praise in the assembly of the pious. 2 Israel will rejoice in its Maker; the children of Zion will delight in their King. 3 They will praise His Name with dancing; they will sing to Him with the drum and harp. 4 For the Lord desires His people; He will adorn the humble with salvation. 5 The pious will exult in glory; they will sing upon their beds. 6 The exaltation of God is in their throat, and a double-edged sword in their hand, 7 to bring retribution upon the nations, punishment upon the peoples; 8 to bind their kings with chains, and their nobles with iron fetters; 9 to execute upon them the prescribed judgment; it shall be a glory for all His pious ones. Praise the Lord!

קנ.

בזה המזמור יש בו י"ג הלולים רמז לשלש עשרה מדות שבהם מנהיג הקב"ה את העולם:

א הַלְלוּיָהּ ׀ הַלְלוּ־אֵל בְּקָדְשׁוֹ הַלְלוּהוּ בִּרְקִיעַ עֻזּוֹ:
ב הַלְלוּהוּ בִגְבוּרֹתָיו הַלְלוּהוּ כְּרֹב גֻּדְלוֹ: ג הַלְלוּהוּ
בְּתֵקַע שׁוֹפָר הַלְלוּהוּ בְּנֵבֶל וְכִנּוֹר: ד הַלְלוּהוּ בְּתֹף
וּמָחוֹל הַלְלוּהוּ בְּמִנִּים וְעֻגָב: ה הַלְלוּהוּ בְצִלְצְלֵי־
שָׁמַע הַלְלוּהוּ בְּצִלְצְלֵי תְרוּעָה: ו כֹּל הַנְּשָׁמָה תְּהַלֵּל
יָהּ הַלְלוּיָהּ:

אחר שסיים תהלים יאמר זה:

מִי יִתֵּן מִצִּיּוֹן יְשׁוּעַת יִשְׂרָאֵל בְּשׁוּב יְיָ שְׁבוּת עַמּוֹ יָגֵל יַעֲקֹב יִשְׂמַח
יִשְׂרָאֵל: וּתְשׁוּעַת צַדִּיקִים מֵיְיָ מָעוּזָּם בְּעֵת צָרָה: וַיַּעְזְרֵם יְיָ וַיְפַלְּטֵם
יְפַלְּטֵם מֵרְשָׁעִים וְיוֹשִׁיעֵם כִּי חָסוּ בוֹ:

150

This psalm contains thirteen praises, alluding to the Thirteen Attributes (of Mercy) with which God conducts the world.

הַלְלוּיָהּ 1 Praise the Lord! Praise God in His holiness; praise Him in the firmament of His strength. 2 Praise Him for His mighty acts; praise Him according to His abundant greatness. 3 Praise Him with the call of the *shofar*; praise Him with harp and lyre. 4 Praise Him with timbrel and dance; praise Him with stringed instruments and flute. 5 Praise Him with resounding cymbals; praise Him with clanging cymbals. 6 Let every soul praise the Lord. Praise the Lord!

After completing Tehillim say the following:

O that out of Zion would come Israel's deliverance! When the Lord returns the captivity of His people, Jacob will exult, Israel will rejoice. The deliverance of the righteous is from the Lord; He is their strength in time of distress. The Lord helps them and delivers them; He delivers them from the wicked and saves them, because they have put their trust in Him.

יהי רצון שיאמר אחר כל ספר שבתהלים:

יְהִי רָצוֹן מִלְּפָנֶיךָ יְיָ אֱלֹהֵינוּ וֵאלֹהֵי אֲבוֹתֵינוּ בִּזְכוּת סֵפֶר

רִאשׁוֹן | שֵׁנִי | שְׁלִישִׁי | רְבִיעִי | חֲמִישִׁי

שֶׁבַּתְּהִלִּים שֶׁקָּרָאנוּ לְפָנֶיךָ שֶׁהוּא כְּנֶגֶד סֵפֶר

בְּרֵאשִׁית | שְׁמוֹת | וַיִּקְרָא | בְּמִדְבַּר | דְּבָרִים

בִּזְכוּת מִזְמוֹרָיו וּבִזְכוּת פְּסוּקָיו וּבִזְכוּת תֵּבוֹתָיו וּבִזְכוּת שְׁמוֹתֶיךָ הַקְּדוֹשִׁים וְהַטְּהוֹרִים הַיּוֹצְאִים מִמֶּנּוּ שֶׁתְּכַפֵּר* לָנוּ עַל כָּל חַטֹּאתֵינוּ וְתִמְחֹל לָנוּ עַל כָּל עֲוֹנוֹתֵינוּ וְתִסְלַח לָנוּ עַל כָּל פְּשָׁעֵינוּ שֶׁחָטָאנוּ וְשֶׁעָוִינוּ וְשֶׁפָּשַׁעְנוּ לְפָנֶיךָ וְתַחֲזִירֵנוּ בִּתְשׁוּבָה שְׁלֵמָה לְפָנֶיךָ וְתַדְרִיכֵנוּ לַעֲבוֹדָתֶךָ וְתִפְתַּח לִבֵּנוּ בְּתַלְמוּד תּוֹרָתֶךָ וְתִשְׁלַח רְפוּאָה שְׁלֵמָה לְחוֹלֵי עַמֶּךָ וְלַחוֹלֶה (פב"פ) וְתִקְרָא לִשְׁבוּיִם דְּרוֹר וְלַאֲסוּרִים פְּקַח קוֹחַ וּלְכָל הוֹלְכֵי דְרָכִים וְעוֹבְרֵי יַמִּים וּנְהָרוֹת מֵעַמְּךָ יִשְׂרָאֵל תַּצִּילֵם מִכָּל צַעַר וָנֶזֶק וְתַגִּיעֵם לִמְחוֹז חֶפְצָם לְחַיִּים וּלְשָׁלוֹם. וְתִפְקוֹד לְכָל חֲשׂוּכֵי בָנִים בְּזֶרַע שֶׁל קַיָּמָא לַעֲבוֹדָתֶךָ וּלְיִרְאָתֶךָ. וְעֻבָּרוֹת שֶׁל עַמְּךָ בֵּית יִשְׂרָאֵל תַּצִּילֵן שֶׁלֹּא תַפֵּלְנָה וְלָדוֹתֵיהֶן. וְהַיּוֹשְׁבוֹת עַל הַמַּשְׁבֵּר בְּרַחֲמֶיךָ הָרַבִּים תַּצִּילֵן מִכָּל רָע. וְאַל הַמֵּינִיקוֹת תַּשְׁפִּיעַ שֶׁלֹּא יֶחְסַר חָלָב מִדַּדֵּיהֶן. וְאַל יִמְשׁוֹל אַסְכָּרָה וְשֵׁדִין וְרוּחִין וְלִילִין וְכָל פְּגָעִים וּמַרְעִין בִּישִׁין בְּכָל יַלְדֵי עַמְּךָ בֵּית יִשְׂרָאֵל וּתְגַדְּלֵם לְתוֹרָתֶךָ לִלְמוֹד תּוֹרָה לִשְׁמָהּ וְתַצִּילֵם מֵעַיִן הָרָע וּמִדֶּבֶר וּמִמַּגֵּפָה וּמִשָּׂטָן וּמִיֵּצֶר הָרָע. וּתְבַטֵּל מֵעָלֵינוּ וּמִכָּל עַמְּךָ בֵּית יִשְׂרָאֵל בְּכָל מָקוֹם שֶׁהֵם כָּל גְּזֵרוֹת קָשׁוֹת וְרָעוֹת וְתַטֶּה לֵב הַמַּלְכוּת עָלֵינוּ לְטוֹבָה וְתִגְזוֹר עָלֵינוּ גְּזֵרוֹת טוֹבוֹת. וְתִשְׁלַח בְּרָכָה וְהַצְלָחָה בְּכָל מַעֲשֵׂה יָדֵינוּ. וְהָכֵן פַּרְנָסָתֵנוּ מִיָּדְךָ הָרְחָבָה וְהַמְּלֵאָה וְלֹא יִצְטָרְכוּ עַמְּךָ בֵּית יִשְׂרָאֵל זֶה לָזֶה וְלֹא לְעַם אַחֵר וְתֵן לְכָל אִישׁ וָאִישׁ דֵּי פַּרְנָסָתוֹ וּלְכָל גְּוִיָּה וּגְוִיָּה דֵּי מַחְסוֹרָהּ. וּתְמַהֵר וְתָחִישׁ לְגָאֳלֵנוּ וְתִבְנֶה בֵּית מִקְדָּשֵׁנוּ וְתִפְאַרְתֵּנוּ. וּבִזְכוּת שְׁלֹשׁ עֶשְׂרֵה מִדּוֹתֶיךָ שֶׁל רַחֲמִים הַכְּתוּבִים בְּתוֹרָתֶךָ כְּמוֹ שֶׁנֶּאֱמַר. יְיָ יְיָ אֵל רַחוּם וְחַנּוּן אֶרֶךְ אַפַּיִם וְרַב חֶסֶד וֶאֱמֶת: נֹצֵר חֶסֶד לָאֲלָפִים נֹשֵׂא עָוֹן וָפֶשַׁע וְחַטָּאָה וְנַקֵּה. שֶׁאֵינָן חוֹזְרוֹת רֵיקָם מִלְּפָנֶיךָ: עָזְרֵנוּ אֱלֹהֵי יִשְׁעֵנוּ

*) ע"פ נוסח רבנו הזקן בתפלת אתה יודע רזי כו' — צ"ל גם כאן: שֶׁתִּמְחוֹל לָנוּ .. פְּשָׁעֵינוּ .. המו"ל.

On weekdays, after concluding each of the five books of Tehillim, the following is said:

May it be Your will, O Lord, our God and God of our fathers, that in the merit of the

First / Second / Third / Fourth / Fifth

book of Tehillim that we have read before You, which corresponds to the book of

Bereishit / Shemot / Vayikra / Bamidbar / Devarim

—that in the merit of the psalms therein, and in the merit of its verses, and in the merit of its words, and in the merit of the holy and pure Divine Names that are derived thereof, You should grant us atonement for all our deliberate sins, pardon us for all our transgressions, and forgive us for all our trespasses, which we have sinned and transgressed and trespassed before You.

Return us with complete repentance before You, guide us in Your service, and open our hearts to the study of Your Torah. Send a full recovery to the sick of Your nation, and to (the person's Jewish name the child of the person's mother's Jewish name) who is ill. Proclaim liberty for captives, and freedom for prisoners. And all those traveling by land, and crossing oceans or rivers —rescue them from any distress and harm, so that they reach their destination alive and well.

Remember the childless, giving them healthy offspring who will serve and fear You. Care for the pregnant woman of Your nation, that they not miscarry. Out of Your abundant mercy, protect from all evil the women giving birth. Ensure that nursing women not lack milk in their breasts.

Neither diphtheria[1] nor any form of evil spirit should afflict the children of Your nation, the House of Israel. Raise them to Your Torah, to study the Torah selflessly. Shield them from eyes of the envious,[2] from pestilence and plagues, and from the Antagonist[3] and the evil inclination.

Nullify all harsh and evil decrees against us, or anyone of Your nation, the House of Israel, wherever they live. Incline the heart of the government[4] to act favorably with us, to enact good laws for us.

Bestow blessing and success upon all our handiwork. Prepare our livelihood with Your expansive and full Hand, so that people of Your nation, the House of Israel, need not rely upon one another, nor upon any nation. Grant each and every person ample livelihood, and to all, that which they need. Quicken and hasten our redemption, and build our Temple of holiness and splendor.

In the merit of Your Thirteen Attributes of Mercy, recorded in Your Torah[5]—The Lord, the Lord, mighty, merciful and gracious, long-suffering, and abundant in love and truth, keeping truth for thousands [of genera-

---

1. In the Heb. original, *askarah*. A type of serious respiratory disease. 2. In the Heb. original, *ayin hara*. 3. In the Heb. original, *Satan*. Not to be confused, however, with the common, non-Jewish understanding of the word. 4. In the Heb. original, *malchut*, lit. monarchy, the common form of government in earlier times. 5. Exodus 34:6-7.

עַל דְּבַר כְּבוֹד שְׁמֶךָ וְהַצִּילֵנוּ וְכַפֵּר עַל חַטֹּאתֵינוּ לְמַעַן שְׁמֶךָ: בָּרוּךְ יְיָ לְעוֹלָם אָמֵן וְאָמֵן:

בשבת ויו"ט אומרים זה:

יְהִי רָצוֹן מִלְּפָנֶיךָ יְיָ אֱלֹהֵינוּ וֵאלֹהֵי אֲבוֹתֵינוּ בִּזְכוּת סֵפֶר

רִאשׁוֹן | שֵׁנִי | שְׁלִישִׁי | רְבִיעִי | חֲמִישִׁי

שֶׁבַּתְּהִלִּים שֶׁקָּרָאנוּ לְפָנֶיךָ שֶׁהוּא כְּנֶגֶד סֵפֶר

בְּרֵאשִׁית | שְׁמוֹת | וַיִּקְרָא | בְּמִדְבַּר | דְּבָרִים

בִּזְכוּת מִזְמוֹרָיו וּבִזְכוּת פְּסוּקָיו וּבִזְכוּת תֵּבוֹתָיו וּבִזְכוּת שְׁמוֹתֶיךָ הַקְּדוֹשִׁים וְהַטְּהוֹרִים הַיּוֹצְאִים מִמֶּנּוּ שֶׁתְּהֵא נֶחְשֶׁבֶת לָנוּ אֲמִירַת מִזְמוֹרֵי תְהִלִּים אֵלּוּ כְּאִלּוּ אֲמָרָם דָּוִד מֶלֶךְ יִשְׂרָאֵל בְּעַצְמוֹ זְכוּתוֹ יָגֵן עָלֵינוּ וְיַעֲמָד לָנוּ לְחַבֵּר אֵשֶׁת נְעוּרִים עִם דּוֹדָהּ בְּאַהֲבָה וְאַחֲוָה וְרֵעוּת וּמִשָּׁם יִמָּשֵׁךְ לָנוּ שֶׁפַע לְנֶפֶשׁ רוּחַ וּנְשָׁמָה. וּכְשֵׁם שֶׁאֲנַחְנוּ* אוֹמְרִים שִׁירִים בָּעוֹלָם הַזֶּה כַּךְ נִזְכֶּה לוֹמַר לְפָנֶיךָ יְיָ אֱלֹהֵינוּ וֵאלֹהֵי אֲבוֹתֵינוּ שִׁיר וּשְׁבָחָה לָעוֹלָם הַבָּא. וְעַל יְדֵי אֲמִירַת תְּהִלִּים תִּתְעוֹרֵר חֲבַצֶּלֶת הַשָּׁרוֹן לָשִׁיר בְּקוֹל נָעִים גִּילַת וְרַנֵּן כְּבוֹד הַלְּבָנוֹן נִתַּן לָהּ הוֹד וְהָדָר בְּבֵית אֱלֹהֵינוּ בִּמְהֵרָה בְיָמֵינוּ אָמֵן סֶלָה:

יהי רצון לליל הושענא רבה

בליל הושענא רבה בסיום כל ספר וספר מחמשת ספרי תהלים יאמר זה:

יְהִי רָצוֹן מִלְּפָנֶיךָ יְיָ אֱלֹהֵינוּ וֵאלֹהֵי אֲבוֹתֵינוּ בִּזְכוּת סֵפֶר

רִאשׁוֹן | שֵׁנִי | שְׁלִישִׁי | רְבִיעִי | חֲמִישִׁי

שֶׁבַּתְּהִלִּים שֶׁקָּרָאנוּ לְפָנֶיךָ שֶׁהוּא מְכֻוָּן כְּנֶגֶד סֵפֶר

בְּרֵאשִׁית | שְׁמוֹת | וַיִּקְרָא | בְּמִדְבַּר | דְּבָרִים

בִּזְכוּת מִזְמוֹרָיו וּבִזְכוּת פְּסוּקָיו וּבִזְכוּת תֵּבוֹתָיו וּבִזְכוּת אוֹתִיּוֹתָיו וּבִזְכוּת נְקֻדּוֹתָיו וּבִזְכוּת טְעָמָיו וּבִזְכוּת שְׁמוֹתֶיךָ הַקְּדוֹשִׁים הַכְּתוּבִים בָּהֶם, וּבִזְכוּת שְׁמוֹתֶיךָ הַקְּדוֹשִׁים הָרְמוּזִים וְהַמְצֹרָפִים בָּהֶם.

*) בכ"מ אומרים שֶׁאָנוּ. המו"ל.

tions], forgiving iniquity, transgression, and sin, and Who erases—the invocation which is never returned from You empty-handed—help us, O God of our salvation, for the sake of Your Name's honor. Rescue us, and grant us atonement for our sins for the sake of Your Name. Blessed is the Lord forever, Amen and Amen.

On Shabbat and Festivals, the following is recited instead of the above:

May it be Your Will, O Lord, our God and God of our fathers, that in the merit of the

First / Second / Third / Fourth / Fifth

book of Tehillim that we have read before You, which corresponds to the book of

Bereishit / Shemot / Vayikra / Bamidbar / Devarim

—that in the merit of the psalms therein, and in the merit of its verses, and in the merit of its words, and in the merit of Your holy and pure Names that are derived thereof, it should be considered as if these psalms were recited by King David himself (may his merit protect us!). May it stand us in good favor by joining the Wife of [one's] Youth with her Beloved [husband], in love, brotherhood, and friendship. From this union, may an abundant flow be drawn to irradiate our spirit, breath, and soul.

Just as we sing to You in This World, let us merit, O Lord, our God and God of our fathers, the favor to sing before You songs and praises in the World to Come. Through our recital of Tehillim, may the Tulip of Sharon[1] be roused to sing with a pleasant voice, with joy and elation. May the dignity of the Lebanon be bestowed upon her, glory and splendor to the House of our God, speedily in our days. Amen Selah.

⟶➤◆◀⟵

PRAYER FOR THE NIGHT OF HOSHANA RABBAH

On the night of Hoshana Rabbah, after concluding each of the five books of Tehillim, the following is said:

May it be Your Will, O Lord, our God and God of our fathers, that in the merit of the

First / Second / Third / Fourth / Fifth

book of Tehillim that we have read before You, which corresponds to the book of

Bereishit / Shemot / Vayikra / Bamidbar / Devarim

—that in the merit of the psalms therein, and in the merit of its verses, and in the merit of its words, and in the merit of its letters, and in the merit of it's vowels, and in merit of its musical notes, and in the merit of Your holy and pure Names that are written therein, and in the merit of Your holy and pure Names that are derived thereof:

---

1. See Song of Songs 2:1; *Shulchan Aruch, Orach Chaim* 216:9; *Zohar, Vayechi* 221a.

אחר ספר ראשון אומרים זה:

שֶׁתָּחֹן עָלֵינוּ כְּגֹדֶל חַסְדֶּךָ וְתַחְתְּמֵנוּ בְּסֵפֶר חַיִּים טוֹבִים וְתִפְתַּח לָנוּ שַׁעֲרֵי אוֹרָה שַׁעֲרֵי לְוָיַת חֵן וָחֶסֶד שַׁעֲרֵי פְּדוּת שַׁעֲרֵי לִבּוּן עֲוֹנוֹת שַׁעֲרֵי מַזָּל הָעֶלְיוֹן שַׁעֲרֵי דְּרוֹר: יוֹמָם יְצַוֶּה יְיָ חַסְדּוֹ וּבַלַּיְלָה שִׁירֹה עִמִּי תְּפִלָּה לְאֵל חַיָּי:

אחר ספר שני אומרים זה:

שֶׁתְּצַוֶּה פַּחְדְּךָ עַל אוֹיְבֵינוּ וְתַצִּילֵנוּ בְּכֹחַ גְּבוּרָתֶךָ וְתַחְתְּמֵנוּ בְּסֵפֶר גְּאֻלָּה וִישׁוּעָה וְתִפְתַּח לָנוּ שַׁעֲרֵי אֹמֶץ שַׁעֲרֵי לִבּוּב שַׁעֲרֵי הַצָּלָה שַׁעֲרֵי יְשׁוּעָה שַׁעֲרֵי מְזוֹנוֹת: וְגַם עַד זִקְנָה וְשֵׂיבָה אֱלֹהִים אַל תַּעַזְבֵנִי עַד אַגִּיד זְרוֹעֲךָ לְדוֹר לְכָל יָבוֹא גְּבוּרָתֶךָ:

אחר ספר שלישי אומרים זה:

שֶׁתְּרַחֵם עָלֵינוּ בְּרַחֲמֶיךָ וַאֲמִתֶּךָ וְתַחְתְּמֵנוּ בְּסֵפֶר מְזוֹנוֹת וּפַרְנָסָה טוֹבָה וְתִפְתַּח לָנוּ שַׁעֲרֵי יֹשֶׁר שַׁעֲרֵי וָתִיקוּת שַׁעֲרֵי דֵּעָה שַׁעֲרֵי הַצְלָחָה שַׁעֲרֵי אַהֲבָה שַׁעֲרֵי וַעַד טוֹב שַׁעֲרֵי אֱמֶת שַׁעֲרֵי וַתְרָנוּת שַׁעֲרֵי הַרְוָחָה שַׁעֲרֵי אֲרוּכָה. וְקַיֶּם בָּנוּ מִקְרָא שֶׁכָּתוּב וּלְתִתְּךָ עֶלְיוֹן עַל כָּל הַגּוֹיִם אֲשֶׁר עָשָׂה לִתְהִלָּה וּלְשֵׁם וּלְתִפְאָרֶת וְלִהְיוֹתְךָ עַם קָדוֹשׁ לַיהֹוָה אֱלֹהֶיךָ כַּאֲשֶׁר דִּבֵּר:

אחר ספר רביעי אומרים זה:

שֶׁתָּגֵן עָלֵינוּ וּתְאַמְּצֵנוּ לְנַצֵּחַ שׂוֹנְאֵינוּ וְתַחְתְּמֵנוּ בְּסֵפֶר יְשָׁרִים וּתְמִימִים וְתִפְתַּח לָנוּ שַׁעֲרֵי יְדִידוּת שַׁעֲרֵי הוֹד וְהָדָר שַׁעֲרֵי הַצְלָחָה שַׁעֲרֵי צְדָקָה שַׁעֲרֵי בְּרָכָה שַׁעֲרֵי אַחֲוָה וְרֵעוּת שַׁעֲרֵי תְּקוּמָה: יְיָ צְבָאוֹת עִמָּנוּ מִשְׂגָּב לָנוּ אֱלֹהֵי יַעֲקֹב סֶלָה: תּוֹדִיעֵנִי אֹרַח חַיִּים שֹׂבַע שְׂמָחוֹת אֶת פָּנֶיךָ נְעִמוֹת בִּימִינְךָ נֶצַח:

אחר ספר חמישי אומרים זה:

שֶׁתִּתֵּן הוֹדְךָ עַל מְשִׁיחֶךָ לְיַחֵד מַלְכוּתֶךָ וְתַחְתְּמֵנוּ בְּסֵפֶר צַדִּיקִים וְתִפְתַּח לָנוּ שַׁעֲרֵי אוֹצָר טוֹב שַׁעֲרֵי לֶקַח שַׁעֲרֵי הַשְׁקֵט שַׁעֲרֵי יְקָר שַׁעֲרֵי מְנוּחָה שַׁעֲרֵי צָהֳלָה שַׁעֲרֵי בִּינָה שַׁעֲרֵי אֹמֶץ וֶאֱיָלוּת שַׁעֲרֵי תְּשׁוּעָה: יְיָ אֱלֹהִים צְבָאוֹת הֲשִׁיבֵנוּ הָאֵר פָּנֶיךָ וְנִוָּשֵׁעָה: יְיָ אֲדֹנֵינוּ מָה אַדִּיר שִׁמְךָ בְּכָל הָאָרֶץ אֲשֶׁר תְּנָה הוֹדְךָ עַל הַשָּׁמָיִם: נִכְסְפָה וְגַם כָּלְתָה נַפְשִׁי לְחַצְרוֹת יְיָ לִבִּי וּבְשָׂרִי יְרַנְּנוּ אֶל אֵל חָי: כִּי אַתָּה אֲדֹנָי טוֹב וְסַלָּח וְרַב חֶסֶד לְכָל קֹרְאֶיךָ:

5. Psalms 46:8, 12. **6.** Psalms 16:11. **7.** In the Heb., "*meshichecha.*" Lit., "Your messiah."

After completing the first book, the following is said:

Consistent with Your abundant kindness, grace us by sealing our names in the Book of Good Life. Open for us the gates of light, the gates [enabling us to] find favor and [evoke] kindness [from others], the gates of deliverance, the gates of forgiveness,[1] the gates of supernal mazel, the gates of liberty. "In the day, God commands His loving kindness; at night, His song accompanies me, a prayer to the Lord of my life."[2]

After completing the second book, the following is said:

Cast Your fear over our enemies, and save us with the strength of Your might. Seal our names in the Book of Redemption and Salvation. Open for us the gates of strength, the gates of kindness, the gates of relief, the gates of salvation, the gates of sustenance. "And even until old age and later life, O Lord, do not forsake me; until I assert Your strength to the generation, Your might to all will yet come."[3]

After completing the third book, the following is said:

Have mercy on us, out of Your compassion and truth. Seal our names in the Book of Food and Livelihood. Open for us the gates of equity, the gates of earnestness, the gates of knowledge, the gates of success, the gates of love, the gates of good assembly, the gates of truth, the gates of forgiveness, the gates of comfort, the gates of healing. Fulfill for us the verse,[4] "And to elevate you above all nations which He has made, in praise, and in name, and in honor; and that you may be a holy people to the Lord your God, as He has spoken."

After completing the fourth book, the following is said:

Protect us, and fortify us so that we triumph over our enemies. Seal our names in the Book of the Just and Pure. Open for us the gates of friendship, the gates of splendor, the gates of glory, the gates of success, the gates of prosperity, the gates of blessing, the gates of comradeship and companionship, the gates of restoration. "God, the Lord of Hosts, is with us; a stronghold for us is the God of Jacob, Selah."[5] "You will make known to me the path of life, the fullness of joys in Your Presence, the delights in Your right hand for eternity."[6]

After completing the fifth book, the following is said:

Bestow Your majesty on Your anointed one,[7] to unite Your Kingdom. Seal our names in the Book of Righteous. Open for us the gates of prosperity, the gates of wisdom, the gates of tranquility, the gates of honor, the gates of repose, the gates of happiness, the gates of discernment, the gates of strength and power, the gates of deliverance. Return us, O God of Hosts; cause Your countenance to shine, that we may be saved. Lord, our Master, how mighty is Your Name throughout the earth, You Who has set Your majesty upon the heavens!, My soul yearns, indeed it pines, for the courtyards of the Lord; my heart and my flesh [long to] sing to the living God. For You, my Lord, are good and forgiving, and exceedingly kind to all who call upon You.

---

1. Lit., "whitewashing of sins." **2.** Psalms 42:9. **3.** Psalms 71:18. **4.** Deuteronomy 26:19.

זה יאמר אחר כל ספר לאחר צאת הלבנה:

יְהִי רָצוֹן מִלְּפָנֶיךָ הַשֵּׁם הַגָּדוֹל וְהַקָּדוֹשׁ וְהַטָּהוֹר אדני שֶׁתַּצִּילֵנִי הַיּוֹם וּבְכָל יוֹם לִי וּלְכָל אַנְשֵׁי בֵיתִי וּלְכָל אֲשֶׁר עִמִּי וּלְכָל אֲשֶׁר בַּבַּיִת וּבַשָּׂדֶה וּלְכָל הַנִּלְוִים עָלֵינוּ לְכָל אֶחָד וְאֶחָד מֵהֶם וּמִמֶּנּוּ. מִכָּל צָרָה וְצוּקָה וּמִכָּל צַעַר וָנֶזֶק וְסַכָּנָה. וּמִכָּל מִינֵי הֶפְסֵד וּמִכָּל דְּבַר תַּקָּלָה וּמִכָּל נִסָּיוֹן וּמִכָּל דְּבַר בִּזָּיוֹן. וּמִכָּל גַּזְלָן וְחַמְסָן וְאַלָּם וּמִכָּל מִינֵי פּוּרְעָנִיּוֹת הַמִּתְרַגְּשׁוֹת וּבָאוֹת לָעוֹלָם. וּמִכָּל גְּזֵרוֹת קָשׁוֹת וְרָעוֹת וּמֵרָעָב וּמִדַּלּוּת וַעֲנִיּוּת. בְּכֹחַ הַשֵּׁם הַגָּדוֹל וְהַקָּדוֹשׁ הַיּוֹצֵא מִפָּסוּק אָנֹכִי אֵרֵד עִמְּךָ מִצְרַיְמָה וְאָנֹכִי אַעַלְךָ גַם עָלֹה שֶׁתֵּיטִיב לָנוּ הַחֲתִימָה וְתַעַזְרֵנוּ בְּכָל עִנְיָנֵנוּ וַחֲפָצֵנוּ אָמֵן:

תפלה על החולים

מזמורים שאומרים על בית עלמין: מזמור כח. לד. ספר רביעי. מזמור קיא. קיב. קיט עד קלח. מזמור קמה. עד סוף ספר תהלים. ואח"כ התפלה ה' ה' וכו'. ובעת הליכה מבית עלמין, יאמר רננו צדיקים ואנא בכח ויושב בסתר: וכשמתפללים בבהכ"נ אומרים מזמורים אלו שהם ל"ו* כמילוי שם יהוה של ס"ג שמשם הרפואה והחיים והחסד. וזה סדרם על מכונם, מזמור כ. ו. ט. יג. טז. יז. יח. כב. כג. כה. ל. לא. לב. לג. לז. לח. לט. מא. מט. נה. נו. סט. פו. פח. פט. צ. צא. קב. קג. קד. קז. קטז. קיח. קמב. קמג. קמח. ואח"כ יאמרו בתמניא אפי כל הפסוקים משמו של החולה כגון אם שמו יעקב יאמרו הפסוקים יודי"ן עיינ"ן קופי"ן ביתי"ן. ואח"כ יאמרו כל הפסוקים האותיות מהשם קר"ע שט"ן בתמניא אפי:

יְיָ יְיָ אֵל רַחוּם וְחַנּוּן אֶרֶךְ אַפַּיִם וְרַב חֶסֶד וֶאֱמֶת: נֹצֵר חֶסֶד לָאֲלָפִים נֹשֵׂא עָוֹן וָפֶשַׁע וְחַטָּאָה וְנַקֵּה: לְךָ יְיָ הַגְּדֻלָּה וְהַגְּבוּרָה וְהַתִּפְאֶרֶת וְהַנֵּצַח וְהַהוֹד כִּי כֹל בַּשָּׁמַיִם וּבָאָרֶץ. לְךָ יְיָ הַמַּמְלָכָה וְהַמִּתְנַשֵּׂא לְכֹל לְרֹאשׁ: וְאַתָּה בְּיָדְךָ נֶפֶשׁ כָּל חַי וְרוּחַ כָּל בְּשַׂר אִישׁ. וּבְיָדְךָ כֹּחַ וּגְבוּרָה לְגַדֵּל וּלְחַזֵּק וּלְרַפֵּא אֱנוֹשׁ עַד דַּכָּא עַד דִּכְדּוּכָהּ שֶׁל נֶפֶשׁ. וְלֹא יִפָּלֵא מִמְּךָ כָּל דָּבָר וּבְיָדְךָ נֶפֶשׁ כָּל חָי. לָכֵן יְהִי רָצוֹן מִלְּפָנֶיךָ הָאֵל הַנֶּאֱמָן אָב הָרַחֲמִים הָרוֹפֵא לְכָל תַּחֲלוּאֵי עַמְּךָ הַקְּרוֹבִים עַד שַׁעֲרֵי הַמָּוֶת. וְהַמְחַבֵּשׁ מָזוֹר וּתְעָלָה לִידִידָיו וְהַגּוֹאֵל מִשַּׁחַת חֲסִידָיו וְהַמּוֹצִיא מִמָּוֶת נַפְשׁוֹת עֲבָדָיו. אַתָּה רוֹפֵא נֶאֱמָן שְׁלַח מַרְפֵּא וַאֲרוּכָה וּתְעָלָה בְּרֹב חֶסֶד וַחֲנִינָה וְחֶמְלָה לְנֶפֶשׁ (פלוני בן פלונית) (לנקבה פלונית בת פלונית) לְרוּחוֹ לְנַפְשׁוֹ הָאֻמְלָל (לנקבה לְרוּחָהּ לְנַפְשָׁהּ הָאֻמְלָלָה) וְלֹא תֵרֵד נַפְשׁוֹ (לנקבה נַפְשָׁהּ) לִשְׁאוֹלָה וְתִמָּלֵא רַחֲמִים עָלָיו (לנקבה עָלֶיהָ) לְהַחֲלִימוֹ וּלְרַפְּאוֹ לְהַחֲזִיקוֹ וּלְהַחֲיוֹתוֹ (לנקבה לְהַחֲלִימָהּ וּלְרַפְּאָהּ לְהַחֲזִיקָהּ וּלְהַחֲיוֹתָהּ) כִּרְצוֹן כָּל קְרוֹבָיו

---

*) הערת המו"ל: מספר המילוי של שם ס"ג הוא ל"ז, ויש ספרים אחרים שבהם נוסף מזמור לו. [ולהעיר, שבאותם ספרים המזמור האחרון הוא קכח ולא קמח].

The following should be recited after completing each book, after the moon has come out:

May it be Your will, [You Who are called by] the great, sacred, and pure Name of Adonai, to save us—today and every day—myself, the members of my household, all who are with me, all who are in my house or field, and all those who have joined with us—each and every one of them and of us—from any distress or affliction, from any pain, damage, or danger; from any form of loss, from all stumbling blocks, from any trials, from all disgrace, and from any robbers, plunderers, or tyrants; from all manner of punishments that appear in this world, from all harsh and evil decrees, and from hunger, poverty, and penury. With the power of your awesome and holy Name that derives from the verse,[1] "I will descend with you to Egypt, and I will surely bring you up again," make the final closure of judgment beneficial to us. Assist us in all our affairs and pursuits. Amen.

PRAYER FOR THE SICK

The following psalms are recited while at a cemetery: 28, 34, the fourth book of Tehillim, 111, 112, 119–138, 145–150. These are followed by the prayer below. When leaving the cemetery, say Psalm 33, the prayer "We implore you..."[2] then Psalm 91. When praying in a synagogue, the following psalms are said, 36 in total, which corresponds to the numerical value of יהוה—when the letters are spelled in their vocalized form—[as it is associated with the permutation of the Name that is equivalent to the value] of 63, from which healing, life, and loving kindness emanate. The psalms are recited in the order indicated: 20, 6, 9, 13, 16, 17, 18, 22, 23, 25, 30, 31, 32, 33, 37, 38, 39, 41, 49, 55, 56, 69, 86, 88, 89, 90, 91,102, 103, 104, 107, 116, 118, 142, 143, 148. Afterwards, all the verses [from Psalm 119] whose initial letters spell out the sick person's Jewish name are said—eight verses per letter. For example, if a person's name is Yaakov, then all eight verses beginning with the letter י are recited, followed by those beginning with ע, then those beginning with ק, and finally, those that begin with ב. Afterwards, the words קרע שטן, (Tear away Satan!) are spelled out by the same method of reciting the eight verses that correspond to the respective letters.

The Lord, the Lord, mighty, merciful and gracious, long-suffering, and abundant in love and truth, keeping truth for thousands [of generations], forgiving iniquity, transgression, and sin, and Who erases.

Yours, Lord, is the greatness, the strength, the splendor, the victory and the glory; for everything in heaven and earth is Your Kingdom; God Who is exalted above every leader. And in Your hand is the soul of every living thing and the spirit of all mortal men. And in Your hand is the power to make great, to strengthen and to cure every person, even one who is crushed, crushed to the very depths of his soul.

Nothing is unknown to You, and in Your hand is the soul of every living thing. Therefore may it be Your will, O trustworthy God, Merciful Father, Healer of all illnesses of Your people Israel—even those near the very gates of death; the One Who dresses [the wounds of] beloved ones with healing [balms], and Who redeems His devout ones from the pit of destruction, and Who delivers the souls of His servants from death—You, O trustworthy Healer—please send healing, cure, and remedy, with abundant kindness, graciousness, and compassion to [person's Jewish name] the son/daughter of [the person's mother's Jewish name].

Restore his/her unfortunate spirit and soul, so that he/she should not descend to the grave. May You be filled with mercy for him/her to restore him/her to health, to cure, strengthen, and revitalize him/her as is the wish of all for his/her relatives and loved

1. Genesis 46:4. 2. Siddur Tehillat Hashem, p. 22.

וְאוֹהֲבָיו. וְיֵרָאוּ לְפָנֶיךָ זְכֻיּוֹתָיו וְצִדְקוֹתָיו וְתַשְׁלִיךְ בִּמְצוּלוֹת יָם כָּל חַטֹּאתָיו (לנקבה חַטֹּאתֶיהָ) וְיִכְבְּשׁוּ רַחֲמֶיךָ אֶת כַּעַסְךָ מֵעָלָיו (לנקבה מֵעָלֶיהָ) וְתִשְׁלַח לוֹ (לנקבה לָהּ) רְפוּאָה שְׁלֵמָה רְפוּאַת הַנֶּפֶשׁ וּרְפוּאַת הַגּוּף וּתְחַדֵּשׁ כַּנֶּשֶׁר נְעוּרָיו (לנקבה נְעוּרֶיהָ) וְתִשְׁלַח לוֹ (לנקבה לָהּ) וּלְכָל חוֹלֶה מַרְפֵּא אֲרוּכָה מַרְפֵּא בְרָכָה תְּרוּפָה וּתְעָלָה מַרְפֵּא חֲנִינָה וְחֶמְלָה מַרְפֵּא רַחֲמִים וְשָׁלוֹם וְחַיִּים וְאֹרֶךְ יָמִים וְשָׁנִים וִיקֻיַּם בּוֹ (לנקבה בָּהּ) וּבְכָל חוֹלֶה מִקְרָא שֶׁכָּתוּב עַל יְדֵי מֹשֶׁה עַבְדְּךָ נֶאֱמַן בֵּיתֶךָ וַיֹּאמֶר אִם שָׁמוֹעַ תִּשְׁמַע לְקוֹל יְיָ אֱלֹהֶיךָ וְהַיָּשָׁר בְּעֵינָיו תַּעֲשֶׂה וְהַאֲזַנְתָּ לְמִצְוֹתָיו וְשָׁמַרְתָּ כָּל חֻקָּיו כָּל הַמַּחֲלָה אֲשֶׁר שַׂמְתִּי בְמִצְרַיִם לֹא אָשִׂים עָלֶיךָ כִּי אֲנִי יְיָ רֹפְאֶךָ: וַעֲבַדְתֶּם אֵת יְיָ אֱלֹהֵיכֶם וּבֵרַךְ אֶת לַחְמְךָ וְאֶת מֵימֶיךָ וַהֲסִרֹתִי מַחֲלָה מִקִּרְבֶּךָ: לֹא תִהְיֶה מְשַׁכֵּלָה וַעֲקָרָה בְּאַרְצֶךָ אֶת מִסְפַּר יָמֶיךָ אֲמַלֵּא: וְהֵסִיר יְיָ מִמְּךָ כָּל חֹלִי וְכָל מַדְוֵי מִצְרַיִם הָרָעִים אֲשֶׁר יָדַעְתָּ לֹא יְשִׂימָם בָּךְ וּנְתָנָם בְּכָל שֹׂנְאֶיךָ: וְעַל יְדֵי עֲבָדֶיךָ הַנְּבִיאִים כָּתוּב לֵאמֹר וַאֲכַלְתֶּם אָכוֹל וְשָׂבוֹעַ וְהִלַּלְתֶּם אֶת שֵׁם יְיָ אֱלֹהֵיכֶם אֲשֶׁר עָשָׂה עִמָּכֶם לְהַפְלִיא וְלֹא יֵבֹשׁוּ עַמִּי לְעוֹלָם: דְּרָכָיו רָאִיתִי וְאֶרְפָּאֵהוּ וְאַנְחֵהוּ וַאֲשַׁלֵּם נִחוּמִים לוֹ וְלַאֲבֵלָיו: בּוֹרֵא נִיב שְׂפָתָיִם שָׁלוֹם שָׁלוֹם לָרָחוֹק וְלַקָּרוֹב אָמַר יְיָ וּרְפָאתִיו: וְזָרְחָה לָכֶם יִרְאֵי שְׁמִי שֶׁמֶשׁ צְדָקָה וּמַרְפֵּא בִּכְנָפֶיהָ: אָז יִבָּקַע כַּשַּׁחַר אוֹרֶךָ וַאֲרֻכָתְךָ מְהֵרָה תִצְמָח: רְפָאֵנוּ יְיָ וְנֵרָפֵא הוֹשִׁיעֵנוּ וְנִוָּשֵׁעָה כִּי תְהִלָּתֵנוּ אָתָּה וְהַעֲלֵה רְפוּאָה שְׁלֵמָה לְכָל מַכּוֹת עַמְּךָ בֵּית יִשְׂרָאֵל וּבִפְרָט לפב"פ רְפוּאָה שְׁלֵמָה לִרְמַ"ח אֵבָרָיו (לנקבה לְכָל אֵבָרֶיהָ) וְשַׁסָ"ה גִּידָיו (לנקבה וּלְכָל גִּידֶיהָ) לְרַפֵּא אוֹתוֹ (לנקבה אוֹתָהּ) כְּחִזְקִיָּהוּ מֶלֶךְ יְהוּדָה מֵחָלְיוֹ וּכְמִרְיָם הַנְּבִיאָה מִצָּרַעְתָּהּ בַּשֵּׁמוֹת הַקְּדוֹשִׁים הַיּוֹצְאִים מִפְּסוּקִים שֶׁל שְׁלֹשׁ עֶשְׂרֵה מִדּוֹתֶיךָ אֵל נָא רְפָא נָא לפב"פ לַהֲקִים אוֹתוֹ מֵחָלְיוֹ (לנקבה אוֹתָהּ מֵחָלְיָהּ) וּלְהַאֲרִיךְ עוֹד יְמֵי חַיָּיו (לנקבה חַיֶּיהָ) כְּדֵי שֶׁיַּעֲבוֹד לְךָ בְּאַהֲבָה וּבְיִרְאָה וְתִתֶּן לוֹ (לנקבה לָהּ) חַיִּים שֶׁל רַחֲמִים חַיִּים שֶׁל בְּרִיאוּת חַיִּים שֶׁל שָׁלוֹם חַיִּים שֶׁל בְּרָכָה כְּדִכְתִיב כִּי אֹרֶךְ יָמִים וּשְׁנוֹת חַיִּים וְשָׁלוֹם יוֹסִיפוּ לָךְ אָמֵן סֶלָה:

כשמשנין את השם אומרים זה:

וְאַף אִם נִגְזַר עָלָיו (לנקבה עָלֶיהָ) בְּבֵית דִּינְךָ הַצֶּדֶק שֶׁיָּמוּת (לנקבה שֶׁתָּמוּת) מֵחֹלִי זֶה וְהִנֵּה רַבּוֹתֵינוּ הַקְּדוֹשִׁים אָמְרוּ שְׁלֹשָׁה דְבָרִים קוֹרְעִים גְּזַר דִּינוֹ שֶׁל אָדָם. וְאֶחָד מֵהֶם שִׁנּוּי הַשֵּׁם שֶׁיְּשַׁנּוּ הַשֵּׁם שֶׁל חוֹלֶה. וְקִיְּמְנוּ דִבְרֵיהֶם וְנִשְׁתַּנָּה שְׁמוֹ (לנקבה שְׁמָהּ) כִּי אַחֵר הוּא (לנקבה אַחֶרֶת הִיא) וְאִם עַל (פלוני) נִגְזַר הַגְּזַר דִּין עַל (פלוני) לֹא נִגְזַר לָכֵן אַחֵר הוּא וְאֵינוֹ הוּא (לנקבה אַחֶרֶת הִיא וְאֵינָהּ הִיא) הַנִּקְרָא בַּשֵּׁם הָרִאשׁוֹן. וּכְשֵׁם שֶׁנִּשְׁתַּנָּה שְׁמוֹ (לנקבה שְׁמָהּ) כֵּן יִשְׁתַּנֶּה הַגְּזַר דִּין מֵעָלָיו (לנקבה מֵעָלֶיהָ) מִדִּין לְרַחֲמִים וּמִמִּיתָה לְחַיִּים וּמִמַּחֲלָה לִרְפוּאָה

ones. May all his/her merits and charitable deeds appear before You, and may You cast into depths of the sea all of his/her sins. May Your mercy subdue Your anger against him/her and may You send him/her a complete recovery, a spiritual recovery, and a physical recovery.

Renew his/her youth like the eagles; send him/her, and all sick people a lasting cure, a blessed cure, a gracious and compassionate cure, a merciful cure, with peace and life and lengthy days and years. May there be fulfilled for him/her and for every sick person the verse recorded by Your servant Moses, the most faithful of Your House: "And he [Moses] said: 'If You diligently listen to the voice of the L-rd, your God, and you do what is right in His eyes, and you obey His commandments and you observe all His statutes—any sickness that I have brought upon Egypt I will not bring upon you, for I am God, Your Healer.'"[1] "And you shall serve the Lord, your God, and He shall bless your bread and your water, and I shall remove sickness from among you."[2] "None shall miscarry nor be barren in your land; I will fill out the number of your days."[3] "And God will remove from you all sickness, and He will not place upon you any of the evil diseases of Egypt, of which you know, but He will bring them upon all your enemies."[4]

And through Your servants, the prophets, the following is written: "And you shall eat in plenty and be satisfied, and you will praise the name of the Lord, your God, Who treated you wondrously, and My people shall never be ashamed."[5] "I have seen his ways and I will heal him; I will guide him and bestow consolations upon him and upon his mourners."[6] "I will create a new expression of the lips: 'Peace, peace, to thousands who are far and near,' says God, 'and I will heal him.'"[7] "For you who fear My Name, there will shine a sun of righteousness, with healing in its wings."[8] "Then your light shall burst out like the dawn and your health shall sprout speedily."[9]

Heal us, God—then we will be healed; save us—then we will be saved, for You are our praise. Bring complete recovery for all of the ailments of Your people, the family of Israel, and particularly to [person's Jewish name] the son/daughter of [person's mother's Jewish name], a complete recovery to (for a male: his 248 organs and to his 365 sinews) (for a female: all her organs and her sinews). Cure him/her like [You did] Hezekiah, King of Judah, from his sickness, and like Miriam, the prophetess, from her leprosy. Employ the sacred names that emanate from the verses containing Your thirteen attributes of Divine Mercy. Please, O God, heal [person's Jewish name] the son/daughter of [person's mother's Jewish name] and raise him/her from his/her sickbed.

Grant lengthy days and years to him/her so that he/she may serve You with love and fear. And grant him/her a life of mercy, a life of health, a life of peace, a life of blessing, as it is written: "For length of days and years of life and peace shall they add to you."[10] Amen, Selah.

When changing the name [of the person who is seriously sick], the following is [also] said:

And even if Your Court has decreed that he/she should die from this ailment, our holy Rabbis have said that three things can rescind a person's verdict—one of which is changing the sick person's name. We have complied with their words, and have modified his/her name, and so now he/she is someone else. If death was decreed for one individual, this decree was not issued for another. Therefore he/she is someone else—not the one called by his/her former name. And just as his/her name was changed, so, too, should the decree concerning him/her be changed: from severity to compassion,

---

1. Exodus 15:26. **2.** Exodus 23:25. **3.** Exodus 23:26. **4.** Deuteronomy 7:15. **5.** Joel 2:26. **6.** Isaiah 57:18. **7.** Isaiah 57:19. **8.** Malachi 3:20. **9.** Isaiah 58:8. **10.** Proverbs 3:2.

שְׁלֵמָה לפב"פ בְּשֵׁם כָּל הַשֵּׁמוֹת הַכְּתוּבִים בְּסֵפֶר תּוֹרָה זֶה וּבְשֵׁם כָּל הַשֵּׁמוֹת וּבְשֵׁם כָּל הַמַּלְאָכִים הַמְמֻנִּים עַל כָּל הָרְפוּאוֹת וְהַצָּלוֹת תִּשְׁלַח מְהֵרָה רְפוּאָה שְׁלֵמָה לפב"פ וְתַאֲרִיךְ יָמָיו וּשְׁנוֹתָיו (לנקבה יָמֶיהָ וּשְׁנוֹתֶיהָ) בַּנְּעִימִים. וִיבַלֶּה (לנקבה וּתְבַלֶּה) בַּטּוֹב יָמָיו (לנקבה יָמֶיהָ) בְּרֹב עֹז וְשָׁלוֹם מֵעַתָּה וְעַד עוֹלָם אָמֵן סֶלָה: מי שברך וכו'.

תפלה קודם הלמוד ליארצייט

יְהִי רָצוֹן מִלְּפָנֶיךָ יְיָ אֱלֹהֵינוּ וֵאלֹהֵי אֲבוֹתֵינוּ שֶׁיִּתְעַלֶּה זְכוּת לִמּוּד זֶה שֶׁאָנוּ לוֹמְדִים לְשֵׁם נִשְׁמַת (פב"פ) ע"ה וּבִזְכוּת לִמּוּד זֶה הָאֵל הַגָּדוֹל הַגִּבּוֹר וְהַנּוֹרָא שׁוֹכֵן עַד וְקָדוֹשׁ שְׁמוֹ שֶׁתִּצְרוֹר נִשְׁמָתוֹ בִּצְרוֹר הַחַיִּים וְתָשִׂים מְחִצָּתוֹ בִּמְחִצַּת צַדִּיקִים חֲסִידִים יְסוֹדֵי עוֹלָם הָעוֹמְדִים לְפָנָיו וְנֶהֱנִים מִזִּיו אוֹר פָּנֶיךָ וְתִתֶּן לוֹ מַהְלְכִים בֵּין הָעוֹמְדִים לְפָנֶיךָ וְתִמְחוֹל וְתִסְלַח וּתְכַפֵּר וְתִמְחֶה וְתַעֲבִיר כָּל מַה שֶּׁחָטָא וְעָוָה וּפָשַׁע לְפָנֶיךָ אוֹ עָשָׂה דָּבָר שֶׁלֹּא כִּרְצוֹנֶךָ וְאַל תִּזְכָּר לוֹ שׁוּם חֵטְא וְעָוֹן וּפֶשַׁע וַעֲבֵרָה אֶלָּא כָּל הַמִּצְוֹת שֶׁעָשָׂה תִּזְכְּרֵם לוֹ לְטוֹבָה וְרוּחוֹ תַּרְגִּיעַ בְּחֵלֶק הַיּוֹשְׁבִים בְּגַן עֵדֶן וְנִשְׁמָתוֹ תִתְעַדֵּן בַּטּוּב הַצָּפוּן לַצַּדִּיקִים וְתָשִׂים כָּבוֹד מְנוּחָתוֹ וּלְקֵץ הַיָּמִין יַעֲמוֹד לְגוֹרָלוֹ וְיִלָּוֶה עָלָיו הַשָּׁלוֹם וְעַל מִשְׁכָּבוֹ יָבוֹא בְשָׁלוֹם כְּדִכְתִיב יָבוֹא שָׁלוֹם יָנוּחוּ עַל מִשְׁכְּבוֹתָם הוּא וְכָל שׁוֹכְבֵי עַמּוֹ יִשְׂרָאֵל בִּכְלַל הָרַחֲמִים וְהַסְּלִיחוֹת וְהַנֶּחָמוֹת וְהַיְשׁוּעוֹת וְנֹאמַר אָמֵן:

תפלה על הנפטר אחר הלמוד

אָנָּא יְיָ מָלֵא רַחֲמִים אֲשֶׁר בְּיָדְךָ נֶפֶשׁ כָּל חַי וְרוּחַ כָּל בְּשַׂר אִישׁ יִהְיֶה נָא לְרָצוֹן לְפָנֶיךָ תּוֹרָתֵנוּ וּתְפִלָּתֵנוּ בַּעֲבוּר נִשְׁמַת פלוני או פלונית וּגְמוֹל נָא עִמָּהּ בְּחַסְדְּךָ הַגָּדוֹל לִפְתּוֹחַ לָהּ שַׁעֲרֵי רַחֲמִים וָחֶסֶד וְשַׁעֲרֵי גַן עֵדֶן וּתְקַבֵּל אוֹתָהּ בְּאַהֲבָה וּבְחִבָּה וּשְׁלַח לָהּ מַלְאָכֶיךָ הַקְּדוֹשִׁים וְהַטְּהוֹרִים לְהוֹלִיכָהּ וּלְהוֹשִׁיבָהּ תַּחַת עֵץ הַחַיִּים אֵצֶל נִשְׁמַת הַצַּדִּיקִים וְהַצִּדְקָנִיּוֹת חֲסִידִים וַחֲסִידוֹת לֵהָנוֹת מִזִּיו שְׁכִינָתְךָ לְהַשְׂבִּיעָהּ מִטּוּבְךָ הַצָּפוּן לַצַּדִּיקִים. וְהַגּוּף יָנוּחַ בַּקֶּבֶר בִּמְנוּחָה נְכוֹנָה בְּחֶדְוָה וּבְשִׂמְחָה וְשָׁלוֹם כְּדִכְתִיב יָבוֹא שָׁלוֹם יָנוּחוּ עַל מִשְׁכְּבוֹתָם הֹלֵךְ נְכֹחוֹ. וּכְתִיב יַעְלְזוּ חֲסִידִים בְּכָבוֹד יְרַנְּנוּ עַל מִשְׁכְּבוֹתָם. וּכְתִיב אִם תִּשְׁכַּב לֹא תִפְחָד וְשָׁכַבְתָּ וְעָרְבָה שְׁנָתֶךָ. וְתִשְׁמוֹר אוֹתוֹ (לנקבה אוֹתָהּ) מֵחִבּוּט הַקֶּבֶר וּמֵרִמָּה וְתוֹלֵעָה וְתִסְלַח וְתִמְחוֹל לוֹ עַל כָּל פְּשָׁעָיו (לנקבה לָהּ עַל כָּל פְּשָׁעֶיהָ) כִּי אָדָם אֵין צַדִּיק בָּאָרֶץ אֲשֶׁר יַעֲשֶׂה טּוֹב וְלֹא יֶחֱטָא וּזְכוֹר לוֹ זְכִיּוֹתָיו וְצִדְקוֹתָיו אֲשֶׁר עָשָׂה (לנקבה לָהּ זְכִיּוֹתֶיהָ וְצִדְקוֹתֶיהָ אֲשֶׁר עָשְׂתָה) וְתַשְׁפִּיעַ לוֹ מִנִּשְׁמָתוֹ לְדַשֵּׁן עַצְמוֹתָיו (לנקבה לָהּ מִנִּשְׁמָתָהּ לְדַשֵּׁן עַצְמוֹתֶיהָ) בַּקֶּבֶר מֵרֹב טוּב הַצָּפוּן לַצַּדִּיקִים דִּכְתִיב מָה רַב טוּבְךָ אֲשֶׁר צָפַנְתָּ לִּירֵאֶיךָ וּכְתִיב שֹׁמֵר כָּל עַצְמוֹתָיו אַחַת מֵהֵנָּה לֹא

from death to life, from sickness to a complete recovery for [the person's Jewish name] son/daughter of [the person's mother's Jewish name].

In the name of all the Names written in this Torah scroll; and in the name of all the Divine Names, and in the name of all the angels appointed over cures and salvation, send a complete and speedy recovery to [the person's Jewish name] son/daughter of [the person's mother's Jewish name]; and lengthen his/her days and years in pleasantness. May his/her days be spent in goodness, with abundant vigor and peace, for now and forever. Amen, Selah.

PRAYER PRIOR TO THE LEARNING FOR A YAHRZEIT

May it be Your will, Lord our God and God of our fathers, that the merit of this study should benefit the soul of (the deceased's Jewish name the child of the deceased's father's Jewish name) of blessed memory. In the merit of this learning, may the great, mighty and awesome God, Who dwells for eternity, exalted and holy is His Name, bind his/her soul in the bond of life.[1] Set his/her place in the court of the righteous, the pious pillars of the world, who stand before You enjoying the radiance of Your countenance's light. Grant him/her access among those who stand[2] before You.

Forgive and pardon, atone, erase, and eradicate any sin, transgression, or offense against You, or any deed committed contrary to Your will. Remember not, on his/her account, any sin, transgression, offense, or misdeed. But all the mitzvot that he/she performed—remember them for his/her good. May his/her spirit find comfort within the portion of those seated in Gan Eden. May his/her soul delight in the good that has been concealed for the righteous. Make his/her place of repose an honorable one. May the end of days[3] be his/her [ultimate] lot, accompanied by peace. May he/she arrive in peace to his/her resting place, as it is written,[4] "[He who walks in his righteousness] shall enter in peace to them that repose in their graves," together with all those of Israel who lie [in the grave]; with mercy, forgiveness, consolation, and salvation. And let us say: Amen.

PRAYER FOR THE DEPARTED AFTER THE LEARNING

I beseech You, G-d, Who is full of compassion, and in Whose hand is the soul of all that lives, and the spirit of all mortal men: May our Torah study and prayers on behalf of the soul of (the deceased's Jewish name the child of the deceased's father's Jewish name) find favor before You. Out of Your great kindness, please bestow goodness upon the soul by opening before it the gates of mercy and kindness, and the gates of Gan Eden. Receive it with love and affection. Send Your holy and pure angels to escort it, and place it under the Tree of Life, alongside the souls of the righteous and pious men and women, to bask in the radiance of Your Presence, and to be satiated with Your goodness that is hidden away for the righteous.

And grant the body, in its grave, true rest in gladness, in joy, and peace, as it says,[4] "[He who walks in his righteousness] shall enter in peace to them that repose in their graves." It is further written,[5] "The righteous will exult with honor; they will sing upon their beds." It is also written,[6] "When you lie down, you will not be afraid; you will lie down, and your sleep will be sweet."

---

1. Samuel I 25:29. **2.** Zechariah 3:7. **3.** Daniel 12:13. See Tanya, ch. 36; Torat Shmuel 5632, vol. 1, pp. 34-35. **4.** Isaiah 57:2. **5.** Proverbs 3:24. **6.** Psalms 149:5.

נִשְׁבָּרָה וְיִשְׁכּוֹן (לנקבה וְתִשְׁכּוֹן) בֶּטַח בָּדָד וְשַׁאֲנַן מִפַּחַד רָעָה וְאַל יִרְאֶה (לנקבה תִּרְאֶה) פְּנֵי גֵיהִנֹּם וְנִשְׁמָתוֹ (לנקבה וְנִשְׁמָתָהּ) תְּהֵא צְרוּרָה בִּצְרוֹר הַחַיִּים וּלְהַחֲיוֹתוֹ (לנקבה וּלְהַחֲיוֹתָהּ) בִּתְחִיַּת הַמֵּתִים עִם כָּל מֵתֵי עַמְּךָ יִשְׂרָאֵל בְּרַחֲמִים אָמֵן:

מי שברך לחולה

לזכר:

מִי שֶׁבֵּרַךְ אֲבוֹתֵינוּ אַבְרָהָם יִצְחָק וְיַעֲקֹב, מֹשֶׁה וְאַהֲרֹן דָּוִד וּשְׁלֹמֹה, הוּא יְרַפֵּא אֶת (פלוני) בֶּן (פלונית) בַּעֲבוּר שֶׁ (פלוני) בֶּן (פלונית) יִתֵּן בְּלִי נֶדֶר לִצְדָקָה בַּעֲבוּרוֹ, בִּשְׂכַר זֶה הַקָּדוֹשׁ בָּרוּךְ הוּא יִמָּלֵא רַחֲמִים עָלָיו לְהַחֲלִימוֹ וּלְרַפְּאתוֹ וּלְהַחֲזִיקוֹ וּלְהַחֲיוֹתוֹ, וְיִשְׁלַח לוֹ מְהֵרָה רְפוּאָה שְׁלֵמָה מִן הַשָּׁמַיִם לִרְמַ״ח אֵבָרָיו וּשְׁסַ״ה גִּידָיו בְּתוֹךְ שְׁאָר חוֹלֵי יִשְׂרָאֵל, רְפוּאַת הַנֶּפֶשׁ וּרְפוּאַת הַגּוּף, וְנֹאמַר אָמֵן:

לנקבה:

מִי שֶׁבֵּרַךְ אֲבוֹתֵינוּ אַבְרָהָם יִצְחָק וְיַעֲקֹב, מֹשֶׁה וְאַהֲרֹן דָּוִד וּשְׁלֹמֹה, הוּא יְרַפֵּא אֶת (פלונית) בַּת (פלונית) בַּעֲבוּר שֶׁ (פלוני) בֶּן (פלונית) יִתֵּן בְּלִי נֶדֶר לִצְדָקָה בַּעֲבוּרָהּ, בִּשְׂכַר זֶה הַקָּדוֹשׁ בָּרוּךְ הוּא יִמָּלֵא רַחֲמִים עָלֶיהָ לְהַחֲלִימָהּ וּלְרַפְּאתָהּ וּלְהַחֲזִיקָהּ וּלְהַחֲיוֹתָהּ, וְיִשְׁלַח לָהּ מְהֵרָה רְפוּאָה שְׁלֵמָה מִן הַשָּׁמַיִם בְּכָל אֵבָרֶיהָ וְגִידֶיהָ בְּתוֹךְ שְׁאָר חוֹלֵי יִשְׂרָאֵל, רְפוּאַת הַנֶּפֶשׁ וּרְפוּאַת הַגּוּף, וְנֹאמַר אָמֵן:

תפלת הדרך

צריך לאומרה משהחזיק בדרך חוץ לעיר ביום ראשון כשנוסע מביתו וטוב לומר מעומד אם אפשר בקל. ובשאר הימים שמתעכב בדרך עד שובו לביתו יאמר אותה בכל בוקר אפילו במלון ויחתום ברוך אתה שומע תפלה בלי הזכרת השם:

יְהִי רָצוֹן מִלְּפָנֶיךָ יְהֹוָה אֱלֹהֵינוּ וֵאלֹהֵי אֲבוֹתֵינוּ שֶׁתּוֹלִיכֵנוּ לְשָׁלוֹם וְתַצְעִידֵנוּ לְשָׁלוֹם וְתַדְרִיכֵנוּ לְשָׁלוֹם וְתִסְמְכֵנוּ לְשָׁלוֹם וְתַגִּיעֵנוּ לִמְחוֹז חֶפְצֵנוּ לְחַיִּים וּלְשִׂמְחָה וּלְשָׁלוֹם (ואם דעתו לחזור מיד אומר וְתַחֲזִירֵנוּ לְשָׁלוֹם) וְתַצִּילֵנוּ מִכַּף כָּל־אוֹיֵב וְאוֹרֵב וְלִסְטִים וְחַיּוֹת רָעוֹת בַּדֶּרֶךְ וּמִכָּל־פּוּרְעָנִיּוֹת הַמִּתְרַגְּשׁוֹת וּבָאוֹת לָעוֹלָם וְתִשְׁלַח בְּרָכָה בְּכָל־מַעֲשֵׂה יָדֵינוּ וְתִתְּנֵנִי* לְחֵן וּלְחֶסֶד וּלְרַחֲמִים בְּעֵינֶיךָ וּבְעֵינֵי כָל־רוֹאֵינוּ וְתִגְמְלֵנוּ חֲסָדִים טוֹבִים וְתִשְׁמַע קוֹל תְּפִלָּתֵנוּ כִּי אַתָּה שׁוֹמֵעַ תְּפִלַּת כָּל־פֶּה: בָּרוּךְ אַתָּה יְהֹוָה שׁוֹמֵעַ תְּפִלָּה:

*) בל׳ יחיד.

Protect him/her from the tribulations of the grave,[7] from maggots and worms. Forgive and pardon him/her for all his/her transgressions, "for there is not a just man upon earth that does good, and sins not."[8]

Remember his/her merits and acts of kindness. Provide to him/her from his/her soul, in order to augment his/her bones in the grave, from the bountiful good that is concealed for the righteous, as it says,[9] " How abundant is Your goodness that You have hidden away for those who fear You." And it says,[10] "He guards all his bones, even one of them was not broken." May he/she dwell safely, assured and secure from fear of evil. May he/she not behold the face of purgatory, and may his/her soul be bound up in the bond of life. And [provide to him/her from his/her soul] to enliven him/her at the time of the resurrection of the dead, together with all the deceased of Your nation Israel, with mercy. Amen.

PRAYER FOR A SICK PERSON

For Shabbat and Yom Tov

May He who blessed our fathers, Abraham, Isaac and Jacob, Moses and Aaron, David and Solomon, bless the person (Mention his/her Hebrew name and that of his/her mother), because (Mention the Hebrew name of the person who pledged charity for the sake of the person and that of his/her father) pledged charity for his/her sake. It is Shabbat when it is forbidden to plead; healing will come soon. Let us say, Amen.

On weekdays

May He who blessed our fathers, Abraham, Isaac and Jacob, Moses and Aaron, David and Solomon, heal the sick person (Mention his/her Hebrew name and that of his/her mother) because (Mention the Hebrew name of the person who pledged charity for the sake of the person and that of his/her father) pledged charity for his/her sake. In this merit may the Holy One, blessed be He, be filled with mercy for him/her, to restore him/her to health and to cure him/her, to strengthen him/her and to invigorate him/her. And may He hasten to send him/her from Heaven a complete recovery (For a man: to his two hundred and forty-eight bodily parts and three hundred and sixty-five veins / For a woman: to all her bodily parts and veins), among the other sick people of Israel, a healing of spirit and a healing of body. Let us say, Amen.

PRAYER FOR TRAVELERS

This prayer is to be said, standing if possible, outside the city on the first day of one's journey. On subsequent days of the journey, until reaching home again, the prayer should be recited every morning, whether on the road or at a hotel. It should be concluded thus: Blessed are You who hears prayer, without mentioning the Lord's name.

May it be Your will, Lord our God and God of our fathers, to lead us in peace and direct our steps in peace; to guide us in peace, to support us in peace and to bring us to our destination in life, joy, and peace. (One who intends to return immediately says: and return us in peace.) Deliver us from the hands of every enemy and lurking foe, from robbers and wild beasts on the journey, and from all kinds of calamities that may come to afflict the world; and bestow blessing on upon all our actions. Grant me[11] grace, kindness, and mercy in Your eyes and in the eyes of all who behold us, and bestow bountiful kindness upon us. Hear the voice of our prayer, for You hear everyone's prayer. Blessed are You Lord, who hears prayer.

---

7. In the original, "*chibut hakever.*" See Tanya, chs. 7-8. 8. Ecclesiastes 7:20. 9. Psalms 31:20. 10. Psalms 34:21. 11. In the singular [V. *Shulchan Aruch HaRav, Orach Chaim* 110:4].

ספרי׳ – אוצר החסידים – ליובאוויטש

קובץ מכתבים

ממכתבי כ״ק אדמו״ר מרנא ורבנא

הרב יוסף יצחק

זצוקללה״ה נבג״מ זי״ע

שניאורסאהן

מליובאַוויטש

אודות גודל ערך אמירת תהלים

יוצא לאור על ידי מערכת

״אוצר החסידים״

770 איסטערן פּאַרקוויי   ברוקלין נ.י.

שנת חמשת אלפים שבע מאות שבעים ושלש לבריאה

מ פ ת ח :

מילואים:

הוספה:

פתח דבר

מכ״ק אדמו״ר זי״ע להוצאה השלישית

ב״ה.

לרגלי הוציאנו לאור את ספר התהלים „מקראות גדולות״ בצירוף רשימות כ״ק אדמו״ר ה„צמח צדק״ על התהלים — „בוך תילים״ שלו.

הננו מדפיסים בזה קובץ מכתבי כ״ק מו״ח אדמו״ר זצוקללה״ה נבג״מ זי״ע (בצירוף איזה שיחות שלו) המדברים בענין אמירת מזמורי תהלים וגודל מעלתו.

בקובץ הזה נכנסו: א) המכתבים והשיחות שבאו בקובץ מכתבים הראשון בהוצאתו הראשונה (ווארשא, אלול תרצ״ז) — לקמן ע׳ 191־210.

ב) המכתב הכללי הראשון של כ״ק מו״ח אדמו״ר ע״ד אמירת שיעור תהלים (כמו שנחלק לימי החודש) אחר התפלה — נדפס בקונטרס נט — לקמן ע׳ 210־211.

ג) שני מכתבים אודות התיסדות חברת תהלים העולמית — נדפסו בקובץ מכתבים השני (ניו יארק, תש״ב) — לקמן ע׳ 212־214.

ד) שני קטעים ממכתבים — אודות אמירת קאַפיטל תהלים המתאים למספר שנותיו ולימודו עם פירש״י. — לקמן ע׳ 214.

ה) בתור הוספה: אחדים ממכתבי כ״ק מו״ח אדמו״ר אל הוו״ח אי״א כו׳ נחום דוב ע״ה דענבערג, אשר אותו ציוה לזרז את בניו להדפיס על חשבונם אחד מספרי רבותינו נשיאינו הק׳, וקיימו עתה הציווי בהו״ל את ספר התהלים הנ״ל לזכר ולזכות נשמות אביהם ואמם ע״ה. — לקמן ע׳ 215־220.

* * *

כמו בשאר ההוצאות באו גם כאן, בשולי הגליון, איזה מראי מקומות והערות מהמו״ל.

מנחם שניאורסאהן

יב אייר, ה׳תשי״ג, ברוקלין, נ.י.

הקדמת המו"ל בהוצאה הראשונה

למלאות חפצם ובקשתם של ידידינו אנ"ש והתמימים והרבה ממחבבי ומעריצי הוד כ"ק אדמו"ר שליט"א [נ"ע] מליובאוויטש. אנחנו מתחילים, בעזה"י, להוציא לאור מזמן לזמן קובץ מכתבים מכ"ק אדמו"ר שליט"א [נ"ע] בענינים שונים, בצרוף קטעים מאמרותיו ושיחותיו הק' בזמנים שונים הנוגעים לענינים הנ"ל.

והנה לגודל חשיבות ערך הענין של אמירת תהלים בכלל ואמירת תהלים בצבור בפרט, כידוע ומפורסם מפי ספרים וסופרים, החלטנו להוציא בראש וראשונה קובץ מכתבים וקטעים משיחות שונות של כ"ק אדמו"ר שליט"א [נ"ע] המדברים בענין אמירת תהלים.

תקותינו חזקה, אשר לבד הנעימות והחביבות בקריאה ולימוד דברי הרב, הנה הופעת הקובץ מכתבים הלזה יביא התועלת הכי מרובה, שכל אחד ואחד אשר יראת ד' נגע בלבבו, יוסיף אומץ לקיים בדיוק תקנת כ"ק אדמו"ר שליט"א [נ"ע] בענין אמירת התהלים, שהיא דבר השוה לכל נפש, לא רק לחסידי חב"ד אלא לכל קהל עדת ישורון החרדים, ד' עליהם יחיו.

ועד איגוד התמימים

משיחת שמחת תורה, תרצ"ו.

נרשם מאחד השומעים

מען האָט ב"ה איינגעפירט אמירת תהלים נאָכן דאַווענען.

די זאַך פון זאָגן אַ שיעור תהלים אַלע טאָג במנין, מיט קדיש יתום נאָך דעם שיעור תהלים ווי ער ווערט געטיילט אין די טעג פון חודש האָט זעך תהלה לא־ל איינגעפירט באַ אַ גרויסן טייל פון אידן היראים שי'.

די התחלה איז געווען וואָס מען האָט למעלה געוואָלט אַ קרבן שלמים של צבור, עס איז געווען ר"ה תרפ"ז, איבער פאַרשידענע סבות איז אין די מאסר טעג[1] – ל"ע – האָט מען אין היפש קהלות אָנגעהויבן זאָגן תהלים, פון יעמאָלט אָן איז געבליבן די הנהגה טובה וב"ה וואָס מען האָט אָנגענומען דעם אמירת תהלים, דאָס האָט מציל געווען כמה נפשות, און איך זאָג דערפאַר אַ יישר כח די וואָס האָבן זיך אין דעם משתדל געווען, און יעדערער לבד וואָס ער אַליין דאַרף זאָגן תהלים דאַרף ער זיך משתדל זיין להנהיג אין די ערטער וואו מען האָט נאָך ניט איינגעפירט, און דערפאַר גיב איך זיי מיין ברכה בבני חייא ומזונא רויחא.

קטע ממכתב[1*] לאחד השודרי"ם

(מחודש סיון תרצ"ג)

במקום נסיעותיו יחקור וידרוש על דבר המקובל ומיוסד אצלינו זה ששה שנים אמירת שיעור תהלים (כפי שמתחלק לימי החודש) אחר התפלה בכל מנין ומנין שמתפללים בצבור ואמירת קדיש יתום אחר התהלים (וכל יחיד המתפלל לעצמו ג"כ מחויב באמירת שיעור תהלים) אם הוקבע זאת, ובמקומות שעדיין לא נקבע, יאמר להם כי יקבעוהו לטובה ולברכה.

הוד כ"ק אאזמו"ר הרה"ק אדמו"ר צמח צדק זצוקללה"ה נבג"מ זי"ע אמר[2] אַ כוס של ברכה דאַרף מען אופהייבען אַ טפח, און דוד המלך'ס כוס (תהלים) הויבט אוף אַ טפח כוס ישועות אשא ובשם ד' אקרא, השקיפה ממעון קדשך מן השמים וברך את עמך את ישראל.

הספור והדברים שנאמרו בזה אין כאן מקומם לגלותם, מאושר הנני בשמעי כי דברי בקשתי בדבר אמירת תהלים כמקובל, מתקבלים בתוככי אנ"ש ויראי אלקים שי' בכל אתר ואתר. וא־ל אלקים הוי' צבאות ישפיע רוב טוב, בטוב הנראה והנגלה, לבית ישראל בגשמיות וברוחניות.

---

1) ראה לקמן ע' 210.

*1) המכתב בשלימותו נדפס בקונטרס כ"ג. ובהוספות לסה"מ קונטרסים ח"א רעג, א. ובס' אג"ק שלו ח"ב ע' תקכב ואילך. המו"ל.

2) ראה לקמן ע' 210.

והנה דבר אמירת תהלים האמור אינו שייך לאיזה נוסח ואין בזה שום הפרש בין בתי כנסיות של אנ״ש שי׳ או מתפללי נוסח אשכנז או נוסח פולין ד׳ עליהם יחיו, ומצד אהבת ישראל אשר נצטוינו עפ״י התורה, והיא חקוקה בלבנו מעצמות ומהות נפשינו להיותה האהבה עצמית דאלקות ונשמה, כלומר אהבת ישראל היא מה שהנפשות אוהבים זה את זה להיותם אחד ממש מצד העצם דאלקות שהוא העצמות ב״ה הכוללם, וזה הבנת מאמר רבינו הגדול נ״ע[3] דהנפשות מתאימות, והיא האהבה עצמית המקשרת את כל ישראל כאחד בלי הפרש נוסחאות שהם פתחי אור כנודע.

ובאמת מצד זה עלינו להשתדל לטובתם האמיתי של כל אחד ואחד מישראל, ובפרט לגודל הענין של אמירת תהלים בצבור וכוונתו הפנימית הנוגע לכלל ישראל ממש בגשמיות בבני חיי ומזונא, וברוחניות, בטל אורות שפע ברכה, הצלחה, ישועה וגאולה, הנה עלינו להשתדל בכל מיני השתדלות אשר יוקבע בכל הבתי כנסיות באיזה נוסח שיהי׳.

מכתב ע״ד אמירת תהלים והתועדות אנ״ש בש״ק מברכים

ב״ה, ט״ו מנחם אב, תרצ״ה,
אָטוואָצק.

אל ידידינו אנ״ש והתמימים די בכל אתר ואתר
ד׳ עליהם יחיו.

שלום וברכה.

כבר מילתי אמורה[4] בגודל עוצם הפלאת מעלת ענין ההתועדות של ידידינו אנ״ש שי׳ — אַ חסידות׳ר פאַרברייַנגען — ותועלת תוצאותיו בגשמיות וברוחניות, הנני בזה להציע לכללות ידידינו אנ״ש ד׳ עליהם יחיו, בכל המדינות ובכל אתר ואתר לקבוע את יום הש״ק מברכים החדש, ליום התועדות, ובחדשי החורף יסדרו זמן ההתועדות במוצאי שבת קודש.

ביום השבת קדש מברכים החדש, השכם בבוקר יתקבצו אנ״ש לבית הכנסת ולהגיד כל התהלים ואחר אמירת תהלים ילמדו כשעה איזה מאמר של חסידות שיהי׳ מובן לכל, ואח״כ תפלה, ומועד התועדות כפי הזמן שיגבילו מתאים לתנאי המקום, מקום דירתם להצלחה בגו״ר.

ואני תפלה כי ימלא השי״ת משאלות לבבי ויקים את ברכתי להשפיע שפעת חיים וברכה מרובה, בברכה המשולשת בני חיי ומזונא רויחא לכללות אנ״ש, ד׳ עליהם יחיו, בתוך כלל אחב״י שיחיו.

והנני ידידם עוד הדו״ש טובכם והצלחתכם בגו״ר המברככם.

(מקום החתימה)

---

3) תניא פל״ב. וראה ג״כ דרך מצותיך מצות אהבת ישראל.
4) ראה לקמן ע׳ 198.

קטע ממכתב בנוגע תקנת אמירת תהלים בש"ק מברכים[5]

ימים אלו פניתי בבקשה לידידינו אנ"ש שיחיו על אודות הקביעות דשבת מברכים, לקובעו בעזה"י ליום התועדות מאנ"ש שי' בכל אתר ואתר כפי תנאי המקום אשר בנקל יותר ומתאים יותר להתאסף יחדיו במסבת מרעים, וסדר מיוחד באמירת כל התהלים בצבור בהשכמה קודם התפלה ולימוד דא"ח ברבים.

תקותי תאמצני כי ידידינו אנ"ש שי' ימלאו בקשתי זו האמורה במילואה באהבה ובחיבה, ובעזרתו ית' תביא את התועלת הנרצה לכללות ידידינו אנ"ש שי' בגשמיות וברוחניות.

בקיץ תרנ"ח בהיותנו בנאות דשא באליווקא – כשמונה עשרה פרסא מליובאוויטש וכפרסה מהתחנה קראסנאיע, בבוא התלמידים הראשונים מזעמבין – מחוז באריסאוו פלך מינסק, מקום שם ישבו חניכי התמימים אצל המשפיע ר' שמואל גרונם אסתרמן נ"ע, הנה בש"ק פ' נצו"י בעת סעודת צהרים היתה שיחה ארוכה במותב האורחים שבאו אז, כמבואר ברשימותי מזמן ההוא.

בהשיחה ההיא ספר הוד כ"ק אאמו"ר הרה"ק: בהיותי נער שאלתי את הוד כ"ק אאמו"ר הרה"ק, הלא כל ראשי חדשי השנה אנו מברכים אותם ומדוע חדש תשרי אין אנו מברכים אותו כמו שאנו נוהגים בכל ראשי חדשי השנה.

הוד כ"ק אאמו"ר הרה"ק – המשיך הוד כ"ק אאמו"ר הרה"ק את סיפורו – ענני, בהיותי ילד שאלתי שאלה זו מהוד כ"ק אאמו"ר הרה"ק ויענני כי בהיותו ילד שאל שאלה זו מהוד כ"ק זקנו רבנו הזקן,

וזה אשר השיב כ"ק רבנו הזקן:

בהיותי במעזריטש שמעתי ממורי ורבי הרב המגיד בשם מורו ורבו רבנו הבעש"ט נ"ע: החדש השביעי שהוא החדש הראשון לחדשי השנה[6], הקב"ה בעצמו מברכו בשבת מברכים שהוא השבת האחרון דחדש אלול, ובכח זה ישראל מברכים את החדשים י"א פעמים בשנה, כתיב אתם נצבים היום, דהיום קאי על ר"ה[7] שהוא יום הדין, וכמ"ש ויהי היום גו' ותרגם והוה יום דינא רבא, ואתם נצבים קיימים ועומדים[8], והיינו שזוכים בדין, ובשבת שלפני ר"ה שהוא השבת האחרון דחדש אלול קורין אז פרשת אתם נצבים, דזהו ברכתו של הקב"ה, בשבת מברכים חדש השביעי שהוא המשובע והמשביע[9] ברוב טוב לכל ישראל על כל השנה.

---

5) מהמכתב הזה נראה כי גם בש"ק שלפני ר"ה נוהגים בתקנות ש"ק מברכים – בנוגע אמירת תהלים והתועדות אנ"ש שי'.

6) לשון הכתוב (שמות יב, ב), אבל הפירוש משתנה, כי כאן ההדגשה בתיבת השנה, כמובן. ובכ"מ מצינו לשון אחד בכוונות מתחלפות – ראה תוד"ה אדם (חולין סח, א. וצע"ק בתוד"ה אלימא קדושין מח, א) ובמקומות שהובאו ביד מלאכי כלל שעד. שדי חמד כללים ל', צח.

7) ראה לקו"ת ר"פ נצבים.

8) ראה תנחומא ר"פ נצבים.

9) ראה ויקרא רבה פכ"ט, ח. הערות לתניא ע' נח.

קטע ממכתב ע״ד תקנה הנ״ל, אשר ממנו נראה עד כמה הענין
נוגע לכלל ישראל.

כ״ב כסלו תרצ״ו.

... הסדר דשבת מברכים נוגע הוא אל הכלל, וחפצי במאד לזכות את ידידינו אנ״ש
שי׳ במצות רמה ונשאה הלזו המביאה שפע ברכה והצלחה בגשמיות וברוחניות, להיות
ממזכי הרבים אשר זכות הרבים יהי׳ תלוי בהם ויזכו הם, נשיהם, בניהם ובנותיהם, כי
הברכות המיועדות למזכי הרבים יחולו על ראשם,

אשר ע״כ הנני מבקש את ידידינו אנ״ש וידידינו השיב״ים גבאי הבתי כנסיות
של אנ״ש ד׳ עליהם יחיו להיות בעזר כבוד ידידי לסדר הסדר דשבת מברכים יהי׳
בעזרם להביא את הטוב מהכח אל הפועל ויתברכו בגו״ר.

ידידו הדו״ש ומברכו.

❦ • ❦

קטע ממכתב לא׳ מאנ״ש, ע״ד גודל הענין של אמירת תהלים ובו
מובא ספור נפלא מכ״ק מורנו הבעש״ט נ״ע בענין זה.

... וברור הדבר אשר האנשים הפשוטים המצטיינים באמונתם התמימה בתמימות
אמירתם מזמורי תהלים, בהשתתפותם לשמוע שיעורי הלימודים, בהשתתפותם בועידת
רעים ומקיימים מצות אהבת ישראל בחיבה ובחדוה הן המה השעשועים דגן עדן, והן המה
אשר בהם האדמורי״ם יתפארו.

כ״ק מורנו הבעש״ט נ״ע הי׳ מקרב את האנשים פשוטים היראי אלקים ומחבבם ביותר,
ושיטתו זאת היתה ידועה ומפורסמת לכל, וזאת היתה סיבה גדולה שהתחרתו מקושרי כ״ק
מורנו הבעש״ט נ״ע בתוכני ההמון בזמן קצר, כידוע כמה סיפורים בזה.

אמנם גדולי התלמידים הצדיקים הגאונים לא הי׳ דעתם הקדושה יכולה לקבל זאת,
ואף כי פעמים רבות שלחם כ״ק מורם ורבם מורנו הבעש״ט, להתלמד ענינים שונים במדת
התמימות, בטחון, אמונה פשוטה, אמונת חכמים, אמונת צדיקים, אהבת ישראל והדומה,
מאנשים פשוטים, בכל זה לא יכלו לקבל הנהגה זו בכלל, ובפרט אשר גם הן יעשו כן.

כנהוג אצל כ״ק מורנו הבעש״ט נ״ע, היו האורחים הבאים סועדים אצל כ״ק מורנו
הבעש״ט נ״ע, רק שתי סעודות מהשלש סעודות דש״ק, כי סעודה אחת מיוחדה רק בשביל
התלמידים חבריא קדישא ואז לא הי׳ הרשות להאורחים לבוא, גם לא לעמוד מרחוק.

פעם באחד משבתות הקיץ אירע מאורע אשר הבהיל והרעיד את כל תלמידי כ״ק
מורנו הבעש״ט נ״ע והחבריא קדישא.

על ש"ק ההוא באו הרבה אורחים ובהם אנשים פשוטים בעלי מוכסן, עובדי אדמה, בעלי מלאכה, סנדלרים, חייטים, נוטעי כרמים וגנות, מגדלי בהמות ועופות, סוחרי שוק והדומה.

בשבת קדש ההוא בסעודת הלילה הראה כ"ק מורנו הבעש"ט נ"ע התקרבות גדולה להאורחים הפשוטים, להאחד נתן בכוסו מעט מיין הנשאר בכוסו מקידוש, להשני נתן הכוס המיוחד שלו בעצמו יקדש, לאחדים נתן פרוסות לחם מאוני הלחמים אשר בירך עליהם ברכת המוציא, ולאאחדים נתן דגים ובשר מאת המונה בקערתו ועוד קירובים שונים שהפליא את כבוד קדושת החבריא קדישא למאד.

האורחים בידעם כי לסעודה השני' אין להם רשות לכנוס לכ"ק מורם ורבם מורנו הבעש"ט נ"ע להיותם הסעודה המיוחדת בשביל החבריא קדישא, הנה אחרי אכלם סעודת ש"ק התקבצו לבית הכנסת של כ"ק מורנו הבעש"ט נ"ע, ולהיותם אנשים פשוטים ביותר, שלא ידעו מאומה רק אמירת עברי דחמום ותהלים, התחילו כל אחד ואחד לאמר תהלים.

המאורע הלזה הי' בשנות תקי"ג-תקט"ו, בעת אשר בין תלמידי כ"ק מורנו הבעש"ט נ"ע כבר היו הגאונים המפורסמים כמו הרב המגיד ממעזריטש והרב הגאון מפולנאא ועוד.

כשישב כ"ק מורנו הבעש"ט נ"ע לסעודה שני, סידר את כ"ק התלמידים החבריא קדישא איש איש על מקומו בסדר מסודר כרגיל אצל כ"ק מורנו הבעש"ט נ"ע, אשר הכל הי' בסדר מעולה, וכשישבו מעט זמן התחיל כ"ק מורנו הבעש"ט נ"ע לומר תורה והחבריא קדישא מתענגים בנועם אלקי.

הסדר הי' שהיו מזמרים בשיר וניגונים שונים, וקראתם החבריא קדישא אשר כ"ק מורם ורבם הבעש"ט נ"ע רוחו טובה עליו, הנה גדל שמחתם ועליצות נפשם הקדושה, בחדוה ובטוב לבב על כל הטוב והחסד אשר עשה הוי' אלקינו עמהם, וזכו להיות מתלמידי קדוש ה' מורנו הבעש"ט נ"ע.

ואחדים מהחבריא קדישא אשר עתה היה הוא טוב מאד, אבל לא כי הוא כאשר מתקבצים האנשים הפשוטים, הבלתי מבינים כלל מה שכ"ק מורם ורבם מורנו הבעש"ט נ"ע אומר, והרהרו מדוע כ"ק מורם ורבם מורנו הבעש"ט נ"ע מקרב את האנשים בקירובים נעלים ונשגבים כאלו, לתת מיינו בהכוסות שלהם, ומה גם לתת את כוסו המיוחד לאחד מהאנשים הפשוטים.

עודם טרודים במחשבותיהם אלו, ראו אשר פני כ"ק מורנו הבעש"ט נ"ע נעשו רציניות, והתהדבק בדביקות גדולה ומתוך הדביקות התחיל להגיד: שלום שלום לרחוק ולקרוב, ואמריל"ל מקום שבעלי תשובה עומדים, צדיקים גמורים אינם עומדים שם, ודקדק הנוסחא צדיקים גמורים, וביאר כי ישנם ב' דרכים בעבודת השי"ת עבודת הצדיקים ועבודת הבעלי תשובה, ועבודתם של האנשים הפשוטים הוא בדרגא בעלי תשובה, להיותם בהכנעה ושפלות בעצמם בעצמם כעין חרטה על העבר וקבלה טובה על להבא.

כאשר כ"ק מורנו הבעש"ט נ"ע עם התורה הנ"ל בתוך שירים וניגונים שונים, והתלמידים מהחבריא קדישא אשר הרהרו תחלה אודות הקירוב הגדול שהראה כ"ק מורם ורבם מורנו הבעש"ט נ"ע להאורחים הפשוטים הבינו, אשר כ"ק מורם ורבם מורנו הבעש"ט

נ"ע, הרגיש במחשבתם והרהורם, ואשר על כן אמר תורה זו, וביאר מעלת עבודתם של
האנשים פשוטים, שהוא במעלה נפלאה כעין מעלת עבודתם של בעלי תשובה על מעלת
עבודת הצדיקים גמורים.

כ"ק מורנו הבעש"ט נ"ע ה" בדביקות עצומה, וכאשר גמרו לנגן פתח את עיניו
הקדושים, והסתכל בפני קדש של כ"ק התלמידים החביריא קדישיא בהסתכלות מרובה, ואמר כי
כל אחד ואחד מהחביריא קדישיא יתן יד ימינו על כתפו של חברו היושב אצלו, באופן אשר
כל החביריא קדישיא היושבים סביב השלחן, יהיו משולבים עם אלו כמו כמו ששבו משני
עברי השלחן הקדוש והטהור.

כ"ק מורנו הבעש"ט נ"ע ישב בראש השלחן, ואמר להם לנגן איזה ניגונים כשהם
יושבים משולבים, וככלותם לנגן ציוה עליהם כי יעצמו עיניהם ולא יפתחום עד אשר יצוה
להם, וישים את שתי ידיו הקדושים, יד ימינו על כתף התלמיד היושב מימינו, ויד שמאלו
על כתף תלמידו היושב משמאלו.

לפתע פתאום שמעו כל התלמידים שיר וזמרה נעימה ועריבה בלולה עם קול תחנונים
המחריד את הנפש, זה מזמר ואומר, אוי רבונו של עולם, אמרת ה' אמרות טהורות כסף
צרוף בעליל לארץ מזוקק שבעתים, וזה ממזר ואומר, אי רבש"ע בחנני ה' ונסני, צרפה
כליותי ולבי, זה ישיר ואומר, טאטע הארציקער חנני אלקים חנני כי בך חסי' נפשי ובצל
כנפיך אחסה עד יעבור הוות, וזה ישיר ואומר, איי געוואלד זיסער פאטער אין הימעל, יקום
אלקים יפוצו אויביו וינוסו משנאיו מפניו, זה יצעק בקול מר ואומר, טייערער טאטע, גם
צפור מצאה בית ודרור קן לה אשר שתה אפרוחי' את מזבחותיך ה' צבאות מלכי ואלקי,
וזה יצעק בקול תחנונים ואומר, ליבער פאטער דערבארעמדיקער טאטע, שובני אלקי ישעני
והפר כעסך מעמנו.

החביריא קדישיא השומעים קול השיר והזמרה אמירת תהלים זוחלים ורועדים, ואם
כי עיניהם הקדושים עצומות, הנה דמעותיהם נגררות מעצמם, ולבם שבורה ורצוצה מקול
תחנוני בעלי השיר והזמרה וכל אחד מהחביריא קדישיא מתברך בלבבו כי יזרהו השי"ת
שיזכה לעבוד את ה' בכעין זה.

כ"ק מורנו הבעש"ט נ"ע הסיר את ידי קדשו מעל כתפי שני התלמידים אשר ישבו
מימינו ומשמאלו ואטם אזניים מלשמוע עוד בקול השיר והזמרה באמירת מזמורי תהלים
כבתחלה, ויצו להם כ"ק מורנו הבעש"ט נ"ע אשר יפתחו עיניהם הקדושים ואשר ינגנו כפי
אשר אמר להם איזה ניגונים לנגן.

בעת ההיא ששמעתי את השיר והזמרה אמירת מזמורי תהלים – מספר כ"ק מורנו
הרב המגיד לכ"ק רבנו הזקן – ה' לי כעין שפיכת הנפש וגעגועים גדולים באהבה
בתענוגים אשר כמוהו לא זכיתי עדיין עד אז והפאנטאפאעל שלי היו רוטחים מזיעה ודמעות
של תשובה פנימית מעומקא דלבא.

כשפסק כ"ק מורנו הבעש"ט נ"ע לנגן כרגע נשתתקו כל החביריא קדישיא וכ"ק מורנו
הבעש"ט נ"ע ה" בדביקות גדולה משך זמן, ואחרי כן פתח עיני קדשו ויאמר: השיר והזמרה
אשר שמעתם הוא השיר והזמרה של אנשים פשוטים האומרים תהלים בתמימות מקרב לב
עמוק באמונה פשוטה.

ואתם תלמידי קדושי עליון הביטו וראו, ומה אנחנו שאין אנו אלא רק שפת אמת[10], כי הגוף אינו אמת, ורק הנשמה היא אמת, וגם היא אינה רק חלק מן העצם שלכן נקראת שפת אמת, בכל זה הנה גם אנחנו מכירים את האמת, מרגישים את האמת ומתרגשים מן האמת בהתפעלות עצומה, כל שכן וק"ו השם יתברך ויתעלה שהוא אמת לאמתו, מכיר את האמת דאמירת תהלים של אנשים פשוטים.

כ"ק רבנו הזקן מספר להוד כ"ק אאזמו"ר אדמו"ר הרה"ק צמח צדק, אשר כ"ק מורו ורבו מורנו הרב המגיד אמר לו, אשר זמן רב הי' בצער גדול על אשר הרהר אז אחרי רבו, ועשה כמה תיקונים לתקן דבר זה ולא יכול להרגיע את עצמו מדוע הרהר אחרי רבו.

באחד הלילות ראה מחזה נעלה ונשגב, – מה המחזה לא סיפר אז כ"ק רבנו הזקן לכ"ק אאזמו"ר אדמו"ר הרה"ק צמח צדק, כי אם בשבוע שקודם הסתלקותו סיפר לו, – בהלכי חזרה – מספר כ"ק מורנו הרב המגיד לכ"ק רבינו הזקן – בהיכלות דגן עדן עברתי דרך היכל אחד אשר תינוקות של בית רבן יושבים ולומדים חומש, ומשה רבינו יושב בראש השולחן.

כל התינוקות אשר בהיכל ההוא למדו פרשת לך, ואחד התינוקות אמר בקול רם הכתוב ויפול אברהם על פניו ויצחק, ויאמר בלבו הלבן מאה שנים יולד ואם שרה הבת תשעים שנה תלד, ומשה רבינו מסביר להם להילדים כי כל הפירושים[11] אמת הם, ואין מקרא יוצא מדי פשוטו, ואם תאמרו איך אפשר הדבר אשר אברהם יהי' מסתפק במאמר השם, תדעו אשר זהו מצד הגוף ואשר גם גוף קדוש בשר הוא.

אז – מספר כ"ק רבינו הזקן לכ"ק אאזמו"ר אדמו"ר הרה"ק צמח צדק – כשמוע כ"ק מורי ורבי אשר מצד הגוף יכולים להיות כמה מחשבות והרהורים הבאים בדרך ממילא ומאליו הנה זה הרגיע את רוחו של כ"ק מורי ורבי נ"ע.

למותר להגיד כי מאז ועד עתה הנה נשתנו הדברים, ואם כי בחסדי א־ל עליון בדורותיהם של הוד כ"ק אבותינו רבותינו הק' זצוקללה"ה נבג"מ זי"ע הוסללה המסילה והתרחבה ת"ל הדרך סלולה דתורת החסידות ודרכי החסידים, אבל בזמננו זה הלא נתמעטו המוחות ונתקטנו ונתכווצו הלבבות הן בהשכלה הבנה והעמקה והן בההתעסקות בעבודה שבלב ובתיקוני המדות.

אמנם האמונה הטהורה והתמימות החביבה, הנה בחסדי א־ל עליון ובזכות הוד כ"ק אבותינו רבותינו הקדושים זצוקללה"ה נבג"מ זי"ע, הנה כמאז כן עתה כוחן רב להחיות בחיות פנימי בתורה, קיום המצות וקנין המדות טובות.

---

10) ראה תניא פי"ג. לקו"ת ר"פ בהר. שיחת שמח"ת תר"ץ מהד"ת אות ד'. [נדפס בלקו"ד ח"ב רצ, ב. המו"ל].

11) ראה בראשית רבה פמ"ז, ד.

מכתב לקהלות אנ"ש בעיר ידועה אשר בו נראה כמה גדול כוחה של התועדות אנ"ש באהבת רעים

ב"ה

נהניתי במאד מההתועדות במסיבת אוהבים נאמנים וידידים, אשר כל התועדות מביאה תועלת רבה בחיזוק פנימי ברוחניות ובאהבה וקירוב הדעת, אשר איש את רעהו יעזרו בכל מה דאפשר בגשמיות כאחים על פי התורה להיות כל איש ואיש נוגע לו עניני חבירו כעניני עצמו ממש, לקחת חבל בשמחתו של חבירו בהרגש פנימי ולהשתתף בהפכו ח"ו לעודדו ולחזקו, אשר זה כל תוכן עניני התועדות אנ"ש מאז ומקדם קדמתה לעורר את הלבבות בעבודת ה' באהבה ויראה, אשר התחלתה של אהבה והכלי שלה[12] היא אהבת ישראל בכלל ואהבת אחים במשפחת אנ"ש בפרט, ואהבה זו מביאה קירוב הדעות בהחלטות טובות בקביעות שיעורי לימוד בדא"ח.

וברירו מילתא שהתועדות אנ"ש באהבה וידידות פנימית בסוד כי אב אחד לכולנו[13] גורם נחת רוח למעלה בהיכלי נשמות הצדיקים הוד כ"ק אבותינו רבותינו הק' שמסרו נפשם הק' לטובתן של אנ"ש בגו"ר, ופועל להצמיח ישועת צדקה לכל אשר יברכו בברכה המשולשת בבני חייא ומזונא לאחד החברים המסורים ונתונים לשמור לעשות ולקיים בלימוד ובפועל ככל אשר הורונו הוד כ"ק אבותינו רבותינו הק' זצוקללה"ה נבג"מ זי"ע.

בקיץ תרמ"ט התארח בליובאוויטש הרה"ח הנודע לשם תהלה בתוככי גאונים המשכילים והעמלים בעבודה שבלב זו תפלה מוהר"ר גרשון דוב זצ"ל.

בעת ההיא הי' שם גם הרה"ח הנודע לשם תהלה בתוככי אנ"ש מוהר"ר אברהם אבא פערסאן והרה"ח המפורסם מוה"ר מנחם מאניש מאָנעסזאָן ז"ל, ועוד איזה חסידים נוסף על אנ"ש החסידים הנקובים בשם ר' חנוך הענדיל, ר' מאיר מרדכי, ר' אבא ואחדים מאזרחי העיר שהיו עוסקים בלימוד החסידות כמו מלמדי ר' ניסן ר' אהרן חוזר, ר' יעקב קאָפל ועוד.

באחד הימים התועדו אצל החסיד הרמ"מ מאָנעסזאָן, וספורים שונים סופרו אז, והרה"ח הרב גרשון דוב שהי' תלמיד מובהק של הרה"צ ר' הלל מפאריטש זצ"ל סיפר, אשר פעם אחד הפליג ר' הלל בשבח התועדות אנ"ש ואמר בזה"ל „דאָס וואָס עס קען אויפטאָן אַ חסידות'שער פאַרברייינגען קען מלאך מיכאל ניט אויפטאָן". ואמר ר' הלל שבלשון הזה שמעתי מהחסיד ר' זלמן זעזמיר בשם זקני החסידים, וגם — הוסיף ר' הלל — ספר החסיד ר' זלמן זעזמיר מה ששמע בעצמו מזקני החסידים מקושרי הרמ"מ מהאראדאק אשר בנסוע הרמ"מ לאה"ק נתקשרו אח"כ לכ"ק רבנו הזקן:

פעם ישבו חסידי הרמ"מ מהאראדאק בהתועדות וחזרו התורה ששמעו ובעת ההיא הי' גם רבינו הזקן בהאראדאק, ולאחר חזרת התורה פעמים ושלש התחילו לשוחח שיחות

12) ראה שיחת י"ט כסלו תרפ"ט.

13) ראה תניא פל"ב.

קדש, וגם הביאו משקה. בתוך הדברים עמד אחד החסידים שהי׳ ל״ע בעל יסורים באיזה מחלה אשר הרופאים לא מצאו לו מזור והתחיל לבכות ולבקש ברכה מאת המתועדים שיברכוהו ברפואה שלמה.

איזה מהחסידים כשמעם בקשת החסיד התחילו לשחוק ממנו, וכי אנחנו בכחנו לברך, מה ראית על ככה, ואחדים גם התרעמו עליו שהוא מאמין באנשים פשוטים כמהם, כי הברכות שייכות רק ליחידי סגולה, צדיקי הדור.

אבל החסיד לא שת לבו אליהם והרבה עוד להפציר, ומתוך התחננותו נתעורר מאד ויבכה בדמעות שליש מעומקא דליבא.

פלוגת החסידים הנ״ל בראותם שחברם מתאמץ בבקשתו התחילו לנגן, בחשבם אשר בזה ישקיטו וירגיעו רוחו.

אז הכריז כ״ק רבנו הזקן „שאַ״ וידמו המנגנים, וגם החסיד הבוכה חדל לבכות, ויאמר רבנו הזקן: אחי ורעי האם שכחתם אותה הפסקא[14] אשר משמי שמיא נחיתא בטל אורות בגזרת עירין קדישין בסוד החבריא קדישא תלמידי רבנו הקדוש: דאָס וואָס עס קען אויפטאָן אַ חסידישער פאַרברייינגען קען מלאך מיכאל ניט אויפטאָן.

כל חברי הועידה בזכרם המאמר המסופר נתלהבו בלהבת שלהבת רעים וכולם כאיש אחד התכוננו לברך את אחיהם החסיד בברכת רפו״ש.

בהועידה ההיא, סיפר הרה״צ ר׳ הלל בשם הרה״צ ר״ז זעזמיר, ביאר הוד כ״ק רבנו הזקן את המאמר, דאָס וואָס עס קען אויפטאָן אַ חסידישער פאַרברייינגען קען מלאך מיכאל ניט אויפטאָן, במשל נפלא.

דרכם של קטנים, אמר רבנו הזקן, שהם חפצים כל דבר טוב רק לעצמם ולזולת אינם דואגים, ומקפידים על שלהם, ובטבעם מקנאים במה שיש לחבריהם, ומהם גם עינם רעה בשל אחרים, והם כעסנים ונרגזים ובעלי מדות רעות. ומבנים ומבנות כאלה האב מצטער צער רב, כשרצה האב להטיב חנוך ילדיו חפש ומצא מדריך טוב מלמד בר פועל ויתן את הילדים על ידו להדריכם ולחנכם, וכעבור איזה משך זמן הסתכל בארחות חיי ילדיו והתנהגותם הטובה באהבה באחוה בשלום ובריעות, איש את רצון רעהו ימלא וכל אחד דואג לטובת חברו כלטובת עצמו ומהם גם המניחים דאגת עצמם בשביל דאגת מילוי צרכי חבריהם, אז האב נתמלא עונג ונח״ר מהנהגות בניו ומפליא לעשות לקיים משאלותיהם נוסף על גמול הטוב אשר גומל כעדינות לבבו להמדריך והמורה דרך בדרכי החיים.

וסיים הרה״צ ר״ז זעזמיר: אַ ברכה פון חסידים קען מער מעורר רחמים רבים זיין ווי די התעוררות רחמים פון מלאך מיכאל.

ואחרי אשר ספר הרה״צ ר׳ הלל מה ששמע מר״ז זעזמיר, כך ספר הרה״ח ר׳ גרשון דוב הנ״ל, סיים ר׳ הלל: ואני מבאר לעצמי אותה הפסקא קדישא „דאָס וואָס עס קען אויפטאָן אַ חסידישער גוט ברודערשער[15] פאַרברייינגען קען מלאך מיכאל ניט אויפטאָן״

---

14) כן הוא בהוצאה הראשונה וגם ב„התמים״ ח״ב – גוף כי״ק אינו תח״י. וצע״ק. ואולי צ״ל: הפתקא.

15) צ״ע כי בדברי רבנו הזקן אין לתיבה „גוט ברודערשער״.

היינו לבד שברכת החסידים בעת ועידתם יכולה לפעול בדבר גשמי דבני חייא ומזוני יותר מפעולת המלצת מלאך מיכאל, הנה עוד זאת שועידת חסידים פועלת ברוחני׳ בהטבת ארחות חיי הנהגת הבנים והקורת רוח שנעשה מזה למעלה מעלה עד רום כל המעלות.

בביאור ארוך, ספר ר׳ גרשון דוב, ביאר הרה״צ ר׳ הלל את המשל הנ״ל של כ״ק רבנו הזקן.

קטע ממכתב

ספור נפלא מאדמו״ר מוהר״ש נ״ע

ב״ה ח׳ טבת תרצ״ו,
אטוואצק.

... ומ״ש כת״ר אודות המסופר בי״ט כסלו תרצ״ד — היינו בליל כ׳ כסלו — כי הוד כ״ק רבנו הזקן וכ״ק אבותינו רבותינו הקדושים זצוקללה״ה נבג״מ זי״ע היו אומרים השיעור תהלים בכל יום כפי שנחלק לימי החדש, וביום י״ט לחודש הוא תפלה למשה כמבואר שם בארוכה. והקשה כת״ר מהידוע[16] שבעת הודיעו להוד כ״ק רבנו הזקן שהוא חפשי אמר הפסוק פדה בשלום נפשי שהוא במזמורי תהלים ביום השלישי כמו שנחלק לימי השבוע.

ולי אין הדבר מוקשה כלל, כי הסדר המסודר אצל כ״ק רבנו הזקן והוד כ״ק אבותינו רבותינו הק׳ זצוקללה״ה נבג״מ זי״ע הי׳ שהיו אומרים שיעור תהלים כמו שנחלק לימי החדש, אשר כן קבלתי בבירור, וראיתי את הוד כ״ק אאמו״ר הרה״ק זצוקללה״ה נבג״מ זי״ע נוהג כן, אמנם בהיות הוד כ״ק רבנו הזקן במאסר, הוסיף להגיד שיעור תהלים ביחוד בשביל מצבו בהוה, ושיעור זה הי׳ כמו שהתהלים נחלק לימי השבוע.

והנה אעפ״י שאין ראי׳ לדבר, זכר לדבר אשר בזמנים מיוחדים היו הוד כ״ק אבותינו רבותינו רבותינו הקדושים זצוקללה״ה נבג״מ זי״ע נוהגים להוסיף באמירת תהלים כמו שהוא נחלק לימי השבוע, בתור הוספה על סדר הקבוע של אמירת התהלים כמו שנחלק לימי החדש.

הרבה סיפורים ממאורעות כללים ופרטים ישנם בענין זה, ואכתוב לכת״ר רק אודות מאורע כללי אחד שאירע בימי נשיאותו של הוד כ״ק אאזמו״ר הרה״ק אדמו״ר מוהר״ש זצוקללה״ה נבג״מ זי״ע.

בשנת תר״מ בתחלת חדש ניסן — מאַרט 1880 למספרם — בא הוד כ״ק אאזמו״ר הרה״ק אדמו״ר מוהר״ש זצוקללה״ה נבג״מ זי״ע מפעטערסבורג, והי׳ בצער גדול, כי אחד השרים הגבוהים הציע לגזור גזירה חדשה על היהודים בענין מסחר וקנין, והוספות חומרות באיסור הישוב ליהודים מחוץ לתחום.

---

16) ע״פ מכתבי רבנו הזקן בבואו מפטרבורג (נדפסו בס׳ בית רבי ע׳ לה וע׳ ע. ובס׳ משנת יואל — בשלימות).

משך זמן ידוע ישב הוד כ"ק אאזמו"ר אדמו"ר הרה"ק מוהר"ש זצוקללה"ה נבג"מ זי"ע בפעטערסבורג וכמעט אשר פעל איזה הנחות, ולכל לראש לדחות את זמני ההצעה לפני הסענאט לשנה הבאה.

אמנם אחד משרי הסענאט, חבירו של השר הצורר המציע את הגזירות הנ"ל, התעקש ופתה גם אחדים מחביריו לדרוש, אשר יחליטו ויאשרו ויקיימו את כל ההצעות של השר הצורר הנ"ל.

בבוא הוד כ"ק אאזמו"ר אדמו"ר הרה"ק מוהר"ש זצוקללה"ה נבג"מ זי"ע הביתה הי' בצער גדול מזה, וגם בישבו בביתו הי' עוסק בענין זה ע"י שלוחים ומכתבים, וראשי העסקנים היו הגביר החסיד ר' נחום ז"ל הערמאַנט, החסיד ר' ישראל שו"ב חייקין והגביר החסיד ר' ליב ז"ל מאַנענסזאָהן.

ביום השלישי ב' אייר[17] קרא הוד כ"ק אאזמו"ר אדמו"ר הרה"ק מוהר"ש זצוקללה"ה נבג"מ זי"ע את הוד כ"ק אאמו"ר הרה"ק זצוקללה"ה נבג"מ זי"ע, ואמר, מעת היותי בפעטערסבורג להתעסק דבר הגזירות, התחלתי לאמר תהלים בשופי (כן הי' לשונו הק' של הוד כ"ק אאזמו"ר אדמו"ר הרה"ק מוהר"ש, ופירש הוד כ"ק אאמו"ר הרה"ק הכוונה, היינו כמו שהתהלים נחלק לימי השבוע, והוא נוסף על הסדר הקבוע דאמירת תהלים כסדר ימי החדש).

היום – מספר הוד כ"ק אאזמו"ר הרה"ק להוד כ"ק אאמו"ר הרה"ק – באמרי הפסוק כי מכל צרה הצילני ובאויבי ראתה עיני, נכנס בן ציון (אחד המשרתים) ויגש לי הטלגרמה שהביאו מרודניא (כי אז הי' הטלגראף ברודניא, כט"ו פרסאות מליובאוויטש) ידיעה מר' ישראל שו"ב חייקין, כי השר הסענאטאר הצורר אחזתו השבץ וימת פתאום, כן יאבדו כל אויביך ד', ובכל זה[18] – סיים הוד כ"ק אאזמו"ר אדמו"ר הרה"ק מוהר"ש – גמרתי כל השיעור.

זאת אומרת אשר במאורעות שונות היו מוסיפים באמירת תהלים ...

רשימה קצרה משיחת שמחת תורה תרצ"ז

נרשם מאחד השומעים

מאָרגן איז שבת בראשית, מי זאָל אַלע משלים זיין די סדרה חומש מיט רש"י, בכלל שבת בראשית דאָס איז דער ערשטער שבת, און דאָס איז די ערשטע זאַך, אויף ממשיך זיין די אַלע המשכות פון דעם חודש השביעי, וואָס דאָס איז דער ב' רבתי פון בראשית בשביל ישראל ובשביל התורה, בכלל דער לערנען בכל יום אַ פרשה חומש מיט פירש"י (זונטאָג ביז שני, מאָנטאָג ביז שלישי וכו'), און אמירת היום תהלים בכל יום, און גומר זיין דעם

17) להעיר שהוא יום הולדת את כ"ק אדמו"ר מהר"ש נ"ע.

18) להעיר משו"ע אורח חיים סי' תקס"ט.

תהלים בשבת מברכים, דאָס דאַרף מען אָפּהיטען, דאָס איז נוגע איהם, זיינע קינדער און קינדס קינדער.

עס איז געווען אַמאָל בימי הבעש"ט, אַז עס איז ר"ל נגזר געוואָרן אויף אַ מושב ישראל כליון, האָט דער בעש"ט גערופען צו זיך ר' מרדכי און ר' קהת, זיינע חברים די צדיקים נסתרים, זעצען אַ ב"ד זוכען עצות מיט וואָס מבטל זיין די גזירה, – (דאָס זיינען געווען די וואָס דער בעש"ט פלעגט זיך מיט זיי ניצען, ווען ער פלעגט דאַרפען, ר' קהת פלעגט ער שיקן אויף דורכפירן שווערע ענינים. עס איז אַמאָל געווען, אַז ער האָט געשיקט ר' קהת דורכפירן אַ ענין, און דער בעש"ט איז געווען בדרך, ניט בביתו, שרייבט[19] הה"מ צום בעש"ט, אַז ער האָט מקבל געווען אַ בריף פון ר' קהת, אַז נפל אין מוחין דקטנות, איבער דער שווערקייט פון דעם ענין, און בעת הנפילה במוחין דקטנות, קען מען גאָר ניט אויפטאָן. שרייבט דער מגיד, אַז אָדער דער בעש"ט זאָל שרייבין גלייך צו ר' קהת וואָס צו טאָן, אָדער ער זאָל געבין עם כח און רשות העלפין עם). – ועשה הבעש"ט עליית הנשמה, וראה כי כבר נגזרה הגזירה ואין להשיב, בהלכו חזרה דרך ההיכלות, ראה בהיכל אחד אור גדול ביותר, וראה כי זהו היכלו של איש כפרי אחד, אשר גומר התהלים חמשה פעמים בכל יום, והם אותיות התהלים המתנוצצים, הבעש"ט נסע אל הכפרי הלזה, ואמר לו הבעש"ט, לו היית יודע אשר בעולם הבא שלך תוכל להציל ישוב מישראל היית עושה זה? והשיב: אויב איך האָב עולם הבא, גיב איך זי אָפּ. ונתבטלה הגזירה.

שאל אחד: ווי קען מען פינף מאָל אַ טאָג אָפּ זאָגן דעם תהלים? והשיב: ער האָט געזאָגט שטענדיג: געהאַקט האָלץ און נאָך מלאכות און געזאָגט תהלים. עס קען אפילו זיין, אַז זייענדיק אַ איש פשוט, האָט ער געזאָגט תהלים, אז עס איז ניט געווען ריין אין די ד' אמות. נאָר להיות, אַז ער איז געווען אַ איש פשוט, האָט ער דאָך ניט געוואוסט דעם דין, און די כוונה איז דאָך געווען גוט, האָט דאָס פועל געווען (באַ עם וועט מען ניט מאָנען וואָס ער ווייס ניט דעם דין, ווייל ער איז דאָך אַ איש פשוט, מי וועט באַ עם מאָנען בכלל, פאַר וואָס ער איז אַ איש פשוט) ווי די מעשה[20] מיט ר' עקיבא, וואָס ער האָט געהערט ווי איינער זאָגט שמע ישראל, און איז מסיים אחר. אַז ר' עקיבא האָט עם מסביר געווען אַז ווי ער זאָגט, איז ח"ו היפך הכוונה, האָט ער אויפגעהערט זאָגן. און אחד זאָגן האָט ער זיך ניט אויס געלערנט, האָט ער מיט דעם מחסר געווען דעם עונג למעלה, וואָס מי פלעגט האָבן פון זיין זאָגן, ווייל זיין כוונה איז געווען גוט.

פון דער מעשה, זעט מען מעלת אותיות התורה, ווי למשל אַ גלעזער וואָס שטייט אויף אין דער פרי, און דאַוונט אָפּ און אחרי הטעימה נעמט ער די גלאָז און גייט אויס זוכין, אפשר וועט זיך אים מאַכין פאַרדינען עטלעכע גראָשין, ווי גוט וואָלט געווען אַז אין דער צייט וואָלט ער אומגיין און זאָגן אותיות התורה, וואָס ער וואָלט מיט דעם מאַכין ליכטיג דעם אָרט וואו ער גייט.

---

19) ראה „התמים" חוברת ו' ע' כו.

20) להעיר משה"ש רבה פ"ב עה"פ ודגלו עלי אהבה.

קטע ממכתב

ספור נפלא ממעלת ענין אמירת תהלים

... רשום אצלי שמועה מקובלת מפי מורי ומלמדי החסיד המפורסם הר"ר שמואל בצלאל זי"ע, אשר שמע מפי קדש הקדשים הוד כ"ק אאזמו"ר אדמו"ר הרה"ק מוהר"ש זצוקללה"ה נבג"מ זי"ע, מה שסיפר בזה"ל: בהיותי בן שמונה, הנה באחד השבתות נכנסתי לכ"ק אאמו"ר – הכוונה להוד כ"ק אביו הרה"ק אדמו"ר הצמח צדק זצוקללה"ה נבג"מ זי"ע – וישב על מקומו, ולמד ספר הזהר, בתוך כך נכנס אחי הרב"ש – הוא כ"ק בנו בכורו של הוד כ"ק אאזמו"ר אדמו"ר הצמח צדק – וסגר כ"ק אאמו"ר את ספר הזהר, ואמר אשר בשעה שהצדיק הקדוש מרוזין אומר תהלים, כל העולם פתוח לפניו, ובתהלים דשבת רואה בהשרשים דכל עניני עולם, ואז הוא יכול לתקן בהשרש, ובמילא נדחת ונתבטלה הגזירה, ואני הנני מסכים עם עצת הצדיק הקדוש מרוזין.

וזה פרשת הדבר: אהבה גדולה וחיבה יתירה היתה בין הוד כ"ק אאזמו"ר אדמו"ר הרה"ק צמח צדק וכ"ק אדמו"ר הרה"ק הרה"צ מרוזין זצוקללה"ה נבג"מ זי"ע, פעם אירע ענין כללי גדול, ושלח הוד כ"ק אאזמו"ר אדמו"ר הרה"ק צמח צדק את מעלת כבוד הרב הגאון הצדיק החסיד הנודע ומפורסם כש"ת מוהר"ר אייזיק הלוי, אל כ"ק אדמו"ר הרה"ק הצדיק מרוזין, להתיישב ולטכס עצה נכונה בביטול הגזירה.

בבוא מעלת כבוד הרב הגאון הצדיק החסיד הר' אייזיק הלוי אל כ"ק אדמו"ר הרה"ק הצדיק מרוזין, קיבל אותו בסבר פנים מאירות, ובשמעו דבר השליחות אשר מסר לו הוד כ"ק אאזמו"ר אדמו"ר הרה"ק צמח צדק, אמר: וועהלין מיר זאָגין אַ פּאָר קאַפּיטלעך תהלים, וועט השי"ת עפענען שערי אורה, וועהלין מיר זעהען וואָס טוט זעך.

ביום הש"ק – מספר הרה"ג הצדיק החסיד הר"א הלוי, למורי ומלמדי החסיד הרשב"צ – בעת שאמר הרה"צ הקדוש האדמו"ר מרוזין תורה כדרכו, הנה באמצע פסק מלאמור, וציוה אשר כל החסידים שהיו באותו מעמד יצאו מן החדר, ועלי פקד להשאר, וכאשר יצאו כולם אמר לי, עצתי נאמנה אשר ישלחו שני שלוחים לעיר המלוכה בטענות אלו, והגזירה תבטל בעזה"י, וגם האדמו"ר שלכם מסכים עמדי ...

מכתב כללי אל תלמידי הישיבות

ב"ה י"ג אלול תרצ"ז.

אל תלמידי הישיבות די בכל אתר ואתר
ד' עליהם יחיו

בחסד א־ל עליון, עומדים אנחנו כולנו בהיכל הרחמים – בחודש אלול – שהוא חדש הרחמים שבו מאירות שלש עשרה מדות הרחמים.

החדש הזה הוא חודש הרחמים, אשר בו נפתחים שערי רחמים לכל הבא לגשת אל הקדש לעבודת הבורא ב"ה בתשובה תפלה ותורה.

החדש הזה הוא חדש האחרון משנה החולפת ועוברת מההוה אל העבר, והוא חדש של חשבון הנפש לחשוב ולהתבונן במה שעברה עליו השנה, להתחרט על הלא טוב בחרטה גמורה, ולקבל על עצמו להיות זהיר על להבא בקיום המצות בהידור, לשקוד בתורה ותפלה ולהתרגל במדות טובות.

החדש הזה הוא חדש ההכנה, לקראת קבלת שנה החדשה הבאה עלינו ועל כל ישראל לטובה ולברכה בגשמיות וברוחניות.

יש ספור ארוך, מקובל מפי הוד כ"ק אבותינו רבותינו הק' זצוקללה"ה נבג"מ זי"ע, אודות אחת התורות אשר אמר הוד כ"ק רבנו הזקן – בעל התניא ושלחן ערוך – בשבת מברכין חדש אלול שנת תקנ"ה, מה ששמע מפי מורו ורבו הרב המגיד ממעזריטש נ"ע בשם מורנו הבעש"ט נ"ע.

ואלה דברי קדשו:

דער רבי האָט אונז געזאָגט, וואָס ער האָט געהערט פון דעם רבין דעם בעש"ט נ"ע.

כי לולא התמהמהנו כי עתה שבנו זה פעמים, שבנו פעמים הם שני אופני תשובה א) תשובה כללית דר"ה בקבלת עול מלכות שמים. ב) תשובה פרטית דיוהכ"פ לפרט חטאיו לכבסם ולהטהר. ושתי תשובות הללו תלויות בחשבון הנפש שהאדם עושה בחדש אלול. וזהו כי לולא התמהמהנו. לולא אותיות אלול, לולא התמהמהנו, אם האדם מתמהמה ומאריך בחשבון נפשו בחדש אלול הנה אז שבנו פעמים, כלומר לפי אופן זה תהיה העבודה בשני אופני התשובה דר"ה ויוהכ"פ.

אמנם ההכנה דחדש אלול היא הכנה כללית, וצריכה להיות גם הכנה פרטית, שההכנה פרטית לעבודה דר"ה היא בימי הסליחות בבקשת רחמים ותחנונים, כעבדים המתחננים אל אדונם בבקשת סליחה בהבנת האמת דלך ה' הצדקה ולנו בושת הפנים. וההכנה פרטית להעבודה דיוהכ"פ היא בהימים שבין כסא לעשור.

תלמידים נכבדים:

התלמידים שמוצאם מגזע החסידים, או אלו החפצים ללמוד תורת החסידות, הנה בשני חדשים אלו אלול ותשרי יקבעו להם מועד וזמן מיוחד ללמוד תורת החסידות, והלימוד יהי' שנים שלשה חברים יחדיו ילמדו מאמר אחד איזה פעמים, ולקבוע זמנים להתועד לשוחח בעניני חסידות.

בשני ימים דר"ה הבע"ל, משעה אחת קודם תפלת המנחה של ער"ה עד תפלת ערבית במוצאי ר"ה, הנה כל אחד ואחד מכם ישקוד באמירת תהלים לילה ויום, כי בשני ימים אלו צריכים להזהר מדיבורי חול עד קצה האחרון, למעט בשינה ולהרבות בתפלה ובתחנונים מקרב ולב עמוק, ובכל רגע פנוי לאמר תהלים.

מדי דברי הנני להעיר, אשר גם אלו שהם מעשנים – רייכערן – כל השנה ומעשנים גם ביו"ט הנה בר"ה נמנעים מזה, וראוי הדבר, אשר הבני תורה יזהרו בזה, וישפיעו גם על מכיריהם.

נכון הדבר, אשר תלמידי הישיבה יעשו ביניהם משמורת בשני לילות ושני ימים דר"ה – מלבד בזמני התפלות – אשר קבוצה אחת – במדת האפשרות ראוי' שתהי' בת עשרה אנשים – תאמר תהלים שעות שתים או שלש, ואח"כ הקבוצה השני' והשלישית וכו' כל הלילה וכן ביום וגם בזמן הסעודות – ובעשי"ת ישקדו בלימוד דברי חסידות – וכן ביום הקדוש ישתדלו באמירת תהלים, ובחג הסוכות ירבו לשמוח בשמחת החג ושמחת התורה.

תלמידי הישיבות, עמודי עולם, הושלבו כולכם כאחד לשקוד בתורה ביראת שמים, כל אחד ואחד מכם יקבע לו לימוד, אשר יביאו לידי יראת שמים, וכל אחד ואחד מכם ישים לבו ודעתו להשפיע על אחיו קרוביו ומכיריו – בעלי עסקים – לקבוע עתים לתורה, ולעוררם לעשות אגודות של לימוד ברבים.

ולקראת השנה החדשה הבאה עלינו ועל כל ישראל לטובה ולברכה, הנני לברך אתכם תלמידים אהובים ויקרים, ואת הוריכם אחיכם ואחיותיכם ובני משפחתם, בתוך כלל אחינו בנ"י, בשנה טובה ומתוקה בגשמיות וברוחניות.

והנני ידידם עוז הדורש שלומכם טובתכם והצלחתכם אוהבכם בלי גבול ומברככם

יוסף יצחק

קטע מרשימות

בגשתנו להוציא לאור הקובץ הלז, פנינו לכ"ק אדמו"ר (שליט"א) בבקשה, שיואיל בטובו לבאר פרשת המאורע הנזכר במכתבו לאחד השודריי"ם, הנדפס לעיל עמוד 191, והואיל לתת לנו הרשות להעתיק מרשימותיו הפרטיות את הענין השייך לזה.

המו"ל

ב', א' אלול, תרנ"ט, שעה שביעית ערב.

התקיעות אשר תקע כ"ק אאמו"ר בהשכמה אחר תפלתו – כי גם היום כמו בכל יום שני לשבוע הנה כ"ק אאמו"ר נסע בשעה השמינית בקר לליובאַוויטש – פעלו עלי במאד, קול השופר[21] הזכירני כי יום הראשון באלול מכריז, כי בו ביום עלה משה למרום לבקש רחמים ותחנונים, ומודיע אשר ביום הזה שערי רחמים נפתחים.

כל ענין הצמיחה בתבואות השדה – אמר לי כ"ק אאמו"ר היום בקר טרם נסעו צלחה – בכמותה ואיכותה תלוי' בהחרישה והזריעה, ובתבואת הגן והכרם – בנטיעה עידור וניכוש השקאה וחיתוך זמורות היבשות והסרת פירות המתולעים.

הגשם מטר יורה ומלקוש פעולתם ניכרת רק בשדה חרושה וזרועה ובגן וכרם נטועים עדורים ונכושים.

גם האיש המצליח האלקי יצחק אבינו נאמר בו ויזרע יצחק בארץ ההיא, כי אין צמיחה בלא זריעה[22].

הגשמי והרוחני מתאימים המה. כשם שהוא בכח הצומח שבארץ הלזו הגשמית, אשר התגלותו בכל אופני צמיחה, מהמין היותר פשוט עד היותר מעולה ומשובח, תלוי בהזריעה והנטיעה הבאות אחר החרישה טובה, הנה כמו כן הוא בכח הצומח שבארץ חפץ[23], שהכל תלוי בהחרישה והזריעה.

כלי המחרישה – סיים כ"ק אאמו"ר – היותר חד, הוא ספר דרך החיים[24] החורש ומפרר גם את הקרקע היותר קשה. כ"ק אאמו"ר הבטיח לי לספר – במשך הטיולים הבאים – איזה סיפור ביחס לספר דרך חיים.

שיחתו של כ"ק אאמו"ר הקצרה, היא המשך שיחתו הארוכה דתמול בענין חדש אלול, אשר אף כי בחדש הזה שערי רחמים נפתחים, אבל עם זה הנה כללות העבודה הוא בדרך אתערותא דלתתא, כהר"ת דאלול[25] שתחלה הוא אני לדודי ואח"כ ודודי לי.

---

21) **מנהגינו הוא, אשר מתחילין לתקוע אחר התפלה ביום** השני **דר"ח. ובמשך יום הראשון דר"ח תוקעין להתלמד.**

22) **ראה אגרת הקודש ס"ך בסופו. אור התורה בראשית ד, א. שם לד, א.**

23) **אלו ישראל, וכמש"נ (מלאכי ג, יב).**

24) **מאדמו"ר האמצעי.**

25) **פרי עץ חיים שער ר"ה פ"א.**

השמים התקשרו בעבים שחורים, ברקים ורעמים וגשם שוטף, וכה הי׳ חליפות עד שעה הרביעית שנראתה השמש ולעומתה במעבי העבים קשת בשלל צבעיו, ואלך לטייל בגן.

פתאום נזכרתי במה שהי׳ עשר שנים מלפנים ביום הראשון דחדש אלול, ואז הבטיחני כ״ק אאמו״ר אשר כשאגדל ימלא לי את ספורו אז.

ביום הראשון דחדש אלול בשנת תרמ״ט שחל להיות ביום הרביעי לשבוע, ואני באתי מן החדר לסעודת הצהרים — שהיתה קבועה בשעה השני׳ אחר צהרים — צוהל ורוקד כדרכי בכל עת בואי מן החדר, כי שתי שעות אלו — משעה השניה עד הרביעית — הם שעות של חופש, ומה גם בר״ח אשר בשעות שאחר סעודת הצהרים, המורה מספר לנו ספורים שונים. בבואי הביתה, ראיתי כי פני כ״ק אאמו״ר רצינים ביותר, לא אזכור אם כבר אכל סעודת הצהרים או אכל אח״כ, אבל זאת אזכור כי פני קדשו היו רצינים ביותר, ולא אכל אתנו סעודת הצהרים ביום ההוא. תמהר בסעודתך — פקד עלי — ואח״כ תכנס אלי.

אף כי לבי אמר לי שענין של לימוד קשור בבקורי זה בחדרו של כ״ק אאמו״ר, מ״מ ענין אותי מאד מאד, כי בלתי רגיל הי׳ כ״ק אאמו״ר להפריעני מזמני מנוחתי, ואמהר לגמור סעודתי ואכנס לחדרו של כ״ק אאמו״ר כאשר ציוני.

כשבאתי לכ״ק אאמו״ר מצאתיו יושב אצל השלחן שבין שני החלונות שבמזרח — לא אצל שלחן הכתיבה — ואומר מזמורי תהלים, עפעפיו רטובות ועיניו אדומות מרוב בכי, וכשנכנסתי עמדתי איזה זמן אצל המפתן, עד אשר גמר את הקאַפּיטל שעמד בו.

כ״ק אאמו״ר סגר את התהלים, והניח את מטפחתו לסימן בתוך הספר, ויפנה אלי בנעימות קדש לאמר:

בשנת תרכ״ט כשהייתי בן תשע שנים — בקיץ ההוא נגמר בנין בית החדש, השריפה שהיתה בקיץ תרכ״ח בליובאוויטש — ביום א׳ דר״ח אלול שחל להיות בש״ק, הנה במוצש״ק ההוא קרא אותי כ״ק אאמו״ר[26] ויאמר לי:

כשהייתי בן תשע שנים — בשנת תר״ג, בבוא כ״ק אאמו״ר[27] מפעטערבורג בחדש אלול, קרא אותי כ״ק אאמו״ר ויאמר לי:

כשיצאתי לפטרבורג ציויתי לאחיך ולך, אשר תאמרו בכל יום ויום סדר תהלים ביחוד אשר ירחם השי״ת ויצליח לי בדרכי זה, בשביל כבוד שמו יתברך, בשביל תורה הנגלית והנסתר ובשביל טובת כלל ישראל, בהניר של המיניסטער אל שר הפלך הי׳ כתוב, אשר אספת הרבנים תמשך שבוע ימים ולא יותר מעשרה ימים, ולבסוף נמשכה שמונה שבועות.

כשהייתי בן תשע שנים — אמר לי כ״ק אאמו״ר — ביום א׳ דר״ח אלול תקנ״ח שחל להיות באחד בשבת, קרא אותי כ״ק אאזמו״ר[28] ויאמר לי:

---

26) כ״ק אדמו״ר מוהר״ש.
27) כ״ק אדמו״ר הצ״צ.
28) כ״ק אדמו״ר הזקן.

קבלתי ממורי הה"מ ממעזריטש שקיבל ממורו הבעש"ט בשם מורו הידוע[29], אשר מיום שני דר"ח אלול עד יום הכפורים, יאמרו בכל יום ויום, במשך היום, שלשה קאַפּיטלעך תהלים, וביום הכפורים שלשים וששה קאַפּיטלעך: תשעה קודם כל נדרי, תשעה קודם השינה, תשעה אחר מוסף ותשעה אחר נעילה, ומי שלא התחיל מיום שני דר"ח יתחיל באותו יום שהוא עומד בו, ואת אשר החסיר ישלים, אבל לא יותר משלשה קאַפּיטלעך בכל יום.

ועתה – אמר לי כ"ק אאמו"ר – קח התהלים ואמור שלשה קאַפּיטלעך הראשונים, ותשמור אמירתו בכל יום כמו שאמרתי לך, וכשתגדל אספר לך, אי"ה, כל אשר ספרו לי בזה.

מתפלא הנני על עצמי, מאז ועד עתה עברו עשר שנים, ובכל שנה ושנה, בעזה"י, הנני מקיים סדר האמור, ושכחתי עד עתה אותה ההבטחה שהבטיחני כ"ק אאמו"ר אז.

ה', ח"י אלול, שעה התשיעית לילה.

לשמחתי אין קץ. מאז – כרשום לעיל – שנזכרתי אותה ההבטחה, אשר הבטיחני כ"ק אאמו"ר לספר איזה ספור או ענין, הנה כמה פעמים נזכרתי ע"ז ושוב שכחתי.

היום בסבת הגשם לא הלך כ"ק אאמו"ר לטייל, רק ישב כשתי שעות על האצטבא, ואחר אשר אמר לפני המאמר לך אמר לבי, כדרכו בקדש בכל יומא טבא דח"י אלול[30] נזכרתי אותה ההבטחה האמורה אשר הבטיחני כ"ק אאמו"ר ביום ב' דר"ח אלול תרמ"ט, אבל חסר אונים הייתי להביע את חפצי בפי.

כ"ק אאמו"ר הכיר בי, אשר איזה דבר מעיק עלי ויבא לעזרתי לאמר, רואה הנני כי חפצך לשאול מה אלא שהנך ירא או מתבושש, שאל ואגלה לך.

אז ספרתי לכ"ק אאמו"ר, כי ביום שני דר"ח אלול נזכרתי אותו הציווי שציווני לשמור הסדר דאמירת תהלים בימי אלול ויום הקדוש – כנזכר ברשימה דלעיל – ביום שני דר"ח אלול כעשר שנים מלפנים, ואז הבטיחני אשר לכשאגדל יספר לי איזה דבר – לא אדע אם הוא ספור, או איזה ענין בדברי תורה – בהנוגע לענין הזה.

ומאז – שנת תרמ"ט – עד היום הנני שומר את הסדר הזה עשר שנים, ואף פעם אחת לא נזכרתי הבטחה הזאת עד יום ב' דר"ח זה, והחלטתי לבקש כי יואיל כ"ק אאמו"ר לקיים הבטחתו זו, ושוב שכחתי, ובמשך הימים האלו הנה כמה וכמה פעמים נזכרתי ושכחתי, עד היום הזה שנזכרתי והייתי בוש להביע חפצי.

מאז – אמר לי כ"ק אאמו"ר – אשר התחלתי לספר לך ענינים שונים – מקיץ תרנ"ה – חכיתי עד אשר תזכור לשאול, כי גם לי לא סיפר כ"ק אאמו"ר עד אשר שאלתי.

---

29) כנראה הכוונה לאחי' השילוני – ראה שיחת ש"פ קדושים וש"פ פנחס ה'ש"ת (בס' השיחות קיץ ה'ש"ת).

30) יום הולדתו של הבעש"ט נ"ע ויום התגלותו, וכן יום הולדת את אדמו"ר הזקן. – ראה קונטרס חי אלול תש"ג.

בערב ש״ק פ׳ תולדות בשנת תרל״ז, בעמדי בזאַל הקטן אצל השלחן וחכיתי לצאת כ״ק אאמו״ר מחדרו לאמר את המאמר חסידות, הנה לפתע פתאום נזכרתי דבר הציווי אשר נצטויתי ביום א׳ דחדש אלול שנת תרכ״ט, וההבטחה אשר הובטחתי, שלכשאגדל יספר לי איזה ענין ביחס להציווי, ואחליט אשר בהכנסי לכ״ק אאמו״ר אשאל ע״ד זה ואח״כ שכחתי, שוב נזכרתי ושוב שכחתי וכה הי׳ כמה פעמים, עד כי בהיותי ביחידות אצל כ״ק אאמו״ר ביום ב׳ דחנוכה בהשכמה שחל להיות ביום השלישי בשבוע נזכרתי ושאלתי.

כ״ק אאמו״ר הסתכל בי במבט פנימי, מבט כזה הבלתי נשכח עוד ורועדים לזכרו, ויאמר לי:

בחדש תשרי תר״ח הי׳ כ״ק אאמו״ר במרירות גדולה. גם בימי החג הי׳ רציני ביותר, דבר אשר החריד לבב אחי והמקורבים ביותר, ואיש לא הרהיב עוז לשאול פרשת הדבר.

באסרו חג דסוכות שחל להיות ביום שני בשבוע, קרא כ״ק אאמו״ר את אחי הרב״ש ויצו עליו לסדר, אשר בכל יום ויום בהשכמה לא יאוחר משעה הרביעית יאמרו במנין עשרה כל התהלים, עד אשר יאמר להם שיפסקו, ואיש לא ידע מזה אשר הוא צוה לעשות כן.

מיום השלישי כ״ה תשרי עד ש״ק פ׳ וישלח ועד בכלל, חמשים ושלשה ימים, הנה בכל יום ויום בהשכמה בשעה השלישית ולפעמים חצי הרביעית אמרו במנין עשרה כל התהלים.

המשרת ר׳ חיים דובער סיפר, שגם כ״ק אאמו״ר אמר אז מזמורי תהלים, כמה וסדרן לא ידע, אך זה ראה, שאחרי שהי׳ אומר איזה פסוקים, הי׳ נותן כמה מטבעות בקופסאות של צדקה שהיו בתיבת שלחנו, והי׳ מפריש מטבעות של נחשת, של כסף ושל זהב.

אחי הרי״ל והרש״ז אמרו השערתם, להיות כי שנת תר״ח היתה שנה מעוברת, וישנה קבלה מהה״מ ממעזריטש בשם רבינו הבעש״ט, שבשנה מעוברת צריכים רחמים יותר מבשנה פשוטה. ואחי הרי״נ אמר השערתו, להיות כי על שנת תר״ח ישנו קץ, וכל שנה שנאמר עלי׳ קץ, צריכה רחמים יותר משארי השנים.

ביום הששי ח״י כסלו קרא כ״ק אאמו״ר את אחי הרב״ש ויאמר לו, שיפסיקו מלומר תהלים בהשכמה עפ״י הציווי, החפצים בזה יכולים לומר, אבל הוא אינו מצוה ע״ז עוד.

בחג י״ט כסלו הי׳ כ״ק אאמו״ר בשמחה גדולה, ואמר שלשה פעמים מאמרי חסידות. ובחנוכה – שנה ההיא – הובאו ספרי קדש הלקוטי תורה מבית הדפוס, וכ״ק אאמו״ר הי׳ בשמחה גדולה.

ביום כ״ד טבת, ההילולא דרבנו הזקן, שחל אז ביום ועש״ק שמות, התפלל כ״ק אאמו״ר לפני התיבה כל השלש תפלות ובסעודת ש״ק היינו כולנו קרואים לשלחנו של כ״ק אאמו״ר.

בשעת הסעודה הי׳ כ״ק אאמו״ר בדבקות גדולה והרבה לנגן וינגן גם את הניגון בעל ארבע בבות, וכשגמר לנגן אמר:

בליל ראשון דר״ה ראיתי, ר״ל, קטרוג גדול על כלל ישראל, ועל בני תורה בפרט. והייתי בצער גדול מזה, גם את כ״ק זקני לא יכולתי לראות, עשיתי כמה וכמה השתדלות ולא עלתה בידי.

ראיתי את כ"ק מורי וחמי והחמיר במאד בגודל כובד וקושי הקטרוג ר"ל. אך אמר לי אשר עוד טרם נחתם הגזר דין וצריכים להתעצם בתפלה ובקשת רחמים רבים, אבל לא לפרסם ברבים כי כל דבר פרסום עלול להזיק ח"ו.

בסעודת שמח"ת בעת שנגנו נגונו של כ"ק אאזמו"ר של הארבע בבות קודם ברכת המזון, ראיתי את כ"ק אאזמו"ר ואמר לי, כוס של ברכה טעון הגבהה טפח מן השלחן[30*] וכוס של ברכה של דוד שהוא ספר התהלים מגביה טפח[31] ומבטל כל הקטרוגים, תקבע אשר יאמרו בחשאי כל יום בהשכמה לא יאוחר מהשעה רביעית את כל התהלים במשך חמשים ושלשה יום, וימחה הקטרוג.

אלו ידעתם — אמר לנו כ"ק אאמו"ר — כחם של פסוקי תהלים ופעולתם בשמי רום, הייתם אומרים אותם בכל עת. תדעו שמזמורי תהלים שוברים כל המחיצות, ועולים בעילוי אחר עילוי בלי שום הפרעה, ומשתטחים לפני אדון עולמים, ופועלים פעולתם בחסד וברחמים.

מילואים

קטע ממכתב

ב"ה, א' ט"ו סיון, תרפ"ח, ריגא.

... בראשית שנת תרפ"ז באתי בבקשה לכללות אנ"ש שי' אשר יקבעו, שבבתי־הכנסת אחר תפלת שחרית בכל מנין מתפללים יאמרו שיעורי תהלים (כמו שנחלק לימי החדש), ולאמר אחר זה קדיש כנהוג[32]. ובקשתי זאת בתקפה עומדת, לזכות הרבים, (וראוי הי' לעשות

---

*30) טושו"ע או"ח סקפ"ג ס"ד. — ומנהגנו — הובא בלקוטי מנהגים שבהגדה (קה"ת. ברוקלין, נ.י.) — שיהי' גבוה מן השולחן ג' טפחים. ואולי הוא לכתחילה ולהידור. ועפ"ז מתיישב בפשיטות, מש"כ בזח"ב (קפט, ב) שצ"ל גבוה זרת (שפי' גם כאן ג' טפחים — וכמש"כ בספר אור החמה. ודלא כמש"כ בעיטור סופרים), אם שבכ"מ, וגם בזהר גופא, (ח"ב רמה, א. רעג, ב), איתא שמסלקו טפח. — ומה שמיישב באוה"ח דוחק, כמובן. — ובפרט שהכוס דרז"ל גבוה לערך ג' אצבעות (פסחים קט, א) ולא טפח. ואכ"מ.

31) ענין טפח — ראה לקו"ת דברים (ס, ג). ברשימות הצ"צ תהלים לט, ו.

32) לידיעת סדר הענינים, הנני מעתיק בזה קטע מרשימת ידיד בית רבי החסיד הידוע הוו"ח וכו' הר' אליהו חיים בן הר' פנחס טודרוס אַלטהויז הי"ד „ע"ד המאסר והחופש" של כ"ק מו"ח אדמו"ר בשנת תרפ"ז. וז"ל:

מראשית תרפ"ז שנה הידועה נפל פחד גדול על כל המקורבים אז אל בית חיינו שליט"א וגם רבינו שליט"א בהאי פחדא יתיב, כאשר שמענו מפורש, אני וידידינו הר' מיכאל שיח' דוואָרקין מפיו הקדוש בעיר מקלטו קאָסטראָמאַ בזה הלשון, אות באות ממש:

„פאַר תרפ"ז האָב איך זיך שטאַרק געשראָקן, אויף זיך האָב איך ניט משער געווען, געטראַכט האָב איך וועגען חסידים.

איידער איך האָב געהייסן אָנהויבן זאָגן תהלים איז מיר אָנגעקומען זייער שווער".

שאלתי אני מתי הי' הציווי?. ונעניתי: ביום שמחת תורה. אז נזכרתי כי ביום שמחת תורה דשנה

כן בכל בית כנסת, כי איננו ענין פרטי של מפלגת החסידים יחיו בפרט), ובגלל זאת יתברכו ממקור הברכות בכל מילי דמיטב מנפש ועד בשר ...

ההיא הרבה הרבה לבקש את אנ״ש שי׳ בעת הקידוש בחדר אמו הרבנית שליט״א, כי יקבלו עליהם בל״נ לאמור בכל יום שיעור תהילים כמו שנחלק על חדש ימים, ולאמר בכל המנינים אחר תפלת שחרית, ולאמור קדיש אחריו. זוכר אני כי שאלתיו אז אם אני יוצא ידי חובתי באמירת התהלים שאני אומר בכל יום קודם התפלה. והשיב רבינו שליט״א, על שאלתי זאת, בזה״ל: דער תהלים וואָס מען זאגט פאַרן דאַוונען איז שייך צו תיקון חצות. – ובכלל היו כל השיחות של רבינו שליט״א ביום שמחת תורה הזה עד הלילה ברוב מרירות ובלב נשבר ונדכא.

ובלי אפונה אצלי, כי גם הצעטיל הידוע אשר מצאנו בהיכל רבינו שליט״א ביום המאסר ל״ע, ע״ד אמירת תהילים, ג״כ הי׳ נכתב בחדשי אלול תרפ״ו או תשרי תרפ״ז. הצעטיל נכתב בכתי״ק בעופרת, ולא נרשם יום הכתיבה. ובסופו הוא שליט״א מברך בברכת „אַ גליקליכען יאָר", ו„ברכת השנה" בכלל מברכים או בסוף שנה או בתחלת שנה. כן דעתי.

וזהו העתק מהצעטיל שנמצא על שלחן גבוה בהיכל כ״ק אדמו״ר שליט״א אחר המאסר ביום ד׳ ט״ו סיון תרפ״ז בלענינגראד:

„הערט חסידים און אַלע אידן וואָס האָפן אויף משיח׳ן, גיט איבער אין מיין נאָמען אַלע חסידים אויף דער וועלט, אַז איך האָב געהייסן, אַז אין אַלע חסידישע שולען זאָל מען נאָך תפלת שחרית אַלע טאָג – שבת אויך אין כלל – זאָגן אַ שיעור תהילים אָט ווי דער תהילים איז צעטיילט אויף די טעג פון חודש, מיט אַ מנין און נאָך דעם זאָגן קדיש אַלע מאַרק מענטשן, געשעפטסלייט, וואָס זיינען נאָר היימישע זאָלן גיין אין שוהל דאַוונען און זיין בשעת מען לערנט עין יעקב וועט זיי דער אויבערשטער העלפן פרנסה בריות, חסידים זאָלט איר זאָגן אַז איך הייס זיי, און אַזוי אידן זאָלט איר זאָגן אַז מצד אהבת ישראל, און טובת ישראל, בעט איך זיי, אַז זיי זאָלן מקיים זיין, און דער אויבערשטער זאָל העלפן אַ גליקליכן יאָר אין רוחניות וגשמיות און מיר זאָלן זוכה זיין צו אַ גאולה שלימה דורך משיח׳ן, אמן".

אַ בריוו צו אַלע אידען איבעראַל

י״ד אייר, תש״ב

צו אַלע אידען איבעראַל וואו זיי געפינען זיך
ד׳ עליהם יחיו!

יעדער אידישער מענש וועלכער גלויבט אין ג׳, אין דער הייליגער תורה און אין דעם וואָס השי״ת האָט אונז פאַרשפּראָכען דורך זיינע הייליגע נביאים קען איצט זעהן באַשיינפּערליך אַז דער שרעקליכער צושטאַנד פון אונזער אידישען פאָלק אין אלע לענדער, אַריינרעכענענדיג אין געוויסע הינזיכטען אויך די היגע מדינה, מיינט די חבלי משיח. און לויט דער באַהויפּטונג פון אונזערע חז״ל, אַז דאָס אידישע פאָלק וועט ניט אויסגעלייזט ווערען סיידען ער וועט תשובה טאָן, איז קלאָהר אַז די דונערען און בליצען פון די צרות און יסורי הנפש והגוף וועלען ניט אויפהערען ביז די הערצער פון אידען, מאַן און פרוי, וועלען זיך ניט עפענען צו טהון תשובה, אומקעהרען זיך צו ג־ט ב״ה און צו זיין תורה, דורך נעהמען אויף זיך צוריק די פליכט צו היטען די מצוות אַזוי ווי עס באַדאַרף צו זיין.

אידען! אונזער יוגענד — אייערע געליבטע קינדער און ברידער — דערפילען זייער בירגערליכע און מענשליכע פליכט אויף די שלאַכט־פעלדער, אויפ׳ן ים, אויף דער יבשה און אין דער לופט, השי״ת זאָל זיי שטאַרקען און אויסהיטען, זיי און אַלע אַנדערע וועלכע קעמפען פאַר גערעכטיגקייט און עהרליכקייט; און ער זאָל זיי צוריקברייינגען צו זייערע היימען געזונד און שטאַרק. מיר אַלע — זיי און מיר — נויטיגען זיך זעהר שטאַרק אין די גרויסע רחמנות פון אונזער פאָטער אין הימעל, וועלכער לאָזט זיך אימער איבערבעטען ווען מען טהוט צו איהם תפלה פון טיפען האַרצען.

ר׳ עקיבא זאָגט (שמות רבה פ״ה י״ב): די אידען זיינען געגליכען צו אַ פויגעל, וועלכער קען ניט פליהען סיידען ער האָט פליגלען; די אידען קענען ניט עקזיסטירען סיידען זיי האָבען אַלס זייערע פליגלען די זקנים; דער אויבערשטער האָט ליב די זקני ישראל און ער לייגט אויף זיי גרויס כבוד; אַזוי איז געווען אין דער גאולה־צייט אין מצרים, אַזוי איז געווען ביי מתן תורה, און אַזוי וועט אויך זיין צו דער גאולה שלמה וואָס וועט קומען אין קורצען איה״ש. דער אויבערשטער האָט ליב אונזער לאַנד ארץ ישראל און ער וועט רחמנות האָבען, אַז איהר אָפּגערייניגט ווערען פון דעם וואָס מען האָט זי אומריין געמאַכט דורך עסען טריפות ונבילות דורך חילול שבת און אַנדערע גרויסע זינד זאָל פאַרקומען מיט חסד און רחמים.

צוליב אָט דעם אַלעמען האָב איך פאָרגעשלאָגען, אַז מען זאָל אויסקלייבען צווישען די יקירי ירושלים עיר הקדש תובב״א אַ גרופּע תלמידי־חכמים, אַז זיי זאָלען ווערען די הייליגע שלוחי צבור פונ׳ם גאַנצען כלל ישראל פון דער ברייטער וועלט דורך גרינדען אַ וועלט־חברה־תהלים אויף אָפּצוזאָגען גאַנץ תהלים יעדען טאָג, און אַז דער פלאַץ פאַר דעם זאָל זיך געפינען נאָהענט צו דעם קבר פון דוד המלך ע״ה אין ציון. נאָכ׳ן אָפּזאָגען

דעם תהלים זאָלען זיי תפלה טהון א): פאַר'ן כלל ישראל אין ארץ ישראל און אין אַלע אַנדערע וועלט־טיילען, אז דער אויבערשטער זאָל דערוועקען זייערע הערצער צו טהון תשובה; ב): פאַר דער הצלחה פון אונזער אידישע יוגענד און פאַר די אַלע וואָס קעמפען פאַר גערעכטיגקייט אויף אַלע שלאַכט־פעלדער; ג): אז השי"ת זאָל פאַרלייכטערען די חבלי משיח; ד): פאַר דעם פרידען צו אַלע אידען איבעראַל וואו זיי געפינען זיך, זיי זאָלען זוכה זיין צו מקבל זיין פני משיח צדקנו גאָר אינגיכען איה"ש.

דער פאָרשלאַג איז ב"ה אָנגענומען געוואָרן פון תלמידי חכמים און יראי ה' אין אונזער הייליגען לאַנד אָהן אונטערשייד פון פּאַרטייען און נוסחאות, ובראשם די גרויסע גאונים הרבנים פון די דריי בתי־דינים אין אונזער הייליגער שטאָדט ירושלים תובב"א: הרב הכולל הערצאָג, הרב הכולל דושינסקי והרב הכולל עוזיאל, ה' עליהם יחיו.

מיט דעם ווענד איך מיך האַרציג, באזועלט מיט אהבת ישראל, צו אַלע אידישע קהלות איבעראַל וואו זיי געפינען זיך, זיי זאָלען זיך איינשרייבען אלס מיטגלידער אין די עקזיסטירענדע חברות תהלים, אָדער צו גרינדען אַזעלכע חברות תהלים דאָרטען וואו זיי זיינען ניטאָ; זיי זאָלען זיך באַטייליגען אין דער הייליגער ארבייט פון בעטען השי"ת בתפלה ובתחנונים וועגען דעם אויבענדערמאַהנטען, צוזאַמען מיט די שלוחי צבור פאַר'ן כלל ישראל, די אנשי מעמד די מיטגלידער פון דער וועלט־אָרגאַניזאַציע חברה־תהלים אין אונזער הייליגער שטאָדט ירושלים, תובב"א.

איך בעט השי"ת ער זאָל דערוועקען מיט חסד און רחמים אונזערע אַלעמענס הערצער, און די הערצער פון כלל ישראל, מיר זאָלען זיך אומקעהרען צו איהם ית' בתשובה שלמה, און ער זאָל לייכטער מאַכען פאַר אונז און פאַר אַלע אידען די איצטיגע חבלי משיח. מיר זאָלען זוכה זיין צו באַגעגענען משיח צדקנו בקרוב ממש.

בברכת התורה, מיט אהבת ישראל לאלתר לתשובה, לאלתר לגאולה

המברכם בגשמיות וברוחניות

יוסף יצחק

ב"ה, ט"ז אייר, תש"ב
ברוקלין

אל „מחנה ישראל"
ה' עליהם יחיו!

שלום וברכה!

בזה הנני מוסר על ידם את מכתבי הכללי המודיע אשר בירושלים עיה"ק תובב"א נוסדה חברה תהלים עולמית בתור שלוחי צבור מאת כלל ישראל לגמור בכל יום ויום את התהלים כלו ולהתפלל בסמוך לקברו של דוד המלך ע"ה, והמעורר את תשומת לב חברות הקיימות מכבר להשתתף בהסתדרות של חברה תהלים העולמית אשר בירושלים עה"ק תובב"א ובמקום שאין עדיין חברות תהלים – לייסדן, ובבקשה לפרסם את מכתבי זה ולהפיצו ככל האפשר ע"י חבריהם החרוצים והמסורים לעבודה של פועל, והשי"ת יהא בעזרם בגשם וברוח.

המברכם

יוסף יצחק

קטע ממכתב

י"ח טבת תש"א

... מנהג עתיק ללמוד בכל ר"ח פסוק אחד עם פרש"י ואפשר להוסיף עם עוד פירושים, מהקאפיטל בתהלים שהוא מסומן במספר שנות חייו[33], ואם הקאפיטל מחזיק פחות מי"ב פסוקים, וכן בשנת העיבור, אז כופלים שיעלה כמספר חדשי השנה, ואם הוא מרובה בפסוקים אזי לומדים שנים או יותר פסוקים בכל ר"ח ...

קטע ממכתב

ט' טבת תש"ט

(וידוע המנהג שקיבל אדמו"ר הזקן) ... מרבו בשם רבו מורנו הבעש"ט, לאמר הקאפיטל תהלים המתאים למספר שנותיו, אחר תפלת שחרית קודם אמירת השיעור תהלים בכל יום כנהוג ...

33) פירושו כשנמלאו לו, לדוגמא, יג שנה מתחיל קאפיטל יד.

הוספה

ב"ה, ט' מר־חשון, תש"ב.

... רז"ל אמרו והוי מתחמם כנגד אורן של חכמים, לומדי תורה ועוסקים בעבודה שבלב – כמאמר ואיזה היא עבודה שבלב הוי אומר זו תפלה, די וואָס דאַווענען מיט אַ חסידישען קלעפּ, און האַרציגען ברען, – הם החכמים האמיתים וואָס כנגד אורן קען מען זיך וואַרעמען און מען דאַרף זיך וואַרעמען.

אין זהר הקדוש איז פאַראַן אַ אויסשפּראַך, כמה טיפשין אינון בני נשא דלא משתדלי באורייתא, ווי נאַריש זיינען די מענטשן וואָס זיי גיבען זיך ניט איבער פאַר דער תורה אַרבעט, ווייל די תורה דאָס איז דאָך דער אמת'ר אידישער מעין מקור החיים, דער קוואַל פון לעבען.

מענשען טיפשים זוכען רפואות אויף די בערג און טאָהלען, מען פאַרשפּילט די ביסעל יאָרען אין דברים בטלים אויף די בענק אין די פּאַרקס, מען זוכט לופט און מען האָט מער ניט ווי לופט, ווי מיר זאָגען אין פּיוט: כאבק פורח וכרוח נושבת, די זיבעציג אַכציג יאָר גייען אַוועק אין ווינט און אין לופט.

די אמת'ע רפואה איז תורה, אַליין לערנען וויפעל און וואָס מען קען. און מחזיק זיין לומדי תורה בממונו ובגופו, מיט געלט און מיט טירחא, ובנפשו – וואַרעמען זיך לעבען דעם אור התורה און עבודה פון תלמידי חכמים.

איר בעדאַרפט רעכענען פאַר זעהער אַ גרויסען זכות וואָס השי"ת האָט אייך מזכה געווען אַז איר קענט זיין אין מאָנטרעאַל אין אַ סביבה פון תלמידי חכמים און חסידים ווי – אייך צו לאַנגע יאָר – אייער פאָטער און זיידע החסידים ז"ל זיינען געווען מיט פערציק פופציק יאָר צוריק אין דער חסידישער סביבה אין שצעדרין.

הבל הבלים הכל הבל, די אַלע שטורמישע נאָכיאָגעניש נאָך געלט און כבוד זיינען באמת גאָר נישט מיט גאָר נישט.

דער מענטש קומט אַ נאַקעטער אויף דער וועלט און ביים געבורט וויקעלט מען אים איין אין אַ שטיקעל לייוונד, און ער גייט אַוועק פון דער וועלט אויך אַ נאַקעטער און מען וויקעלט אים איין אין אַ שטיקעל לייוונד.

אַ נצחי, אייביקייט – דאָס זיינען נאָר תורה ומצות, לערנען תורה, זאָגען תהלים, טאָן אַ מצוה מיט אַ חיות, טאָן אַ אידען אַ טובה, האַלט האָבן אַ אידען, געבען צדקה, בעדינען בני תורה מיט אהבה מיט כבוד, מחזיק זיין זיי מיט דעם וואָס איז מעגליך, דאָס איז אַ אייביקייט, פאַר דעם האָט מען שכר אויף דער וועלט און אויף יענער וועלט ...

ט"ו טבת, תש"ג
ברוקלין

... אַ איד מוז זיין געזונט. אַ איד האָט אויף זיך אַזויפיעל הייליגע מצות פליכטען, מצות עשה און מצות לא תעשה, וואָס זיינען פאַרבונדען מיט גרויסע נסיונות, וואָס מען דאַרף צו דעם באמת האָבען כח און זיין געזונט און שטאַרק אַז מען זאָל דאָס קענען ריכטיג דורכפיהרען, און השי"ת זאָל אייך שטאַרקען דעם געזונט.

אָבער נאָך אַלעם דעם, איז דאָך געזונט גשמי ניט אַלעס וואָס אַ מענטש בעדאַרף אין דעם ליגען מיט דעם גאַנצען אני. מען בעדאַרף טאָן וואָס מען בעדאַרף צוליעב דעם געזונט גשמי, און האָפען להשי"ת אַז ער וועט די כלי וואָס מען טוט צוליעב געזונט ממלא זיין מיט חיות, ווי מיר זאָגן אין שמונה עשרה: מכלכל חיים בחסד — השי"ת שפייזט אונז מיט לעבען דורך זיין חסד.

אין גרונד גענומען איז דאָך דער לעבען הגשמי מער ניט ווי צוליעב עפּעס. דער לעבען הגשמי פאַר זיך אַליין איז דאָך ניט קיין תכלית, נאָר דאָס איז צוליעב אַ זאַך וואָס מען בעדאַרף האָבען דעם גשמיות־דיקן געזונטן לעבן, וואָס דאָס איז דער אונטערשייד פון דעם אידישן מיין און אָפּשאַצונג פון גשמיות־דיקן לעבן, ביז, להבדיל, דעם גוי'שען מיין און אָפּשאַצונג פון גשמיות־דיקן לעבען.

צווישען די פילע ערציילונגען וואָס הוד כ"ק אאמו"ר הרה"ק זצוקללה"ה נבג"מ זי"ע האָט מיר דערציילט, איז פאַראַן אַ דערציילונג וואָס ער האָט מיר דערציילט וועגען אַ געוויסע פּאַסירונג וואָס עס האָט פּאַסירט מיט אים און זיין עלטערען ברודער — רז"א נ"ע — ווען כ"ק אאמו"ר הרה"ק איז אַלט געווען אינגאַנצען פינף יאָר:

עס איז[34] געווען זומער תרכ"ו, הוד כ"ק אאמו"ר הרה"ק וכבוד אחיו דודי הרז"א זיינען געקומען פון חדר. דער טאָג איז געווען אַ תמוז טאָג, עס איז געווען זייער הייס, האָבען זיי זיך געשפּילט אין גאָרטען וועלכער איז געווען נעבען זייער פּאָטערס — הוד כ"ק אאזמו"ר הרה"ק מוהר"ש זצוקללה"ה נבג"מ זי"ע — הויז.

אין גאָרטען ביין זיידען איז געווען אַ סוכת הכרם באַוואָקסן מיט פערשידענע גרינסן וואָס האָבען בעשיצט פון דער זון, עס איז געווען ווי אַ חדר מיט אַ פּלאַץ פאַר ספרים און אַנדערע זאַכען, דער זיידע פלעגט דאָרט זיצען אין די הייסע טעג.

די קינדער — הוד כ"ק אאמו"ר הרה"ק ודודי הרז"א — האָבען צווישען זיך גערעדט די מעלה פון אידען אויף, להבדיל, ניט אידען. דער ריידער איז געווען דער פעטער רז"א, וועלכער איז געווען עלטער פון הוד כ"ק אאמו"ר הרה"ק מיט אַ יאָהר און פיר חדשים, ווי אידען זיינען אַ עם חכם ונבון, קענען און לערנען אַ סאַך תורה, נגלה און קבלה, און דאַווענען מיט דביקות.

דאָס — האָט הוד כ"ק אאמו"ר הרה"ק געזאָגט — איז דאָך נאָר אידען וואָס קענען

34) זע אויך שיחת חה"פ תש"ג אות לט.

לערנען און דאַוונען מיט דביקות, אָבער די אידען וואָס קענען ניט לערנען און דאַוונען ניט מיט דביקות וואָס פאַר אַ מעלה האָבען יענע אידען.

דער פעטער רז"א איז געווען אין אַ פאַרלעגענהייט, ער האָט ניט געוואוסט וואָס צו ענפערן.

ביים זיידען איז געווען אַ משרת – בנציון – זייער אַ פּראָסטער איד, האָט קוים געוואוסט די לייכטע טייטש ווערטער פון דאַוונען און געזאָגט עברי מיט גרייזען, ער פלעגט יעדן טאָג אָפּזאָגן דעם תהלים, דאַוונען בצבור און פלעגט זעהען אַז ווען מען לערנט עין יעקב זאָל ער זיין דערביי.

דער זיידע האָט געהערט פון זיין טאָכטער זייער שוועסטער דבורה לאה וואָס די קינדער ריידען און ווען ער האָט געזעהען דעם פעטער רז"א'ס פאַרלעגענהייט וואָס ער האָט ניט געוואוסט וואָס צו ענטפערן אויף דער פראַגע פון הוד כ"ק אאמו"ר הרה"ק, האָט ער צוגערופען די קינדער צו זיך אין סוכת הכרם, און געשיקט הוד כ"ק אאמו"ר הרה"ק צו רופען בנציון דעם משרת.

ווען בנציון איז געקומען פרעגט אים דער זיידע: בנציון האָסט געגעסן,

בנציון: יע.

דער זיידע: האָסטו גוט געגעסין?

בנציון: וואָס הייסט גוט – השיב – זאָט ב"ה.

דער זיידע: און צוליעב וואָס האָסטו געגעסען?

בנציון: כדי צו לעבן.

דער זיידע: און צוליעב וואָס לעבסטו?

בנציון: כדי איך זאָל קענען זיין אַ איד און טאָן וואָס דער אויבערשטער וויל.

ונאנח המשרת.

דער זיידע: קענסט גיין, און שיק מיר דעם קוטשער – איוואַן.

– דער קוטשער איוואַן איז געווען אַ קריסט וועלכען האָט זיך פון קינדערווייז געהאָדעוועט צווישן אידן און האָט זייער גוט גערעדט אידיש.

ווען דער קוטשער איז געקומען, פרעגט אים דער זיידע: האָסט היינט געגעסען,

יע, ענטפערט דער קוטשער,

האָסטו גוט געגעסון? יע, ענטפערט דער קוטשער.

צוליעב וואָס האָסטו געגעסען?

כדי איך זאָל לעבן – ענטפערט דער קוטשער.

צוליעב וואָס דאַרפסטו לעבן?

כדי איך זאָל קענען נעמען אַ טרונק בראָנפן און פאַרבייסן.

קענסט גיין.

ויאמר רבינו לבניו: רואים הנכם, אַ איד בטבעו עסט כדי ער זאָל לעבען, און דאַרף לעבען כדי ער זאָל קענען זיין אַ איד און טאָן וואָס דער אויבערשטער הייסט און גיט נאָך אַ קרעכץ אויך. ער פילט אַז ער איז נאָך ניט מיט'ן ריינעם אמת. און דער ערל לעבט צוליב טרינקען בראָנפען און פאַרבייסען און שמייכעלט, וואָס דאָס איז בא מהתענוג שמצייר בנפשו האכילה ושתי' שזהו התכלית בעיניו.

דער סיפור קען און בעדאַרף אויסגעטייטשט ווערען אויך אפילו אין גאָר גאָר גרויסע דרגות. דאָס מיינט ניט נאָר להבדיל פון אַ אידען ביז ניט אַ אידען, נאָר אין אידען גופא.

אין חסידות איז פאַראַן אַ אויסשפּראַך[35] „הגוי שישנו בכל אחד ואחד מישראל", דער גוי וואָס איז פאַראַן באַ יעדער אידן, דאָס מיינט דער יצר הרע און נפש הבהמית.ביידע – דער נפש הבהמית און דער יצר הרע – זיינען ניט אידן, אַ איד איז דער יצר טוב און נפש האלקית, אָבער דער יצר הרע און דער נפש הבהמית זיינען ניט אידן, דער אונטערשייד צווישן זיי איז אַז דער יצר הרע איז מדות, האָלט האָבען גשמיות, הנאה האָבען פון גשמיות און לעבן אין גשמיות־דיקע פאַרגעניגענס, תאוות אפילו אין דברים המותרים, זאָגט דער אַלטער רבי נ"ע, אַז לשעה, בשעת מען טוט זיי, איז דאָס רע גמור, און בפרט די אַלע ענינים וואָס מען האָט זיך אַליין געמאַכט פאַר אַ דבר המותר, ווי שערען די באָרד – ווער רעדט שוין, גאָלען אפילו מיט אַ סם – און נאָך אַזוינע זאַכען, ביז מען פאַלט דורך אַפילו אין דברים האסורים, דאָס איז דער יצר הרע. און נפש הבהמית[36] איז שכל, די המצאות ווי צו קריגען תאוות גשמיות און ווי צו הנאה האָבען פון זיי.

דער איד, דאָס מיינט דער יצר טוב און דער נפש האלקית, לעבט צוליעב דינען השי"ת מיט תורה, מצות, דאַוונען, זאָגען תהלים און מדות טובות, און, להבדיל, דער גוי דער יצר הרע און נפש הבהמית, לעבט צוליעב עסען און הנאה האָבען פון גשמיות־דיקער וועלט.

האדם באשר הוא אדם, דער מענטש אַלעס מענטש, בעדאַרף זיך אַמאָל איבערלעגען און פאַרטראַכטען אין דעם, וואָס איז דער אונטערשייד צווישען איהם און להבדיל דער בעל חי. דער בעל חי לעבט נאָר קערפּערליך, זוכט און נישטערט נאָר נאָך דעם עסען און טרינקען און אַנדערע קערפּערליכע זאַכען און דער סוג – סאָרט – מענטש להבדיל לעבט אַ קערפּערליכען לעבן, זוכט און נישטערט נאָר נאָך זיינע גשמיות.

באמת איז דער מענטש וואָס ליגט אין גשמיות'דיקע ענינים – ערגער פון אַ בעל חי. חוץ דעם וואָס אַ אדם ווערלכער איז אַ בעל שכל און פירט זיך ווי אַ בעל חי, איז ער נאָך

35) ראה תו"א בראשית (ב, ב). לקו"ת דברים (צ, ד). ובד"ה ועשית ציץ עת"ר: דעל הנפש האלקית מברכין שלא עשני גוי – (ובזה יומתק מה שבכל יום מברכים ברכה זו. וראה סי' האריז"ל, מג"א סי' מו סק"י. ואכ"מ).

36) ראה תו"א מקץ לח, ב. הערות לתניא ע' פא. רשימות הצ"צ על תהלים קיג, ה.

ערגער פון דעם בעל חי, וואָרום דער בעל חי זוכט אַלץ הכרחיות, אָט דאָס וואָס ער מוז האָבען צוליעב זיין קיום, און דער מענטש זוכט מותרות און טוט אַלע תחבולות שבעולם צו באַקומען אָט דאָס וואָס ער וויל.

אַך, ווי נאַריש און רחמנות'דיק איז די אויפיהרונג פון די מענטשן וועלכע ליגן נאָר אין זיך בכלל, און אין זייערע גשמיות'דיקע זאַכן בפרט. די דאַרע רוחניות, פון דאַוונען בצבור און זאָגען עטלעכע קאַפּיטלאַך תהלים און געבען עטלעכע סענט צדקה שטעלט זיי צופרידען, עס איז אין זייערע אויגען גאַנץ גענוג, אָבער די ענינים הגשמים האָבען ניט קיין גענוג באַ זיי: מען בעדאַרף דאָס, מען מוז דאָס, און וויפיעל מען האָט איז ווייניג.

קיין איינער פון אָט די מענטשן פרעגט באַ זיך אַליין ניט קיין „פאַרוואָס", פאַרוואָס קומט מיר דאָס אַז איך זאָל אַלץ האָבען אפילו מותרות דמותרות. זיי זיינען אַזוי פאַרנאַרט אין דעם מהות עצמו און אין דער אייגענער ווירדע, אַז זיי קוקען אויס ווי אמת'ע שוטים.

דאָס איז אַלץ גערעדט געוואָרען וועגן די מענטשן וואָס אויף זיי ליגט דער עול הפרנסה, און זיי מיינען אַז מען בעדאַרף זיין פאַרנומען אין די עסקים פון פאַרטאָג ביז שפּעט אין דער נאַכט, אָבער באמת זיי זיינען אויך מחוייב לקבוע זמן עתים לתורה און טאָן אין ענינים הרוחנים. און בפרט די מענטשן וועלכע האָבען אויף זיך ניט דער עול הפרנסה, אָט די האָבען בעדאַרפט זיין איבערגעגעבען צום רוחניות'דיקן לעבן. לערנען — דער וואָס קען אַליין ניט לערנען, נעמען אַ רבי'ן אויף אַ פּאָר שעה אין טאָג — געבען צדקה, קלייבען געלט פאַר ישיבות, זעהען יעדען טאָג אויפטאָהן עפּעס אין עניני החזקת התורה והחזקת היהדות און אהבת ישראל, אָנגרייטען צידה לדרך, ניט נאָר ליגען אין דעם גשמיות'דיקן „איך דאַרף" און „איך מוז", נאָר זיין אַריין געטאָן אין דעם רוחניות'דיקן „איך דאַרף" און „איך מוז", און וואו מען איז — זאָל מען טאָן פאַר חיזוק התורה והיהדות און אהבת ישראל, קיין איין טאָג טאָר ניט אַוועקגיין אָן אַ רוחניות'דיקער אַרבעט ...

ר׳ טבת, תש״ד

ענטפער אויף אייער שרייבען: אין אַ רעפאָרם שול טאָר מען ניט דאַוונען און מען טאָר דאָרט ניט זאָגען קיין ברכו וקדושה און ענטפערן אמן. דער אידישער איד וואָס דאַוועונט אין אַ רעפאָרם שול – ציט אויף זיך אַרויף די טומאה און איז מוסיף חיות אין טומאה.

תפלה בצבור איז זייער הייליג איצטער אויף דער עלטער – השי״ת זאָל אייך געבען געזונטע אריכות ימים – איז אַ ודאי זייער נויטיג – ווען מען קען – דאַוונען בצבור. איר דאַרפט זיך לאָזען קאָסטען עטלעכע דאָללאַר אַ וואָך, דינגען אַ צימער און מאַכן אַ מנין וואו איר זאָלט קענען דאַוונען בצבור. איר זאָלט ניט זשאַלעווען קיין געלט, דאָס איז בעסער ווי דער גרעסטער פּראָפעסאָר, אויך וועט איר מיט דעם זיין אַ מזכה הרבים ...

אויסצוג פון אַ שיחה י׳ אלול תש״ב

... איך האָב שוין אַמאָל דערציילט, אַז בימי הבעל שם טוב נ״ע איז אַמאָל נגזר געוואָרן אויף אַ מושב ישראל כליון. האָט דער בעש״ט גערופן צו זיך ר׳ מרדכי און ר׳ קהת, זיינע חברים פון די צדיקים נסתרים, אַוועקצוזעצן אַ בית דין זוכן עצות מיט וואָס מבטל זיין די גזירה. דער בעש״ט האָט געהאַט עלית הנשמה, און האָט געזעהן, אַז די גזירה איז אין להשיב. גייענדיק צוריק דורך היכלות, האָט ער געזעהן אין איין היכל זייער אַ גרויסע ליכט. און ער האָט זיך דערוואוסט, אַז דאָס איז אַ היכל פון אַ דאָרפס־מאַן, וואָס פלעגט האַקען האָלץ און דערביי זאָגן תהלים און אַזוי ביי אַלע מלאכות וואָס ער האָט געטאָן און אַזוי פלעגט ער יעדן טאָג אָפּזאָגן דעם גאַנצן תהלים פינף מאָל, און דאָס לייכטן אַזוי זיינע אותיות התהלים. דער בעש״ט איז אַוועקגעפאָרען צום דאָרפס־מאַן און האָט אים געפרעגט: אויב ער וואָלט געוואוסט אַז מיט זיין עולם הבא קען ער מציל זיין אַ אידישען ישוב, צי וואָלט ער עס געטאָן. יענער האָט גלייך געענטפערט: אויב איך האָב עולם הבא גיב איך עס אָפּ. און די גזירה איז בטל געוואָרען ...

מכתב כ"ק אדמו"ר זי"ע

ע"ד אמירת קדיש בתפלה ולאחרי אמירת תהלים

ב"ה, ט' שבט, תשט"ו
ברוקלין.

שלום וברכה!

במענה על שאלתו אודות הקדישים שלאחרי קדיש תתקבל: כשאין חיובים בבית הכנסת, אם יאמרם אחר או לא.

כבר אמרתי לו חוות דעתי בעל פה – שיאמרו הקדישים, ובאתי בזה לבאר טעמי ונימוקי, כי הוראה בזה לא שמעתי. ובהקדמה:

בענין קדישים בכלל – יש סברא להדר לאומרם, וסברא להדר ולהמנע מהם. והן:

א) ידוע שאין להרבות בקדישים רק מה שתקנו הקדמונים. וכמובא בשער הכולל פרק י"א ס"ק כ"ט בשם כנסת הגדולה ושו"ת דבר שמואל.

ב) קדישים הנ"ל – היינו שלאחר שיר של יום, קוה, ובפרט – שלאחרי עלינו, אינם אלא מנהג (ראה שו"ע רבנו הזקן סנ"ה ובמ"מ שם).

ג) נוסף על זה – ישנו גם הטעם דמניעת טורח הצבור, ובימי המעשה – גם הטעם דבטול מלאכה (ראה ברכות ל"א א, ברע"ק כשהי' מתפלל בצבור כו'. ומגילה כ"ב ב).

ד) גם לולא כל הנ"ל, צריך לברר אם יש ענין באמירת קדיש – לבד החיוב דאבילות, דסיום לימוד אגדתא וכיו"ב.

* * *

והנה בבירור הנ"ל:

א) כבר נפסק בשו"ע או"ח סי' קל"ב ס"ב בהגהה דאפילו במקום שאין יתום יאמרו הקדישים בשביל מתים דכולי עלמא, אלא שיאמר מי שאין לו אב ואם או כשאין האו"א מקפידים. ועד"ז הוא ג"כ ברמ"א שו"ע יו"ד סי' שע"ו סעיף ד'.

ב) במקום שאין בירור בנגלה סומכין על הנמצא בקבלה (ראה שערי תשובה או"ח סכ"ה סקי"ד). וע"פ המבואר בפע"ח בשער הקדישים ובכ"מ, בשער הכוונות, בסידור האריז"ל ועוד – אמירת הקדישים היא בין עולם לעולם, שלכן יש לאומרם גם בין תפלה לדוד וקוה ובין קוה לעלינו, עיי"ש. וראה ג"כ לקוטי תורה (לרבנו הזקן) פ' מסעי (צב, ב), שיחת י"ב תמוז תש"ז (אות יד־יח) לכ"ק מו"ח אדמו"ר זצוקללה"ה נבג"מ זי"ע. ואף שבקדיש שלאחר עלינו אין טעם הנ"ל – כמבואר בפע"ח וכו' שם – הנה מובא שם טעם אחר שהוא שייך גם כשאין חיוב בביהמ"ד. וע"ד פסק הרמ"א – בשביל מתים דכולי עלמא.

ג) ובפרט שאמירת הקדיש יש בו ענין מצד עצמו – כמובן מהמבואר (ר״ח שער הקדושה פרק י״ז ד״ה ובפרט ובהקדמת ע״ח ד״ה ועשה טוב) בפירוש תיבת צדיק: צ׳ אמנים, ד׳ קדושות, י׳ קדישים, ק׳ ברכות (הובא באחרונים ובשולחנו של רבנו הזקן או״ח ריש סי׳ נ״ה. ויש להעיר שם, דמתחיל דהקדישים דסדר התפלה הם לא פחות מז׳. ומסיים, ע״פ הנ״ל, שראוי לכל אדם להזהר שלא לפחות מלענות עשרה קדישים בכל יום. ודוחק לומר שמזהיר את האדם להיות באיזה מנינים כדי למלאות מספר הקדישים, אלא שהכוונה גם לאותם הקדישים שהם משום מנהג, או שלאחרי לימוד אגדה).

ד) ואין זה מקרי קדיש ללא צורך, כיון שמנהג ישראל תורה היא, והרי אומרם בשביל איזה כוונה.

ה) כן אין שייך בזה הטעם דטורח הצבור וביטול מלאכה – דכיון שאם היו חיובים בביהכנ״ס – היו אומרים הקדישים – נכנס זה בסדר תפלת הצבור ואורך זמנה – וסבור וקבל.

ו) אין להקשות ממכתב כ״ק מו״ח אדמו״ר (נדפס* בקונטרס ס״ד) שכותב להזהר באמירת קדיש דרבנן שלאחרי ברייתא דר׳ ישמעאל, דלכאורה למה אינו מזהיר על הקדישים שלאחרי שיר של יום וכו׳.

– די״ל בפשיטות שאמירת הקדיש הנ״ל בטלוהו באותו בית הכנסת אשר אליהם נכתב המכתב, וככתוב שם, ולא בטלו קדישים הנ״ל.

ז) בקדיש שלאחרי תהלים מחלק כ״ק מו״ח אדמו״ר, שבאם יש חיוב יאמרוהו אחר כל ספר. ובאם לאו – רק פעם אחת אחרי כל התהלים (כנדפס בסידור תו״א – תש״א).

אבל אין לדמותו לנדון דידן, כי אמירת קדיש בין ספר לספר – בתהלים – חידוש הוא. וכידוע מנהגינו באמירת ברכי נפשי ולדוד ה׳ אורי שלאחרי שיר של יום – שאומרים קדיש רק פ״א לאחרי כל המזמורים שלא להרבות בקדישים בין מזמור למזמור (הובא בשער הכולל פי״א סקכ״ט הנ״ל).

ודיו לחידוש זה – כשיש חיוב על אתר.

הערה. מתאים למנהגנו הנ״ל, נראה לי שבמקרה שאומרים קדיש בין ספר לספר – יאמרו מקודם היהי רצון שאחרי הספר (עכ״פ יאמרו – זה האומר קדיש), שענינו סיום אמירת מזמורים שלכן אומר קדיש אח״ז. ואח״כ כשמתחיל ספר שלאחריו – הוא מעין דבר חדש. וע״ד ברהמ״ז כשמחלקין סעודה לשנים (ראה שו״ע רבנו סרצ״א סוס״ג).

* * *

המורם מכל הנ״ל, אשר לדעתי יש לומר כל הקדישים שמנהגנו לאומרם אפילו כשאין חיוב בביהכנ״ס – היינו גם הקדיש לאחר שיר של יום, קוה, עלינו, ולא עוד אלא אפילו

*) נדפס גם בסה״מ תש״ט ע׳ 98 ואילך. ובאג״ק שלו ח״ג ע׳ קמא ואילך. המו״ל.

הקדיש שלאחר שיעור התהלים שנקבע לאומרו לאחר תפלת שחרית, וכמש״כ הלבוש סי׳ קל״ב, אשר לעולם צריכים לאמר קדיש לאחרי שאמרו פסוקים.

בברכה,

מנחם שניאורסאהן

נ.ב.

לכאורה צ״ע, ע״פ הנ״ל בפרע״ח וכו׳ שאמירת הקדישים הם בין עולם לעולם – מפני מה הקדישים שעד שיר של יום חיובים הם, משא״כ הקדישים שלאחרי זה. וי״ל הטעם – ע״פ המבואר (פע״ח שער קרה״ת פ״ג ובכ״מ) שעד תפלת העמידה והיא בכלל, שזהו ד׳ עולמות עשי׳ יצירה בריאה אצילות, הנה כאו״א מהם נמצא במקומו והקדיש הוא העמוד דרך בו עולה מעשי׳ ליצירה כו׳, משא״כ הד׳ עולמות אבי״ע שלאחרי ובא לציון הנה כולם נמצאים באצילות (עד עלינו), אלא שבאצילות גופא מחולקים הם, שמזה מובן שאין הכרח הקדיש כ״כ, אבל בכ״ז יש לו מקום – ולכן יצא מכלל חיוב ונשאר בגדר מנהג ישראל. ואכ״מ.

זה עתה מצאתי מובא משו״ת זכרון יהודה או״ח סע״ג שבעהמ״ס כתב סופר נהג – באם לא הי׳ מי שיאמר קדיש אחר עלינו, שש״י וכו׳ – לאמר קדישים אלו בעצמו ושמסתמא ראה כן מאביו החתם סופר. וראה ג״כ שדי חמד חלק אסיפת דינים מע׳ אבילות ס״ק קסג.

שיעור השלשה קאַפּ׳ תהלים שאומרים*

– נוסף על השיעור החדשי – החל מיום שני דר״ח אלול עד יוהכ״פ
וביום הכפורים שלשים וששה קאַפּ׳

אלול

יום	קאפ׳
א	א־ג
ב	ד־ו
ג	ז־ט
ד	י־יב
ה	יג־טו
ו	טז־יח
ז	יט־כא
ח	כב־כד
ט	כה־כז
י	כח־ל

יום	קאפ׳
יא	לא־לג
יב	לד־לו
יג	לז־לט
יד	מ־מב
טו	מג־מה
טז	מו־מח
יז	מט־נא
יח	נב־נד
יט	נה־נז
כ	נח־ס

יום	קאפ׳
כא	סא־סג
כב	סד־סו
כג	סז־סט
כד	ע־עב
כה	עג־עה
כו	עו־עח
כז	עט־פא
כח	פב־פד
כט	פה־פז

תשרי

א	פח־צ
ב	צא־צג
ג	צד־צו

ד	צז־צט
ה	ק־קב
ו	קג־קה

ז	קו־קח
ח	קט־קיא
ט	קיב־קיד

יום הכפורים

קודם כל נדרי	קטו־קכג
קודם השינה	קכד־קלב

אחר מוסף	קלג־קמא
אחר נעילה	קמב־קנ

*) ראה לעיל ע׳ 5 אודות תקנה זו.

ORDER OF THE THREE CHAPTERS RECITED
DURING THE MONTH OF ELUL*

in addition to the monthly portion, beginning with the second day of Rosh
Chodesh Elul until Yom Kippur. During Yom Kippur—36 psalms

ELUL

Day	Chapter	Day	Chapter	Day	Chapter
1	1–3	11	31–33	21	61–63
2	4–6	12	34–36	22	64–66
3	7–9	13	37–39	23	67–69
4	10–12	14	40–42	24	70–72
5	13–15	15	43–45	25	73–75
6	16–18	16	46–48	26	76–78
7	19–21	17	49–51	27	79–81
8	22–24	18	52–54	28	82–84
9	25–27	19	55–57	29	85–87
10	28–30	20	58–60		

TISHREI

1	88–90	4	97–99	7	106–108
2	91–93	5	100–102	8	109–111
3	94–96	6	103–105	9	112–114

YOM KIPPUR

Before Kol Nidrei	115–123	After Musaf	133–141
Before Bedtime	124–132	After Neilah	142–150

---

*) See above, page 5.

SAYING
TEHILLIM

•

selected from letters by
the Sixth Lubavitcher Rebbe
RABBI YOSEF YITZCHAK SCHNEERSOHN
זצוקללה"ה נבג"מ זי"ע
on the subject of reciting Psalms

⟶═◦═⟵

translated by
Rabbi Zalman I. Posner

edited by
Rabbi Y. Eliezer Danzinger

Published and Copyrighted by
KEHOT PUBLICATION SOCIETY
770 Eastern Parkway / Brooklyn, New York 11213
5773 • 2012

TRANSLATOR'S INTRODUCTION

The *Siddur* is, of course, the prayer book of the Jewish people. However, prayers are not limited to the *Siddur* text or to the prescribed times of *davening*.

For a Jew in danger or who simply wishes to pour out his heart to God, the Tehillim of David HaMelech, the Psalms, has been the classical language of "spontaneous" prayer. True, the words are defined, but the feelings poured into the words are spontaneous and individual. In the Yiddish vernacular of Eastern Europe, *zog Tehillim*, "say Tehillim," is virtually a call to prayer, especially when mortal resources are inadequate. We might say that the Tehillim is almost the "personal *Siddur*" of every Jew.

Among chasidim, Tehillim has always occupied a cherished place. This volume presents a selection of writings of the sixth Lubavitcher Rebbe, R. Yosef Yitzchak Schneersohn, on the subject, including specific requests and customs regarding Tehillim. These appeared in various Chasidic publications, and were drawn directly from the "*Kovetz Michtavim*" (*Collection of Letters*) published by Kehot Publication Society in 1953.

Many citations appearing in the endnotes are taken from those in the original *Kovetz*, compiled by the Lubavitcher Rebbe, Rabbi Menachem M. Schneerson [of righteous memory]. The translator, who composed virtually all the comments in the endnotes and Glossary, is responsible for any inadequacies.

Zalman I. Posner

Nashville, Tennessee
13 Tammuz, 5759

RECITING TEHILLIM BECOMES
ACCEPTED PRACTICE
Sichah, Simchat Torah 5696 (1935)

The practice of reciting Tehillim after the morning *davening* has become accepted, thank G-d. A great many observant Jews have instituted the daily recitation of the *yom*, the daily section [of Tehillim, as divided] according to the days of the month, followed by the mourner's *Kaddish*.

It began when a *korban shlamim shel tzibur*, a sacrifice by the community, was demanded from On High. This occurred on Rosh HaShana 5687 (1926). For various reasons, during my imprisonment[1] many communities started saying Tehillim, and this laudable practice has since continued, saving many souls. I express my gratitude to those who took leadership in bringing this about. Besides reciting Tehillim themselves, every individual must make every effort to introduce this custom wherever it is not yet observed. To them, I extend my blessings for children, life, and bounteous livelihoods.

A CALL URGING ALL SYNAGOGUES TO ADOPT THE
DAILY READING OF TEHILLIM
Excerpt from a letter[2] to an emissary

Wherever you go, check whether our practice established over the past six years, that of saying the *yom* Tehillim after the *davening,* and concluding with mourner's *Kaddish* in every *minyan*, is followed. (Of course, individuals who *daven* without a *minyan* are to say the *yom* too.) If the practice has not yet been introduced, urge the congregation to do so, for their own welfare.

The Tzemach Tzedek commented[3] on the Talmudic teaching that a "cup of blessing" should be lifted a handbreadth[4]: King David's "cup," the Tehillim, raises a person a handbreadth higher, "The cup of salvation I lift, and in the name of G-d I call."[5] "Look from Your sacred dwelling place, from the heavens, and bless Your people Israel."[6] Here is not the place to relate the entire narrative of that occasion.

I feel fortunate to learn that my request concerning Tehillim has been widely welcomed among Chasidim and other G-d-fearing Jews. May G-d bestow immense good, visible and revealed good, to the House of Israel, physically and spiritually.

The recitation of Tehillim is not dependent on *nusach*.[7] There is no difference between Chabad *shuls* and those that use *nusach Ashkenaz* or the Polish *siddur*—may G-d bless all [their congregants]. The Torah commands us regarding *ahavat Yisrael*, and indeed, it is engraved in our hearts of our very souls, since it is an essential love of G-d and soul. This means that the love between fellow souls is mutual because they are actually one, since G-d incorporates them all. This is what the Alter Rebbe means when he says that the souls are *uniform*.[8] This refers to the essential love that unifies all Jews regardless of their *nusach*. As is known, each *nusach* is a luminous gate [through which the worshipper ascends during prayer].[9]

This [unity between Jews] is sufficient reason to exert oneself for the genuine welfare of every Jew. [One's efforts are] particularly [justified] considering the tremendous value of public Tehillim and the deeper purpose of this practice. It affects the Jewish community in the material sense, with children, life, and livelihood, and in the spiritual sense—with the radiance of blessing, success, salvation, and redemption. We must emphatically urge every *shul* of whatever *nusach* to adopt the daily reading of Tehillim.

SHABBAT MEVARCHIM

A Letter

15 Menachem-Av 5695 (August 14, 1935)
Otwock, Poland

I have already spoken[10] of the tremendous value of a *Chasidishe farbrengen* and its material and spiritual results. I propose that Chasidim all over the world designate *Shabbat Mevarchim* as the day for *farbrengen*, and during winter months to *farbreng* after *Shabbat* ends.

On *Shabbat Mevarchim* Chasidim shall gather in *shul* early in the morning and recite the entire Tehillim. Afterward, they should spend about an hour in the study of a *maamar* everyone can understand, followed by *davening*. The time for the *farbrengen* is to be determined in each community according to local conditions (may each enjoy happiness, materially and spiritually).

I pray that G-d fulfill my heart's plea and fulfill my blessing, to bestow a bounty of life and blessing, the threefold blessing of children, life, and livelihood, upon the Chasidic community.

With deep fondness and fervent hope for the good and success of everyone—with blessing.

THE "SEVENTH MONTH"

Excerpt from a letter

R ecently, I have requested Chasidim to establish *Shabbat Mevarchim* as an occasion for *farbrengen* wherever Chasidim live, each community in accordance with their circumstances, to facilitate friendly gatherings. I also noted the special order of completing Tehillim publicly early that morning before *davening* and communal study of Chasidus.

I am encouraged that Chasidim will indeed fulfill these requests, fully and out of fond affection. With G-d's help, these

practices will bring about the desired results for all our Chasidim, in body and spirit.

In my diary, I have extensive notes about *Shabbat Nitzavim-Vayelech* in the summer of 5658 (1898) in the Balivka resort, some eighteen miles from Lubavitch and a mile from the Krasnoya station. The first students[10a] had come from Zhebin (in Borisov district, Minsk province), where they were instructed by the *mashpiya* Reb Shmuel Gronem Estherman. At the *Shabbat* afternoon meal, my father spoke at some length in the presence of our guests.

Among other things my father said, "When I was quite young I asked my father (R. Shmuel, known as the Rebbe Maharash), since we bless every month on the *Shabbat* preceding it, why don't we bless the month of *Tishrei* too?"

"My father (R. Shmuel) answered that when he was a boy he asked his father (R. Menachem Mendel, the Tzemach Tzedek) the same question. The Tzemach Tzedek in turn told his son (R. Shmuel) that when *he* was a boy he had asked his grandfather (R. Schneur Zalman, the Alter Rebbe), who answered:

In Mezritch I heard my Rebbe, the Maggid, quote his Rebbe, the Baal Shem Tov. The "seventh month" is the beginning of the year. G-d Himself blesses it on *Shabbat Mevarchim*, the last *Shabbat* in *Elul*. This enables the Jewish people to bless the months eleven more times a year. It is written,[11] "You stand (<u>Nitzavim</u>) this day," the word "day" referring to Rosh HaShanah,[12] the "day" of judgment, as we find, "And the day came"[13] rendered by *Targum*, "It was the day of the great judgment." You stand this day, firmly,[14] for you will be vindicated in judgment. The *Shabbat* before Rosh HaShanah, the last one in *Elul*, we always read *Nitzavim*. This is G-d's blessing on *Shabbat Mevarchim* of the seventh month, which is itself sated and nourishes[15] the Jewish people with great goodness, for the entire year.

A CALL TO INSTITUTE THE
SHABBAT MEVARCHIM PROGRAM

Excerpt from a letter

22 Kislev 5696 (December 18, 1935)

. . . the program of *Shabbat Mevarchim* is relevant to the entire community. It is my strong desire to confer on the Chasidim the privilege of performing an exalted *mitzvah*, which brings with it a stream of blessing and success materially and spiritually—namely, the *mitzvah* of improving the community's spiritual welfare. The ensuing merit accredited to the public shall be attributed to them, thereby crediting them, their wives, their sons and their daughters, with their due merit. For the blessings designated for those who bring merit to the community[16] shall be bestowed upon them.

I therefore request the Chasidim, the *shochtim* and the *gabboim* of the Chabad *shuls* to help in instituting the *Shabbat Mevarchim* program. May G-d bless you in bringing the good from potential to reality. Be blessed materially and spiritually.

THE BAAL SHEM TOV AND THE SIMPLE FOLK

Excerpt from a letter

. . . The simple folk who excel in their pure faith, in their sincerity in reciting Tehillim, in their attendance of Torah classes and brotherly gatherings, and in their fulfillment of the *mitzvah* of *ahavat Yisrael* with affection and joy—they are the pride of the Rebbes [my forebears].

The Baal Shem Tov showed a particular fondness for simple, pious folk. His approach was widely known and was a major rea-

son for the tremendous number of simple Jews who quickly became his devotees, as many accounts attest.

His greatest disciples, however, the *tzaddikim-gaonim*, could not grasp this perspective.[17] True, the Baal Shem Tov frequently sent them to learn traits such as sincerity, trust, simple faith, faith in sages, faith in *tzaddikim*, love of one's fellow Jew, and the like from unlettered Jews. Yet, these distinguished disciples could not appreciate the Baal Shem Tov's affection for ordinary people, and certainly could not emulate him.

Customarily, guests ate two of the *Shabbat* meals at the Baal Shem Tov's table. Participation at the third meal was restricted to the Baal Shem Tov's scholarly disciples, students of the inner circle. No guests were admitted—not even to observe from a distance. One summer *Shabbat*, between 5513 (1753) and 5515 (1755), an incident took place that thoroughly perplexed and bewildered the disciples, a group which then included brilliant and illustrious men like the Mezritcher Maggid and the *Rav* of Polnoye.

A large number of visitors had come for that *Shabbat*, including many undistinguished people such as farmers, artisans, cobblers, tailors, vintners, gardeners, stockmen, poultry-men, and small-time merchants. At the Friday evening meal, the Baal Shem Tov showed these people extraordinary affection. Into the cup of one man, he poured the remains of his *Kiddush*. To another, he gave his own *kiddush* cup to recite *Kiddush*; to several others, he gave pieces of the loaves of his *HaMotzi*. And to yet others he shared a little of the meat and fish of his own portion. He showed other gestures of friendship and affection for these guests, leaving his disciples confounded.

Knowing that they could not attend the second *Shabbat* meal that was reserved for the inner circle, the guests, after their repast, found their way back to the *shul* of the Baal Shem Tov. Since they were totally uneducated, incapable of anything more than simply

reading *Chumash* and Tehillim, they all started chanting Tehillim.

When the Baal Shem Tov sat at the table for the second meal, he seated each of the disciples in a particular place, characteristic of the meticulous approach that governed everything he did. After a short while, he began to share with his students selected Torah insights. The disciples felt a tremendous divine delight in their Rebbe's teaching. As was customary, they sang at the table, and when they saw the obvious joyous mood of the Baal Shem Tov, they were even more pleased, filled with a sense of gratitude and happiness for G-d's favor to them, granting them the privilege of being among the disciples of the holy Baal Shem Tov.

Some of them mused that it was so delightful, without the presence of the simple people who wouldn't have the faintest idea of what the Master was discussing. Why does our Rebbe show such marks of favor to these people, pouring from his cup into theirs, and even giving his cup to one of them to use?

While these thoughts still flitted through their minds, the Baal Shem Tov's face suddenly changed. He became serious, immersed in his thoughts. Without a shift in this mood he addressed his students. "Peace, peace, to the far and the near."[18] Our Sages observe "where the penitent stand the perfect saints cannot,"[19] stressing *perfect* saints. He explained that there are two paths in divine service—the saint's and the penitent's. The service of simple folk belongs to the second level, the loftier level of the penitent—for they are lowly of spirit, regretting the imperfect past and determined to improve the future.

When the Baal Shem Tov concluded, they resumed their melody. Those disciples who had harbored doubts as to their Rebbe's conduct, realized that he had sensed what they had been thinking. His exposition of the qualities of the simple, equating them with the superiority of the penitent over the saint, was obviously addressed to them.

During the singing the Baal Shem Tov was still in his deep

dvekut, but when they finished he opened his eyes, intently examining each disciple. Then he told them each to rest their right hand on the shoulder of their neighbor, linking the disciples sitting around the table. The Baal Shem Tov, naturally, sat at the head.

While in this position, he told them to sing certain melodies, and after the songs he instructed them to close their eyes and not open them until told to do so. Then he rested his right hand on the shoulder of the disciple seated at his right, and his left hand on the shoulder of the disciple seated at his left. The circle was closed.

Suddenly the disciples heard songs and sweet melodies, interlaced with moving pleas, touching the very soul. One voice sang, "*O, Ribbono shel olam*," and launched into a verse of Tehillim, "The sayings of G-d are pure sayings. . . ."[20] Another sang—"*Ai, Ribbono shel olam*," and another verse, "Test me G-d, prove me, purify my heart."[21] A third introduced his verse with a spontaneous cry in Yiddish—"*Tatte hartziger*, be gracious to me; I trust in You and I take shelter in the shadow of Your wings."[22] A fourth voice: "*Ai gevald, zisser fotter in himmel*, let G-d arise; His foes will scatter; His enemies will flee."[23] Another voice was anguished, "*Ty'erer tatte*, a bird has a home; a swallow a nest."[24] Still another pleaded, "*Lieber fotter, derebarmdiger tatte*, bring us back, G-d who helps, erase your anger against us."[25]

Hearing these songs of Tehillim, the holy brotherhood of learned Chasidim trembled. Their eyes were still closed yet tears coursed down their cheeks. Their hearts were shattered by the songs. Each of the disciples fervently wished that G-d help him to serve Him in such a manner.

The Baal Shem Tov lifted his hands from the shoulders of the disciples sitting to his right and to his left, and the music vanished from their ears. The Baal Shem Tov then instructed them all to open their eyes and to sing a number of particular songs.

"When I heard the song of Tehillim," the Maggid later told the Alter Rebbe, "my soul just spilled forth. I felt such a longing, such *ahavah b'taanugim* that I had never yet been privileged to feel. My boots were soaked with the perspiration and tears of *teshuvah* from the inwardness and depths of my heart."

When the Baal Shem Tov stopped singing, a hush fell over the group. He sat in deep *dvekut* for some time, then opened his eyes and said, "The songs you heard were the songs of the simple Jews saying Tehillim with sincerity, from the recesses of their hearts and with simple faith.

"Now, my pupils, reflect carefully on this. We mortals are referred to as only the 'lip of truth,'[26] for the body is not truth. Only the soul is truth, and even the soul is only part of the Whole. Nevertheless, even we are able to recognize truth and sense the truth, and be astounded by it. Consider then how G-d, Who is the ultimate Truth, regards the psalm-singing of these simple men."

The Alter Rebbe told the Tzemach Tzedek that the Maggid had told him, that for the longest time he was deeply distressed for having entertained doubts about his Rebbe's conduct. He had made numerous efforts to rectify this [shortcoming], but still could not calm himself for having wondered at his Rebbe's conduct.

One of those nights the Maggid had a lofty, supernal vision, the Alter Rebbe told the Tzemach Tzedek. But only years later—in fact, only the week before his death—did the Alter Rebbe describe to the Tzemach Tzedek the vision itself. "As I returned through the chambers of Gan Eden," the Maggid had told the Alter Rebbe, "I passed a chamber where small children were learning *Chumash*. Moshe Rabbenu was their instructor.

"The children were all learning *parshat Lech Lecha*. A child read aloud the passage, 'Avraham fell on his face and laughed, thinking to himself—can a one hundred-year-old have a child? And can ninety-year-old Sarah give birth?'[27] Moshe explained that

all the commentaries are true,[28] but that a 'verse retains its simple meaning.'[29] If you wonder how Avraham could doubt G-d's word, the answer is, because of the body, for even a holy body is still flesh.

"Then," the Alter Rebbe said to his grandson, "when my teacher heard that because of the body various thoughts and doubts may occur spontaneously, he was finally relieved."

Clearly, since then great changes have taken place. Though our fathers, the Rebbes in their respective generations, blazed a broad and paved path of Chasidus and Chasidic living, still, in our day, intellects have become smaller, hearts have contracted and shrunk. This is evident in one's limited intellectual grasp, one's "service of the heart,"[30] and in the measure of one's success in improving one's character. By the kindness of G-d, however, and thanks to the merit of the Rebbes, pure faith and unpretentious earnestness can still instill life. It can still engender within us a penetrating enthusiasm for Torah, and inspire us to fulfill the *mitzvot* and to strive to acquire fine character traits.

THE EFFICACY OF A FARBRENGEN
AND THE BRACHAH OF A CHASID

Excerpt from a letter to a community

I was very pleased to learn of the Chasidic *farbrengen*, the gathering of true and devoted friends. Indeed, every *farbrengen* brings fine results in an inward spiritual strengthening, in mutual affection, closeness and confidence. "Each assists his comrade"[31] in everything possible materially, like brothers according to Torah. Each is as concerned with the other's affairs as he is with his own, sharing the joys of the other with deep sensitivity, and sharing when necessary, G-d forbid, in the less joyous, giving

strength and encouragement. This has been the purpose of Chasidic *farbrengens* since the earliest days—to arouse hearts in serving G-d with love and awe. The opening and conduit[32] for this is *ahavat Yisrael* in general, and the love of one's brothers in the Chasidic family in particular. This love brings about affinity of thought, in desirable decisions for establishing times for the study of Chasidus.

Without question, a Chasidic *farbrengen* imbued with love and deep devotion, where participants can sense that "we have one Father,"[33] brings satisfaction in the loftiest heights, in the chambers of the Rebbes, who consecrated their lives on behalf of the welfare of Chasidim—material and spiritual. The effects redound in a blossoming of the threefold blessing, children, life, and sustenance. *Farbrengens* unite the participants who are dedicated to "observe, do, and fulfill"[34] in study and practice what our Rebbes instructed us.

During the summer of 5649 (1889), a certain Chasid was visiting in Lubavitch. He was a renowned scholar of Chasidus, one who exerted himself tremendously in the "service of the heart, namely *tefillah*,"[30] Reb Gershon Ber, of blessed memory. Also there at the time was a noteworthy group of illustrious Chasidim, including Reb Avraham Abba Person, Reb Menachem Monish Monesohn, Reb Chanoch Hendel, Reb Mayer Mordechai, Reb Abba, my teacher Reb Nissan, Reb Aharon the *chozer*, Reb Yaakov Koppel, and others.

One day, a *farbrengen* was held at the quarters of Monesohn, at which many stories were retold. Reb Gershon Ber, a student of Reb Hillel Paritcher, related that Reb Hillel lavishly extolled the power of a Chasidic *farbrengen*. "What a Chasidic *farbrengen* can accomplish, the angel Michoel cannot achieve," Reb Hillel had quoted Reb Zalman Zezmer, who in turn had quoted elder Chasidim.[35] Reb Zalman had recounted what he had heard personally from Chasidim who became followers of the Alter Rebbe,

when his mentor-comrade, R. Mendel Horodoker, departed for *Eretz Yisrael*[36] (in 1776).

"Once, in Horodok, R. Mendel's Chasidim were *farbrenging*, together with the Alter Rebbe, reviewing Torah thoughts of their mentor. After reviewing one particular concept three times, they continued to discuss similar subjects, and in the meantime, someone brought some liquor.[37] During the *farbrengen*, one Chasid, who suffered from an awful disease that the doctors could not treat, pleaded with those present to bless him with a complete and speedy recovery.

"Some of the Chasidim laughed—*Who are we to give blessings? What kind of idea is that?* Others derided the poor man for having faith in ordinary people like themselves. Only *tzaddikim*, they were certain, could dispense blessings.

"The Chasid ignored the protests of his companions, and continued to plead. Finally, he broke down in sobs. In a bid to ease his anguish, the Chasidim started to sing, but the Alter Rebbe called for silence. The singing stopped, and the sobbing Chasid was quiet too. The Rebbe spoke: 'My brothers and colleagues! Have you forgotten the hallowed aphorism. . ., *What a Chasidic farbrengen can accomplish, not even the angel Michoel can achieve?*'

"The reminder of this Chasidic proverb swept away any hesitation. The feeling of affection was palpable as the group blessed their brother with a full recovery."

Quoting Reb Zalman Zezmer, Reb Hillel related that the Alter Rebbe explained the declaration with the following parable:

"For themselves, children naturally desire good things. To another person's needs, however, children are quite indifferent. Though possessive of their own belongings, they are jealous of those of another child. They are prone to envy, quick to anger, and predisposed to other unsavory character traits. Such children trouble parents deeply. One such father was intent on improving his children's behavior, so he hired a teacher to guide and instruct

his children. Later, the father observed his children carefully and witnessed a remarkable change. Now, there was friendship and love among them, peace and comradeship. Each was concerned for the other's wishes, each cared for the other as for himself, to the point of foregoing their own wishes in favor of another's. The father was delighted. Whatever his children asked for he cheerfully granted. And the mentor who had shown the children the path of living a good life—why, the father rewarded him most generously."

Reb Zalman Zezmer concluded: "A *brachah* from Chasidim can awaken more mercies Above than the mercies aroused by the angel Michoel."

After Reb Hillel repeated all he had heard from Reb Zalman Zezmer—continued Reb Gershon Ber—Reb Hillel concluded with this observation: "The sacred declaration, 'What a Chasidic, very brotherly[38] *farbrengen* can achieve, the angel Michoel cannot,' I explain as follows: Besides the *brachah* that Chasidim offer at a *farbrengen*, a *brachah* that is effective in material matters, such as children, health, and livelihood, far more than Michoel can accomplish—there is something more. A Chasidic *farbrengen* is also spiritually efficacious, improving the way one's children live. It creates divine pleasure in the loftiest of heights." Reb Gershon Ber told us that Reb Hillel explained the above-mentioned analogy of the Alter Rebbe at great length.

THE WEEKLY TEHILLIM SCHEDULE
Excerpt from a Letter

8 Tevet 5696 (January 3, 1936), Otwock, Poland

... On *Yud-Tes Kislev*,[39] two years ago, I remarked that the Alter Rebbe and his successors recited the portion of Tehillim as divid-

ed according to the days of the month. I explained, at length, the relevance of the Tehillim recited on the 19th, which starts with *Tefillah L'Moshe*, Psalm 90. You wrote to me, asking how my remarks can be reconciled with the well-known fact that when the Alter Rebbe was notified of his release, he was saying the verse *Padah b'shalom* ("He redeemed my soul in peace, from the war against me . . .").[40] This verse is part of the Psalms *apropos* to Tuesday, as the Tehillim is divided according to the days of the week,[41] the day of the week that the Alter Rebbe was informed of his release. [The verse, however, is *not* part of the Tehillim recited normally on the 19th day of the month, as part of the monthly cycle.]

This question does not disturb me at all. Certainly, the Alter Rebbe and his successors adhered to the schedule of reciting Tehillim according to its monthly division—I received this tradition explicitly, and I saw my own father follow this routine. During his imprisonment, however, the Alter Rebbe also followed the weekly schedule, because of his circumstances.

Although I have no proof, we do know that, at certain times, the Rebbes were accustomed to recite more Tehillim than just the daily-monthly portion—they would say the daily-weekly portion, as well.

Numerous stories support this assertion. Permit me to share with you one particularly important story that occurred during the lifetime of my grandfather, R. Shmuel (the Rebbe Maharash).

In Nissan 5640 (March 1880), my grandfather returned from Petersburg deeply distressed. A high ranking official had proposed new anti-Jewish legislation restricting business activities and harsher regulations prohibiting Jewish residence outside the Pale of settlement. My grandfather had traveled to Petersburg and had nearly obtained concessions, including a year's respite before further consideration of the proposals.

A Senate official, however, a crony of the vicious anti-Semite

who proposed the new decrees, was stubborn, and convinced several colleagues to confirm and implement the proposals in full.

When the Rebbe returned home, he was terribly disturbed, but continued to work on the matter by proxy and letters. The Chasidim Nachum Hermant, Yisrael Chaikin, and Leib Monesohn assumed leading roles in this campaign.

On Tuesday, 2 Iyar,[42] the Rebbe told his son, my father, "Since my stay in Petersburg to deal with the matter of the decrees, I began saying Tehillim *beshofi*."[43] (This was the term used by the Rebbe Maharash. My father explained this to mean following the weekly cycle, besides the monthly one.)

"Today," he told my father, "as I said the verse, 'From every peril he rescued me, and my eye has seen my foe,'[44] the attendant Bentzion entered. He handed me a telegram just delivered from Rudnya (a town, some fifteen miles from Lubavitch, which had a telegraph office), sent by Yisrael Chaikin. The telegram announced that the Senator had suddenly died! (May the same fate befall all of G-d's enemies!) Nevertheless,"[45] the Rebbe Maharash remarked, "I finished reciting the portion of Tehillim."

We see, then, that on special occasions additional Tehillim is said....

The Tehillim of the villager

*Abbreviated notes from the sicha of Simchat Torah 5697(1936),
as recorded by a participant*

Tomorrow is *Shabbat Bereishit*. Make sure to finish your study of the *Sidra, Chumash* with *Rashi*.[46] In general, *Shabbat Bereishit* is the inaugural *Shabbat*, the first step in actualizing everything generated during the Seventh Month.[15] It alludes to the large *Beit*[47] of *Bereishit*, [which our sages interpret as teaching

us that] "for [the sake of] Israel and the Torah."[48] Be scrupulous about learning the daily *parsha* of *Chumash* with *Rashi*, saying the daily Tehillim, and reciting the entire Tehillim on *Shabbat Mevarchim*. It is important to observe this practice for one's own sake, and for the sake of one's children and grandchildren.

In the days of the Baal Shem Tov, a certain Jewish community was once decreed [by Heaven] to be destroyed. The Baal Shem Tov summoned two colleagues, *tzaddikim nistarim*,[49] Reb Mordechai and Reb Kehot. Together, they would constitute a *Beit Din* and could consider how to annul this terrible decree.

(Frequently, the Baal Shem Tov employed the services of these two men, sending Reb Kehot on particularly demanding assignments. Once the Baal Shem Tov sent Reb Kehot on such a mission while he—the Baal Shem Tov—was away from home.[50]

The Maggid wrote the Baal Shem Tov that he had received a letter from Reb Kehot, saying that Reb Kehot had become depressed and discouraged[51] because of the difficulties he encountered, and therefore was incapable of achieving his objective. The Maggid concluded with a request that the Baal Shem Tov either write directly to Reb Kehot, or empower and authorize him—the Maggid—to assist Reb Kehot.)

The Baal Shem Tov performed *aliyat haneshama*,[52] ascent of soul, and learned that the decree was final and could not be rescinded. As he returned, passing the chambers in Gan Eden, he noticed one chamber suffused with an unusual brilliance, a chamber belonging to a villager who said the entire Tehillim five times daily. The brilliance emanated from the sparkling words of Tehillim.

The Baal Shem Tov traveled to the home of this villager and asked him, "Would you sacrifice your share in the World-to-Come, if you knew that you could save a Jewish community?"

"If I have any share in the World-to-Come, I give it up," was his immediate response. And so the decree was summarily annulled.

(Someone present at this *sicha* asked the Rebbe, "How was it possible to say the entire Tehillim five times every day?")

This villager said Tehillim continually. While chopping wood, or doing any sort of work, he kept on reciting Tehillim. Quite conceivably, since he was uneducated, he wasn't scrupulous about his immediate environment, and said Tehillim in places where one should not.[53] But he didn't know the *din* and his intentions were pure, so his Tehillim was effective.

(He will not be held answerable for not knowing the *din* [that saying Tehillim in unclean places is prohibited], since he was uneducated. He will have to explain, however, why he remained uneducated.)

This "purity of intention" brings to mind the story[54] of Rabbi Akiva who heard someone reciting *Shema*, but slightly mispronouncing the last word—instead of *Echad* (One) he said *acher* (other). So Rabbi Akiva explained to the untutored man the distorted meaning of his pronunciation. Now the poor fellow was in a dilemma! He could neither continue with his mistaken pronunciation nor could he master the proper one. Having no other choice, he simply stopped saying *Shema*. This diminished the delight Above, the pleasure derived from the fellow's way of saying *Shema*, since his intentions had been pure.

We can infer [from these stories] the value of repeating words of Torah. Just imagine, a tradesman—a glazier, let's say—awakes early in the morning, says his prayers, eats his breakfast, takes his glass and tools in hand, and goes out seeking some work to earn a few *groschen*. If he would only repeat words of Torah while going about, he would illuminate every place he passed.

❧

THE TEHILLIM OF THE RUZHINER[55]

Excerpt from a letter

. . . In my diary I recorded an anecdote I heard from my teacher Reb Shmuel Betzalel, which he heard from my grandfather (R. Shmuel, the Rebbe Maharash). These are the words verbatim: "When I was eight years old, one *Shabbat* I ventured into my father's room (R. Menachem Mendel, the Tzemach Tzedek). My father was sitting at his usual place studying *Zohar*. Soon, my eldest brother, Reb Baruch Shalom, entered too. Closing the *Zohar*, my father remarked, "When the holy *tzaddik* of Ruzhin says Tehillim, all of Creation is revealed to him. Through his *Shabbat* Tehillim, he perceives the roots of everything in This World. Thus, he can rectify matters at their source, simply nullifying any decrees. As for me, I agree with the counsel of the holy Ruzhiner *Tzaddik*."

This enigmatic story does have an explanation. A special affection existed between the Tzemach Tzedek and the Ruzhiner. A crucial public matter once arose and the Tzemach Tzedek sent the great Chasid, Reb Isaac of Homel, to the Ruzhiner, to discuss the problem and devise some strategy to nullify the decree.

The Ruzhiner received Reb Isaac warmly, and when Reb Isaac relayed the mission assigned to him by the Tzemach Tzedek, the Ruzhiner replied, "Well, we'll say a couple of chapters of Tehillim, and G-d will open the Portals of Light, and we'll see what's going on."

"On *Shabbat*," Reb Isaac later told my teacher, Reb Shmuel Betzalel, "while the Ruzhiner was expounding Torah as usual, he stopped suddenly and ordered everyone out of the room. He told me to remain. After everyone else had left, he advised me, 'Two emissaries should be sent to the capital, and there submit the [following] arguments. With G-d's help, the decrees will be abrogated. Your Rebbe also agrees with me . . . .'"

❧

Instructions for Elul and
the Days of Awe

13 Elul 5697 (September 5, 1936)

To *Yeshivah* Students Everywhere,
May G-d be with them!

By the grace of the Almighty, we all stand in the Pavilion of Mercy, the month of *Elul*, the month of mercies, illuminated with the Thirteen Attributes of compassion.[56]

This is the month of mercies, when the portals of compassion are opened for all who wish to approach the holy, to serve G-d with contrition, prayer, and Torah.

This is the last month of the year, a year that is fading from the present to the past. It is the month of soulful stocktaking, contemplating, and meditating on what happened all through the year. Such reflection is accompanied with thorough remorse for undesirable past behavior, and with firm resolve to be more exacting in performing *mitzvot b'hidur*, to study and *daven* industriously, and to cultivate admirable character traits.

This is the month of preparation for the year that will bring, for us and for all Israel, goodness and blessing, materially and spiritually.

An account passed down through the generations, from Rebbe to Rebbe, concerns a Torah exposition delivered by the Alter Rebbe on *Shabbat Mevarchim Elul*, 5555 (1795). He had heard this exposition from his Rebbe, the Maggid, in the name of the Baal Shem Tov, as follows (in the Alter Rebbe's words):

"The Rebbe (the Maggid) told us what he heard from the Rebbe, the Baal Shem Tov, whose soul is in Eden:[57]

"For had we not tarried [in Hebrew the word *lulé* appears, as an anagram of the word *Elul*], by now we would have returned twice.[58] "We had returned twice" indicates two forms of *teshuvah*.[59]

(a) The general *teshuvah* of Rosh HaShanah in subordinating oneself to G-d's Will.

(b) The particular, individual *teshuvah* of Yom Kippur, detailing one's sins to cleanse them, and thereby be purified.

These two types of *teshuvah* depend on the spiritual stocktaking a person undertakes during *Elul*. "*Lulé* we tarried"—when man "tarries," meaning, he patiently and unhurriedly prolongs his soulful introspection during *Elul*, then "we return twice," meaning, this will later be reflected in the two modes of *teshuvah*, of Rosh HaShanah and Yom Kippur."

But the preparations of *Elul* are of a general nature. We must also get ready in specific ways. During the days of *Selichot*, we prepare for the service of Rosh HaShanah through our prayers for mercy, as servants pleading with their master for forgiveness, truly realizing that "Yours, G-d, is righteousness; ours is embarrassment."[60] The particular preparation for Yom Kippur occurs during the days between Rosh HaShanah and Yom Kippur.

Honored Students:

Those of you who stem from Chasidic backgrounds, or those who wish to learn Chasidus, during the two months of *Elul* and *Tishrei*, shall designate special periods for the study of Chasidus. This study shall be carried out in small groups of two or three friends, studying one *maamar* several times. Also, schedule times to *farbreng*, to discuss Chasidic matters.

During the two days of the coming Rosh HaShanah—starting from an hour before *Mincha* on *erev* Rosh HaShanah, until *Maariv* after the Holy Days—every one of you shall diligently recite Tehillim, day and night. During the two days of Rosh HaShanah, one must be careful to avoid any sort of ordinary conversation, to sleep less than usual, to *daven* longer—pouring out one's heart from its depths—and to spend every spare moment in reciting Tehillim.

While on the subject, I bring to your attention that those who smoke all year and also smoke on *Yom Tov*, are to avoid this on Rosh HaShanah. *Bnei Torah* should be careful about this and influence their acquaintances, too.

It is appropriate that *Yeshivah* students arrange "watches" or shifts among themselves for the two days and nights of Rosh HaShanah—except for the time of *davening*—so that one group (if at all possible try to have a *minyan* in each group) says Tehillim for two or three hours, and then the second group, and the third, and so on. These shifts shall function all night and all day, including mealtimes. During *Aseret Y'mei Teshuvah,* be diligent in studying Chasidus. On the Holy Day itself spend a maximum of time on Tehillim, and on Succot rejoice in the festival and in the Torah.

Yeshivah students, pillars of Creation, unite in concert as one to toil in the study of Torah, accompanied with fear of Heaven. Schedule a time for study that will cultivate religious rectitude. Try to influence your brothers, relatives and acquaintances—lay people—to establish times for Torah study and to organize groups for public study.

May the coming year bring us, and all Israel, goodness and blessing. I bless you, beloved and cherished students, and your parents, brothers and sisters and all your families, among all Israel with a good and pleasant year, materially and spiritually. I remain deeply devoted to you, seeking your welfare, your good and your success, with a heart overflowing with love, blessing you.

✂

THE POWER OF TEHILLIM

Excerpts from the Rebbe's diary, referring to the Tzemach Tzedek's remarks in the letter on page 228

Monday, 1 Elul 5659 (1899), 7:00 P.M.

My father sounded the *shofar*[61] this morning quite early, after *davening*, since he traveled to Lubavitch at eight o'clock (as he did every Monday). I was deeply moved by the *shofar*. It reminded me that the first of *Elul* announces that on this day Moshe *Rabbenu* ascended[62] On High to plead for mercies, that on this day the portals of mercy are opened wide.

Before his departure, my father mentioned that the success of crops growing in the fields—both their quantity and quality—depends on the plowing and sowing [of the field beforehand]. Similarly, the success of gardens and vineyards depends on the planting, cultivation, weeding, watering, pruning of dry branches and the removal of wormy fruit. The effects of rain are visible only in a plowed and sown field, and in a planted and properly weeded vineyard and garden.

Of that Divinely blessed man, Yitzchak, the Torah relates, "And Yitzchak planted in the land,"[63] for without prior planting, there can be no growth.

"The physical and spiritual," my father continued, "parallel one another. There is a vegetative force in the earth—the power to give forth vegetation—which is manifest in all sorts of growing things, from the most rudimentary to the most complex and useful. However, it all depends on the planting and sowing that follow proper plowing. This is paralleled by the "growth power" in *eretz chefetz*, the "Land of [G-d's] Desire."[64] Everything depends upon the tilling and sowing.

"The sharpest plow," he concluded, "is the [Mitteler Rebbe's] *Derech Chayim*, which can plow and crumble the hardest soil." He

then promised to tell me, during subsequent strolls, a story about the book *Derech Chayim*.

This brief conversation of my father's was a continuation of a lengthier one of yesterday on the subject of *Elul*. He had explained that although the gates of mercy are open, the general nature of the service of the month is by *it'aruta deletata*, "arousal from below."[65] This is alluded to by the initial Hebrew letters of *Ani l'do-di*,[66] followed by *dodi li* (first "I am to G-d" and only then "G-d is to me").

Black clouds blanketed the sky, lightning and thunder and a gush of rain. This went on until four in the afternoon when a bright sun shone opposite a brilliant rainbow. I went out to stroll in the garden.

Suddenly, I recalled a conversation that took place ten years ear-lier. It occurred on the first of *Elul* as well. My father had promised that when I was older he would tell me the details of the narrative he had started then.

It was a Wednesday, 1 *Elul* 5649 (1889).[67] I had just come home for lunch from *cheder*—this was always at two o'clock—and I was my usual excited and happy self. These two hours, from two until four, were free, especially since our teacher devoted the afternoon hours on *Rosh Chodesh* to the recounting of stories. When I came home, I found my father in a serious mood. I don't remember whether he had already eaten lunch, but I do recall that he looked grim and that he did not eat lunch with us that day. "Hurry with your meal," he instructed me, "Then come into my room."

I thought that his request must be related somehow to my studies, yet I was intrigued, since it was unusual for father to intrude on my free time. As instructed, I hurried through lunch and proceeded to his room.

I found him sitting at a table between the two east windows, instead of at his desk, saying Tehillim. His eyelashes were moist and his eyes red from crying. I stood at the doorway waiting for

him to conclude the *kapitel* [chapter] he was saying. He closed the Tehillim, marking the place with a handkerchief, and turned to me pleasantly.

"When I was nine years old, during the summer, they finished building the new house after the fire of the summer of 5628 (1868). The first day of *Rosh Chodesh Elul* fell on *Shabbat* that year. After *Shabbat* my father (the Rebbe Maharash) called for me and told me:

'I was nine years old, in the year 5603 (1843) when my father (the Tzemach Tzedek) returned from Petersburg[68] in *Elul*. He sent for me and remarked:

'When I went to Petersburg, I instructed you and your brothers to recite a portion of Tehillim every day. This was specifically so that G-d would be merciful and grant me success, for His Name's sake, for the Concealed and Revealed Torah,[69] and for the welfare of the Jewish people. The Minister's note to the provincial Governor stated that the Rabbinical Commission was to last no more than seven days, or ten at most. In fact, it lasted eight weeks.

'When I was nine years old' [the Tzemach Tzedek continued to his son, R. Shmuel], 'on the first day of *Rosh Chodesh Elul* 5558 (1798) which fell on a Sunday, my grandfather (the Alter Rebbe) told me:

"I received [a tradition] from my teacher, the Maggid of Mezritch, which he received from his teacher, the Baal Shem Tov, in the name of his famed mentor[70]—that from the second day of *Rosh Chodesh Elul* through Yom Kippur, three chapters of Tehillim are to be recited during the course of each day. And on Yom Kippur itself, to recite 36 chapters: nine before *Kol Nidrei*, nine before retiring, nine after *Musaf*, nine after *Ne'ilah*. Whoever starts this program after the first of *Elul* should begin with the chapters of that day (and complete the missed chapters), but should not say more than three a

day." [Thus far, the account of the course of the tradition as it was transmitted through the generations within the Rebbe's family.]

"Now," my father said to me, "take a Tehillim and say the first three chapters. Be careful to say it every day as I have explained, and when you are older, I will disclose to you, G-d willing, everything I was informed about this."

I am surprised at myself. Ten years have passed since then, and every year, with G-d's help, I fulfilled the outlined program, yet somehow I completely forgot—until this moment—what my father had promised me then.

Thursday, 18 Elul, 9:00 P.M.

My joy is boundless! Since I first recollected the promise, as I recorded earlier, about my father telling me a story or discussing some subject with me, I kept recalling the promise but forgetting again.

It was a rainy day today, so father did not go for a walk. He sat on the veranda for some two hours. After reciting for me the maamar "*L'cha Amar Libi*" as he regularly did on the festival of Chai Elul,[71] I recalled the promise of over ten years ago. But I just couldn't bring myself to remind him.

My father could tell that something was disturbing me, so he came to my aid. "You obviously want to ask something but are afraid or embarrassed. Ask and I will answer."

Then I told my father that on the second day of *Rosh Chodesh* I had remembered his instructions to observe the program of Tehillim during *Elul* through Yom Kippur. This was the schedule described above, which he gave me on that same day ten years ago. I told my father that he had promised me then that when I was older he would relate something to me—whether a narrative or some Torah subject, I wasn't sure—regarding this matter. Since that time—5649 (1889)—I have followed this program for ten

years, never once remembering that promise until this year. I decided I would ask him if he would be gracious enough to fulfill his assurance. Then again I forgot. This cycle of forgetting and remembering went on for days, until this moment, so I was embarrassed to ask.

"Ever since I began relating various matters to you—from the summer of 5655 (1895)—I have been waiting for when you would remember to ask. You see, my father, too, did not tell me until I asked him.

"It was [Friday,] the eve of *Shabbat parshat Toldot* 5637 (1876). I was standing in the small study-hall near the table, waiting for my father [the Rebbe Maharash] to leave his room to deliver a *maamar*. Suddenly I recalled his directive to me on the first of *Elul* 5629 (1869), and his promise that when I was older he would relate to me a matter relevant to the directive. I decided I would mention this when I entered his room, but I forgot. This happened a number of times. Finally, during a *yechidut*[72] on the second of Chanukah, early Tuesday morning, I did remember and so asked him.

"My father [the Rebbe Maharash] looked at me penetratingly, a look I cannot forget. I still tremble when I recall it. Then he spoke:"

"In *Tishrei* 5608 (1847), my father [the Tzemach Tzedek] was deeply embittered. He was very serious all through the Holy Days, a mood that sorely troubled my brothers and those close to him. No one, however, had the temerity to ask him the reason.

"The day after Sukkot was a Monday. My father summoned my brother, Reb Baruch Shalom, and gave him instructions. Early every morning, no later than four o'clock, he was to arrange a *minyan* to recite the entire Tehillim. This was to continue until he told them to stop. And not a soul was to have any inkling from whom these instructions came.

"From that Tuesday, until *Shabbat Vayishlach* inclusive, fifty-three days, at 3:00 or 3:30 in the morning, a *minyan* recited the entire Tehillim.

"My father's attendant, Chaim Ber, told us that my father also said Tehillim then, but Chaim Ber did not know how much or which [Tehillim my father recited]. Chaim Ber did notice, however, that after every few verses my father would drop several coins into the charity *pushkas* in his desk drawer. The coins were either copper, silver, or gold.

"My brothers, Reb Yehudah Leib and Reb Shneur Zalman, speculated as follows. The year 5608 was a leap-year, and there is a tradition from the Maggid in the name of the Baal Shem Tov that on a leap-year we require more mercy than during an ordinary year. My brother, Reb Yisrael Noach, ventured that a greater measure of Divine compassion was required since 5608 was a year designated as being propitious for *Mashiach*'s arrival.[73]

"On Friday, 18 *Kislev*, my father called Reb Baruch Shalom and told him to discontinue the mandatory early morning Tehillim. Those who so desire could continue, but he [my father] no longer required it.

"My father celebrated the *Yud-Tes Kislev* festival with great joy, and delivered Chasidic discourses three times. That Chanukah [the first printed] copies of the sacred *Likkutei Torah*[74] arrived from the printer. My father's happiness was great.

"24 *Tevet*, the *yahrzeit* of the Alter Rebbe, was Friday. My father was *shliach tzibur* all three times, and he invited us all to his *Shabbat* table. He was deep in *dvekut* throughout the meal, singing a great deal, including the Alter Rebbe's melody of Four Verses.[75] After the singing he spoke:

"'On the first evening of Rosh HaShanah I discerned a grave [celestial] accusation hanging over the Jewish commu-

nity, particularly Torah students. I was greatly distressed. All my efforts to have my grandfather [the Alter Rebbe] appear to me were fruitless.

"'I did see my father-in-law [the Mitteler Rebbe], who underscored the gravity and implications of the accusation.

"'He said, however, that the decree had not yet been sealed. Intensified prayer and supplications for Divine mercy were imperative. Nevertheless, I was not to publicize the matter, for any publicity could be most detrimental.

"'During the *Simchat Torah* meal, while singing the Alter Rebbe's melody before *bentching*, my grandfather [the Alter Rebbe] appeared to me and said:

"'*A 'wine cup of blessing'*[3] *should be elevated a handbreadth*[4] *above the table. And King David's 'cup of blessing,' namely the book of Tehillim, elevates a person a handbreadth, quashing all accusations. Arrange for the entire Tehillim to be recited clandestinely every morning, by no later than four o'clock, for fifty-three days. The accusation will then be silenced.*'

"My father concluded his account to us sons: 'If you only knew its power and effects in the loftiest of heights, you would spend every possible moment saying Tehillim. Know that the Tehillim shatter all barriers and rise ever higher, without interference, prostrating themselves before the Master of all, and bring about kindness and mercies.'"

(End of diary excerpt)

Excerpt from a Letter

Sunday, 15 Sivan 5688 (June 3, 1928)

At the beginning of the year 5687 I requested that Chasidim institute in every *shul* the practice of saying a *yom* of Tehillim, the daily portion as arranged by the days of the month, after *davening shacharit*, followed by the customary *Kaddish*. For

the public welfare, my request remains in *full force*.[76] (It would be appropriate to do so in every *shul*, for this is not something relevant only to Chasidim.)[77] For doing so they will be blessed from the Source of blessing, with everything good for body and soul ...

Note by the Rebbe, Rabbi Menachem M. Schneerson, in a footnote in the original collection of letters:

The following is an excerpt from the notes of a Chasid who was especially close to the Rebbe's household during the fateful days of the Rebbe's arrest, a year before this letter was written. This Chasid is Reb Eliyahu Chaim Althaus, who wrote "*On the Arrest and Liberation*" of the Rebbe, 5687 (1927). His text follows:

From the beginning of that eventful year, 5687, a terrible dread fell over all those close to the Rebbe, and the Rebbe too was apprehensive. He himself told Reb Michael Dworkin and me in Kostroma[78] in these words:

I was most fearful of the year 5687. I wasn't worried about myself. I was thinking only of the Chasidim. Before I issued instructions to start saying Tehillim, it was very difficult for me.

I asked the Rebbe when had he publicized this directive, and he replied, "On Simchat Torah." Then I recalled that during that Simchat Torah he made *Kiddush* in his mother's quarters and requested repeatedly that the Chasidim resolve to say the daily portion of Tehillim according to the monthly schedule, to say it in every *minyan* after *shacharit*, followed by a *Kaddish*. I remembered asking him then whether I could fulfill this directive by my daily Tehillim before *davening*. He answered, "Tehillim before davening is associated with *Tikun Chatzot*."[79] In general, all the *sichot* of the Rebbe that Simchat Torah day until nightfall were suffused with bitterness, and with a shattered and crushed heart.

I am inclined to think that the well-known note we found in the Rebbe's study on the day of his arrest, a note on the

subject of Tehillim, was also composed during *Elul* 5686 or *Tishrei* 5687. The note was written in pencil, and undated. At the end the Rebbe gives his blessing for a *gliklichen yahr*, a favorable year. Generally, blessings for the year are given at the end or at the beginning of a year. This is my opinion.

Here is a copy of the note found on the table in the Rebbe's study after his arrest on Wednesday, 15 *Sivan* 5687 (June 15, 1927), in Leningrad:

"Listen Chasidim—and all Jews who pine for *Mashiach*. Convey to all Chasidim worldwide, in my name, that I have enjoined upon all Chasidic congregations to recite the portion of Tehillim—as it is divided into the days of the month—after *shacharit* daily, including *Shabbat*. It shall be said with a *minyan* and followed by *Kaddish*. All merchants, businessmen, and those who remain at home should go to *shul* and *daven*, and participate in the study of *Ein Yaakov*. G-d will provide them with an abundant livelihood. In my name, inform *Chasidim* that I have so directed. To others, explain that as a matter of *ahavat Yisrael* and for the welfare of Israel I entreat them to comply. May G-d help them with a prosperous year spiritually and physically, and may we all merit the ultimate redemption through *Mashiach*, Amen."

STUDYING ONE'S *KAPITEL* ON ROSH CHODESH

Excerpt from a letter

18 Tevet 5701 (January 17, 1941)

. . .There is an age-old custom to study, every *Rosh Chodesh*, one verse from the chapter of Tehillim corresponding to one's age,[80] together with *Rashi's* commentary, and optionally with

other commentaries. If the chapter has less than 12 verses, or [even if it has 12 verses but] the year is a leap year,[81] then the necessary number of verses are re-studied. For chapters containing more than 12 verses, two or more verses are studied every *Rosh Chodesh*. . . .

SAYING ONE'S *KAPITEL* DAILY

Excerpt from a letter

9 Tevet 5709 (January 10, 1949)

(You are familiar with the custom, received by the Alter Rebbe) from his Rebbe, in the name of his Rebbe, our teacher the Baal Shem Tov—namely, to say the chapter of Tehillim that corresponds to the number of one's years,[80] after *davening shacharit*, before saying the customary daily *yom*, the portion of the day....

THE RECITATION OF PSALM 20

from Siddur Tehillat Hashem, p. 190

For some years now, many congregations, both those who pray according to *Nusach Ari* as well as others, have instituted the practice of saying, after *shacharit* every day [and after *Musaf* on *Shabbat* and Festivals], a section of Tehillim, as it is apportioned according to the days of the month. After Tehillim, Mourner's *Kaddish* is said.

Every *Shabbat mevarchim*, early in the morning, before prayer, the entire Tehillim is said, followed by Mourner's *Kaddish*. If a *yahrzeit* or mourner is present, Mourner's *Kaddish* is said after each of the five Books of Tehillim.

This is observed on the *Shabbat* before Rosh HaShanah too.

On those days that *Tachanun* is not said, and therefore

Lam'natze'ach . . . ya'ancha[82] is also omitted, this Psalm is recited after the prayer, before the daily section of Tehillim, as part of Tehillim.

GLOSSARY
AND NOTES

GLOSSARY OF HEBREW AND YIDDISH WORDS

Ahavah B'taanugim—"Love in delights": the highest form of love of G-d that mortals can attain. It is of an order of the "delight" of Gan Eden, a "gift" G-d grants. See Introduction to *Tanya* part II.

Ahavat Yisrael—Love of Israel, paralleling love of G-d and love of Torah.

Alter Rebbe—"Old" Rebbe (Yiddish): R. Schneur Zalman, founder of Chabad.

Aseret Y'mei Teshuvah—"Ten days of return" beginning with Rosh HaShanah and ending with Yom Kippur.

Beit Din—Torah court, generally composed of three judges.

Bentching— "blessing," especially applied to the Blessings After Meals. "You will eat and be satisfied; bless G-d," the Torah teaches us. See comments on *daven* for explanation of an English suffix on a Yiddish root.

Bereishit—Genesis.

B'hidur—See *hidur*; the prefix means "with."

Bnei Torah—Torah students; age and occupation are irrelevant.

Brachah—"blessing"; one may "bless" G-d or his fellow-man. A brachah from a Rebbe is particularly cherished, but our Sages caution us, "Do not denigrate the brachah of an ordinary person." A brachah offered with affection and concern is valued.

Chabad—Acronym for *Chochmah, Binah, Daat* (generally rendered: wisdom, understanding, knowledge): the school within Chasidus founded by the Alter Rebbe, stressing (as the acronym states) the intellect.

Chasidus—Movement established in the mid - 1700's by R. Israel Baal Shem Tov to rejuvenate the Jewish spirit, through emphasis on the unassailable integrity of the Jewish soul, joy, a sense of privilege in serving G-d, impassioned worship, and devotion to a fellow Jew's material and spiritual welfare. The movement spread swiftly and within several decades had gained countless adherents, or Chasidim (Chasid, sing.). *Chasidishe* is Yiddish for Chasidic. *Chasidus* is also used for the doctrine and the literature of the movement, and is an area of study and scholarship within Torah.

Cheder (lit. "room")—Elementary Torah school.

Chozer—"Reviewer," For almost two centuries, remarkable attentiveness and memories were necessary to retain *maamarim* delivered orally by the Rebbe. Immediately after the *maamar* the Chasidim reviewed the Rebbe's words, attempting a verbatim reconstruction. The leader in this enterprise is called the chozer, and is usually a leading scholar and exemplar of Chasidus. The development of recording machines,

accepted with alacrity by Chasidim, has not really diminished the status of, or need for, the chozer.

Chumash—First Five Books of the Torah. While comprehension is required in the Oral Torah, Talmud, and similar literature, simply reading the words of Chumash and Tehillim is a virtue quite apart from understanding. For example, we review the entire Portion of the Week twice, with the *Targum* (Aramaic translation) and/or commentary of Rashi once, before the Torah reading on *Shabbat*.

Daven—Worship, pray; origin unknown but is standard Yiddish usage. It has connotations that are distinctively Jewish, in contrast to English words like "pray" and "worship," so the translator took the liberty of using this term even with English suffixes (davening, davened, etc.).

Derbaremdiger Tatte—Merciful Father. Unsophisticated Jews frequently used Yiddish as the language of spontaneous affectionate discourse with G-d, addressing Him as they might address a father, familiarly, openly, informally. R. Levi Yitzchak Berditchever, a confrere of the Alter Rebbe, did this frequently.

Devarim—Deuteronomy. ,

Din—Particular Torah law or ruling.

Dvekut—Cleaving. During impassioned worship one may experience dvekut, profound communion with G-d, total unawareness of the physical surroundings. A *tzaddik* can apparently create a mood of dvekut readily, perhaps because his ordinary condition is a concealed or inward dvekut anyway, never being detached from G-d. Nor, of course, is dvekut limited to davening—again, for a *tzaddik*, a meal is not a gratification of a physical need, so it is no barrier to closeness to G-d.

Elul—Twelfth Hebrew month, precedes *Tishrei* (Rosh HaShanah, etc.), and is the beginning of the period of introspection and repentance.

Emor—*Sidrah* comprising chs. 21 - 24 of *Vayikra*.

Erev—Eve (of).

Farbrengen—Chasidic gathering with (or without) the Rebbe's participation. Farbrengens weld Chasidim into a true band of brothers. In the galaxy of practices that make up the life of a Chasid, farbrengens are a vital part. When Chasidim "farbreng" among themselves, what they do is in a sense, translate the doctrines and values of Chasidus into immediate and personal terms appropriate to the participants. The presence of an older Chasid who talks to the group is common, for he can instruct and guide the younger Chasidim. The mood is highly informal, with song a central element. (The translator took liberties with this Yiddish word as he did with "daven" above.)

Gabboim—Lay leaders of shuls and communities.

Gan Eden—Garden of Eden; Paradise: Adam's origin, and (hopefully) the soul's destination. In Chabad terms, it is one of the higher of the Four Worlds, where affinity with G-d is palpable, where one "enjoys the radiance of the *Shechinah*," as the Talmud puts it.

Gaonim—Brilliant Torah scholars.

Gevald—Yiddish exclamation.

Groschen—Small Polish coin.

HaMotzi—*Brachah* recited before tasting bread: a rabbinical requirement expressing the concept that "the earth is G-d's" and we have no right to use it, unless we acknowledge His mastery, and then "the earth He gave to man."

Havdalah—"Separation": prayer recited over wine at the close of Shabbat or a Festival.

Hidur—"beauty"; performing a *mitzvah* beyond the minimal requirements.

Iyov—Job.

Kabbalah (lit. "received")—Generally rendered "mysticism," Jewish of course; tradition exploring the "unrevealed" portions of Torah, eschatology, the nature of G-d, creation, etc. It seeks to perceive the spiritual reality that underlies the material reality, whether in the created world or in the open meaning of Torah.

Kapitel—"chapter," used in reference to Tehillim and other Scriptures.

Kiddush—"Sanctification" of Shabbat and Festivals, generally recited over a cup of wine at the start of the holy day.

Kislev—Third Hebrew month.

Lech—*Sidrah* comprising chs. 12-17 of *Bereishit*.

Lieber foter—(Yiddish) Beloved father.

Lubavitch—Townlet in Belarus where the Chabad Rebbes lived for over a century, leaving it during the first World War. "Luba" in Russian is "love," the attitude toward one another that Lubavitch exalted. Since place names are frequently used for identification, the term "Lubavitcher" is used. "Chabad" is in effect virtually synonymous with "Lubavitch", being the Hebrew equivalent for the ideology and movement.

Lulav—Palm branch used during Sukkot.

Maamar (pl. **maamarim**)—Formal Chasidic discourse on doctrine, delivered originally by a Rebbe and then studied and repeated by Chasidim. In structure, the maamar begins with a quotation from Scripture or a Rabbinic statement. Problems are posed. The maamar proceeds with exposition of doctrine, ending with the resolution of the original problems. Maamarim may address themselves to the mind, with subtlety and profundity, or to the heart. Maamarim may be individual or part of a *hemshech* (series) delivered over the course of months and years, elaborately discussing and developing themes of Chasidus.

Mashpiya—Elder Chasid assigned by the Rebbe to instruct young Chasidim and even communities in Chasidus, and especially to guide them in the "ways of Chasidim and Chasidus," concerned with their character development, religious sensibilities, davening, and other intangibles as much as he is concerned with their knowledge. The mashpiya is a distinctive Chabad phenomenon, though he has counterparts in non-Chasidic *yeshivot*.

Melachim—Kings.

Minchah—Afternoon *davening*, preferably recited between half an hour after midday and sunset.

Minyan—Quorum of ten for public worship: the minimum number for a "community" rather than a group of individuals. The term is also used for a place of worship.

Mitteler Rebbe—"Middle" Rebbe, R. DovBer, son of the Alter Rebbe.

Mitzvah—Commandment; colloquially "good deed." In Chasidic terms, it stems from the root *tzavta*, attachment, the mitzvah creating a bond between G-d Who commands and man who performs.

Moshe Rabbenu—Moses our teacher.

Mashiach—Messiah.

Musaf—"Additional" *davening* on certain days, commemorating the "additional" altar offerings brought on those days.

Ne'ila—"Closing" *davening* on Yom Kippur, as the Gates of Mercy "close."

Nitzavim—*Sidrah* comprising *Devarim* 29:9–30:20. *Vayelech* is chapter 31. The two are read on successive Saturdays when Yom Kippur and Sukkot fall on weekdays.

Nusach—See note 7.

Parshah—Portion of Torah: sometimes referring to the portion (or *Sidra*) of the week, sometimes to the sub-portion, the particular section read for each of the seven people called to recite the *brachah* at the Torah reading: *sheni* is the second, *shlishi* the third, etc.

Pushka—Charity box: a delightful fixture for every Jewish home, meant to be used constantly by every member of the family.

Reb—Used before the first name of an adult male, and may indicate respect, though all it indicates is the married status of the person. It is quite common to use no other title whatsoever in Torah circles when mentioning men of true stature, any title being redundant.

Rebbe—The leader of a Chasidic community. He may be formally ordained but his function is not that of the ordained "Rav" who rules on questions of Torah law and is officially responsible for his particular congregation or community.

Ribbono Shel Olam—"Master of the Universe"; Hebrew term adopted into Yiddish as a vernacular address.

Sidrah—Portion of the Torah read each week on *Shabbat*.

Shabbat mevarchim—The *Shabbat* preceding *Rosh Chodesh* (the start of the New Month), when prayers "blessing" the New Month are offered.

Shacharit—Morning *davening*.

Shechinah—Divine presence.

Shliach tzibur—"Emissary of the congregation": cantor; reader who leads public davening.

Shmoneh esrei—"Eighteen," for the original number of blessings in this climax of the daily *davening*; also called *Amidah*, since it is recited standing, and *Tefillah*, for it is the quintessence of prayer. Chabad delineates the four sections of the davening as parallels of the "Four Worlds," with Shmone Esrei the ultimate.

Shmot—The Book of Exodus.

Shochtim (sing. shochet)—Ritual slaughterers of fowl and animals, in accordance with Jewish law, for subsequent consumption. The shochet is traditionally outstanding in piety, and ranks high in whatever hierarchy there is among Chasidim.

Shofar—Ram's horn sounded on Rosh HaShanah; reminiscent of the ram "tangled in the bush by its horns" during the Binding of Yitzchak (Bereishit 22), the shofar sounded at Sinai (Shmot 19) and the shofar of *Mashiach* (Isaiah 27:13, et al.).

Shul—Synagogue.

Sicha (pl. sichos)—Informal discourse of the Rebbe at a *farbrengen*. It may be far-ranging, includ-ing Chasidic doctrine, commentary on current world events, reminiscences on Chasidic history, exhortations, etc. The informality is in contrast to the structure of the *maamar*.

Tachanun—Penitential prayers offered on ordinary weekdays after *Shmone Esrei* during *Shacharit* and *Minchah*.

Tammuz—Tenth Hebrew month.

Tatte hartziger—Compassionate Father.

Tehillim—Psalms.

Teshuvah—"Return" or repentance, a constantly recurring theme in Chasidus. See *Iggeret HaTeshuvah* (*Tanya*, part III), and end of *On the Teachings of Chasidus*. Chasidus vigorously insists that teshuvah is not limited to remorse for sins.

Tzaddik—Righteous; saint. See note 26.

Tzemach Tzedek—Title of massive body of Torah commentaries (on Mishnah, Talmud, and responsa) composed by R. Menachem Mendel, the third Chabad Rebbe. It is common practice to call a scholar by the name of his major work rather than by his given or family name.

Tyerer tatte—Dearest Father.

Vayikra—Leviticus.

Vayishlach—*Sidrah* comprising *Bereishit* 32:4–36:43.

Yahrzeit—Anniversary of a death. Observed by close relatives; disciples will observe a mentor's yahrzeit appropriately, and

Chasidim mark the yahrzeits of Rebbes scrupulously. The yahrzeit marks a fresh stage in the continous ascent of the soul.

Yeshaya—Isaiah.

Yeshivah—School for advanced Torah study, concentrating primarily on Talmud.

Yitzchak—Isaac.

Yom—Day; used for prayers said on a certain day, in this context the Tehillim portion, as well as for the psalm of the day in morning *davening*, etc.

Yom Tov—A festival.

Zisser foter in himel—Sweet Father in heaven.

NOTES

*[In this edition, footnotes other than the Rebbe's
are enclosed in square brackets. —Ed.]*

1. Above, p. 253. [The Rebbe was arrested in 1927, imprisoned in Leningrad, then exiled to the penal colony of Kostroma, and finally released on his birthday, 12 Tammuz, and exiled from Russia. See *The Heroic Struggle* (Kehot, 1999). After leaving Russia the Rebbe travelled extensively in Europe, Eretz Yisrael, and America, settling finally in Otwock, Poland. He arrived in the United States permanently in 1940.]

2. [See *Sefer Hamamaarim Kuntreisim*, vol. 1, p. 273a. Also see the author's *Igrot Kodesh*, vol. 2, p. 522, et passim.]

3. Above, p. 252. [*Kiddush, Havdalah* and various other *mitzvot* are recited over a cup of wine. The Talmud (*Berachot* 51a) states that the wine cup should be raised a handbreadth above the ground (if one is sitting on the ground; or a handbreadth above the table, if one is sitting at a table—Rashi).]

4. [*Likkutei Torah*, Devarim 60c. The measure of a handbreadth as it applies to other *mitzvot* (*shofar, lulav*, etc.) is discussed. Briefly, one interpretation discusses the elevation of G-d as revealed in Creation to G-d as He transcends Creation, or in Chabad terms, union of *memalé* (permeating) and *sovev* (encompassing). In our text, the subject is elevating man from mundane bonds.]

5. [Tehillim 116:13.]

6. [Devarim 26:15.]

7. [*Nusach* refers to the text of the prayers, texts that developed variations primarily in *Ashkenaz* (Central and Eastern Europe, lit. "Germany"), *Sefard* (lit. "Spain," for Jews under the Spanish influence), and in Mediterranean and Arab countries. The Kabbalists in Safed some 400 years ago developed a text based heavily on Kabbalah, close to the Sefardic text. As Chasidus took root, primarily in Poland, this *nusach* was adopted. The "Polish *Siddur*" is this variant on the classical Sefardic nusach. The Chasidic *Siddur* is also called Nusach Ari for the leader of the Safed Kabbalists, Reb Yitzchak Luria, many of whose doctrines are fundamental to Chabad.]

8. [In the original, *mat'iemot*.] Tanya, ch. 32. See also *Derech Mitzvotecha, Mitzvat Ahavat Yisrael*. [See also *Kuntres Ahavat Yisrael*, Kehot, p. 25, English ed.]

9. [See the Translator's Introduction, *Siddur Tehillat Hashem*, Kehot.]

10. Above, p. 16.

10a. Of the Tomchei Tmimim Yeshivah, established one year previously by the writer's father.

11. [Devarim 29:9.]

12. *Likkutei Torah*, Nitzavim 44a. [This *parshah* is invariably read before Rosh HaShanah and is alluded to in the word "this day" referring to Rosh HaShanah, for "this day is the start of Your works, a memorial to the first day" (Rosh HaShanah *Musaf*).]

13. [Iyov 1:6.]

14. *Tanchuma, Nitzavim.* ["Though these curses (Devarim 28:15-68) come upon you. . . though these sufferings afflict you, you stand firm, as it is said, 'You stand (*nitzavim*) this day all of you.'"]

15. *Vayikra Rabbah,* Emor 29:7. ["The seventh month—the month sated with every-thing. (The Hebrew word for "seven" and "sated" have the same letters.) It has harvests and blessings, atonement, *Sukkah* and *lulav* and *aravah*." The next para-graph (29:8) uses a third interpretation, using the same letters to make the Hebrew word for "oath": it is the month G-d "swore" to remember the Binding of Yitzchak when his children come to judgment laden with sin. In his comments to Tanya (*Kitzurim V'Haarot,* p. 58), the Tzemach Tzedek applies these three interpretations to the opening passage of Tanya, "The soul vows to be a *tzaddik* and not be wicked": the soul sated with endowments, with the seven attributes, to enable him to be a *tzaddik.*]

16. [In the succinct Hebrew original: *memazekei harabbim.*]

17. [Avot 2:2 is one source that lauds those who strive for others. The saint in isola-tion, indifferent to others, is not an object of admiration.]

18. [Yeshayah 57:19.]

19. [Berachot 34b.]

20. [Tehillim 12:7.]

21. [Tehillim 26:2.]

22. [Tehillim 57:2.]

23. [Tehillim 68:2.]

24. [Tehillim 84:4.]

25. [Tehillim 85:5.]

26. [Chasidus describes three planes of truth—the "edge (or "lip") of truth," truth, and "truth's truth," the last being ultimate or perfect truth. See] *Likkutei Diburim,* vol. II, p. 580; Simchat Torah 5690, par. 4. Tanya ch. 13 [describes the *ahavah* of the *benoni* during worship as the "lip of truth," not as "true" truth, since it dis-appears afterward. Since it can be aroused again, it is still in the category of truth.] *Likkutei Torah, Behar* [describes the *ahavah* of the *tzaddik,* constant and innate, as "true" *ahavah,* subject to no fluctuations. (*Benoni* is the subject of the *Tanya,* and is described in chapter 12 as one who controls his impulse to evil but has not begun to transform it. *Tzaddik,* as Chabad explains it, is the plane where evil has been transformed—wholly or in part—but in either case, where the potential for evil has been eliminated.)]

27. [Bereishit 17:17.]

28. See *Bereishit Rabbah* 47:4.

29. [Shabbat 63a.]

30. [I.e., *davening*; Taanit 2a. The totality of man is to be involved in *avodah,* the service of G-d. The service of the brain is Torah study, the service of the hands is any *mitzvah* performed by the hands. The service of the heart is *tefillah,* worship, expressing the emotions of love of G-d and "fear" of Him.]

31. [Yeshayah 41:6.]

32. *Sichah,* 19 Kislev 5689.

33. Tanya, ch. 32.

34. [Siddur (Kehot ed.), p. 45; Sotah 37a.]

35. [The reader will note how punctilious the Rebbe is about attribution. From earliest childhood he absorbed the living history of Chasidus and of his own saintly ancestors from relatives and Chasidim. He kept a careful diary all his life, a habit he gratefully credits his teacher, Reb Nissan Skoblo, for urging on him. He carefully noted precisely how he received a tradition, from whom, etc., so that its authenticity could be verified.]

36. [For two generations, under the Baal Shem Tov and the Maggid, the Chasidic movement was united under one leader. When the Maggid died in 1772, his disciples branched into differing schools with particular emphases. Generally they stressed emotion, worship, and joy. The Alter Rebbe became a disciple-comrade of Reb Mendel Horodoker until the latter left with a group for Eretz Yisrael. Then the Alter Rebbe became head of the Chasidim in White Russia-Lithuania and developed his school of Chasidus, Chabad, with its stress on intellect.]

37. [*L'chayim* has apparently been a fixture at Chasidic gatherings since the earliest days. The blessings offered with the *L'chayim* cemented friendships.]

38. This requires further analysis, since the Alter Rebbe did not mention the words, "very brotherly."

39. [In 1798 the Alter Rebbe was arrested and tried, and finally exonerated on his teacher's *yahrzeit, Yud Tes* (19) *Kislev*. The day has become the "Rosh HaShanah" of Chasidim, a festival universally observed. For details on the events, see *Rabbi Schneur Zalman of Liadi* by N. Mindel, Kehot 1971.]

40. [Tehillim 55:19.]

41. [The 150 Psalms are variously divided: (a) 30 "days" (*yom*) for each day of the month; (b) 7 days of the week; (c) 5 "Books" paralleling the Five Books of the Torah.]

42. The birthday of the Rebbe Maharash.

43. [Lit. copiously.]

44. [Tehillim 54:9.]

45. Cf. *Shulchan Aruch, Orach Chaim* 569.

46. [A practice instituted by the Alter Rebbe, and of course maintained by Chasidim ever since, is the daily study of a *parshah* of *Chumash* with Rashi, each day's portion being the *aliyah* of that day. On Sunday one learns until *sheni*, on Monday until *shlishi*, etc.]

47. [The size of the letters in the Torah scroll is uniform, apart from one full *alef-beit* in large size and one full *alef-beit* in small writing. These exceptions are scattered throughout the Written Torah. The small *alef* is in the first word of *Vayikra* and the large *alef* is in the first word of Chronicles, "Adam". The Torah begins with a large size letter, the *beit* of *Bereishit*.]

48. [See Rashi. *Beit,* the second letter, signifies "two," for the two called "Beginning,"

Israel and Torah.]

49. [The Baal Shem Tov from his youth was a member of the society of "Hidden Saints," itinerant and unrecognized. Their doctrines were drawn from Kabbalah, and they were precursors of Chasidus. See *Memoirs of the Lubavitcher Rebbe*, Kehot, for fascinating accounts of this circle.]

50. *HaTamim* VI, p. 26.

51. [In the original, "*mochin d'katnus*."]

52. [A soul "descends" into the mundane world to act within the body, which contains, even "imprisons," the soul. The Baal Shem Tov was of an order of saintliness of soul and purity of body such that the two were not in any way antithetical. Though his soul descended, it was not prevented from "ascending" to a plane higher than the physical world, closer to G-d.]

53. [For examples of such places, see *Kitzur Shulchan Aruch* (Code of Jewish Law), section 5.]

54. See *Shir Hashirim Rabbah* 2:3, s.v. *Vediglo alai ahavah*. [Which the Midrash explains to mean: "Mispronunciations" made in sincerity are accepted by G-d "with love."]

55. [R. Yisroel of Ruzhin, descendant of the Maggid, d. 1850.]

56. [Shmot 34:6-7.]

57. [A word of blessing is offered when a *tzaddik's* name is mentioned. "Whose soul is in Eden" is frequently used when referring to a Rebbe who has passed on.]

58. [A characteristic "Chasidic" play on Torah words. The passage is in Bereishit 43:10.]

59. [Repentance, or as Chasidus prefers, return.]

60. [Opening words of *Selichot* prayers offered at midnight after the *Shabbat* preceding Rosh HaShanah, and early on the following mornings.]

61. Our custom is to begin blowing the *shofar* after *Shacharit* on the second day of *Rosh Chodesh*. During the course of the first day of *Rosh Chodesh* [which is also the last day of the month of *Av*], the *shofar* is blown for practice.

62. [Moshe ascended Mt. Sinai to receive the Torah on Shavuot, and came down on the 17th of Tammuz to find the Golden Calf. He ascended the mountain on *Rosh Chodesh* Elul and spent forty days there again, until G-d declared, "I forgive, as you say," to Moshe, pardoning the sin of the Golden Calf. This was the first Yom Kippur.]

63. [Bereishit 26:12.]

64. [Malachi 3:12: "For you shall be the land of desire, says the L-rd of Hosts."]

65. [Initiative may come from G-d, from "Above," eliciting a response by man. This is expressed in "My beloved is mine and I am His," Israel's declaration about G-d. The initiative is G-d's. This is found in the Exodus, where the people did not make the first move to freedom, but responded to G-d's revelation. However, the *Elul-Tishrei* mood is "I am to my Beloved" first—Israel turning to Him, and then He responds, answering the prayers of Israel.]

66. [Shir Hashirim 6:3. The reverse order mentioned above is found ibid. 2:16.]

67. [The Rebbe was nine years old then.]

68. [See The "Tzemach Tzedek" and the Haskalah Movement (Kehot) concerning the Rabbinical Commission.]

69. [See On the Teachings of Chasidus, beginning.]

70. Apparently a reference to Achiyah of Shiloh. See Sefer HaSichot Summer 5700 [p. 159]. [He is the prophet in I Melachim 11:29. On his 26th birthday, 18 Elul 1724, the Baal Shem Tov experienced the revelation of the soul of Achiyah who taught him for the next ten years. At Achiyah's instruction, on 18 Elul 1734, the Baal Shem Tov revealed himself and his new movement, Chasidus.]

71. The birthday of the Baal Shem Tov and of the Alter Rebbe, 18 Elul. ["Chai Elul," a Chasidic aphorism has it, brings "life" (chayus) into Elul.]

72. [Yechidut plays a vital role in the life of a Chasid. It is the private audience with the Rebbe where a Chasid may unburden himself of the problems troubling him—material ones, or, for the true meaning of yechidut, spiritual-religious problems. He will receive guidance from the Rebbe, often pithy, that will direct his development all his life. He will cherish the Rebbe's words, imprinting them indelibly in his memory, repeating them (if they are not too perso-nal), and living by them. Chasidim of the Alter Rebbe spent as much as seven years in preparation for their first yechidut. Yechidut, of course, is not necessarily a one-time event, but may take place at various times and stages in one's development. While the subjects of yechidut are each Chasid's personal affairs, they do include directions in Torah study, davening, character traits, and contrition for failings.]

73. [In the original Hebrew, ketz, (lit. end), meaning an end to exile.]

74. [A massive work, a compilation of the Alter Rebbe's maamarim delivered orally and recorded (a few are from his notes), with commentaries by the Tzemach Tzedek. Likkutei Torah covers the last three of the five Chumashim plus Shir HaShirim; the volume covering Bereshit and Shemot is known as Torah Or.]

75. [Ten melodies are attributed to the Alter Rebbe, of which this is considered the most important, sung only on special occasions. The four verses that comprise this melody—hence its name—are explained symbolically in various ways, such as they parallel the Four Worlds discussed so often in Chasidus, etc. The notes have been transcribed and published in Sefer HaNigunim.]

76. [Italics in original.]

77. [Parentheses in original.]

78. [The penal colony where the Rebbe was sent from Leningrad.]

79. [Midnight prayers emphasizing the exile of Israel and of the Shechinah, and contrition for sin, followed by Tehillim. It is replete with Kabbalistic overtones.]

80. For example, when one turns 13 years old, one studies chapter 14.

81. [During a Jewish leap year, which by definition contains 13 months, even a chapter with exactly twelve verses still does not provide a new verse to study every month of the year.]

82. [Psalm 20, recited weekday mornings between Ashrei and Uva l'tzion. (Siddur (Kehot ed.) p. 71)]

MOURNER'S KADDISH

Mourners recite the following Kaddish.
Congregation responds אָמֵן as indicated.

יִתְגַּדַּל וְיִתְקַדַּשׁ שְׁמֵהּ רַבָּא. (Cong.—אָמֵן) **בְּעָלְמָא דִּי בְרָא כִרְעוּתֵהּ וְיַמְלִיךְ מַלְכוּתֵהּ, וְיַצְמַח פּוּרְקָנֵהּ וִיקָרֵב מְשִׁיחֵהּ.** (Cong.—אָמֵן) **בְּחַיֵּיכוֹן וּבְיוֹמֵיכוֹן וּבְחַיֵּי דְכָל בֵּית יִשְׂרָאֵל, בַּעֲגָלָא וּבִזְמַן קָרִיב וְאִמְרוּ אָמֵן:**

(Cong.—אָמֵן. יְהֵא שְׁמֵהּ רַבָּא מְבָרַךְ לְעָלַם וּלְעָלְמֵי עָלְמַיָּא, יִתְבָּרַךְ.)

יְהֵא שְׁמֵהּ רַבָּא מְבָרַךְ לְעָלַם וּלְעָלְמֵי עָלְמַיָּא. יִתְבָּרַךְ, וְיִשְׁתַּבַּח, וְיִתְפָּאַר, וְיִתְרוֹמַם, וְיִתְנַשֵּׂא, וְיִתְהַדָּר, וְיִתְעַלֶּה, וְיִתְהַלָּל, שְׁמֵהּ דְּקוּדְשָׁא בְּרִיךְ הוּא. (Cong.—אָמֵן)

לְעֵלָּא מִן כָּל בִּרְכָתָא וְשִׁירָתָא, תֻּשְׁבְּחָתָא וְנֶחֱמָתָא, דַּאֲמִירָן בְּעָלְמָא, וְאִמְרוּ אָמֵן: (Cong.—אָמֵן)

יְהֵא שְׁלָמָא רַבָּא מִן שְׁמַיָּא וְחַיִּים טוֹבִים עָלֵינוּ וְעַל כָּל יִשְׂרָאֵל, וְאִמְרוּ אָמֵן: (Cong.—אָמֵן)

Take three steps back, then bow right saying עֹשֶׂה שָׁלוֹם בִּמְרוֹמָיו, bow forward saying הוּא, bow left saying יַעֲשֶׂה שָׁלוֹם עָלֵינוּ, and bow forward saying וְעַל כָּל יִשְׂרָאֵל, וְאִמְרוּ אָמֵן.

From Rosh Hashanah through Yom Kippur, substitute הַשָּׁלוֹם for שָׁלוֹם.

עֹשֶׂה (הַשָּׁלוֹם) שָׁלוֹם בִּמְרוֹמָיו, הוּא יַעֲשֶׂה שָׁלוֹם עָלֵינוּ וְעַל כָּל יִשְׂרָאֵל, וְאִמְרוּ אָמֵן: (Cong.—אָמֵן)

לעילוי נשמת
מרת **דינה שרה** בת ר' **שמואל הכהן** ע"ה
פיינהנדלער

נפטרה ביום הפורים
י"ד אדר, ה'תשע"ב

ת. נ. צ. ב. ה.

✾

נדפס ע"י
בעלה ר' **פייבל אברהם** ב"ר **שמחה**
ובני' **חיים יחיאל ושמחה שמואל**
שיחיו

◆━━◆━━◆

DEDICATED

IN LOVING MEMORY OF

MRS. DINA SARAH FEINHANDLER

MAY SHE REST IN PEACE

•

by her family

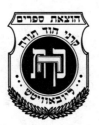

הוצאת ספרים
קרני הוד תורה
קה"ת
ליובאוויטש